# edition suhrkamp
Redaktion: Günther Busch

Eberhard Schmidt, geboren am 26. Juni 1939 in Berlin, studierte Politikwissenschaft und Soziologie in Bonn, Tübingen, Frankfurt/Main und Marburg. Von 1966 bis 1970 war er Pressereferent beim Vorstand der IG Metall in Frankfurt/Main.
Die Studie von Eberhard Schmidt ist der aktuellen Auseinandersetzung mit der Politik der Gewerkschaften in der Bundesrepublik gewidmet. Sie versteht sich als eine Vorarbeit zu einer Theorie der Gewerkschaften im Neokapitalismus. Im Zentrum der Untersuchung stehen die Fragen: Wie haben sich die Gewerkschaften nach dem Zweiten Weltkrieg entwickelt? Welche Rolle spielen sie heute im spätkapitalistischen Gesellschaftssystem? Was bedeuten die wilden Streiks vom September 1969 für die künftigen sozialen Konflikte in der Bundesrepublik? Welche Ansätze zu einer autonomen, betriebsnahen Gewerkschaftspolitik sind denkbar und möglich? Auf welche Weise können die Gewerkschaften Gegenmachtpositionen in dieser Gesellschaft erobern?

Eberhard Schmidt
Ordnungsfaktor oder Gegenmacht
Die politische Rolle der
Gewerkschaften

Suhrkamp Verlag

edition suhrkamp 487
3. Auflage, 19.–21. Tausend 1975
© Suhrkamp Verlag, Frankfurt am Main 1971. Erstausgabe. Printed in Germany.
Alle Rechte vorbehalten. Insbesondere das der Übersetzung, des öffentlichen Vortrags und der Übertragung durch Rundfunk und Fernsehen, auch einzelner Teile.
Satz, in Linotype Garamond, Druck und Bindung bei Georg Wagner, Nördlingen.
Gesamtausstattung Willy Fleckhaus.

# Vorwort

Die theoretische Auseinandersetzung mit den Gewerkschaften: mit ihrer Geschichte, ihrem Selbstverständnis und vor allem ihrer Funktion in der kapitalistischen Wirtschafts- und Gesellschaftsordnung, ist hierzulande in einem Maße unentfaltet geblieben, das schwerwiegende Folgen für die Entwicklung der Gewerkschaften selbst gehabt hat. Ein zielloser Pragmatismus, oft verbalradikal aufgeputzt, kann heute als zielbewußte Gewerkschaftspolitik ausgegeben werden, ohne daß sich nennenswerter Widerstand bemerkbar macht. Die wilden Streiks vom September 1969 sind zwar ein erstes Anzeichen dafür, daß die Arbeiter und Angestellten nicht mehr blind einer Gewerkschaftspolitik folgen, die dem raschen gesellschaftlichen Wandel nur noch korrigierend hinterherläuft, statt sich an den Bedürfnissen und der Interessenlage derer, die sie vertritt, offensiv zu orientieren; aber noch bedarf es weitreichender Lern- und Bewußtseinsprozesse, bis die praktische Kritik der Lohnabhängigen an den Gewerkschaftsführungen in eine Veränderung der Gewerkschaftspolitik umschlagen kann. Noch degradieren sich die Gewerkschaften zu einer »Sozialabteilung der Gesellschaft«, statt mit Plan und Aktion an der Umgestaltung der bestehenden Herrschaftsverhältnisse mitzuarbeiten.

Bei einer der spärlichen Gelegenheiten, wo über »Gewerkschaftstheorie heute« diskutiert wurde – auf einer Tagung der DGB-Bundesschule im März 1970 in Bad Kreuznach –, sagte der Vorsitzende des Deutschen Gewerkschaftsbundes, Heinz Oskar Vetter: »Unsere Mitgliederzahlen stagnieren; Expertenstäbe prägen die gewerkschaftliche Alltagsarbeit; das Bild der Gewerkschaften in der Öffentlichkeit entspricht keineswegs den tatsächlichen Aufgaben und den erbrachten Leistungen in Staat und Gesellschaft. [...] Gewerkschaftliche Erfolge in Gestalt von Tariferhöhungen schlagen sich kaum in entsprechenden Beitragseinnahmen nieder.« Diese Selbstkritik, hinter der die eigentlichen Probleme eher verborgen bleiben als erhellt sind, setzt sich allerdings nicht in dem Versuch einer theoretischen Erklärung fort. Statt dessen begnügt man sich mit der Wiederholung der Forderung nach mehr Mitbestimmung, ohne daß auch nur an einer Stelle versucht würde, diese Forderung aus einer Analyse der sozioökonomischen Bedingungen dieser Gesellschaft abzuleiten und damit zu konkretisieren. Als Alibi für die Theorielosigkeit dient nach wie vor die Berufung auf das Faktum »Einheitsgewerkschaft«, die alle konsequenten theoretischen Vorstellungen als Gefahr für die Geschlossenheit des gewerkschaftlichen Handelns abwehren soll.

Die vorliegende Untersuchung[1] ist der aktuellen Auseinandersetzung mit der Politik der Gewerkschaften in der Bundesrepublik gewidmet. Sie kann also die Arbeit an einer »Theorie der Gewerkschaften im Neokapitalismus« nicht ersetzen, sondern nur befördern. Eine solche Theorie der Gewerkschaften, die nicht an deren weiterer Integration ins System orientiert ist, wird sich als praxisvermittelte Theorie erst in bezug auf die künftigen Kämpfe der Arbeiter und Angestellten, von denen die Septemberstreiks 1969 einen ersten Vorgeschmack gaben, herausbilden können.

Der folgende Text ist entstanden aus Quellenstudien, eigener Erfahrung mit der Gewerkschaftsbewegung und nach eingehenden Diskussionen mit Gewerkschaftsfunktionären der verschiedensten Ebenen und politischen Richtungen. Im Zentrum stehen die Fragen: Wie haben sich die Gewerkschaften nach dem Zweiten Weltkrieg entwickelt? Welche Rolle spielen sie im aktuellen Stadium des Neokapitalismus? Was bedeuten die wilden Streiks vom September 1969 für die künftige Entwicklung der sozialen Auseinandersetzungen in der Bundesrepublik? Welche Ansätze für eine autonome betriebsnahe Gewerkschaftspolitik sind denkbar und gangbar? Auf welche Weise können die Gewerkschaften Gegenmachtpositionen in dieser Gesellschaftsordnung erobern?

*E. S., August 1970*

[1] Das Manuskript wurde im Sommer 1970 abgeschlossen. Deshalb konnten die Arbeitskämpfe in der Metallindustrie im September und Oktober 1970 nicht mehr berücksichtigt werden. Eine erste Analyse dieser Streiks, an denen sich fast eine halbe Million Metallarbeiter beteiligten, bestätigt aber – ebenso wie das Verhalten der Gewerkschaftsführung in dieser Tarifbewegung – die Tendenzen, die in dem vorliegenden Buch aufgezeigt worden sind. Zur Information sei in diesem Zusammenhang auf die Broschüre *Metall-Tarifbewegung '70* hingewiesen, die als *express-aktuell 1* von der Frankfurter Zeitschrift *express international* herausgegeben worden ist.

# I. Einleitung

## Wilde Streiks und Gewerkschaften

140 000 Arbeiter und Angestellte streiken im September 1969 in der Bundesrepublik für höhere Löhne und bessere Arbeitsbedingungen. Sie streiken ohne Unterstützung und gegen den Willen ihrer Gewerkschaftsführungen. Sie streiken, weil ihre Verdienste stagnierten, während die Preise laufend stiegen, die Anforderungen am Arbeitsplatz sich verschärften, die Gewinne der Unternehmer enorm zunahmen und die Gewerkschaftsführungen stillhielten, da die langfristigen Tarifverträge noch nicht wieder kündbar waren. Zwar gelang es den Gewerkschaftsführungen in gemeinsamer Anstrengung mit den Unternehmerverbänden, durch vorgezogene Tarifverhandlungen die Streikbewegung verhältnismäßig rasch wieder einzudämmen, aber der Erfolg der wilden Streiks hat das Selbstvertrauen vieler Arbeiter und Angestellter gestärkt. Für einen kurzen Augenblick wurde auch die Kluft zwischen der weit fortgeschrittenen Integration der Gewerkschaften ins bestehende System und den tatsächlichen Bedürfnissen der Lohnabhängigen sichtbar.

Die Tatsache, daß sich wichtige Teile der Arbeiterschaft nicht mehr von den Gewerkschaften vertreten fühlten, obwohl sie selbst überwiegend Gewerkschaftsmitglieder sind, ist unbeschadet der »bloß« ökonomischen Forderungen ein bemerkenswertes politisches Faktum. Die staatliche Politik in neokapitalistischen Systemen hat heute vor allem anderen die Aufgabe, die Stabilität des Wirtschafts- und Gesellschaftssystems zu sichern. Die ökonomische Stabilität nimmt dabei den ersten Rang ein. Die wichtigste Funktion der Regierungspolitik besteht darin, »diejenigen Instanzen, denen die institutionelle Zuständigkeit für Entscheidungen über den Kapitalverwertungsprozeß zufällt, mit hinreichend motivkräftigen Investitionsgelegenheiten zu versorgen und Investitionslücken zu kompensieren.«[1] Mit anderen Worten: die Politik einer Regierung in neokapitalistischen Systemen muß vorrangig dafür

---

[1] Claus Offe, *Politische Herrschaft und Klassenstrukturen*, in: *Politikwissenschaft*, hrsg. von J. Kress und D. Senghaas, Frankfurt 1969, S. 180.

sorgen, daß die Gewinnraten der privaten Unternehmer nicht unter eine Schwelle sinken, bei der ein Rückgang der Investitionstätigkeit einsetzt. Die Regierung muß solche Entwicklungen mit einer globalen Steuerung auszugleichen versuchen, die als Mittel Kreditvergünstigungen, Steuervorteile, Subventionen oder die Beeinflussung der Nachfrage durch entsprechende Anreize zur Verfügung stellt. Der Staat übernimmt die Rolle des Garanten kapitalistischen Profits.

Eine das System gefährdende Krise kann dadurch eintreten, daß das Wirtschaftswachstum stagniert oder sogar rückläufig ist. Sie kann aber auch eintreten, wenn wichtige soziale Gruppen dem System die Loyalität aufkündigen. Denn das erforderliche kontinuierliche Wachstum der Wirtschaft, soweit es abhängig gemacht wird von der privaten Investitionstätigkeit, setzt voraus, daß die am Wirtschaftsprozeß beteiligten Gruppen die Spielregeln einhalten. Die wichtigste Spielregel besteht aber darin, daß die Artikulation der Bedürfnisse einzelner Interessengruppen und der Prozeß ihrer Befriedigung innerhalb der dafür vorgesehenen institutionellen Kanäle erfolgt. Trotz bestehender Interessengegensätze darf es nicht zu offenen, sondern nur zu institutionalisierten Konflikten kommen. Die Loyalität der breiten Massen wird einmal durch die »systemgerechte« Politik der Organisationen gesichert, die das Monopol zur Interessenvertretung der Massen beanspruchen, zum Beispiel die Gewerkschaften. Zum anderen wird die Loyalität durch die periodische Zuteilung von Entschädigungen gewährleistet, die so bemessen sein müssen, daß größere Unzufriedenheit sich nicht ausbreitet. Organisationen wie die Gewerkschaften haben also – vom Interesse dieses Systems her gesehen – die doppelte Funktion, die fraglose Folgebereitschaft derer, die sie vertreten, zu erhalten und andererseits im Interesse der Stabilität vertretbare materielle Kompromisse auszuhandeln, die das Wachstum auch von der Nachfrage her stützen.

Das System erwartet von den Gewerkschaften mithin, daß sie die materiellen Bedürfnisse der Lohnabhängigen zur Sprache bringen und in der institutionell dafür vorgesehenen Form, nämlich mittels Tarifverhandlungen – unter Berücksichtigung »gesamtwirtschaftlicher Interessen« –, zur Geltung bringen. Das Interesse der privaten Wirtschaft geht nun immer stärker

auf langfristige Perioden einer kalkulierbaren, also ungestörten Entwicklung. Die großen Monopole investieren heute riesige Summen, die sich möglichst rasch gewinnbringend auswirken sollen. Die Kosten müssen dazu genau kalkuliert werden können. Das geht aber nur, wenn nicht unvorhersehbar Störungen auftreten.
Zu den kalkulierbaren Kosten zählen vor allem die Lohnkosten. Deshalb haben die Unternehmer das größte Interesse an einer staatlichen Einkommenspolitik, die eine langfristige Planung der Löhne und Gehälter mittels staatlich gesetzter und von der privaten Wirtschaft beeinflußbarer Orientierungsdaten oder Lohnleitlinien ermöglicht, die von den Gewerkschaften nicht wesentlich verändert werden. Lassen sich die Gewerkschaften auf ein derartiges Programm im angeblichen Interesse des Wirtschaftsganzen festlegen, etwa in Institutionen wie der Konzertierten Aktion, so müssen sie eine gefährliche Balancepolitik betreiben; ihre Verhandlungsergebnisse müssen so ausfallen, daß sie weder ihren Mitgliedern Anlaß zu allzu großer Unzufriedenheit bieten noch den Forderungen der Mitglieder zu weit nachgeben und dadurch stagnierende oder rückläufige Wachstumsprozesse in Gang setzen, kurz: die Investitionsbereitschaft der Unternehmer dämpfen. Wenn also das Kräfteverhältnis zwischen Kapital und Arbeit in einer bestimmten Wirtschaftsperiode, z. B. durch einen leergefegten Arbeitsmarkt, sich zugunsten des Faktors Arbeit verändert, dann dürfen die Gewerkschaften – nach der Logik des Systems – diese Situation nicht zu »übermäßigen« Lohnforderungen ausnutzen. Dafür setzt ihnen die staatliche Wirtschaftspolitik die entsprechenden Daten.
Die politische Dimension der wilden Streiks vom September 1969 besteht also darin, daß eine wichtige soziale Gruppe, die Arbeiter der Grundstoffindustrie, sich nicht mehr auf die Kanäle des Systems zur Vertretung ihrer Interessen beschränken ließ, sondern in offensiver Weise zur Selbsthilfe griff und damit eine Stabilitätskrise – wenn auch in bescheidenen Formen – hervorrief. Wenn die Arbeiter entrüstet von sich wiesen, daß ihr Streik politischer Natur sei, so beweist das nur, wie wenig ihnen die gesellschaftspolitischen Zusammenhänge ihres Handelns bewußt waren.
Den Gewerkschaftsführungen ist es verhältnismäßig rasch ge-

glückt, nachdem ihre erzwungene, aber auch selbstverschuldete Stillhaltepolitik sie ihren Mitgliedern vorübergehend entfremdet hatte, durch vorgezogene Tarifverhandlungen die gewohnte Loyalität wiederherzustellen. Die offene Frage lautet allerdings, ob nicht eine weiterhin an den Interessen der Stabilität des Systems ausgerichtete Politik der Gewerkschaften zu sich periodisch verschärfenden Konflikten führen muß, wie sie im September 1969 nicht zufällig aufgetreten sind. Die Streiks haben immerhin gezeigt, daß die Integrierbarkeit der Arbeitnehmer in das bestehende System Grenzen hat.
Derartige Fragen sind den Teilen des Gewerkschaftsapparates, die die Septemberstreiks als momentane »Betriebsunfälle« betrachten, zutiefst zuwider. Sie empfehlen statt dessen ein Bündel sozial- und organisationstechnischer Maßnahmen, die künftig derartige Störungen vermeiden helfen sollen. Ihre Analyse der Streiks gipfelt in der hilflosen Feststellung, daß sich wohl »die Menschen und ihre Einstellung verändert«[2] haben müssen. Wichtig dagegen sei, »den hierarchischen Strang zu zentralisieren«, also die Politik von oben nach unten zu verbessern.
Gleichwohl signalisieren die Septemberstreiks das fundamentale Dilemma der Gewerkschaften im organisierten Kapitalismus. Entweder akzeptieren sie die staatlich aufgezwungene Rolle eines Reaktionszentrums der staatlichen Wirtschaftspolitik und setzen auf die Kooperation mit dem Staat: dann riskieren sie den Konflikt mit den eigenen Mitgliedern. Oder sie besinnen sich auf ihre Rolle als Aktionszentrum der Lohnabhängigen und setzen auf die Kooperation mit dem politisierten Teil der Arbeiterschaft: dann fordern sie den Konflikt mit der staatlichen Wirtschaftspolitik notwendig heraus. Letztlich gefährden beide Versionen der Gewerkschaftspolitik das Stillhalte-Bedürfnis der Spitzenbürokratie, das die Reputierlichkeit der Organisation zum Selbstzweck macht. Die Organisation muß sich – jedenfalls mittelfristig – nach der einen oder der anderen Seite hin entscheiden.
Die zentrale Frage lautet daher, ob sich die Gewerkschaften darauf beschränken wollen, die Rolle des Ordnungsfaktors weiterzuspielen, oder ob Ereignisse wie die Septemberstreiks

[2] Vgl. *Die Septemberstreiks 1969*, Diskussionsmaterial hrsg. vom Vorstand der IG Metall am 9. 7. 1970, S. 2.

dazu führen können, daß breite Teile der Mitgliedschaft und der Funktionäre die Gewerkschaftsapparate aus ihrer systemstabilisierenden Rolle wieder herausdrängen.
Um die Möglichkeiten und Chancen für eine derartige Politik des Drucks von der Basis auf die Gewerkschaftsapparate mit dem Ziel der Veränderung der Gewerkschaften abschätzen zu können, muß erst einmal geklärt werden, wie es zum augenblicklichen Zustand der Gewerkschaften in der Bundesrepublik gekommen ist. Wie wurden aus Selbsthilfe- und Widerstandsorganisationen der Arbeiterbewegung im Laufe der Entwicklung Stützen eines Systems, das den Arbeitern und Angestellten zwar ein gewisses Maß an materiellen Entschädigungen bereitstellt, aber nicht an ihren wirklichen Bedürfnissen orientiert ist? Eine historische und systematische Untersuchung der Gewerkschaften im Rahmen des neokapitalistischen Wirtschaftssystems der Bundesrepublik wird daher als Voraussetzung für das Verständnis der wilden Streiks den ersten Teil dieses Buches bilden. Im zweiten Teil schließt sich ein Überblick über die Septemberstreiks an, über die unmittelbaren Ursachen, die Formen der Selbstorganisation, die Bedeutung der Forderungen und die Maßnahmen der Gewerkschaften und Unternehmerverbände zur Beilegung der Konflikte. Im dritten Teil wird diskutiert, welche Konsequenzen sich aus den wilden Streiks für eine Gewerkschaftspolitik ergeben, die sich nicht mit der Rolle des Ordnungsfaktors im bestehenden System zufriedengibt, sondern versucht, Gegenmachtpositionen aufzubauen, die eine Veränderung des Systems vorbereiten helfen.

## II. Anpassung und Widerstand. Die Gewerkschaften nach dem Zweiten Weltkrieg

### 1. Die Weichen werden gestellt[3]

#### a. Neue Gewerkschaften im alten Fahrwasser

Der Wiederaufbau der deutschen Gewerkschaften nach dem Zusammenbruch des nationalsozialistischen Regimes geschah unter Bedingungen, die der Entfaltung unabhängiger, demokratisch kontrollierter Organisationen der Arbeiter und Angestellten wenig günstig waren. Die alliierten Mächte, die gemeinsam die Kapitulation des Dritten Reiches herbeigeführt hatten, verständigten sich auf der Potsdamer Konferenz im Juli 1945 über die Richtlinien für die Politik im besetzten Deutschland. Schon zu diesem Zeitpunkt wurden die gegensätzlichen politischen Interessen zwischen den Westmächten und der UdSSR deutlich. Die Siegerkoalition zerbrach am Streit über die Reparationslieferungen aus den einzelnen Besatzungszonen. Während die Sowjetunion aufgrund ihrer hohen Kriegsverluste auf rasche Reparationen drängte, setzte sich in den Vereinigten Staaten mit Truman die Politik der Eindämmung des sowjetischen Einflusses durch. Der Wiederaufbau einer freien Unternehmerwirtschaft in den westlichen Besatzungszonen unter amerikanischer Kontrolle schien die beste Garantie für eine Barriere gegen den sowjetischen Einfluß in Mitteleuropa zu sein. Die Politik der amerikanischen Militärregierung war deshalb darauf gerichtet, trotz vereinbarter Entflechtungsmaßnahmen und industrieller Abrüstung, die Grundlage für eine kapitalistische Entwicklung der Westzonen nach amerikanischem Vorbild zu legen.

Im Rahmen dieser Grundlinie der amerikanischen Politik, die rasch auf die finanziell von den Vereinigten Staaten abhängige britische Politik übergriff, entwickelten sich die wiederentstehenden Gewerkschaften und Betriebsvertretungen.

Gewerkschaftliche Kräfte hatten sich unmittelbar nach der

[3] Vgl. zu diesem Kapitel: Eberhard Schmidt, *Die verhinderte Neuordnung 1945–1952*, Frankfurt 1970.

Besetzung Deutschlands durch alliierte Truppen an die Öffentlichkeit gewagt. Ihre Basis waren zunächst die Betriebe. Zusammenschlüsse auf örtlicher Ebene folgten rasch. Die ersten Aufgaben der Betriebsvertretungen und Gewerkschaften bestanden in der Beschaffung von Lebensmitteln, Kleidung, Heizmaterial und in der Wiederingangsetzung der Produktion. Vielfach waren die Besitzer der Betriebe noch in alliierten Gefangenenlagern. Der Einfluß der Betriebsausschüsse war deshalb in der ersten Phase nach dem Zusammenbruch nicht zu unterschätzen. Politische Gegensätze, etwa zwischen Sozialdemokraten und Kommunisten, traten zunächst nicht auf. Die gemeinsame Widerstandserfahrung und die unmittelbare Not überdeckten strategische und taktische Differenzen. Aber die Verschärfung des Ost-West-Gegensatzes mit seiner Rückwirkung auf die parteipolitischen Auseinandersetzungen machte dieser Zusammenarbeit auf gewerkschaftlicher Ebene ein Ende. Die Kommunisten in den Westzonen wurden wieder in die Opposition gedrängt.

Die alliierten Besatzungsmächte schalteten sich erst mehrere Monate nach dem Zusammenbruch aktiv in den Prozeß der Neugründung von Gewerkschaften ein. Zu diesem Zeitpunkt hatten sich schon auf überregionaler Ebene Gewerkschaftsverbände in allen Westzonen gebildet. Die Form der Einheitsgewerkschaften hatte dabei überall die Richtungsgewerkschaften der Weimarer Zeit abgelöst. Im Gegensatz zur heutigen Form der Einheitsgewerkschaft ging man damals aber noch sehr viel weiter: Einheitliche Dachverbände, die alle Mitglieder direkt erfaßten, waren an die Stelle der alten Berufs- und Industriegewerkschaften getreten. Das Industrieverbandsprinzip wurde nur als Untergliederung geduldet. Die Zentralisierung war also bedeutend stärker ausgeprägt.

Der Eingriff der Militärregierungen in den bis dahin organisch und demokratisch verlaufenen Prozeß der Neubildung hemmte die Entfaltung starker Gewerkschaften entscheidend. Das geschah in einer Phase, als durch die erzwungene politische Untätigkeit derjenigen Gruppen, die den Nationalsozialismus getragen oder gefördert hatten, ein machtpolitischer Leerraum entstanden war. Eine Verankerung wirtschaftsdemokratischer Institutionen auf den verschiedenen Ebenen von Wirtschaft und Gesellschaft hätte damals möglicherweise den Gang der Geschichte beeinflussen können. Statt dessen stoppten die Westalliierten die gewerkschaftlichen Zusammenschlüsse und schrieben eine Drei-Phasen-Entwicklung vor, die jeden Zusammenschluß auf höherer Ebene von der Genehmigung der Militärregierung abhängig machte. Dazu mußten bestimmte Voraussetzungen erfüllt sein. Die britische Militärregierung machte von diesem Instrument Gebrauch, um die ihr nicht genehme Organisationsform starker Einheitsgewerkschaften wieder zu zerschlagen. Das geschah, obwohl sich im Nordrheingebiet und in Niedersachsen Einheitsgewerkschaften bereits nach demokratischen Verfahren gebildet hatten. Zugelassen wurden nur Industriegewerkschaften. Der Aufbau von Gewerkschaften verzögerte sich dadurch so sehr, daß es erst zwei Jahre nach der Kapitulation zu einem Dachverband der Gewerkschaften in der britischen Zone kam; die Amerikaner ließen Dachverbände überhaupt nur innerhalb der einzelnen Länder ihrer Besatzungszone zu. Erhebliche Eingriffe mußten sich auch die wiederentstandenen Betriebsvertretungen gefallen lassen. Vor allem die Amerikaner befürchteten, daß kommunistische Kräfte hier »Untergrundarbeit« treiben könnten.[4]

Im Gegensatz zu der Entwicklung nach dem Ersten Weltkrieg entwickelte sich keine radikale Bewegung von den Betrieben her, die die taktischen Machtpositionen der Betriebsvertretungen in den ersten Monaten nach dem Zusammenbruch gestützt oder die Politik der Gewerkschaften mitbestimmt hätte. Die Gründe dafür waren vielfältig: die totale militärische Kontrolle, die die Besatzungsmächte ausübten; die enge Bindung der Betriebsräte an die unmittelbaren Bedürfnisse der Belegschaften; die Verluste, die die Arbeiterbewegung durch den Terror des Nationalsozialismus zu tragen hatte; die allgemeine politische Apathie der Bevölkerung nach der Niederlage; schließlich das Interesse der Gewerkschaftsführungen, die Macht der Betriebsräte nicht zu sehr zu stärken.

Führungspositionen in den neugebildeten Gewerkschaften wurden nahezu ausnahmslos mit Vertretern der älteren Generation von Arbeiterführern aus der Weimerer Republik be-

---

4 S. Harold Zink, *The United States in Germany 1944–1955*, Princeton 1957, S. 281 f.

setzt.⁵ Das erklärt sich aus der großen Erfahrung auf gewerkschaftlichem Gebiet, die diese Männer mitbrachten und die es ihnen erlaubte, die Schlüsselpositionen beim Wiederaufbau der Gewerkschaften rechtzeitig zu erkennen und zu behaupten. Hinzu kam ihre ausgewiesene antifaschistische Einstellung, die ihnen bei den Militärbehörden gegenüber jüngeren, unbekannteren Leuten den Vorzug verschaffte. So wurden die Spitzenpositionen in den neugegründeten Gewerkschaften von einer politisch relativ einheitlichen Gruppe der fünfzig- bis siebzigjährigen Funktionäre besetzt, die in der Weimarer Republik zumeist dem rechten Flügel der Sozialdemokratischen Partei angehört hatten. Die große Zahl der fähigen Arbeiterführer, die in den faschistischen Konzentrationslagern oder in der Emigration umgekommen waren, hatte das Reservoir erfahrener Gewerkschaftsfunktionäre ohnehin stark vermindert. Die führenden Gewerkschaftsfunktionäre, die nun die Macht in den Organisationen übernommen hatten und gewillt waren, sie zu behaupten, waren durch die wirtschaftsdemokratischen Vorstellungen der Weimarer Republik geprägt. In der Emigration waren detaillierte Programme entwickelt worden, die eine neue Wirtschaftsordnung unter gewerkschaftlicher Beteiligung vorsahen und nun in die Tat umgesetzt werden sollten.⁶ Im überbetrieblichen Bereich wurde die Sozialisierung der Schlüsselindustrien und der Großbanken angestrebt. Gleichberechtigte Mitwirkung bei der staatlichen Wirtschaftsplanung und in den wirtschaftlichen Selbstverwaltungskörperschaften sollte stattfinden. Auf betrieblicher Ebene war an eine weitgehende Mitbestimmungsregelung gedacht, die die paritätische Besetzung der Aufsichtsräte in allen Großbetrieben und Kontrollrechte der Betriebsräte in wirtschaftlichen, sozialen und personellen Fragen vorsah.

Diese Vorstellungen trafen auf eine Wirklichkeit, die von der Kontrolle der deutschen Industrie durch die alliierten Besatzungsmächte gekennzeichnet war. Die Pläne der westlichen Alliierten zielten zunächst, nach den Vereinbarungen von Potsdam, auf eine Entflechtung der deutschen Schwerindustrie

---

5 Vgl. Eberhard Schmidt, a.a.O., S. 48 ff.
6 *Die Gewerkschaftsbewegung in der britischen Besatzungszone*, Geschäftsbericht des DGB (brit. Zone) 1947–1949, Köln 1949, S. 79 ff.

und eine Demontage der Rüstungsbetriebe. Dabei bedienten sich die Alliierten für die Vorarbeiten und die Durchführung der Entflechtung deutscher »Fachleute«. Ehemalige Direktoren und Prokuristen, auch nationalsozialistisch belastete Wirtschaftsführer wurden angewiesen, die Geschäfte der Unternehmungen in »normaler« Weise fortzuführen.[7] Zum Leiter der geplanten Entflechtungsmaßnahmen wurde von der britischen Militärregierung – gegen den Protest der Betriebsräte – das ehemalige Vorstandsmitglied der Vereinigten Stahlwerke, Heinrich Dinkelbach, gemacht. Solche Personalentscheidungen waren kein Zufall, sondern die Regel. Sie erlaubten es der ehemals die deutsche Schwerindustrie beherrschenden Schicht, dort frühzeitig wieder Fuß zu fassen. Diejenigen Kräfte in den Militärregierungen, die eine harte antikommunistische Politik für richtig hielten, waren ohnehin bereit, lieber mit ihren Geschäftspartner aus früheren Zeiten zusammenzuarbeiten als mit Gewerkschaften, mit denen sie auch im eigenen Lande im Konflikt lagen.[8] Diese Interessen, die einen begrenzten Wiederaufbau der deutschen Industrie, soweit er der eigenen Position auf dem Weltmarkt nicht schaden konnte, durchaus zulassen wollten, verhinderten eine weitgehende Entflechtung und Demontage. Eine Überführung der Schwerindustrie in öffentliches Eigentum, wie es die Gewerkschaften und die großen Parteien, einschließlich der CDU, forderten, wurde von ihnen ernsthaft nicht in Betracht gezogen.

Die britische Labour Party, die nach 1945 an die Regierung gekommen war, zeigte sich den gewerkschaftlichen Wünschen zwar aufgeschlossen und sicherte mehrfach eine Verstaatlichung der Montanindustrie zu[9]; aber unter dem Druck der amerikanischen Regierung, von der sie finanziell nach dem verlustreichen Krieg zunehmend abhängig wurde, ließen sich diese Pläne nicht verwirklichen. Es blieb bei Beteuerungen, denen zur Enttäuschung der Gewerkschaftsführer, die ihre Hoffnungen und einen Teil ihrer politischen Energie darauf verwandt hatten, keine konkreten Maßnahmen folgten.

7 *Amtsblatt der Militärregierung Deutschland*, 1945 Nr. 1, S. 26 f.
8 James Stewart Martin, *All Honorable Men*, Boston 1950, S. 90 f.
9 James P. Warburg, *Deutschland – Brücke oder Schlachtfeld*, Stuttgart 1949, S. 392 f.

Bald nach dem Bekanntwerden der Entflechtungspläne der alliierten Besatzungsmächte hatten sich vorausschauende deutsche Unternehmer bemüht, mit den Gewerkschaften in Verhandlungen zu kommen, um eine gemeinsame Front gegen die drohende Zerschlagung der Konzerne aufzubauen. Sie waren bereit, den Gewerkschaften und Betriebsräten gewisse Mitbestimmungsrechte zuzugestehen, wenn dadurch die Entflechtung verhindert werden könnte; die Frage der Eigentumsregelung sollte aufgeschoben werden.[10] Die Gewerkschaftsführung nahm die Angebote der Unternehmer zur Kenntnis, war aber nicht bereit, aufgrund derartiger Versprechungen die Partei der Unternehmer gegenüber der britischen Militärregierung zu ergreifen. Die Gewerkschaften rechneten zu diesem Zeitpunkt noch fest damit, daß die Labour-Regierung eine weitgehende Neuordnung der Wirtschaftsverfassung unterstützen würde. Doch die britische Regierung war nun bereit, eine Mitbestimmungsregelung im Sinne der Gewerkschaften in den entflochtenen Unternehmen der Montanindustrie zu verankern. Die Eigentumsfrage ließ sie ungelöst. Die Motive der britischen Regierung waren unschwer zu erkennen. Angesichts des Drängens radikaler Betriebsrätegruppen und Belegschaften nach Sozialisierung der Schwerindustrie bot die Mitbestimmung der Gewerkschaften als Mitverantwortung für das Management der Betriebe die bessere Lösung. Sie würde dafür sorgen, daß Arbeitsunruhen in der Schwerindustrie abnähmen und ein ungestörter Produktionsablauf zustande käme.[11] An hoher Produktivität der Schwerindustrie war die britische Regierung schon deshalb interessiert, weil sie danach trachten mußte, den britischen Staatshaushalt von der Verpflichtung zur Unterstützung der hungernden Bevölkerung der britischen Besatzungszone zu entlasten. Gegen den Protest der Unternehmervertreter wurde am 1. März 1947 die paritätische Mitbestimmung in den ersten vier entflochtenen Werken der Eisen- und Stahlindustrie eingeführt.
Die Mitbestimmung in der Montanindustrie wurde zu diesem

---

10 *Die Neuordnung der Eisen- und Stahlindustrie im Gebiet der BRD. Ein Bericht der Stahltreuhändervereinigung München und Berlin 1954*, S. 609 ff.
11 Herbert John Spiro, *The Politics of German Codetermination*, Cambridge (Mass.) 1958, S. 32 ff.

Zeitpunkt von den Gewerkschaften keineswegs als übermäßiger Erfolg gefeiert; er galt als bescheidener Anfang[12], der die wichtigeren Forderungen nach einer Sozialisierung der Grundstoffindustrie, nach einer Mitbestimmung bei der staatlichen Wirtschaftsplanung und in den anderen Wirtschaftszweigen nicht ersetzen konnte.

Die Eigentumsfrage wurde nicht mehr diskutiert. Es wurde vielmehr rasch deutlich, daß wegen des Drucks der Amerikaner weitergehende Lösungen in der britischen Besatzungszone nicht mehr möglich waren. Auch die Vorstöße für ein wirtschaftliches Mitbestimmungsrecht der Betriebsräte führten nicht zu den erwarteten Erfolgen. Ein alliiertes Kontrollratsgesetz vom April 1946 verwies die Betriebsräte auf Betriebsvereinbarungen.[13] Zusätzliche Rechte waren damit nur über Arbeitskämpfe zu erringen. Doch die Gewerkschaften scheuten vor Arbeitskämpfen zur Durchsetzung fortschrittlicher Betriebsvereinbarungen zurück. Als Argumente wurden die hohe Arbeitslosenzahl und die wirtschaftliche Notlage, die eine Streikbereitschaft nicht wahrscheinlich erscheinen ließ, vorgebracht. Unausgesprochen spielte aber auch die Befürchtung mit, daß eine Welle von Arbeitskämpfen eine Radikalisierung der Basis bewirken könnte, die der kommunistischen Gewerkschaftsopposition in die Hände arbeiten würde. So kam es nur zu wenigen Streiks, in denen sich die Belegschaften weit bessere betriebliche Mitbestimmungsrechte sicherten, als in Spitzenvereinbarungen zwischen Gewerkschaften und Unternehmerverbänden ausgehandelt wurden. Im übrigen legte die Gewerkschaftsführung das Schwergewicht ihrer Bemühungen darauf, die Beratungen der Länderverfassungen zu beeinflussen, die das alliierte Recht einmal ablösen sollten. Mit der Politik der Einflußnahme auf befreundete Parteien, die dafür sorgen sollten, daß die gewerkschaftlichen Vorstellungen bei den parlamentarischen Beratungen berücksichtigt würden, hatten die Gewerkschaftsführungen ihr traditionelles Kampffeld wiedergefunden. Eine derartige Politik entsprach weit mehr der Mentalität und Erfahrung der meisten führenden Gewerkschaftsfunktionäre als die Mobilisierung der Mitgliedschaft für diese Ziele.

12 Prot. *Gründungskongreß des DGB* (brit. Zone) 1947, Düsseldorf, S. 28.
13 S. *Die Gewerkschaftsbewegung in der britischen Zone*, a.a.O., S. 290 ff.

Die erste Phase des gewerkschaftlichen Wiederaufbaus nach dem Zusammenbruch war bestimmt von dem Bemühen, Grundlagen für eine Neuordnung von Wirtschaft und Gesellschaft zu schaffen. Die Delegierten des Gründungskongresses des Deutschen Gewerkschaftsbundes in der britischen Zone im April 1947 mußten allerdings erkennen, daß nur Teilziele erreicht worden waren. Zu den Gründen, die eine Neuordnung verhinderten, zählte vor allem der Druck der amerikanischen Besatzungsmacht, die auf eine rasche Stabilisierung der gesellschaftlichen Verhältnisse in den Westzonen drang, um ihre Position im sich verschärfenden Ost-West-Konflikt zu verbessern. Alle Versuche, grundlegenden Veränderungen der wirtschaftlichen Strukturen durch Sozialisierungsmaßnahmen oder die Schaffung wirtschaftsdemokratischer Institutionen herbeizuführen, stießen auf entschiedene Ablehnung. Statt dessen wurden sozialkonservative Kräfte von den Besatzungsmächten zu einem Zeitpunkt ermutigt und gefördert, da ihre Verbindung mit dem Nationalsozialismus noch in lebendiger Erinnerung war. Die Gewerkschaften und die Betriebsvertretungen waren in einem hohen Maße mit Versorgungsproblemen beschäftigt, die einer radikalen Bewegung von den Betrieben her, wie sie nach dem Ersten Weltkrieg entstanden war, die Energien entzogen. Ebenso schwer wog freilich die Tatsache, daß nur eine schmale Schicht erfahrener Funktionäre der Arbeiterbewegung die Periode des Faschismus und den Krieg überlebt hatte. Viele waren im Widerstand, in den Konzentrationslagern und in der Emigration ums Leben gekommen. Übrig blieben nur wenige bedeutende Arbeiterführer. Die Mehrheit von ihnen kam aus der Emigration mit den alten wirtschaftsdemokratischen Vorstellungen der Weimarer Zeit, die selbst schon eine Folge des Scheiterns der Sozialisierungsbestrebungen und der Rätebewegung gewesen waren. Sozialisierungsforderungen waren zwar in den neuen Programmen enthalten, aber es fehlte an zureichenden Analysen des Kapitalismus, der den Faschismus hervorgebracht hatte, und einer daraus abgeleiteten antikapitalistischen Strategie.
Das Verhältnis von Partei und Gewerkschaft entwickelte sich rasch nach traditionellem Muster als abstrakte Arbeitsteilung, die der Partei in den neuen Parlamenten die Vertretung der politischen Interessen überließ, ohne gleichzeitig die Massen

für diese Interessen zu mobilisieren. Zwar ist es richtig, daß die Gewerkschaften keine revolutionären Organisationen sind, dennoch können sie eine entscheidende Kraft zur Umgestaltung der Gesellschaft sein, wenn sie die aktive Politisierung der Arbeitnehmer betreiben und so einen Druck erzeugen, der sich in politische Macht umsetzen läßt. Im konkreten Fall beschränkten sie sich aber darauf, ihre Vorstellungen von einer Neuordnung der Wirtschaft und Gesellschaft den befreundeten Parteien nahezubringen und zu hoffen, daß schließlich im Prozeß der Gesetzgebung ihre Anregungen berücksichtigt würden. Das Resultat war eine Verstärkung der Entpolitisierungstendenzen, deren Ursache der Zusammenbruch des Faschismus und die katastrophale Notlage der Bevölkerung in den ersten Nachkriegsjahren war. Die restaurative Politik der Besatzungsmächte und ihrer Verbündeten auf deutscher Seite hatte freie Bahn.

## b. *Das Scheitern der Stillhaltepolitik*

Mit dem Scheitern der Moskauer Konferenz im Frühjahr 1947, auf die die Verkündung der Truman-Doktrin zur Eindämmung des sowjetischen Einflusses folgte, brach der kalte Krieg in voller Schärfe aus und verringerte die Aussichten für eine Politik, die den Interessen der amerikanischen Besatzungsmacht entgegenstand. Den entscheidenden Versuch, die Politik der Eindämmung des sowjetischen Einflusses in Europa voranzutreiben, bildete das im Juni 1947 von dem amerikanischen Außenminister Marshall vorgetragene Europäische Hilfsprogramm. Mit dem Inkrafttreten des »Marshallplanes« veränderten sich auch die offiziellen Richtlinien der amerikanischen Deutschlandpolitik, die in der Praxis der Militärregierung allerdings schon seit langem umgangen worden waren. Die neue Direktive für den amerikanischen Militärgouverneur General Clay sah nun eindeutig vor, »dem deutschen Volke die Möglichkeit zu geben, die Grundsätze und Vorteile einer freien Wirtschaft kennenzulernen«.[14] In der Frage der Eigentumsregelung wurde Clay angewiesen: »Bis zu einer endgültigen Entscheidung über die Form und die Rechte der deutschen Zentralregierung dürfen Sie keine Maßnahmen in bezug auf

---

[14] *Germany 1947-49, The Story in Documents*, Washington 1950, S. 40.

ein öffentliches Besitzrecht billigen, die dieses Besitzrecht für eine solche Zentralregierung zurückhalten würden.«[15] Mit dieser Direktive konnte die amerikanische Militäradministration in Deutschland in Zukunft die Politik der Wiederherstellung einer freien Unternehmerwirtschaft ungehindert fortsetzen. Alle Eingriffe in demokratisch zustande gekommene deutsche Ländergesetze ließen sich mit dieser Direktive begründen. General Clay machte davon reichlich Gebrauch.[16]

Die amerikanische Position wurde weiter gestärkt, als Großbritannien Ende 1947 in Washington ein Abkommen unterzeichnete, das die Übernahme fast der gesamten finanziellen Lasten Großbritanniens aus der Bizone durch die Vereinigten Staaten vorsah. Die britische Finanzmisere verschaffte den Vereinigten Staaten ein ungehindertes wirtschaftliches Bestimmungsrecht für die Angelegenheiten beider Zonen, die schon Anfang 1947 zusammengeschlossen worden waren.[17] Marshallplan und Bizone unter amerikanischer Führung legten dann das Fundament für die endgültige Integration der Westzone Deutschlands in das westeuropäisch-angelsächsische Wirtschaftssystem. Die ökonomische Isolierung der beiden Teile Deutschlands war längst vollzogen, als 1949 auch die staatliche Trennung mit der Bildung der Bundesrepublik und der DDR sanktioniert wurde.

Die Gewerkschaften befanden sich gegenüber dem Marshallplan in einer schwierigen Lage. Akzeptierten sie den Plan, so mußten sie die Hoffnung auf eine grundlegende Neuordnung der Wirtschafts- und Besitzverhältnisse aufgeben. Die Amerikaner ließen keinen Zweifel daran, daß die Hilfe nicht bedingungslos gegeben würde, sondern nur im Rahmen einer »freien« Wirtschaft. Leisteten die Gewerkschaften dagegen Widerstand, so konnte dieser Widerstand nur zum Erfolg führen, wenn er mit der erforderlichen Konsequenz betrieben wurde. Das hätte eine Mobilisierung der organisierten Arbeiterschaft gegen die Ziele des Plans unter Hinweis auf die wirtschaftlichen und politischen Folgen seiner Ablehnung bedeutet. So wie sich die Gewerkschaftsführungen bisher verhalten hat-

---

15 A.a.O., S. 40.
16 Lucius D. Clay, *Entscheidung in Deutschland*, Frankfurt 1950, S. 327.
17 A.a.O., S. 206.

ten, war es keine Überraschung, daß für sie die zweite Alternative nicht in Frage kam. Da die wirtschaftliche Notlage der Bevölkerung das Angebot des Europäischen Hilfsprogramms als großzügige Geste der Amerikaner erscheinen ließ und die politischen Absichten im Hintergrund blieben, wäre es allerdings außerordentlich schwierig gewesen, eine weitgehend entpolitisierte Arbeiterschaft für einen solchen Kampf zu gewinnen. Die Gewerkschaftsführung half sich in dieser Situation mit verbalen Attacken gegen die politischen Hintergründe des Hilfsangebotes. Ihre gleichzeitige Stillhaltepolitik bedeutete praktisch die Anerkennung des Marshallplans und seiner Konsequenzen. Die vorhandene Unruhe unter den mittleren Funktionären zwang die Gewerkschaftsführung aber dazu, einen außerordentlichen Kongreß einzuberufen, der sich mit dem Marshallplan befassen sollte. Er fand allerdings erst ein Jahr nach Verkündung des Marshallplans statt. Angesichts des immer weiter fortschreitenden kalten Krieges und des wachsenden Antikommunismus hatte der Bundesvorstand des DGB (britische Zone) keine Schwierigkeiten, seine prinzipielle Unterstützung des Marshallplanes mit großer Mehrheit bestätigen zu lassen.[18]

Zu dieser Zeit scheiterten auch die letzten interzonalen Konferenzen der Gewerkschaften in Ost- und Westdeutschland am fortgeschrittenen Blockdenken und den auseinanderstrebenden ökonomischen und politischen Zielsetzungen. Die kommunistische Gewerkschaftsopposition in den Westzonen wurde dabei immer mehr in eine Außenseiterrolle gedrängt und verlor in vielen Fällen Positionen in den Führungsapparaten westzonaler Gewerkschaften.

Die Hoffnungen auf eine verantwortliche Mitarbeit in der Wirtschaftsplanung auf bizonaler Ebene erwiesen sich bald als Trugschluß. Mit der Bildung des »Frankfurter Wirtschaftsrates« im Mai 1947 begann sich die Restauration der überkommenen Besitz- und Machtverhältnisse auch politisch offen durchzusetzen. Der Wirtschaftsrat, dem die Alliierten eine Reihe von Kontroll- und Hoheitsrechten zugestanden, war als Keimzelle einer neuen staatlichen Legislative und Exekutive gedacht. Die bürgerlichen Parteien stellten dort unter Führung

18 *Protokoll des a. o. Bundeskongresses des DGB* (brit. Zone), Recklinghausen 1948, Köln, S. 64 f.

der CDU/CSU eine Mehrheit, die sich nach der Verteilung der Stimmen in den Länderparlamenten errechnete. Den Parteien, die den Gewerkschaften nahestanden, der SPD und der KPD, blieb die Rolle der Opposition. Die SPD hatte diese Rolle akzeptiert, obwohl sie im Exekutivrat, der von den Länderregierungen besetzt wurde, eine eindeutige Mehrheit besaß und alle acht Wirtschaftsminister in den Ländern stellte. Die trügerische Hoffnung auf einen baldigen Zusammenbruch der bürgerlichen Wirtschaftspolitik beschleunigte das Sichabfinden mit der Oppositionsrolle. Sie trug dazu bei, die Weichen für eine künftige antisozialistische Wirtschaftspolitik zu stellen.[19] Mit wichtigen Gesetzen, wie dem Bewirtschaftungsnotgesetz vom Oktober 1947, wurde der bürgerlichen Mehrheit des Wirtschaftsrates die Möglichkeit gegeben, jederzeit für bestimmte Wirtschaftszweige die Bewirtschaftungsmaßnahmen aufzuheben und den freien Wettbewerb einzuführen.[20] Der Abbau der »Zwangswirtschaft« und die freie Entfaltung einer privaten Wirtschaft war das erklärte Ziel der Mehrheit des Wirtschaftsrates, deren Wirtschaftsdirektor ab Anfang 1948 Ludwig Erhard hieß. Der wichtigste Schritt wurde mit der Währungsreform im Juni 1948 getan. In ihrem Effekt stellte diese Währungsreform eine gigantische Enteignung der Mehrheit der Bevölkerung dar. Die Lohn- und Gehaltsempfänger wurden zugunsten einer kleinen Minderheit, der Sachwert- und Produktionsmittelbesitzer, geschädigt.

Die Aufhebung des Preisstopps und die erst Monate später erfolgende Aufhebung des Lohnstopps trugen ihrerseits zur raschen Entfaltung der kapitalistischen Wirtschaftsordnung in den Westzonen bei.[21]

Der Einfluß der Gewerkschaften auf die Wirtschaftspolitik war außerordentlich gering. Zur Währungsreform hatten die Gewerkschaften eine gleichmäßige Belastung der Sach- und Geldwertbesitzer gefordert, ohne Gehör zu finden. Bei der Besetzung der wichtigen Fachstellen, die nach der Lockerung

19 Vgl. Klaus Schütz in: *Parteien in der Bundesrepublik*, Stuttgart und Düsseldorf 1955, S. 227 f.
20 S. Hermann Pünder, *Von Preußen nach Europa, Lebenserinnerungen*, Stuttgart 1968, S. 306 f.
21 Vgl. dazu im einzelnen das Kapitel *Der neue Kapitalismus* in diesem Band.

des Bewirtschaftungsgesetzes die Verteilung der Kontingente noch bewirtschafteter Waren regeln sollten, waren sie kaum angemessen berücksichtigt worden. In den Selbstverwaltungskörperschaften der Wirtschaft, vornehmlich den Industrie-, Handwerks- und Handelskammern, waren sie nicht, wie erstrebt, paritätisch vertreten. Ihr Einfluß auf die Planung und Lenkung des Wirtschaftsprozesses schwand vollends, als sie sich trotz demonstrativer Protestaktionen und eines eintägigen Generalstreiks nicht entschließen konnten, eine konsequente und offensive Auseinandersetzung mit dem Wirtschaftsrat über die Folgen der Währungsreform zu führen. Sie beschränkten sich auf Appelle und offenkundig deklamatorische Machtdemonstrationen, die nicht ernst genommen wurden. Der Wirtschaftsrat konnte auf die Mitarbeit und Zustimmung der Gewerkschaften verzichten, da er sich bei seiner Politik voll auf die alliierten Militärregierungen der Westzonen stützte.

Dennoch kann nicht davon die Rede sein, daß die Arbeiter die allgemeine wirtschaftliche Entwicklung widerstandslos hingenommen hätten.[22] Hunderttausende hatten im Frühjahr 1947 in Streiks und Demonstrationen gegen die verschlechterte Ernährungslage und die Kürzung der Schwerarbeiterrationen protestiert. Es gab befristete Streiks vor allem im Ruhrgebiet, wobei im Vordergrund die unmittelbar drängenden Probleme der Lebensmittelversorgung standen. Aber auch Sozialleistungsforderungen fehlten keineswegs. Die Militärregierungen drohten regelmäßig mit dem Einsatz von Militär gegen die Streikenden und mit weiteren Kürzungen der Rationen. Es gelang ihnen damit nur, für kurze Zeit Ruhe zu schaffen. Die Unruhen flammten immer wieder auf. Anfang 1948 führte eine große Welle von Proteststreiks und Demonstrationen zur Forderung nach einem Generalstreik. Der Vorsitzende des DGB in der britischen Zone, Hans Böckler, hatte auf einer Betriebsrätekonferenz in Mühlheim alle Hände voll zu tun, um den Unmut zu dämpfen. Die Gewerkschaftsführungen konnten sich nicht entschließen, die Forderungen der Arbeiter und Angestellten über die Auslösung großer Streikbewegungen durchzusetzen. Also blieb ihnen

22 Vgl. dazu Eberhard Schmidt, a.a.O., S. 134 ff.

nichts anderes übrig, als sich an die Spitze der Streiks zu stellen, um sie unter Kontrolle zu bekommen. Der amerikanische Militärgouverneur Clay bescheinigte den Gewerkschaften damals, sie »hätten ein Höchstmaß an Einsicht besessen«.[23] Eine *Anwendung* der Macht, die sich in den Streiks zeigte, haben die Gewerkschaften nie versucht, auch nicht, als am 12. November 1948 fast 9 Millionen Arbeiter und Angestellte die Arbeit niederlegten, um gegen die steigenden Preise und Lebenshaltungskosten zu protestieren. Die Gewerkschaftsführung weigerte sich, von einem Generalstreik zu sprechen und nannte die auf 24 Stunden befristete Aktion eine »Demonstration gewerkschaftlichen Willens«.[24] Dabei hatten einzelne Streiks durchaus unmittelbare Erfolge zu verzeichnen, wie der Streik gegen den Konzernherrn Reusch, den die Amerikaner schließlich aus einer geplanten Stahlkommission zurückziehen mußten, oder vereinzelte Streiks gegen die Demontage. Auch hier war freilich die Politik der Gewerkschaftsführung höchst zwiespältig. Widerstandsaktionen gegen die Zerstörung von Betrieben, die zu Arbeitslosigkeit führten, wurden unter dem Druck der Militärregierungen von der Gewerkschaftsbürokratie nur zaghaft oder gar nicht unterstützt. Böckler hielt an der Spitze des DGB jeden offenen Widerstand für zwecklos und versuchte, über diplomatische Stellen Einfluß zu gewinnen. Bei den Salzgitter-Hüttenwerken zeigte sich schließlich, daß der militante Widerstand der Belegschaft, verbunden mit einem allmählichen Wandel der Politik der Besatzungsmächte, das Schlimmste verhüten konnte.

Die Zurückhaltung der Gewerkschaften bei den Hungerstreiks und gegenüber dem Wirtschaftsrat zahlte sich nicht aus; das Wohlverhalten wurde von den Besatzungsmächten nicht honoriert. Die westlichen Alliierten, insbesondere die Amerikaner, waren entschlossen, in Westdeutschland nur eine Wirtschaftsverfassung zuzulassen, die ihren Interessen entgegenkam. Diese Interessen waren definiert durch die Politik des kalten Krieges. Die Vorstellung von Westdeutschland als kapitalistischem »Bollwerk gegen den Kommunismus« war die Richtschnur dieser Politik. Deshalb sollten keinerlei »sozialistische« Experimente stattfinden. Alle Bemühungen der Gewerkschaften,

23 *Frankfurter Rundschau* vom 15. 5. 1947.
24 *Die Gewerkschaftsbewegung in der brit. Zone*, a.a.O., S. 278.

die darauf abzielten, Elemente wirtschaftsdemokratischer Konzepte aus der Weimarer Zeit zu verwirklichen, waren damit zum Scheitern verurteilt, es sei denn, die entstehende Unruhe unter der Bevölkerung ließe solche Experimente als das kleinere Übel erscheinen. Aber auf eine solche Politik wollten sich die Gewerkschaftsführungen nicht einlassen. Der Druck der Mitgliedschaft war nicht stark genug, um sie zu einer Strategie zu zwingen, die in ihr Kalkül einbezogen hätte, daß auch die USA bei ihren Bemühungen, in Mitteleuropa ein antikommunistisches Bollwerk zu errichten, in gewisser Weise auf die Loyalität der Bevölkerung angewiesen waren und daß man dies als politische Druckmittel benutzen konnte.

So konnte die Militärregierung die demokratisch beschlossenen Sozialisierungsgesetze in Nordrhein-Westfalen suspendieren, ebenso wie sie die hessischen Sozialisierungsbestimmungen außer Kraft gesetzt hatte, indem sie die wichtigsten Betriebe durch Sondererlaß aus den geplanten Maßnahmen herausnahm.[25] Die Gewerkschaften hatten zwar mit Widerstand gedroht, aber sich dann mit papiernen Protesten begnügt.[26] Auch die Bemühungen um eine gesetzliche Sicherung des wirtschaftlichen Mitbestimmungsrechtes der Betriebsräte scheiterten am Einspruch der amerikanischen Militärregierung. Überall dort, wo neben sozialen Mitbestimmungsrechten auch wirtschaftliche gefordert wurden, die den Einfluß der Betriebsräte auf die Geschäftsführung der Unternehmen gestattet hätten, griffen die Amerikaner ein und verhinderten entsprechende gesetzliche Bestimmungen. Die Begründung, die dafür gegeben wurde, war fadenscheinig genug: solche Entscheidungen sollten nur von einer souveränen deutschen Zentralregierung getroffen werden, deren Bildung bevorstehe. Tatsächlich wurde diese Begründung aber nur dort ins Feld geführt, wo es darum ging, die privatkapitalistische Wirtschaftsordnung vor möglichen Störfaktoren zu schützen.[27]

So war von den Neuordnungsbemühungen der Gewerkschaften nach dem Zusammenbruch des Dritten Reiches schon bei

---

25 Vgl. dazu Clay, a.a.O., S. 357.
26 S. *Prot. 2. ord. Kongreß des DGB 1949 in Hannover*, Köln o. J., S. 36.
27 J. F. J. Gillen, *Labor Problems in West Germany*, Bad Godesberg–Mehlem 1952, S. 37 f., und John Gimbel, *The American Occupation of Germany*, Stanford (Cal.) 1968, S. 235 f.

der Gründung der Bundesrepublik nicht sehr viel geblieben: das Mitbestimmungsrecht, beschränkt auf die Montanindustrie, eine Reihe gesetzlicher Bestimmungen, die sich im Stadium der Suspendierung befanden, die Mitarbeit in einigen wenig bedeutenden Körperschaften und eine relativ festgefügte Organisation von fünf Millionen Mitgliedern. Das eindrucksvolle Bild der Geschlossenheit, das diese Organisation nach Ausschaltung der letzten relevanten kommunistischen Oppositionsreste bot, täuschte freilich. Es handelte sich in Wirklichkeit um einen Koloß auf tönernen Füßen, der keinen Gebrauch von seinen Kräften machen konnte, weil er jede Machtprobe gescheut und die Politisierung der Mitglieder unterlassen hatte. Fixiert an eine Politik der Spitzenverhandlungen und der Kabinettsdiplomatie, war es den Gewerkschaften nicht gelungen, in den entscheidenden ersten Jahren nach dem Kriege alternative Vorstellungen zur Restauration der alten Besitz- und Machtverhältnisse durchzusetzen. Sie befanden sich bereits zu Beginn der Geschichte der Bundesrepublik in der Defensive gegenüber einem dynamisch sich entfaltenden neuen Kapitalismus, der die alte Wirtschafts- und Gesellschaftsordnung wieder etablierte, als habe es keinen Faschismus und nicht dessen Zusammenbruch gegeben.

Die Alliierten hatten mit dem Marshallplan die Restauration der privatkapitalistischen Wirtschaft verbunden, und die Gewerkschaften hatten dieser Politik keinen nennenswerten Widerstand entgegengesetzt. Die bürgerlichen Parteien hatten über den Wirtschaftsrat den beherrschenden Einfluß auf die Entwicklung der Wirtschaftsordnung in den Westzonen wiedererlangt. Mit Unterstützung der Alliierten förderten sie eine Entwicklung, die von der Planwirtschaft zur Marktwirtschaft zurückführte, und machten sich von jeder Beeinflussung der Wirtschaftspolitik durch die Gewerkschaften frei. Die Unruhe unter der Arbeiterschaft, die sich in Streiks und Demonstrationen äußerte, wurde kaum genutzt, um Druck auf die politischen Parteien auszuüben. Die rasche Stabilisierung der wirtschaftlichen Verhältnisse in den Westzonen drängte die Gewerkschaften, die ihre Macht nicht einsetzten, immer weiter in die Rolle einer systemkonformen Opposition. Die SPD in ihrer Rolle als »konstruktive Opposition« und die im Zuge des wachsenden Antikommunismus schwächer werdende

KPD boten sich nicht mehr als Transmissionsriemen gewerkschaftlicher Zielvorstellungen an.

## c. *Der neue Kapitalismus*

Die wichtigsten Voraussetzungen für eine Wiederherstellung der kapitalistischen Wirtschaftsordnung in den westlichen Zonen sind bald nach dem Zusammenbruch des Dritten Reiches geschaffen worden. Die Verschärfung des Ost-West-Konflikts brachte eine erste Wandlung der amerikanischen Politik gegenüber Deutschland. Nach einer kurzen Periode, in der die wirtschaftliche Schwächung des besetzten Gebietes das Hauptziel der amerikanischen Politik war, setzten sich bald diejenigen Kräfte durch, die in einem wirtschaftlichen Wiederaufbau der Westzonen ein wirksames Instrument gegen den Kommunismus sahen. Die politische Stabilität, die die Anwesenheit der amerikanischen Besatzungstruppen garantierte, konnte von der amerikanischen Militärregierung zur Restauration einer privatwirtschaftlichen Ordnung genutzt werden. Eingriffe in demokratische Willensbildungsprozesse, die im Gegensatz zur offiziell verkündeten Ideologie der demokratischen Erziehung der Deutschen standen, wurden kaum verschleiert. Direkte Hilfeleistungen, wie der Marshallplan und vorher die GARIOA-Lieferungen, wurden im Interesse der Wiederherstellung einer privatkapitalistischen Wirtschaft eingesetzt. Der Zufluß an Hilfsmitteln betrug, was die Nahrungsgüter und später industrielle Rohstoffe betraf, bis Ende 1954 etwa 2 Milliarden Dollar. Der Beitrag zu den Investitionsmitteln, der aus Marshallplan-Gegenwertmitteln bestand (geliefert wurden Waren, und die Erlöse vom deutschen Verbraucher halfen die Investitionen zu finanzieren), machte bis 1954, dem Ende der Lieferungen, noch einmal rund 5 Milliarden DM aus. Auf dem Höhepunkt der Lieferungen wurden 9 Prozent aller Bruttoinvestitionen aus diesen Marshallplanmitteln finanziert.[28] In die restaurative politische Linie fügte sich die Wirtschaftspolitik des Frankfurter Wirtschaftsrates ein. Dort hatte sich die Mehrheit mit der Lockerung der Bewirtschaftungsnotge-

---

[28] Henry C. Wallich, *Die Triebkräfte des deutschen Wiederaufstiegs*, Frankfurt a. Main 1955. Bei Wallich auch die folgenden Zahlen, soweit nicht ausdrücklich anderes vermerkt ist.

setze schon früh für ein rein produktionsorientiertes Wachstum entschieden. Im Mittelpunkt der dort getroffenen gesetzgeberischen Maßnahmen stand das Ziel, das Gewinnstreben privater Unternehmer zu fördern, nicht etwa der Wunsch der breiten Massen nach Vollbeschäftigung. Härten für die lohnabhängige Bevölkerung wurden bewußt in Kauf genommen; sie sollten gemildert werden durch eine Prosperität, die den zu kurz Gekommenen einen Anteil am Sozialprodukt verschaffen würde, der ihre Unzufriedenheit zügelte. Diese Absicht stand hinter dem Konzept, das Ludwig Erhard ideologisch als »soziale Marktwirtschaft« anpries. Seine Verwirklichung begann mit der Währungsreform vom Juni 1948. An diesem Tage erhielt jeder Bürger 40 DM zur freien Verfügung. Das Ergebnis war ein Konsumstoß großen Ausmaßes: die in großen Mengen gehorteten Waren tauchten wieder in den Geschäften auf. Da die Sachwert- und Produktionsmittelbesitzer nicht von der Währungsreform betroffen waren, wurden sie die großen Gewinner. Der Konsumboom, der die Preise hochtrieb, kurbelte die Industrieproduktion kräftig an; sie stieg in wenigen Monaten um 50 Prozent. Die Gewinnraten der Unternehmer erhöhten sich noch dadurch, daß der Aufhebung des Preisstopps, die kurz vor der Währungsreform verfügt worden war, erst Monate später, am 1. Oktober 1948, eine Aufhebung des Lohnstopps folgte. In nüchternen Zahlen stellt sich die Entwicklung im zweiten Halbjahr 1948 folgendermaßen dar: (1936 = 100)[29]

| 1948 | Industrie-Produktion | Arbeitslosenzahl | Lebenshaltungskosten | Grundstoffpreise |
|---|---|---|---|---|
| Juni | 54 | 3,2% | | |
| Juli | 60 | | 102 | 77 |
| Aug. | 65 | | 104 | 83 |
| Sept. | 71 | 5,5% | 107 | 87 |
| Okt. | 76 | | 112 | 91 |
| Nov. | 81 | | 111 | 92 |
| Dez. | 79 | 5,3% | 112 | 93 |

Die Entwicklung der Wirtschaftstätigkeit von 54 auf 79 Punkte war dabei statistisch sicherlich unterschätzt, wie genauere

[29] Bank deutscher Länder, *Monatsberichte 1948*.

Untersuchungen vermuten lassen. Die Steigerung der Grundstoffpreise um 21 Prozent, der Industriepreise um 14 Prozent und der Lebenshaltungskosten um 14 Prozent machen jedoch deutlich, daß die beträchtlichen Gewinne dieser Periode die erste Akkumulationsbasis für viele Unternehmer darstellten. Die Einkommensverwendung in dieser Periode ist gekennzeichnet durch einen äußerst niedrigen Prozentsatz des privaten Verbrauchs und einen hohen Anteil an den Investitionen. Die Verwendung des Volkseinkommens (bei laufenden Preisen) von 1949 bis 1953 zeigt folgende Entwicklung[30]:

|  | 1949 | 1953 |
|---|---|---|
| Privater Verbrauch | 62,5% | 56,3% |
| Bruttoinvestitionen (einschl. öffentl. Hand) | 19,8% | 24,4% |

Die Einkommensverteilung zeigt bereits 1950 den hohen Grad an Ungleichheit, den sie im Laufe der nächsten zwanzig Jahre beibehalten sollte: 50 Prozent der Einkommensempfänger am Boden der Einkommenspyramide erhielten 16 Prozent des Gesamteinkommens, 5 Prozent an der Spitze der Pyramide dagegen 27 Prozent.[31] Die Währungsreform hatte Unternehmer, Geschäftsleute und Selbständige auf Kosten der abhängig Beschäftigten, der Rentner und der Arbeitslosen entscheidend begünstigt. Die Enteignung der überwiegenden Mehrheit der Bevölkerung konnte nicht perfekter gehandhabt werden: »In der Geschichte des deutschen Kapitalismus ist die Klassenteilung der Gesellschaft nie offener und unerbittlicher zur Grundlage einer wirtschaftspolitischen Entscheidung gemacht worden als in der Geldreform des Jahres 1948.«[32]

Der erste Boom der Nachkriegszeit bedeutete aber noch nicht die endgültige Konsolidierung des neuen kapitalistischen Systems in der Bundesrepublik. Mit dem Erlahmen der Kaufkraft (Nachhinken der Löhne) folgte auf die halbjährige Hochkonjunktur eine Phase der Stagnation von Ende 1948 bis Mitte 1950. In diesem Zeitraum verlangsamte sich das wirtschaftliche Wachstum, Krisentendenzen traten offen zu-

30 Wallich, a.a.O.
31 *Wirtschaft und Statistik*, Juni 1954, S. 265.
32 Theo Pirker, *Die blinde Macht*, Bd. I, München 1960, S. 98.

tage. Die Produktion stieg nur noch um 23 Prozent in fünfzehn Monaten, die Preise fielen leicht ab, und die Arbeitslosigkeit nahm rapide zu. Im März 1949 betrug sie bereits 8 Prozent, im März 1950 sogar 12,2 Prozent.[33] Die restriktive Politik der Bank deutscher Länder und der hinhaltende Widerstand der Regierung gegen Arbeitsbeschaffungsprogramme hatten rund zwei Millionen Arbeitslose zur Folge. Das Experiment Erhard geriet in eine ernsthafte Krise.

Zu diesem Zeitpunkt, Ende Juni 1950, brach der Koreakrieg aus und veränderte die Situation. Der Produktionsindex stieg von 110 Punkten im Juni 1950 auf 131 im Dezember 1950; er ging erst wieder im Juni 1951 leicht zurück. Die Chance der bundesrepublikanischen Wirtschaft, den Koreaboom zu nutzen, hatte zwei Hauptursachen: einmal die großen unausgelasteten Kapazitäten gegenüber den anderen Industrieländern, die es ermöglichten, die benötigten Güter rasch und in ausreichender Menge zu produzieren; zum anderen die durch niedrige Löhne entstehenden Exportvorteile der westdeutschen Industrie auf dem Weltmarkt. Der neue Kapitalismus ging mit wesentlich gefestigten Fundamenten aus dem Koreaboom hervor. Die Engpässe auf den Sektoren Kohle, Stahl und Energie, die eine noch höhere Produktion verhindert hatten, wurden in der Folgezeit beseitigt, so daß die Entwicklung auf hohem Niveau, wenn auch nun langsamer, voranschritt. Die Arbeitslosenzahl sank vom September 1951, aber nur sehr langsam von 7,7 Prozent im September 1954.[34] Ein großer Teil der Flüchtlinge war damit wieder in den Produktionsprozeß eingegliedert worden.

Diese Konjunkturentwicklung, deren Hauptlast die Arbeitnehmer trugen, war nicht ohne die Wirtschaftspolitik der Regierung denkbar. Die Arbeitnehmer trugen die Last in doppelter Weise: einmal in Form niedriger, nur allmählich ansteigender Löhne, zum anderen in Form von Steuern, die über den Staatshaushalt in vielfacher Weise wieder der privaten Wirtschaft zuflossen. Die Wirtschaftspolitik der Regierung Adenauer fand zahlreiche Gelegenheiten, die Investitionsbereitschaft der Unternehmer zu fördern. Im wesentlichen geschah das über Steuervergünstigungen, die es den Unterneh-

33 Wallich, a.a.O.
34 Wallich, a.a.O.

mern erlaubten, Steuern zu sparen und Mittel zur eigenen Vermögensbildung zu behalten, die sonst über den Staatshaushalt sozialen Bedürfnissen hätten zugeführt werden können. Die staatlich protegierte Unternehmerwirtschaft der Bundesrepublik mit ihrer einseitigen Bevorzugung der Selbständigen erstaunte sogar konservative Wirtschaftswissenschaftler wie den Amerikaner Henry C. Wallich, der in seinem Buch über die *Triebkräfte des deutschen Wiederaufstieges* schrieb: »Alle Bestandteile des Systems sollten der Ermutigung unternehmerischer Kräfte zur Gewinnsteigerung dienen.«[35] »Sie [die Steuervergünstigungen, d. V.] erlaubten den Unternehmern, einen guten Teil der in den ersten Jahren nach der Währungsreform verzeichneten erheblichen Gewinne zu behalten und zurückzulegen.«[36] »Durch die Förderung der Selbstfinanzierung bei Unternehmungen leisteten sie einer wachsenden Ungleichheit in der Verteilung des Besitzes Vorschub. Das Prinzip der Bevorzugung selbständiger Geschäftsleute gegenüber den Beziehern fester Einkommen wurde zum äußersten getrieben.«[37]

Der bedeutsamste Faktor des Wiederaufbaus der kapitalistischen Wirtschaft in der Bundesrepublik, die hohe Spar- und Investitionsrate, ging zu Lasten der Steuerzahler. Die breite Masse der Einkommensbezieher mußte auf sozialen Konsum verzichten, der unter normalen Umständen aus Steuermitteln finanziert worden wäre. Der Investitionsaufschwung – die Bruttoinvestitionen machten in diesen Jahren 25 Prozent des Bruttosozialproduktes aus, was weit über dem internationalen Durchschnitt lag – wurde finanziert durch die gewaltigen Steuervergünstigungen, die der Staat den Unternehmern zuschanzte.

Das Einkommenssteuergesetz sah großzügige zinslose Darlehen für Firmen und Einzelpersonen im Bausektor vor. Die degressiven Abschreibungssätze, die im Jahr 1952 eingeführt wurden, gestatteten den Unternehmern eine Selbstfinanzierung in riesigem Ausmaß. Zwei Drittel der Bruttofinanzierung der Investitionen fielen in dieser Zeit unter die Kategorie der Selbstfinanzierung. Das Organschaftsprinzip erlaubte beispielsweise,

35 Wallich, a.a.O., S. 125.
36 A.a.O., S. 152.
37 A.a.O., S. 155.

daß arbeitsteilig produzierende Konzerne keine Umsatzsteuer bei Transaktionen innerhalb des Konzerns entrichten mußten. Die Ergebnisse waren ein enormer Steuerverlust und ein beschleunigter Konzentrationsprozeß. Außerdem wurden den Unternehmen bis 1956 äußerst großzügige Sonderabschreibungen gewährt (§ 36 des EStG). Ein Investitionshilfegesetz vom 13. 2. 1952 verpflichtet die Wirtschaft, der Schwerindustrie 1 Milliarde DM für Investitionen in Form zinsloser Kredite zur Verfügung zu stellen. So flossen rund 40 bis 50 Milliarden DM von 1948 bis 1953 an neugebildetem Kapital einer kleinen Bevölkerungsgruppe zu – den selbständigen Unternehmern.
Auch die öffentlichen Investitionen, die zu dieser Zeit rund 20 Prozent der Bruttoinvestitionen ausmachten und zum Teil aus Marshallplan-Gegenwertmitteln finanziert wurden, nahmen etwa zur Hälfte die Form einer Finanzierung privater Unternehmer an, vor allem über den Wohnungsbau. Das Resultat dieses Prozesses, bei dem der Zuwachs an Produktivvermögen sich auf die schon Besitzenden beschränkte und die Vermögensbildung der Nichtbesitzenden minimal blieb, war, »daß heute weitgehend dieselben Namen an der Spitze der deutschen Wirtschaft stehen wie vor 20, 30, 40 Jahren«.[38]

Die Gewerkschaften fügten sich in dieses System einer staatlich unterstützten Unternehmerwirtschaft ein, indem sie einen wesentlichen Beitrag zu seiner Entfaltung leisteten: durch Zurückhaltung in der Lohnpolitik. Der gewiß unverdächtige amerikanische Ökonom Wallich beschreibt die Bedeutung dieses Faktors so: »Der wahrscheinlich wichtigste Beitrag der gewerkschaftlichen Tarifpolitik war der, welcher zur Finanzierung der Investitionen geleistet wurde. Das Zurückbleiben der Löhne hinter den Preisen schuf große Gewinne und ermöglichte der Industrie eine Selbstfinanzierung großen Ausmaßes. Die Ungleichheit der Einkommensverteilung, durch welche die höheren Einkommen begünstigt wurden, bei denen die Sparrate relativ stärker ist, war die wesentliche Bedingung der erweiterten Investitionsrate. [...] Im Dezember 1948, sechs Monate nach der Währungsreform, stand der Index der Industriepreise bei 192 (1938 = 100), während sich die Stundenlöhne bei 143 bewegten. Die Teil-Indizes für Grundstoffe

38 Jörg Huffschmid, *Die Politik des Kapitals*, Frankfurt/M. 1969, S. 141.

und Kapitalgüter hatten jeweils den Stand von 195. In dieser Kluft nahm die Quelle eines außergewöhnlichen Volumens von Gewinn und Selbstfinanzierungskraft ihren Ursprung. Durch die optimistischen Gewinnerwartungen wuchs ebenfalls der Investitionsanreiz.«[39] Den Gewerkschaften war diese Entwicklung keineswegs entgangen. Im Geschäftsbericht des DGB von 1950/51 finden sich dazu die Sätze: »Mit voller Berechtigung kann gesagt werden, daß der Wiederaufbau der deutschen Wirtschaft weitgehend über niedrig gehaltene Löhne und anomal gesteigerte Preise zu Lasten der breiten Massen durchgeführt wurde.«[40] Sie hatten diese Entwicklung aber nicht verhindert oder nicht verhindern können. Gegen die Lockerung der Bewirtschaftungsgesetze, gegen die Währungsreform und gegen die verzögerte Aufhebung des Lohnstopps waren Protestdemonstrationen veranstaltet worden. Eine konsequente Linie war freilich in dieser Politik nicht zu erkennen. Sie blieb auch völlig folgenlos, da bei den Gewerkschaftsführungen keinerlei Bereitschaft bestand, eine offensive Auseinandersetzung mit der »sozialen« Marktwirtschaft zu führen. Als die ersten Krisentendenzen auftraten, beschränkte man sich in der Regel auf Appelle und stellte weitreichende Wirtschaftsprogramme auf, die bei den bestehenden Mehrheitsverhältnissen im Parlament keinerlei Chance hatten, realisiert zu werden.

Das wohl wichtigste Hindernis für eine Mobilisierung der Arbeitnehmer in dieser Zeit war die hohe Zahl der Arbeitslosen. Hinzu kam, daß die Mitgliedsbeiträge erst nach und nach wieder einen Kassenstand schufen, der Streikunterstützungen in größerem Ausmaß erlaubte. Die zentralistische Organisationsform unterstützte schließlich eine Politik, die darauf ausgerichtet war, Mitgliederinteressen in Spitzenverhandlungen zu vertreten, und nicht in Arbeitskämpfen. Die Gewerkschaften konzentrierten sich weniger auf Lohnkämpfe als auf die Durchsetzung der betrieblichen und überbetrieblichen Mitbestimmung. Nachdem die ohnehin bescheidenen Sozialisierungsforderungen unter dem Druck der Besatzungsmächte ad acta gelegt werden mußten, sollte wenigstens eine

---

[39] Wallich, a.a.O., S. 231 ff.
[40] *Geschäftsbericht des Bundesvorstandes des DGB, 1950–1951*, Köln, o. J., S. 244.

Mitgestaltung der Wirtschaftspolitik erreicht werden. Darauf legte auch das Grundsatzprogramm des DGB, das 1949 verabschiedet worden war, das Schwergewicht.

Die Frage, ob es damals möglich gewesen wäre, mit »konsequent durchgefochtenen Lohnkämpfen Wiederaufbau und Konsolidierung des kapitalistischen Wirtschaftssystems«[41] zu behindern und politische Aktionen auszulösen, muß offenbleiben. Vermutlich hätte ein solches Konzept nur Aussicht auf Erfolg gehabt, wenn in den Jahren vor der Währungsreform eine Vorbereitung der Arbeiterschaft durch Kämpfe gegen die ersten Ansätze der kapitalistischen Restauration erfolgt wäre. Aber zu diesem Zeitpunkt hatten sich die Gewerkschaften bereits als Befriedungsfaktor gegenüber den unruhigen Arbeitern bestätigt.

Nach dem Abklingen des ersten Booms im Frühjahr 1949, dem die lange Periode der Stagnation folgte, warteten die Gewerkschaften geduldig auf den Zusammenbruch des Erhardschen Experiments, ohne mit Lohnforderungen nachzustoßen. Die Verantwortung für die krisenhafte Entwicklung sollte die Regierung tragen. Im Geschäftsbericht heißt es zu dieser Zeit zur Lohnpolitik: »Die Lohnpolitik der Gewerkschaften bedeutet also vom Herbst 1950 an nichts anderes als eine Abwehrmaßnahme. Es mußte verhindert werden, daß sich die Realeinkommen der arbeitenden Bevölkerung infolge Preiserhöhungen verschlechterten, trotzdem sich das Sozialprodukt laufend vergrößerte. Jede andere Beurteilung dieser Entwicklung verkennt die Tatsachen und unterstellt der gewerkschaftlichen Lohnpolitik Aufgaben, die einzig und allein von der verantwortlichen Regierung hätten gelöst werden können.«[42] Die defensive Lohnpolitik der Gewerkschaften war freilich auch als »Abwehrmaßnahme« wenig erfolgreich. Die Anteile von Lohn und Gehalt am Sozialprodukt sind von 1948 bis 1951 ständig gesunken, um 1951 wieder leicht anzusteigen.

---

41 Rainer Deppe u. a., *Das Ende des »Wirtschaftswunders« und die Gewerkschaften*, in: *Heidelberger Blätter* 12/13, April–Oktober 1968, S. 110.
42 *Geschäftsbericht des DGB 1950/51*, a.a.O., S. 301.

| Jahr | Lohn- und Gehaltsanteil |
|---|---|
| 2. Halbjahr 1948 | 63,5% |
| 1. Halbjahr 1949 | 59,9% |
| 2. Halbjahr 1949 | 57,9% |
| 1. Halbjahr 1950 | 61,5% |
| 2. Halbjahr 1950 | 54,9% |
| 1. Halbjahr 1951[43] | 56,8% |

Schätzungen des Wirtschaftswissenschaftlichen Instituts der Gewerkschaften zufolge, die von der amtlich anerkannten Übersicht über die Einkommensschichtung im Mai 1950 ausgehen und fortgeschrieben wurden, lassen eine Quote der Löhne und Gehälter am berichtigten Sozialprodukt von nur 47 Prozent erscheinen. »Verglichen mit dem 1. Vierteljahr 1949, das keinesfalls normal für die Masseneinkommen war, steigerten sich bis zum 1. Quartal 1951 die Masseneinkommen um 27 Prozent, das Einkommen der öffentlichen Hand um 32 Prozent und das Einkommen der Selbständigen um 55 Prozent.«[44]

Von einer aktiven Lohnpolitik war zu diesem Zeitpunkt noch nicht die Rede. Nach einem kurzen Streik in der bayerischen Metallindustrie im Februar 1950, an dem 15 000 Arbeiter und Angestellte teilgenommen hatten, kam es zum ersten bedeutenden Lohnstreik in der Geschichte der Bundesrepublik erst im August 1951, also gut zwei Jahre nach der Währungsreform. Der Streik brach in der hessischen Metallindustrie aus, als die Arbeitgeber eine Lohnpause wegen stagnierender Konjunktur verlangt hatten und die IG Metall eine Lohnerhöhung um 12 Pfennig pro Stunde verlangte. Es kam zur Urabstimmung; vom 27. August bis 24. September 1950 streikten 75 000 hessische Metallarbeiter; am 15. September intervenierte der hessische Ministerpräsident, und die streitenden Parteien unterwarfen sich seinem Schiedsspruch. Das Schiedsgericht hielt eine Lohnerhöhung von 3 Pfennig für angemessen, zusätzlich einige sozial differenzierte Zulagen. Die IG Metall empfahl ihren Mitgliedern den Schiedsspruch anzunehmen, obwohl

43 A.a.O., S. 318.
44 A.a.O., S. 318.

er nicht ihren Beifall gefunden hatte. Von 61 888 abstimmungsberechtigten Mitgliedern stimmten 9568 für den Kompromiß, 39 050 dagegen. Die Gewerkschaft erklärte den Streik für beendet, da weniger als 75 Prozent der am Streik Beteiligten sich gegen den Spruch entschieden hatten.[45] Dieser erste große Streik machte deutlich, daß die Gewerkschaften nicht bereit oder in der Lage waren, sich gegen die Einmischung des Staates, der die Interessen der Unternehmer vertrat, zur Wehr zu setzen. Sie akzeptierten den ihnen vorgeschriebenen Verhaltensrahmen.

Dieser Fall stand nicht isoliert. Die wirtschaftspolitischen Forderungen, die der DGB am 12. 3. 1951 mit großem Propagandaaufwand an die Öffentlichkeit trug, bezogen sich im wesentlichen auf eine verstärkte Investitionslenkung, eine Lenkung des Außenhandels und eine Veränderung der Steuerpraxis. Im Vergleich zum Grundsatzprogramm des DGB, das zwei Jahre vorher vom Münchner Gründungskongreß verabschiedet worden war, sind hier deutliche Anpassungstendenzen erkennbar. Damals standen noch die Forderungen nach Mitbestimmung, Gemeineigentum und Ausrichtung der Wirtschaft an den Prinzipien der Vollbeschäftigung und Bedarfsdeckung im Mittelpunkt, also eine Veränderung des Wirtschaftssystems; nun ist nur noch von Maßnahmen die Rede, die das System im Interesse der Arbeitnehmer verbessern sollen. Wie integrationsbereit die Gewerkschaftsführung damals schon war, zeigt ein Abschnitt aus dem Geschäftsbericht zur Frage Markt oder Plan?: »In der Frage Planwirtschaft oder freie Marktwirtschaft sind die Gewerkschaften keinesfalls dogmatisch. Sie sehen weder in der prinzipiellen Freilassung der unternehmerischen Kräfte noch in ihrer absoluten Fesselung von vornherein etwas Gutes oder Schlechtes. Sie sind vielmehr der Meinung, daß, wie überall im gesellschaftlichen Leben, das vertretbare Maß an Freiheit und Bindung gefunden werden muß.«[46]

Weiter heißt es dort, daß zu den wirtschaftlichen Momenten das soziale Moment, zu dem wirtschaftlichen das soziale Prinzip kommen muß. Derlei Allgemeinplätze konnten kaum dar-

---

45 *75 Jahre Industriegewerkschaft*, zusammengestellt von Fritz Opel und Dieter Schneider, Frankfurt am Main, S. 398.
46 *Geschäftsbericht des DGB 1950/51*, a.a.O., S. 231.

über hinwegtäuschen, daß die Gewerkschaftsführung kein alternatives politisches Konzept besaß, das dem sich durchsetzenden Neokapitalismus hätte gefährlich werden können. Eine solche Alternative hätte zu diesem Zeitpunkt, aufgrund des sich verschärfenden Antikommunismus, gegen das Mißtrauen in der Bevölkerung angehen müssen, denn auf dem Höhepunkt des kalten Krieges konnte alles, was mit dem Begriff »Planung« zu verbinden war, sehr leicht als Machenschaft des kommunistischen »Feindes« verteufelt werden. Und die gewerkschaftlichen Programme standen ohnehin unter dem Angriff der antikommunistischen Ideologen. Freiheit wurde von breiten Teilen der Bevölkerung mit freier Marktwirtschaft gleichgesetzt. Eine Reihe von Gewerkschaften dachte offenbar ähnlich. Die zweite Welle des Ausschlusses kommunistischer Funktionäre der mittleren und unteren Ebene setzte nun ein.

### d. Unterwerfung unter das Parlament

Die Gewerkschaftsführung hatte ihre Energie in den Jahren nach dem Krieg vor allem auf das Konzept der Wirtschaftsdemokratie verwandt. In einem Leitartikel des offiziellen Funktionärsorgans des DGB konnte man im Dezember 1952 lesen, wie die Entwicklung gedacht war und welche Enttäuschungen die Folge waren. Dort beklagte man sich: durch den wachsenden Widerstand der Unternehmer gegen Lohnerhöhungen, die bisher »in der Regel ohne ernsthafte Differenzen vonstatten gingen, [...] wurden die Gewerkschaften ganz gegen ihre Absicht [!] gezwungen, so wie vor 1933 ihre Tätigkeit vornehmlich auf die Regelung der Lohn- und Arbeitsbedingungen zu verlegen. Ihre Bestrebungen sind demgegenüber seit 1945 vorwiegend darauf gerichtet, die Mitbestimmung und Mitgestaltung der Wirtschaft zu erreichen und eine vernünftige und geregelte Verteilung des erarbeiteten Sozialprodukts bei möglichst niedrigen Preisen durchzusetzen«.[47] Zu diesem Zeitpunkt war die Mitbestimmungsposition bereits auf die isolierte paritätische Mitbestimmung in der Montanindustrie zusammengeschrumpft und ein gewerkschaftsfeindliches Betriebsverfassungsgesetz verabschiedet worden. Die Gewerkschaften waren in den neuen Staat, der der alte war, wenn

47 *Die Quelle* 3/1952, S. 633.

man die Besitz- und Machtverhältnisse betrachtet, integriert – nicht als mitgestaltende Kraft bei den zentralen Entscheidungen, wie sie das erwartet hatten, sondern als pluralistischer Interessenverband unter anderen. Während die Gewerkschaften ihr Hauptziel – mehr Mitbestimmung auf allen Ebenen – verfolgten, hatte sich der Kapitalismus mit kräftiger Hilfe der Besatzungsmächte von der Krise des faschistischen Zusammenbruchs erholt und sich neu entfaltet; alle Angriffe der Gewerkschaften, die auf die Verfügungsgewalt über privaten Kapitalbesitz zielten, konnten abgewehrt werden. Die Regelung der Eigentumsverhältnisse der Schwerindustrie zu Beginn der fünfziger Jahre hatte gezeigt, wie rasch die Machtelite der deutschen Industrie wieder in die alten Positionen einrückte. Bereits 1950 hatten die Westalliierten angedeutet, daß die von ihnen beschlagnahmte Schwerindustrie den ehemaligen Aktionären zurückgegeben würde. Und als die Regierung Adenauer auf eine Lösung drängte, erließ die amerikanische Besatzungsmacht bald Einzelbestimmungen über einen Aktienumtausch. Ungeachtet des verbalen Protestes der Gewerkschaften hatten 1952 die meisten Altbesitzer wieder die Verfügungsgewalt über den größten Teil der Schwerindustrie erlangt; sie konnten einen Rekonzentrationsprozeß in Gang setzen, der die Mitbestimmungsrechte der Gewerkschaften in den folgenden Jahren zunehmend aushöhlte.

Zur Verteidigung der 1947 in der Montanindustrie verankerten paritätischen Mitbestimmung hatten die Gewerkschaften schon bald nach der Gründung der Bundesrepublik aufrufen müssen. Mitte 1950 arbeitete man im Bundeswirtschaftsministerium unter Ludwig Erhard an Entwürfen zur Ablösung des alliierten Rechts in der Montanindustrie durch ein deutsches Aktienrecht. Das hätte bedeutet, daß die Mitbestimmungsregelung, wie sie seit fünf Jahren praktiziert wurde, weggefallen wäre, denn deutsches Recht sah eine paritätische Mitbestimmung nicht vor. Gemeinsam mit den betroffenen Belegschaften, Betriebsräten und Aufsichtsräten mobilisierten die Gewerkschaften den Widerstand. In Urabstimmungen sprachen sich in der Eisen- und Stahlindustrie Ende 1950 fast 96 Prozent der Gewerkschaftsmitglieder und Anfang 1951 im Kohlenbergbau 93 Prozent für Kampfmaßnahmen zur Verteidigung der Mitbestimmungsregelung aus. Diese Urabstimmungsergebnisse waren ein Zeichen dafür, daß die Restauration der alten Besitz- und Machtverhältnisse in den Grundstoffindustrien nicht widerspruchslos hingenommen wurde. Aber zum offenen Konflikt kam es nicht. Die entschiedene Haltung der Arbeitnehmer und der Gewerkschaften bewog Bundeskanzler Konrad Adenauer, sich als Vermittler zwischen Arbeitgebern und Gewerkschaften einzuschalten – wohl nicht zuletzt, um bei der drohenden Niederlage, die sich für die Gegner der Gewerkschaftsforderungen abzeichnete, die Regierung rechtzeitig aus der Schußlinie zu bringen. Die Auseinandersetzung sollte auf der wirtschaftspolitischen Ebene zwischen den »Sozialpartnern« ausgetragen werden. Adenauers Taktik war erfolgreich. In Verhandlungen mit beiden Kontrahenten verbürgte er sich schließlich für eine gesetzliche Regelung des Mitbestimmungsrechts in der Montanindustrie im Sinne der bisherigen Praxis. Den Gewerkschaften wurde die paritätische Mitbestimmung des Aufsichtsrates, der »neutrale« elfte Mann, die Bestellung eines Arbeitsdirektors im Vorstand des Unternehmens sowie das Vorschlagsrecht für diese Positionen zugestanden. Ein Streik war nach Erfüllung dieser Forderungen nicht mehr erforderlich.[48]

Die Auseinandersetzung hatte indes deutlich gemacht, daß die Gewerkschaften, wenn sie entschlossen genug vorgingen, imstande waren, durch außerparlamentarische Aktionen oder deren glaubwürdige Androhung die Gesetzgebung zu beeinflussen. Sie stützten sich dabei in ihrer Argumentation auf das Koalitionsrecht des Grundgesetzes, das ihnen die Wahrung der Arbeits- und Wirtschaftsbedingungen, also auch deren konkrete Ausgestaltung, zusicherte. Das Parlament müsse für die Bekundung der Interessen gesellschaftlicher Organisationen, sofern diese ihre Ansprüche öffentlich und demokratisch legitimieren könnten, offen sein.

Diese Begründung mußte notwendigerweise den heftigen Widerstand derjenigen hervorrufen, die den Gewerkschaften im neuen Staat nur einen begrenzten Spielraum als Interessenvertretung der Arbeitnehmer zugestehen wollten; auf keinen Fall sollte den Gewerkschaften, nach dieser Auffassung, eine Einwirkung auf den Gesetzgebungsprozeß gestattet sein. Adenauer hatte dem DGB-Vorsitzenden Böckler gegenüber er-

[48] Vgl. dazu im einzelnen Eberhard Schmidt, a.a.O., S. 182 ff.

klärt, der angedrohte Streik zur Durchsetzung der gewerkschaftlichen Mitbestimmungsforderungen »könnte nur das Ziel haben, die Entscheidung der frei gewählten Volksvertretung durch die Androhung oder Herbeiführung wirtschaftlicher Schäden, die alle treffen, in die Richtung gewerkschaftlicher Wünsche zu drängen«.[49] Dahinter stand die These, daß das Volk nach dem Wahlakt keinen direkten Einfluß mehr auf die Formulierung der Politik zu nehmen habe und die Abgeordneten nur ihrem Gewissen, nicht aber denen, die sie gewählt haben, verantwortlich seien.

Adenauer hatte freilich rechtzeitig begriffen, daß die Zeit für eine aggressive Änderung der sozialen Verhältnisse in der Schwerindustrie zugunsten der konservativen Intentionen noch nicht gekommen war. Das bedeutete aber keineswegs, daß er nicht versuchen würde, bei Gelegenheit den gewerkschaftlichen Einfluß zurückzudrängen.

Die Auseinandersetzungen um ein Betriebsverfassungsgesetz boten diese Möglichkeit. Bereits in der Regierungserklärung von 1949 war eine Regelung der betrieblichen Beziehungen angekündigt worden; sie sollte aber zunächst den Interessenverbänden zur Aushandlung überlassen werden. Die Regierung griff erst ein, als im ersten Halbjahr 1950 die Verhandlungen zwischen Arbeitgeberverbänden und Gewerkschaften gescheitert waren. Die Arbeitgeber waren nicht bereit, wirksame wirtschaftliche Mitbestimmungsrechte der Betriebsräte und den Einfluß der Gewerkschaften auf diese Betriebsräte zu akzeptieren. Und ein Gesetzentwurf der CDU/CSU fand nicht die Zustimmung der Gewerkschaften, da dieser in den Betrieben die Einrichtung gewerkschaftsunabhängiger, der Friedenspflicht unterworfener Gremien vorsah, denen keine wirklichen Mitbestimmungsrechte gewährt werden sollten.

In der Gewerkschaftsleitung entspann sich im Zusammenhang mit der bevorstehenden 1. Lesung dieses Gesetzentwurfes Mitte 1950 eine heftige Diskussion darüber, ob man sich mit den Arbeitgebern einigen sollte, da von Regierung und Parlament nur Schlimmeres zu erwarten sei, oder ob man weiter mit der Regierung verhandeln sollte. Aktionen nach der 1. Lesung des Gesetzes fanden nicht statt oder wurden zu Kund-

---

49 *Informations- und Nachrichtendienst der Bundespressestelle des DGB*, Düsseldorf, 1950–1952, Bd. I, S. 113.

gebungen umfunktioniert, auf denen man der Regierung »die Meinung sagte«. Die Auseinandersetzungen um ein neues Betriebsverfassungsgesetz wurden erst unterbrochen durch die Maßnahmen zur Verteidigung der paritätischen Mitbestimmung in der Montanindustrie Ende 1950/Anfang 1951. Der gewerkschaftliche Erfolg setzte sich freilich nicht in einer Beschleunigung des Konflikts um die Betriebsverfassung fort. Im Gegenteil, Adenauer versuchte Zeit zu gewinnen: Vom Frühjahr bis zum Herbst 1951 verhandelte er mehrmals mit den Gewerkschaftsführern, ohne allerdings konkrete Zusagen zu machen. Die zuständigen Bundestagsausschüsse arbeiteten weiter an dem CDU-Entwurf und einem Regierungsentwurf, der für die Gewerkschaften noch schlechter ausfiel. In den Gewerkschaftsführungen war man sich nach wie vor uneinig in den Zielvorstellungen; ungeklärt war, ob man kein Betriebsverfassungsgesetz oder ein gegenüber den vorliegenden Entwürfen verbessertes Gesetz wollte. Einige Gewerkschafter und den Gewerkschaften nahestehende Sozialdemokraten arbeiteten in den Bundestagsausschüssen für Recht und Arbeit an der Beratung der Entwürfe mit. Der Bundeskongreß des DGB im Sommer 1951, der Christian Fette zum Nachfolger des verstorbenen Hans Böckler wählte, kam zu keinen klaren Beschlüssen. Erst im April 1952 als die gewerkschaftsfeindlichen Entwürfe, kaum verändert, von den Ausschußberatungen wieder ins Parlament kamen, um verabschiedet zu werden, besann man sich auf die Notwendigkeit, Widerstand zu leisten. Es kam zu einer Reihe von Demonstrationen, Warnstreiks und Protesten, die in einem zweitägigen Streik der Drucker ihren Höhepunkt fanden. Die ersten Aktionen hatten gezeigt, daß die Mehrheit der Mitglieder bereit war, den Kampf aufzunehmen. Die Teilnahme an den Kundgebungen und Streiks hatte die Erwartungen der Gewerkschaftsführung weit übertroffen. Arbeiter und Angestellte hatten in großer Zahl begriffen, daß es hier um ihre Position in den Betrieben ging; sie waren bereit, für ihre Interessen auf die Straße zu gehen, und erwarteten von der Gewerkschaftsführung, daß sie dem Druck der Regierung und der »öffentlichen Meinung« nicht kampflos weichen würde. Die Demonstrationen versammelten Hunterttausende für die Forderung nach einer Betriebsverfassung, die nicht auf das alleinige Bestimmungsrecht des Arbeitgebers gegründet sein sollte. Doch als Anfang Juni 1952 die nächsten Aktionen bevorstanden, beugte sich die Gewerkschaftsführung dem Druck der »öffentlichen Meinung« und entschloß sich, ein Verhandlungsangebot Adenauers anzunehmen, das zur Voraussetzung die Einstellung der Kampfmaßnahmen hatte. Damit machte die Gewerkschaftsführung ihren entscheidenden Fehler; im Gegensatz zu Böcklers Taktik Anfang 1951 bei der Verteidigung der Montanmitbestimmung begab sie sich jeglichen Druckmittels, als sie die Aktionen einstellte. Die geschickte Verzögerungstaktik Adenauers begriff sie erst, als es schon zu spät war: Die Verabschiedung der Gesetze war noch vor der parlamentarischen Sommerpause angesetzt worden, und der Gewerkschaftsführung, die erst eine Woche vor diesem Zeitpunkt wieder freie Hand hatte, fehlten sowohl die Zeit als auch der Wille, noch einmal die Massen der organisierten Arbeiter und Angestellten zu mobilisieren. So unterwarfen sich die Gewerkschaften der parlamentarischen Entscheidung; sie erkannten den Anspruch der Regierung und des Parlaments ausdrücklich an, Wirtschaftsverfassung und Wirtschaftspolitik allein zu gestalten. Walter Freitag, der IG Metall-Vorsitzende, erklärte auf dem 2. Kongreß der IG Metall im September 1952: »Wir haben die Haltung eingenommen, alle zusammen, wie sie nur eingenommen werden konnte: Das Parlament hat gesprochen, und der Entscheidung des Parlaments müssen wir uns beugen.«[50] Änderungen des Systems sollten nur noch im Rahmen der bürgerlich-parlamentarischen Demokratie, also mittels gesetzlicher Eingaben und über die Stimmenabgabe bei der nächsten Wahl, angestrebt werden. Die Gewerkschaften hatten damit eine Integration in das bestehende System vollzogen, die zwar der von ihnen seit geraumer Zeit bereits praktizierten Politik entsprach, nicht jedoch dem stereotyp weiter vorgetragenen Anspruch, die Wirtschaftsordnung zugunsten der Interessen der Arbeitnehmer zu verändern.

Enttäuschung und Verbitterung über diese kampflose Niederlage waren bei einem Teil der Funktionäre der mittleren und unteren Ebene groß. Aber diese Gruppen waren zu schwach, um konzentriert gegen die Gewerkschaftsführung vorzugehen. Es reichte nur zur Ablösung Christian Fettes, den Walter Freitag

[50] *Prot. 2. Gewerkschaftstag der IG Metall*, Stuttgart 1952, S. 169.

ersetzte, ohne daß dadurch die Qualität der Gewerkschaftspolitik an der Spitze in irgendeiner Weise geändert wurde.

Die weitgehende Entpolitisierung der Mitgliedschaft, die Verluste an qualifizierten Gewerkschaftsfunktionären durch den Faschismus, die zunehmende Verschärfung des kalten Krieges, die jede soziale Veränderung als Angriff auf die Grundfesten des Systems ausgeben konnte, die gestörte innergewerkschaftliche Demokratie, die der Willensbildung von oben nach unten die Priorität gab, schließlich der Mangel an einer tragfähigen antikapitalistischen Strategie hatten bewirkt, daß die Gewerkschaften mit ihrem Bemühen, eine neue Ordnung von Wirtschaft und Gesellschaft nach dem Zusammenbruch des Faschismus in Deutschland herbeizuführen, gescheitert waren. Das neue Betriebsverfassungsgesetz ermöglichte es den sozialkonservativen Kräften, den gewerkschaftlichen Einfluß in den Betrieben zu unterbinden. Die Betriebsräte wurden zu einer Mittlerinstanz mit vergleichsweise geringen Rechten, aber bedeutsamen Pflichten. Ihnen wurde die Rolle zuteil, den Betriebsfrieden zu wahren und sich am Wohl des gesamten Betriebes zu orientieren. In der durch die Rechtsprechung eingegrenzten Praxis erfüllen die Betriebsräte nun die Funktion einer Vermittlerrolle zwischen Geschäftsleitung und Belegschaft. Dabei fällt ihnen aufgrund der institutionellen Regelung, jedenfalls nach der herrschenden konservativen Interpretation, nicht die Aufgabe zu, die Interessen der Belegschaft zu formulieren und konsequent durchzusetzen, vielmehr müssen sie die Entscheidungen der Betriebsleitung in Personal- und Sozialfragen bei geringen Mitbestimmungsmöglichkeiten nach unten vermitteln. Schweigepflicht gegenüber der Belegschaft, Friedenspflicht bei Arbeitskämpfen, das Verbot politischer Betätigung im Betrieb und das völlige Fehlen des Einflusses auf die unternehmerischen Entscheidungen müssen den Betriebsrat zwangsläufig von den Interessen der Belegschaft entfremden. Wo dies nicht der Fall ist, handelt es sich um eine Ausnahme von der Norm und geschieht zumeist unter Umgehung von Bestimmungen des Betriebsverfassungsgesetzes bzw. durch ein geschicktes Zusammenspiel von Betriebsrat und gewerkschaftlichem Vertrauenskörper. Eine Abwahl durch die Belegschaft ist nur periodisch möglich. Die Mittlerrolle, die der Betriebsrat einnimmt, führt dazu, daß er sich der Kontrolle der Belegschaft entzieht. In der Praxis bindet ihn zudem das Interesse, wiedergewählt zu werden, an die Bereitschaft des Arbeitgebers, ihm bestimmte materielle Zugeständnisse zu machen, die er dann als »Erfolge« der Belegschaft verkaufen kann. Dabei besitzt er keinerlei Druckmittel gegen den Arbeitgeber als sein Wohlverhalten und die damit möglicherweise garantierte Ruhe im Betrieb.

Ursprünglich hatten die Gewerkschaften die Betriebsvertretung stärker an sich binden wollen, um den Betriebsrat dem Einflußbereich des Arbeitgebers zu entziehen. In einer gemeinsamen Entschließung der deutschen Gewerkschaftsbünde aller vier Besatzungszonen, die die fünfte gewerkschaftliche Interzonenkonferenz im August 1947 verabschiedet hatte, war die Stellung des Betriebsrats genau umrissen worden. In den *Richtlinien der Gewerkschaften für die Arbeit der Betriebsräte* hieß es: »Die Betriebsräte als Organe der Belegschaften sind wichtige Funktionäre der Gewerkschaften in der Durchsetzung der gewerkschaftlichen Forderungen und des sozialen und wirtschaftlichen Mitbestimmungsrechtes der Arbeiter, Beamten und Angestellten in den Betrieben. Die Anleitung der Arbeit der Betriebsräte soll in ganz Deutschland nach einheitlichen gewerkschaftlichen Grundsätzen erfolgen.«[51] Im einzelnen sollte die Organisierung und Leitung der Betriebsratswahlen den Gewerkschaften obliegen; die Betriebsräte sollten nicht nur der Belegschaft, sondern auch der Gewerkschaft verantwortlich sein; die Gewerkschaft müsse das Recht haben, an allen Betriebsrätesitzungen und Belegschaftsversammlungen teilzunehmen; Betriebsvereinbarungen sollten der Zustimmung der Gewerkschaft bedürfen und auch die Mitbestimmungsrechte der Betriebsräte sollten unter Anleitung der Gewerkschaft ausgeübt werden. Dabei war an gleichberechtigte Mitbestimmung in wirtschaftlichen, sozialen und personellen Fragen gedacht. Die Mitbestimmung in wirtschaftlichen Fragen sollte sich auf eine Kontrolle der Produktion, der Arbeitsmethoden, der Investitionen, der Absatzpolitik, der Preisgestaltung und eventueller Fusionsbestrebungen erstrecken. Einsichtnahme in alle Geschäftsunterlagen wurde ebenso gefordert wie die Entsendung von Betriebsratsmitgliedern in die Auf-

[51] *Die Gewerkschaftsbewegung in der britischen Zone*, a.a.O., S. 731 ff.

sichtsräte oder ähnliche Unternehmensorgane. In dieser Konstruktion wäre der Betriebsrat weit weniger abhängig vom jeweiligen Arbeitgeber gewesen und hätte seine Rolle als Vertreter der Interessen der Belegschaft besser ausüben können. Die Kontrolle durch die Gewerkschaft hätte ein Gegengewicht zu seiner Betriebsbindung bedeutet. Von einer Friedenspflicht der Betriebsräte war in diesen Richtlinien keine Rede.

Die neuen Regelungen schwächten die Position der Gewerkschaften in den Betrieben entscheidend, ohne daß an diese Stelle eine wirkungsvolle Interessenvertretung der Arbeitnehmer in den Betrieben getreten wäre. Eine Politisierung der Konflikte in der Basis konnte mit administrativen und rechtlichen Mitteln unterbunden werden. Der Betriebsfrieden als oberstes Gebot für die Interessenvertretung der Arbeitnehmer entfremdete diese zunehmend denjenigen, die sie gewählt hatten, die ihre Interessen aber nicht konsequent vertreten konnten. Kurz: Den bürgerlichen Parteien war es gelungen, auf lange Sicht »Ruhe und Ordnung« in den Betrieben zu sichern und damit die Grundlage für eine relativ ungestörte Periode ansteigender Gewinne zu schaffen. Die Gewerkschaften hatten diesen entscheidenden Schlag gegen ihre Interessen fast widerstandslos hingenommen.

Die Mitbestimmungsformen, ohnehin ein Ersatz für die nicht zustande gekommene Sozialisierung, reduzierten sich auf gesetzliche Bestimmungen, die kaum weiter reichten als in der Weimarer Republik. Lediglich die paritätische Mitbestimmung in der Montanindustrie konnte als Teilerfolg angesehen werden; aber auch sie blieb in doppelter Weise isoliert und daher systemimmanent: Ihr fehlte einmal der Unterbau einer wirksamen betrieblichen Mitbestimmung und damit der Druck von der Basis her, der die Position der Arbeitnehmervertreter im Aufsichtsrat und im Vorstand gestärkt hätte; zum anderen erleichterte es die Beschränkung der paritätischen Mitbestimmung auf die Montanindustrie den Unternehmern, Tendenzen abzuwehren, die auf eine stärkere Kontrolle der Arbeitnehmer und ihrer Vertreter über den Produktionsprozeß abzielten. Das Fundament dieser beiden Industriezweige war zu schmal – und verengte sich im Laufe des Rekonzentrationsprozesses weiter –, um die nichtintegrativen Elemente der Mitbestimmung zur Geltung zu bringen.

Die Konsolidierung des restaurierten Wirtschafts- und Gesellschaftssystems fand mit der Unterordnung der Gewerkschaften unter den Willen des Parlaments ihren vorläufigen Abschluß. Die Sozialdemokratische Partei war weiterhin zur Oppositionsrolle verurteilt und verstand sich selbst als kritisches Korrektiv der Regierung. Gemeinsame Anstrengungen von Partei und Gewerkschaften im vorparlamentarischen Raum zur Mobilisierung der Bevölkerung gegen die restaurative Entwicklung lagen nicht im politischen Kalkül der Leitung dieser Organisationen. Zwar fanden in den kommenden Jahren unter dem Druck der Mitgliedschaft von Fall zu Fall Aktionen statt, aber stets mit der Absicht, die aufkeimende Unruhe zu kanalisieren und unter Kontrolle zu bringen. Die linke Opposition in Partei und Gewerkschaft blieb schwach und konnte sich nur bei wenigen Gelegenheiten entfalten; der andauernde kalte Krieg und die sich fortsetzende Entpolitisierung im Zuge der Rekonstruktion der kapitalistischen Verhältnisse in der Bundesrepublik nahmen ihr die Basis.

## 2. Der Rückzug auf die Tarif- und Sozialpolitik

### a. *Die expansive Lohnpolitik*

Die Verabschiedung des Betriebsverfassungsgesetzes im Juli 1952 geschah zwar gegen den Willen der Gewerkschaften, sie wurde aber letztlich kampflos von ihnen hingenommen; sie markiert den Abschluß der Bemühungen um eine grundlegende Neuordnung der Wirtschaftsverfassung der Bundesrepublik. Die Gewerkschaften zogen sich nun stärker auf das Gebiet der Tarif- und Sozialpolitik zurück, das sie im Zeichen des Kampfes um die Mitbestimmung vernachlässigt hatten.
Die Lohnkämpfe, die in den folgenden Jahren stattfanden, boten durchweg das Bild zögernder Gewerkschaftsführungen, die rasch zu Spitzenverhandlungen bereit waren. Die anhaltende Konjunktur erlaubte, in vielen Fällen nur mit der Urabstimmung zu drohen, um die Arbeitgeber zu Zugeständnissen zu bringen. Kam es gleichwohl einmal zu einem größeren Streik, wie 1954 in der bayerischen Metallindustrie, so beugten sich die Gewerkschaften im Zweifelsfalle einem Schiedsspruch, um den

Streik zu beenden, meist in Gegensatz zur Mehrheit der Streikenden. In Bayern waren es 1954 52,8%, die den Schiedsspruch ablehnten, und nur 46,7%, die zustimmten. Nach der Satzung reichte das für einen Abbruch des Streiks.[52] Dies geschah auf dem Höhepunkt eines Konjunkturzyklus, also zu einem Zeitpunkt, da die Position der Arbeitnehmer relativ stark war. Walter Freitag, DBG-Vorsitzender seit 1952, hatte bereits in seiner Neujahrsansprache auf das Jahr 1953 gesagt: »Der DGB hat erneut seine Bereitschaft zu loyaler Zusammenarbeit mit den Arbeitgebern erklärt. Die Gewerkschaften wünschen[!] aber nachdrücklich, daß jeder Klassenkampf von oben aufhört.«[53] Anderenfalls würden die nächsten Bundestagswahlen zeigen, wie sich das Verhalten der Unternehmer auszahle. Diese Wunschvorstellungen der Gewerkschaftsführung erfüllten sich nicht. Die Wahlen zum Bundestag gingen konstant zugunsten der bürgerlichen Parteien aus. Die ruhige Entwicklung, die ihnen die zurückhaltende Politik der Gewerkschaften garantierte, ermöglichte es ihnen, das Wahlvolk durch regelmäßige zusätzliche Entschädigungen in Form von »Wahlgeschenken« bei der Stange zu halten. Die Streikstatistik ab 1954 zeigt eindrucksvoll, wie sich im Vergleich zu anderen Ländern die sozialen Auseinandersetzungen in der Bundesrepublik, mit sehr wenigen Ausnahmen, am Verhandlungstisch abspielten.[54]

Durch Streiks und Aussperrungen ausgefallene Arbeitstage auf jeweils 100 Beschäftigte:

|  | 1954 | 1955 | 1956 | 1957 | 1958 | 1959 | 1960 | 1961 | 1962 | 1963 |
|---|---|---|---|---|---|---|---|---|---|---|
| BRD | 9,9 | 5,1 | 9,0 | 5,9 | 4,2 | 0,3 | 0,2 | 0,3 | 2,2 | 8,7 |
| Frankreich | 11,9 | 25,1 | 11,4 | 32,6 | 9,0 | 15,3 | 8,4 | 20,0 | 14,2 | 43,9 |
| Italien | 58,6 | 60,6 | 42,5 | 45,2 | 38,7 | 83,9 | 50,3 | 83,8 | 186,8 | 91,1 |
| Belgien | 18,0 | 39,6 | 36,8 | 144,9 | 11,4 | 38,3 | 12,9 | 3,5 | 10,0 | 9,0 |
| Großbritannien | 11,5 | 17,4 | 9,5 | 38,3 | 15,9 | 24,1 | 13,6 | 13,5 | 25,4 | 7,7 |
| USA | 45,3 | 54,5 | 61,9 | 30,4 | 45,1 | 126,5 | 34,2 | 29,1 | 32,4 | 27,4 |

52 *75 Jahre Industriegewerkschaft*, a.a.O., S. 400.
53 *Die Quelle*, 4/1953, S. 1.
54 dpa, *Archiv- und Informationsmaterial*, 17. 9. 1969.

Am streikarmen Zustand der Bundesrepublik änderte auch das Konzept einer »expansiven Lohnpolitik« nichts, das der Leiter des Wirtschaftswissenschaftlichen Instituts der Gewerkschaften (WWI), Dr. Victor Agartz, Ende 1953 entwickelt und auf dem Frankfurter Bundeskongreß des DGB unter großem Beifall der Delegierten begründet hatte. Agartz gestand zu, »daß seit 1952 die Löhne und Gehälter vorsichtig [!] der Preis- und Produktionsentwicklung gefolgt waren, ohne allerdings alle Möglichkeiten zu erschöpfen und ohne das Mißverhältnis zwischen Löhnen und Preisen zu beseitigen«.55 Die selbstkritischen Bemerkungen gipfelten in der Erklärung: »Die Arbeitnehmerschaft hat in diesen Jahren seit der Geldreform eine Selbstdisziplin [!], vor allem auf lohnpolitischem Gebiet bewiesen, die ihr ebensowenig gedankt wird, wie jene gigantischen Leistungen in der Reichsmarkzeit.«56 Agartz forderte die Gewerkschaften auf, die Lage der arbeitenden Massen, umfassend und fortschreitend zu verbessern. Die Lohnpolitik solle als konjunkturpolitisches Mittel eingesetzt werden, um die Expansionsgewinne der Unternehmer abzuschöpfen, also die Umverteilung des Volksvermögens voranzutreiben. Agartz' propagandistische Offensive stützte sich auf das Argument, eine expansive Lohnpolitik führe zu einer Ausweitung des Konsums und garantiere deshalb die Fortdauer der Hochkonjunktur und die Vollbeschäftigung. Eine Theorie, mit der »die Gewerkschaften auch institutionell zu einem Teil des Instrumentariums werden, mit dem das kapitalistische System den Versuch unternehmen könnte, eine drohende Krise zu verhindern«.57 Daß die Abschöpfung von Expansionsgewinnen in der Praxis nicht funktionierte, bestätigt ein Blick auf die stagnierende Lohnquote; sie stieg zwar von 58,6% (1950) über 58,8% (1955) auf 60,8% (1960) an, aber im selben Zeitabschnitt nahm die Zahl der Beschäftigten um rund 42% zu (Eingliederung der Flüchtlinge und Frauen in den Arbeitsprozeß, starkes Abnehmen der Arbeitslosenzahlen, vor allem nach 1955). Die Pro-Kopf-Lohnquote ist also tatsächlich gesunken. Von einer Umverteilung des gesellschaftlich produzierten Einkommens konnte keine Rede sein.

55 *Protokoll des 3. ord. Bundeskongresses des DGB,* Frankfurt 1954, S. 455.
56 A.a.O., S. 455.
57 Pirker, a.a.O., Bd. II, S. 97.

Das Aktionsprogramm, das die Gewerkschaften 1954 auf Initiative der IG Metall beschlossen und das 1955 verkündet wurde, sah folgende Punkte – in dieser Reihenfolge – vor: 1. kürzere Arbeitszeit, 2. höhere Löhne und Gehälter, 3. größere soziale Sicherheit, 4. gesicherte Mitbestimmung, 5. verbesserter Arbeitsschutz. Konkrete Aktionen wurden in dem Programm nicht vorgeschlagen. Die Gewerkschaften sollten, so gut es eben ging, diese Ziele allein zu erreichen suchen. Von einer koordinierten Tarifpolitik wurde zwar immer wieder gesprochen, praktiziert wurde sie nie. Besonders die IG Metall betrachtete sich aufgrund ihrer Stärke als Pionier tarifpolitischer Neuerungen. Otto Brenner definierte auf dem Hamburger Kongreß des DGB im Oktober 1956 die Ziele des Aktionsprogramms im ersten Rückblick so: »Die Erkenntnisse von den Schwierigkeiten, unsere Grundsatzforderungen durchzusetzen, machten uns klar, daß es notwendig war, neue Mittel und Wege zu suchen und uns nur [!] auf solche Nahziele zu beschränken und zu konzentrieren, die durch eigene und gemeinsame Kraft der Gewerkschaften erreichbar waren. Das war der Sinn des Aktionsprogramms.«[58] Die Forderungen sollten also unabhängig von der bestehenden politisch-parlamentarischen Kräftekonstellation mit gewerkschaftlichen Mitteln zu verwirklichen sein. Daraus sprach natürlich die Enttäuschung über die fortgesetzten Wahlniederlagen der SPD, aber auch Einsicht in die Notwendigkeit autonomer gewerkschaftlicher Interessenpolitik, die nicht nur fixiert war auf die Regelung der sozialen Konflikte durch Gesetze und parlamentarische Herausforderungen.

Dennoch muß gesagt werden, daß das Aktionsprogramm von 1954 mit seiner erheblichen Differenz zwischen sogenannten Fernzielen und Nahzielen einen Rückschritt darstellt, wenn man es mit dem Grundsatzprogramm von 1949 vergleicht. Die »Fernziele« verkamen zu Festrednerphrasen, die niemand mehr ernst zu nehmen brauchte; die Nahziele, losgelöst von einer langfristigen Strategie zur Veränderung der Verhältnisse, wurden im schlecht reformistischen Sinne zu Orientierungspunkten für die Korrektur einzig der »Auswüchse« des Systems. Die Gewerkschaftspolitik lief der Entwicklung des

---

58 *Protokoll des 4. ord. Bundeskongresses der DGB*, Hamburg 1956.

Kapitalismus hinterher und »setzte durch«, was dieser bereit war zuzugestehen.
Die Herausforderung für die IG Metall, mit dem Aktionsprogramm ernst zu machen, ließ nicht lange auf sich warten. Im Parlament wurde seit zwei Jahren ein Gesetzentwurf beraten oder besser: verschleppt, der die Lohnfortzahlung für Arbeiter im Krankheitsfall regeln sollte. Ein Ende der Beratungen war nicht abzusehen. Zu diesem Zeitpunkt, im Herbst 1956, forderte die IG Metall die Arbeitgeber auf, eine Lohnfortzahlung für die Dauer von 6 Wochen zu vereinbaren. Die Arbeitgeber lehnten strikt ab. Daraufhin rief die IG Metall die schleswig-holsteinischen Metallarbeiter zur Urabstimmung auf[59]; 88% stimmten für den Streik, der am 25. Oktober 1956 begann und mehr als 30 000 Arbeiter erfaßte. Es wurde ein Marathon-Streik, der sich durch vorbildliche Organisation und durch Entschlossenheit der Streikenden auszeichnete. Den ersten Schiedsspruch verwarfen die Streikenden in Übereinstimmung mit der Gewerkschaft nach rund zehnwöchigem Streik einstimmig. Die »Öffentlichkeit« wurde allmählich unruhig und die Stimmen nach einem staatlichen Schlichter lauter. Der Streik galt in den Kommentaren der Zeitungen allgemein als politischer Streik, der das Parlament unter Druck setzen sollte. Mitte Januar fanden dann erneut Schlichtungsverhandlungen auf höchster politischer Ebene in Bonn statt. Die Gewerkschafter hatten solchen Verhandlungen zugestimmt, obwohl sie jeden Eingriff in ihre Tarifautonomie öffentlich scharf verurteilten. Am 25. Januar 1957 kam ein Abkommen zustande, das nur Teilforderungen verwirklichte. Die Gewerkschaftsführung legte es den Streikenden, obwohl sie selbst nicht mit dem Ergebnis zufrieden war, mit der Empfehlung vor, zuzustimmen; 76,2% der stimmberechtigten Metallarbeiter lehnten das Ergebnis nach über 14wöchigem Streik ab. Der Kampf ging gegen den Willen der Gewerkschaft, aber unter ihrer Führung weiter; am 8./9. Februar 1957 erzielte die Gewerkschaft ein neues Verhandlungsergebnis, das nur wenig besser war als das alte. Wieder stimmten nur 39,7% für das Ergebnis. Nach 16 Wochen war der Streik damit satzungsgemäß beendet. Langfristig wurde das Streikziel zwar

---

59 *75 Jahre Industriegewerkschaft*, a.a.O., S. 400 ff.

erreicht, aber aktuell hatte ein großer Teil der Arbeiter das Empfinden, von der Gewerkschaft im Stich gelassen worden zu sein. Die IG Metall hatte der Streik rund 33 Millionen DM gekostet (im Vergleich dazu kostete der bayerische Metallarbeiterstreik 1954: 13,9 Mill. DM und der baden-württembergische Metallarbeiterstreik 1963 26,6 Mill. DM) [60]. Pirker äußerte den Verdacht, daß die damals bevorstehenden Bundestagswahlen, die die SPD unter dem Motto »Sicherheit für alle« betrieb, die Gewerkschaftsführung dazu bewogen hätten, die Kampfbereitschaft nicht zu forcieren.[61]

Als Resultat bleibt, daß die Gewerkschaftspolitik auch im Zeichen des Aktionsprogramms keine wesentlich neue Qualität erreichte, sondern den alten Weg, Tarifpolitik in Spitzenverhandlungen mit den politischen Partnern zu entscheiden, nicht verließ. Die IG Metall brauchte nun sieben Jahre lang keinen großen Arbeitskampf mehr zu führen. Sie und die anderen Gewerkschaften erzielten mit der zunehmenden Verringerung der Arbeitslosenzahlen seit Ende der fünfziger Jahre auf dem Verhandlungswege Arbeitszeitverkürzungen, höhere Löhne und Gehälter sowie verbesserte Sozialleistungen. Doch die ungleiche Vermögensverteilung veränderte sich dadurch nicht. 1959 hatten die Selbständigen, wie Georg Leber im Bundestag feststellte, dreiundzwanzigmal mehr Vermögen gebildet als Unselbständige.[62] Die Gewerkschaften spielten die Rolle eines Korrektivs gegen allzu übertriebenes unternehmerisches Gewinnstreben und sorgten für die erforderliche kaufkraftfähige Endnachfrage. Auch späte Ausbrüche eines gewerkschaftlichen Radikalismus änderten daran nichts, weil sie rein verbal blieben, so, als Otto Brenner 1958 auf einer Kundgebung im Ruhrgebiet vor 25 000 Mitgliedern und Funktionären das Urteil des Bundesarbeitsgerichts scharf kritisierte, wonach die IG Metall im schleswig-holsteinischen Streik schadenersatzpflichtig sei, weil sie zur Urabstimmung aufgerufen hatte, obwohl sie noch friedenspflichtig gewesen wäre. Aber Generalstreikforderungen, wie sie auf dieser Kundgebung laut wurden, verpufften. Die IG Metall einigte sich später auf

60 A.a.O., S. 406.
61 Pirker, a.a.O., Bd. II, S. 221.
62 *Sitzungsprotokoll des Deutschen Bundestages vom 15. 10. 1964*, IV. Legislaturperiode, S. 6845.

höchster Ebene mit den Arbeitgebern und zog ihren Berufsantrag beim Verfassungsgericht zurück. Gegen die Niederschlagung einer Schadensersatzforderung der Arbeitgeber in Höhe von 38 Millionen DM handelte sie eine Schlichtungsordnung ein, die künftig eine Abkühlungspause zwischen dem Scheitern der Verhandlungen und der Urabstimmung vorsah.

## b. Gebremste Opposition

Niederlagen mußten die Gewerkschaften in den fünfziger Jahren aber nicht nur auf dem Sektor der Lohnpolitik hinnehmen, wo es ihnen nicht gelang, die steigenden Unternehmergewinne in ein vernünftiges Verhältnis zur Einkommensentwicklung der Unselbständigen zu bringen, sondern auch auf gesellschaftspolitischem Gebiet, wo die Restauration ungebrochen sich fortsetzte. Es begann mit der Wiederaufrüstung der Bundesrepublik. Die Debatte um diese Frage setzte bereits 1950 im Zusammenhang mit dem Koreakrieg ein. In dem Communiqué der New Yorker Außenministerkonferenz vom 19. 9. 1950 war zu lesen: »Die Frage, die durch das Problem der Teilnahme der deutschen Bundesrepublik an der gemeinsamen Verteidigung Europas aufgeworfen wird, ist zur Zeit Gegenstand von Untersuchungen und Gedankenaustausch.«[63] Kurz vorher hatte Konrad Adenauer mit einem Presseinterview den Auftakt zu dieser Diskussion gegeben: »Wir müssen die Notwendigkeit der Schaffung einer starken deutschen Verteidigungskraft erkennen.«[64] Bundesinnenminister Gustav Heinemann war im Verlauf der Auseinandersetzungen um die Wiederaufrüstung von seinem Amt zurückgetreten.

Der DGB nahm zu dieser Frage eine durchaus zwiespältige Haltung ein. Während eine breite Mehrheit in der Mitgliedschaft gegen jede deutsche Wiederbewaffnung war, mehrten sich an der Spitze des DGB die Stimmen, die einen deutschen Wehrbeitrag durchaus positiv bewerteten. Das Bundesvorstandsmitglied Georg Reuter publizierte im Dezember 1951 in der *Welt der Arbeit* einen Artikel zu diesem Thema unter der

[63] *Dokumente der Deutschen Politik und Geschichte,* Berlin 1951 ff., Bd. VI., S. 535.
[64] A.a.O., S. 531 ff.

Überschrift *Mit uns*; auch Ludwig Rosenberg nahm vor dem Bundesausschuß positiv Stellung, und das Mitglied des Bundesvorstands Hans vom Hoff erklärte in einer Pressekonferenz im Januar 1952, daß die Gewerkschaften natürlich nicht »gegen eine Feuerwehr sein könnten, wenn man sie braucht«[65]; zur Begründung verwies er auf die drohende Gefahr einer Aggression aus dem Osten. Die bayrischen Gewerkschaftsfunktionäre erzwangen daraufhin eine außerordentliche Landesbezirkskonferenz, auf der sie in Anwesenheit des DGB-Vorsitzenden Fette bei nur einer Stimmenthaltung jeden deutschen Wehrbeitrag ablehnten und sich für gewerkschaftliche Aktionen gegen die Wiederaufrüstung aussprachen. Andere Landesbezirke und der ÖTV-Bundeskongreß folgten diesem Beispiel.

1951 begannen dann die Konferenzen zur Errichtung einer Europäischen Verteidigungsgemeinschaft; im Mai 1952 wurden die Verträge von den Außenministern der Teilnehmerstaaten, darunter die Bundesrepublik, unterzeichnet. Dieser Vertragsunterzeichnung folgten in der Bundesrepublik scharfe Auseinandersetzungen um die Ratifizierung der Verträge durch das Parlament. Die SPD wandte sich in kategorischer Form gegen die Ratifizierung und rief das Bundesverfassungsgericht an. Im März 1953 aber wurde der EVG-Vertrag doch vom Parlament ratifiziert. Zu diesem Zeitpunkt mehrten sich die Gerüchte, der DGB werde im Falle einer Zustimmung des Parlaments zu den EVG-Verträgen einen Generalstreik ausrufen. Der DGB-Vorstand beeilte sich, noch vor der Abstimmung zu dementieren. »Der Bundesvorstand des DGB hat am 2. März 1953 zu Generalstreiksgerüchten Stellung genommen. An dieser Stellungnahme hat sich nichts geändert. Wenn in den letzten Tagen erneut private Erklärungen, in denen einem politischen Streik der Gewerkschaften gegen den EVG-Vertrag das Wort geredet wurde, in der Presse weitgehende Verbreitung fanden, so erklärt der DGB-Vorstand dazu, daß sie als private Meinung zu werten sind, die nichts mit einer Stellungnahme des Bundesvorstandes zu tun haben. Nach wie vor wendet sich der Deutsche Gewerkschaftsbund mit aller Entschiedenheit dagegen, daß von unberufener Seite die Ge-

---

[65] Pirker, a.a.O., Bd. II, S. 234 f.

werkschaften mit dem Plan eines politischen Streiks in Zusammenhang gebracht werden.«[66]
Für den DGB-Vorstand war damit das Problem jedoch keineswegs erledigt. Zwar waren inzwischen die EVG-Verträge am Widerstand des französichen Parlaments gescheitert, aber der Weg für eine Beteiligung der Bundesrepublik an der NATO war nun frei. Die Gewerkschaftsjugend weigerte sich, sich widerstandslos mit dem deutschen Wehrbeitrag abzufinden; sie verlangte die Diskussion des Problems auf dem Frankfurter DGB-Kongreß 1954, der zwischen dem Scheitern der EVG-Verträge und der Aufnahme der Bundesrepublik in die NATO stattfand. Der Kongreß nahm einen Antrag gegen nur 4 Stimmen an, der von Otto Brenner und anderen eingebracht worden war; er formulierte die strikte Ablehnung der Wiederaufrüstung. Der wiedergewählte DGB-Vorsitzende Walter Freitag und sein Bundesvorstand waren jedoch nicht gewillt, aus diesem Beschluß Konsequenzen zu ziehen. Das führte auf der mittleren und unteren Ebene der Gewerkschaften zu heftigen Mißfallensbekundungen von Funktionären und Mitgliedern. Auf einer Reihe von Landeskonferenzen des DGB wurde der Vorstand zu aktiven Maßnahmen aufgefordert; Victor Agartz versuchte sogar, den Beschluß für das Aktionsprogramm mit der Ablehnung des Wehrbeitrages zu koppeln. Demonstrationen von Gewerkschaften gegen die Wiederaufrüstung nahmen Ende 1954 rapide zu; in Bayern forderte man eine Volksabstimmung.
Der späte Widerstand fand seine Institutionalisierung in der »Paulskirchenbewegung für die Einheit Deutschlands und gegen die Wiederaufrüstung«. Führende SPD- und Gewerkschaftsfunktionäre hatten sie gegründet. Am 25. 1. 1955 fanden sich in der Frankfurter Paulskirche rund tausend prominente Vertreter aller Berufe, Konfessionen und Parteien zusammen. Der stellvertretende DGB-Vorsitzende Georg Reuter erklärte, er nähme als Privatmann teil. Man demonstrierte gegen die Zustimmung zu den Pariser Verträgen, die die Mitgliedschaft der Bundesrepublik in der NATO perfekt machen sollten. Nach Verabschiedung dieser Verträge im Februar 1955 ließen die SPD- und Gewerkschaftsbürokratien die Bewegung,

[66] *Nachrichten und Informationen der Bundespressestelle des DGB,* a.a.O., Bd. 1953.

die den Widerstand gegen den Wehrbeitrag kanalisiert hatte, rasch versickern.
Den nächsten Markstein auf dem Weg zum autoritären Staat bildete das Verbot der Kommunistischen Partei Deutschlands im August 1956 auf Betreiben der Innenminister durch das Bundesverfassungsgericht. Das Urteil bedeutete, neben dem Verbot einer Partei, die in den letzten Jahren keine großen Wahlerfolge mehr gehabt hatte, vor allem das Verbot oppositioneller Tätigkeit, soweit sie fundamentale Alternativen gegen das bestehende Gesellschaftssystem anzubieten wagte. Der DGB-Vorstand stimmte dem Verbot zu, nachdem er lange zuvor die überwiegende Mehrheit kommunistischer Funktionäre aus den Reihen der Gewerkschaft ausgeschlossen hatte. Bezeichnenderweise hieß es in der DGB-Erklärung vom 18. 8. 1956: »Die Kommunistische Partei hat nach Auffassung des Bundesvorstandes das Verbot bewußt provoziert, nachdem sie bei den zurückliegenden Wahlen nur noch rund 2 Prozent aller Wählerstimmen auf sich vereinigen konnte.«[67] Der Antikommunismus war längst tief in den Gewerkschaften selbst verwurzelt.

In den Jahren 1957/58 mehrten sich konservative Stimmen in der Bundesrepublik, die im Verein mit den Vereinigten Staaten für eine Ausrüstung der Bundeswehr mit Atomwaffen und für eine Stationierung solcher Waffen auf deutschem Boden plädierten. Achtzehn deutsche Atomwissenschaftler hatten die bundesrepublikanische Öffentlichkeit dagegen mobilisiert. Die Regierungsparteien stimmten im März 1958 der atomaren Ausrüstung der Bundeswehr zu. Die oppositionelle SPD brachte daraufhin einen Gesetzentwurf über eine Volksbefragung zu diesem Thema ein. Nach einer Reihe von Massendemonstrationen, die Anfang 1958 begonnen hatten und an denen sich mehr und mehr Gewerkschaftsmitglieder beteiligten, wurde auf Initiative der SPD die Bewegung »Kampf dem Atomtod« gegründet. Die Bewegung erfaßte breitere Schichten als die Antiaufrüstungskampagne von 1954/55. Sie wurde vom DGB-Vorstand unterstützt, der eigens mit dem Bundeskanzler Kontakt aufnahm, um ihm die »tiefen Sorgen der Gewerk-

---

67 *Nachrichten und Informationen*, a.a.O., 1956.

schaftsmitglieder zu übermitteln.«[68] In einer außerordentlichen Sitzung hatte der DGB-Vorstand einen Tag vorher in Hamburg erklärt: »Der Bundesvorstand begrüßt die Initiative des Arbeitsausschusses ›Kampf dem Atomtod‹. Er wird diese Aktion nachdrücklich unterstützen.«[69] Die Unterstützung sollte in Protestdemonstrationen und einer Mitgliederbefragung bestehen, falls kein Volksbegehren stattfinden würde. Der SPD-Vorsitzende Ollenhauer erklärte sogar, er würde einen politischen Demonstrationsstreik für legitim halten. Die Bundesregierung reagierte rasch. Angesichts der geplanten Volksbefragungen in drei hessischen Städten sowie in Hamburg und Bremen erwirkte sie sofort eine einstweilige Anordnung des Bundesverfassungsgerichts, die diese Aktionen untersagte. Die Gewerkschaftsführung verzichtete auf die angekündigte Mitgliederbefragung, obwohl die Gewerkschaften nicht unter das Verfassungsverbot fallen konnten. Die Bewegung wurde zurückgedreht. »Otto Brenner sprach zwar von einer Fortsetzung des Widerstands der Gewerkschaften gegen die Atomrüstung, aber es genügte ihm – wie auch dem Bundesvorstand – die finanzielle Unterstützung des Komitees gegen die Atomrüstung als höchste Form des gewerkschaftlichen Widerstandes.«[70]

Insgesamt gesehen hatten die von der Führung der Gewerkschaften nur halbherzig unterstützten Versuche, gegen die zunehmend autoritärer werdende Staatsführung Widerstand zu leisten, negative Folgen für das politische Bewußtsein der Massen. Trotz des hohen Mobilisationsgrades der Mitglieder produzierten die abgebrochenen Aktionen Resignation und Verbitterung. Sie bestärkten die Mitglieder in einer apathisch entpolitisierten Einstellung. Diese Entpolitisierung wurde dann wieder von den Gewerkschaftsführungen als Ausrede benutzt, daß aktive Abwehrkämpfe nicht geführt werden könnten; der mangelnde Druck von unten verhindere einen konsequenten Kampf. Unterschlagen wurde dabei, daß dieser Mangel auch ein Produkt der mitgliederfernen Politik der Gewerkschaftsspitzen war.

Die Politik der Gewerkschaften in den fünfziger Jahren zeich-

68 A.a.O., 1958.
69 A.a.O., 1958.
70 Pirker, a.a.O., Bd. II, S. 260.

nete sich durch defensives Verhalten gegenüber dem sich wieder entfaltenden Kapitalismus in der Bundesrepublik aus. Nachdem die kapitalistische Wirtschaftsordnung in den frühen fünfziger Jahren fest installiert worden war, hatten sich die Gewerkschaften nach dem Scheitern ihrer Mitbestimmungskonzeptionen auf einen Kleinkrieg gegen die Auswirkungen des bestehenden Systems verlegt, ohne grundlegende Änderungen ins Auge zu fassen oder den Widerstand zu koordinieren. Der Rückzug auf einen milden Reformismus war so offensichtlich, daß Unternehmer und Regierung die Gewerkschaften nicht mehr ernstlich zu fürchten brauchten. Antikommunismus und eine von Krisen nicht unterbrochene Wirtschaftsentwicklung taten das Ihre, um die Entpolitisierung der Arbeitnehmer zu fördern.

3. Die preisgegebene Autonomie

*a. Das Ende der Rekonstruktionsperiode*

Die Antriebskräfte, die in der Wiederaufbauphase des Kapitalismus in der Bundesrepublik so wirksam die überkommenen Besitz- und Machtverhältnisse befestigt hatten, verloren mit Beginn der sechziger Jahre immer mehr an Bedeutung. Der konsumorientierte Nachholbedarf breiter Schichten, der ein hohes Preisniveau gestattet hatte, war gedeckt. Der Zustrom beruflich qualifizierter Flüchtlinge aus den ehemaligen deutschen Ostgebieten und aus der DDR hörte nach dem Bau der Mauer 1961 auf. Zusammen mit der Kapazitätsausweitung der letzten Jahre sorgte diese Tatsache für das Verschwinden der industriellen Reservearmee; die Arbeitslosenzahl war 1960 auf unter 1 Prozent gesunken. Schließlich nahmen die unproduktiven Rüstungslasten seit etwa 1958 zu. Die wirtschaftliche Lage begann sich also im Vergleich zu den übrigen westeuropäischen Industrieländern zu »normalisieren«. Dies bedeutete für die Unternehmer in den folgenden Jahren eine Reduzierung ihrer Gewinnspannen. Die offizielle Wirtschaftsstatistik weist diesen Prozeß aus. So stellte sich eine parallele Entwicklung zwischen den sinkenden Arbeitslosenzahlen und dem Wachsen des relativen Lohnanteils am Gesamteinkommen her: von 85,7%

(1950) sank der relative Lohnanteil – errechnet aus dem Verhältnis von Volkseinkommen je durchschnittlichem Erwerbstätigen (in das die Unternehmer eingeschlossen sind) zum Bruttoeinkommen aus unselbständiger Arbeit je Lohnabhängiger – auf 78,6% (1960) kontinuierlich ab, um dann wieder anzusteigen auf 80,1% (1961); 81,4% (1963) und 83,0% (1966). Diesem Anstieg entspricht der Rückgang der Arbeitslosenzahlen. In dem Augenblick, da die Arbeitslosenquote unter 1% blieb, stieg der Reallohn der Lohnabhängigen rascher als das durchschnittliche Volkseinkommen pro Erwerbstätigen. Mandel zieht daraus den Schluß: »Der relative Lohnanteil hörte gerade an dem Augenblick zu sinken auf und begann zu steigen, als sich die Kurve der offenen Arbeitsplätze mit der der Arbeitslosigkeit schnitt, als die Zahl der Stellenangebote jene der Erwerbslosen zu übersteigen begann. Man kann keine bessere Bestätigung der Marxschen These finden, denen zufolge die industrielle Reservearmee den Regulator des Arbeitslohns in der kapitalistischen Produktionsweise bildet.«[71]
Nun bedeutet diese Entwicklung natürlich nicht, daß sich die Situation der Lohnabhängigen entscheidend gebessert hätte. Insgesamt ist der Lohn pro Kopf im Zeitraum von 1950–1966 immer noch langsamer gestiegen als das Volkseinkommen pro Erwerbstätigen, also unter Einschluß der Selbständigen. Denn im gleichen Zeitraum ist ja die Zahl der Erwerbstätigen, die Lohnempfänger sind, gestiegen, und zwar von 68,4% (1950) auf 80,8% (1966), also um 18,1%. Leicht korrigiert wurde nur die Spanne zwischen Selbständigen und Lohnabhängigen in dem Zeitraum von 1960–1966. Das schnellere Steigen der Reallöhne gegenüber dem Volkseinkommen wirkte sich so aus, daß sich die Lohnquote von 60,8% (1960) auf 67,4% (1966) erhöhte und die Gewinnspannen der Unternehmer aufgrund des leergefegten Arbeitsmarktes zusammengedrückt wurden. Die Zahlung zusätzlicher übertariflicher Löhne und Gehälter war der Ausweg, den die Unternehmer wählten, um Produktionsengpässe zu vermeiden. Die Verbesserung der Situation für die Lohnempfänger war also weniger auf den Druck der

---

71 Ernest Mandel, *Die deutsche Wirtschaftskrise – Lehren aus der Rezession 1966/67*, Frankfurt, 1969, S. 22. Die Zahlen zitiert Mandel im wesentlichen aus dem Sachverständigengutachten 1967, wobei er die statistische Methodik einer Kritik unterzieht.

Gewerkschaften zurückzuführen als vielmehr auf den Mechanismus des Systems, das seine eigene Krise zu produzieren begann. Wie wenig die Gewerkschaften zu dieser Entwicklung beitrugen, zeigt das rasche Anwachsen der Lohndrift, das Auseinanderklaffen zwischen tariflichem, von den Gewerkschaften erkämpften Lohnniveau und effektiven Verdiensten, die aufgrund der Arbeitsmarktlage gezahlt werden mußten. Zaghafte Versuche der Gewerkschaften, besonders der IG Metall, diesem Übelstand, der ihre Attraktivität sichtlich minderte, durch eine Strategie der betriebsnahen Tarifpolitik abzuhelfen, brachten keinen Durchbruch. Zwar wurde das Konzept, die effektiven Verdienste durch die gewerkschaftliche Tarifpolitik einzufangen, theoretisch ausgearbeitet und jahrelang überall verkündet, aber erste praktische Versuche, wie bei Ford in Köln, wurden rasch wieder abgebrochen. Für die Unternehmer wurde die Situation kritisch, weil eine direkte Abwälzung der steigenden Kosten, auch der Lohnkosten, auf die Preise in vielen Fällen nicht möglich war. Die starke Exportabhängigkeit der deutschen Industrie wirkte sich bei verschärftem internationalen Wettbewerb, der eine harte Preiskonkurrenz bedeutete, negativ aus. Trotz anhaltender Hochkonjunktur gab es also Gewinneinbußen.

Eine Reaktion der Unternehmer darauf war eine vorsichtige Bereinigung des hohen quantitativen Produktionsniveaus. Die Vierteljahresdurchschnitte der Kapazitätsauslastung zeigen an, daß ab 1960 eine stetig sinkende Tendenz zu beobachten ist. Bei der verarbeitenden Industrie ergeben sich Ziffern von 95% Kapazitätsauslastung Ende 1960, 90% Mitte 1962, 88% Mitte 1965, 80% Ende 1966 und schließlich 78% Mitte 1967 (also in der Rezession). Noch stärker ist der Absturz in der Investitions- und Konsumgüterindustrie.[72] Das Verhältnis zwischen dem laufenden Absatz und der maximalen Produktionskapazität verschlechterte sich, so daß der Gewinnrückgang – erheblich verstärkt durch eine übertrieben restriktive Kreditpolitik der Bundesbank – zu einem kräftigen Rückgang der Investitionstätigkeit führte. Die Selbstfinanzierungsquote der Unternehmen, die in den fünfziger Jahren immer über 50% gelegen hatte, war 1965 auf 20% gefallen. Auch das zeigt die

---

72 Mandel, a.a.O., S. 10.

Tendenz sinkender Gewinne, die nach der Logik des Systems in eine Krise führen mußte.

Die Verschärfung der sozialen Spannungen wurde bereits vor der Rezession deutlich. Ein Beispiel dafür war der baden-württembergische Metallarbeiterstreik 1963. Der Widerstand der Unternehmer, die die Lohnerhöhungen in dieser Periode nicht einfach auf die Preise abwälzen konnten, war härter denn je. Die gewerkschaftlichen Forderungen nach Lohnerhöhungen gingen in vielen Fällen an die Substanz: an die Gewinne. So griffen die Arbeitgeber, als die IG Metall eine Lohnpause ablehnte und zum Streik ausrief, zum ersten Mal in der Metallindustrie seit 1928 wieder zum Mittel der Aussperrung. Als 100 000 Metallarbeiter im April 1963 die Arbeit niederlegten, antworteten die Arbeitgeber mit einer totalen Aussperrung, die 350 000 Arbeiter und Angestellte traf. Nach zehn Tagen griff, wie gewohnt, die Regierung ein, und die Vermittlung Ludwig Erhards führte zu einer stufenweisen Lohn- und Gehaltserhöhung um 5% bzw. 2% im folgenden Jahr; die IG Metall hatte 8% gefordert. Die Arbeit wurde von den Streikenden daraufhin wiederaufgenommen. In Baden-Württemberg stimmten 73% der betroffenen Gewerkschaftsmitglieder für den Kompromiß, in Nordrhein-Westfalen, wo man noch vor dem Streik stand, nur 55,4%. Die Unternehmer hatten mit ihrem Verhalten gezeigt, daß sie in Zukunft nicht mehr gewillt waren, widerstandslos Zugeständnisse an die Gewerkschaften zu machen. Das Klima war rauher geworden.

Die Beeinträchtigung der Gewinnraten in den Jahren nach 1963 führte schließlich zur Rezession der Jahre 1966/67, der ersten größeren Wirtschaftskrise des Nachkriegskapitalismus in der Bundesrepublik. Rasch steigende Arbeitslosenzahlen und ein Abbau übertariflicher Leistungen, die tarifvertraglich nicht abgesichert waren, waren die Konsequenzen.[73] Kräftige Investitionshilfen des Staates an die private Wirtschaft, während gleichzeitig die Lasten den Arbeitnehmern aufgebürdet wurden (Streichung der Kilometergeldpauschale zum Beispiel), führten schließlich aus der Krise heraus und brachten eine neue Konjunkturbelebung. Das Ergebnis der »Reinigungskrise« war vor allem für die Großunternehmen durchaus positiv. Groß-

---

[73] Vgl. dazu die beiden *Weißbücher zur Unternehmermoral*, herausgegeben vom Vorstand der IG Metall, Frankfurt 1967.

angelegte Rationalisierungsprojekte konnten verwirklicht werden, und die Angst der Arbeiter und Angestellten vor einem möglichen Verlust des Arbeitsplatzes wurde in eine gewaltige Steigerung der Arbeitsproduktivität umgemünzt. Anders ausgedrückt: die Ausbeutung der Arbeitskraft konnte erheblich verschärft werden. Im 3. Quartal 1967 berechnete das WWI eine Steigerung der Arbeitsproduktivität von 8,3% in der gesamten Industrie. Die Geschäftsberichte der großen Unternehmen zeigen, daß in diesem Zeitraum mit wesentlich verringerter Beschäftigtenzahl ein erheblicher Mehrumsatz pro Kopf der Belegschaft im Vergleich zu den zurückliegenden Jahren erzielt wurde. Mandel ist der Meinung, »daß die Rezession im Spätkapitalismus die klassische Funktion behält, die die Wirtschaftskrise im Frühkapitalismus erfüllte. Sie muß einerseits das Kräfteverhältnis zwischen Besitzbürgertum und Lohnabhängigen zugunsten des ersteren durch die Reproduktion der industriellen Reservearmee ändern. Sie muß andererseits durch Ausschaltung der wenig rentablen Betriebe, der Entwertung eines Teils des veranlagten Kapitals, der Beschleunigung der Kapitalkonzentration und der Rationalisierung die allgemeinen Verwertungsbedingungen des Kapitals verbessern, d. h. eine neue Steigerung der Profitrate gewährleisten.«[74] Diese Analyse wird von einem Teil der Betroffenen, nämlich den Vertretern der Kapitalinteressen in der Bundesrepublik, durchaus geteilt. Der damalige Bundesfinanzminister Franz Josef Strauß erklärte auf einer Mittelstandstagung der CDU am 28. 5. 1969 in Dortmund im Hinblick auf die Rezession: »Dann mache ich aus unseren Überlegungen keinen Hehl, daß die Gnade der Stunde der Angst ausgenutzt werden mußte, um Übertreibungen wieder abzubauen«.[75] Mit »Übertreibungen« waren übertarifliche Leistungen für die Arbeitnehmer gemeint. Bundeswirtschaftsminister Schmücker wurde noch deutlicher: »Die ›gewollte Rezession‹ hat der deutschen Wirtschaft den Wert der Rentabilität und Rationalität eindringlich wieder klargemacht. Der Aufwand wurde beschnitten, das Arbeitskräftepolster abgebaut, der Mißbrauch der Sozialversicherung ging zurück, und die Arbeitsproduktivität stieg auch.«[76] Und

74 Mandel, a.a.O., S. 27.
75 *SPD-Pressedienst, Volkswirtschaft*, 9. 6. 1969, S. 1.
76 A.a.O., S. 1.

Hellmut Ley, der Vorsitzende des Vorstandes der Metallgesellschaft AG, Frankfurt, gab auf der Hauptversammlung am 5. Mai 1969 zu: »Unser starker Bundesgenosse war die Rezession. Sie brachte die Energiepreise zu Fall, und ich verschweige nicht meine Auffassung, daß eine Rezession stets neue Kräfte weckt [...]. Das ist auch volkswirtschaftlich von Bedeutung. Man kann also selbst – oder gerade – in schlechten Zeiten auf die innere Kraft unseres Systems der freien Marktwirtschaft vertrauen.«[76a]

*b. Krisenmanagement und Gewerkschaften*

Die angespannte ökonomische Situation in der Bundesrepublik Deutschland seit Ende der fünfziger Jahre geht zusammen mit der Vorbereitung langfristiger politischer Strategien des Staates, die möglichen Krisen des Systems rechtzeitig vorbeugen sollen. Größere soziale Unruhen im Inneren sollten sich gar nicht erst entfalten können. Die Gewerkschaften beispielsweise dürfen ihre möglicherweise verbesserte Position gegenüber dem Kapital aufgrund ökonomischer Umstände nicht »mißbrauchen« können. Derartige Formen des Krisenmanagements auf wirtschaftlichem und politischem Gebiet hängen mit der veränderten Funktion des Staats im Neokapitalismus als eines Garanten des privatwirtschaftlichen Gewinnstrebens zusammen. Der Staat trifft Vorsorge für »Notfälle«. Das bedeutet konkret, daß er, da er weit davon entfernt ist, neutraler Treuhänder gesellschaftlicher Machtverhältnisse zu sein, vorbeugende Maßnahmen ergreift, um dem privaten Kapitalverwertungsprozeß die ungestörte Entfaltung zu sichern. Offe schreibt zu Recht, der staatlich regulierte Kapitalismus zeichne sich dadurch aus, daß der »private Kapitalverwertungsprozeß bis ins Detail politisch vermittelt ist: die Subventionierung der Forschungs- und Entwicklungskosten, die steuerliche Alimentierung des unternehmerischen Investitionswillens, die handelspolitische Regulierung der Absatzchancen und die konjunkturpolitische Beeinflussung des Nachfragevolumens sind nur wenige Indizien dafür, daß in entwickelten Interventionsstaaten das ökonomische System keineswegs mehr das vorpolitische Substrat, sondern eines der wichtigsten Aktionsfelder des

76a Beilage zur Sondernummer Mai 1969 *Das Wertpapier*.

Staatsapparates ist; er steht der Sphäre des Warenverkehrs gerade nicht mehr als seinem ›Jenseits‹, sondern als einem Medium gegenüber, durch dessen aktive Regulation gesamtgesellschaftliche Steuerungsleistungen gesichert werden können«.[77]
Krisen, in denen sich die Frage nach der Notwendigkeit des Überlebens dieses Systems stellen könnten, werden durch vorbeugende Maßnahmen, die die Loyalität der Massen, also ihre »apathische Folgebereitschaft gegenüber den Instanzen des politischen Systems«[78] sichern sollen, aufgefangen. Es können im Zusammenhang dieser Darstellung nicht alle derartigen Maßnahmen, die in der Bundesrepublik teils diskutiert, teils verwirklicht worden sind, untersucht werden. Die Liste reicht von Notstandsgesetzen, Wahlrechtsänderungen, den Formen der Einkommenspolitik und der Finanzreform bis zur Vorbeugehaft und zur »formierten Gesellschaft«. Wir beschränken uns auf die wichtigsten Instrumente, mit denen die Gewerkschaften unmittelbar konfrontiert worden sind: die Notstandsgesetze und die Einkommenspolitik.

Erste Tendenzen der staatlichen Gewalt, ein Notstandsrecht in der Verfassung der Bundesrepublik zu verankern, um in »Krisenzeiten« gegen mögliche Unruhen von innen oder außen gewappnet zu sein, sind seit Ende der fünfziger Jahre zu beobachten. Der damalige Bundesinnenminister Gerhard Schröder (CDU) forderte auf dem Gewerkschaftstag der Gewerkschaft der Polizei 1958 ein umfassendes Notstandsrecht und legte im Januar 1960 den ersten Entwurf eines »Gesetzes zur Änderung des Grundgesetzes (Notstandsverfassungsgesetz)« vor; im April 1960 folgte die Vorlage des »Entwurfs eines Notdienstgesetzes«. Beide Entwürfe enthielten weitgehende Vollmachten für die staatliche Exekutive in bewußt nicht genau definierten Notstandsfällen und schalteten die parlamentarische Kontrolle praktisch aus. Die Tendenz dieser Gesetze wurde noch deutlicher, als Schröder später auf die Frage, wozu man solche Gesetze eigentlich brauche, antwortete: »Wenn der Brenner solche Reden hält ...«; gemeint war eine radikale Rede des IG-Metall-Vorsitzenden in Nürnberg, in der er die

77 Offe, a.a.O., S. 180 f.
78 Offe, a.a.O., S. 181.

Verbindung wirtschaftlicher Machtgruppen mit dem Staat angegriffen hatte. Der damalige Präsident der Bundesvereinigung der Arbeitgeberverbände, Paulssen, äußerte sich 1962 vor Kieler Studenten ähnlich, als er auf die Frage, warum denn die Unternehmer so nachgiebig auf gewerkschaftliche Lohnforderungen reagierten, die Auskunft gab: »Das müssen wir eben, solange es keine Notstandsgesetze gibt. Da sind wir denen wehrlos ausgeliefert, bei dieser Situation auf dem Arbeitsmarkt.«[79]

Schröders allzu offenherzige Pläne waren bereits 1961 gescheitert, damals noch am Einspruch der SPD und des Bundesrates, die derart einschneidenden Verfassungsänderungen nicht zustimmen wollten. Als im Oktober 1962 der neue Bundesinnenminister Hermann Höcherl (CSU) einen Entwurf für ein Notstandsverfassungsgesetz und sieben weitere, sogenannte einfache Notstandsgesetze vorlegte, begann der Widerstand der SPD allerdings zu wanken. Man wollte im Zeichen der Anpassungspolitik nach Godesberg nicht wieder als die Partei dastehen, die im Falle der Not den Staat im Stich läßt. Die Opposition rückte also von ihren prinzipiellen Einwänden gegen eine zusätzliche Notstandsgesetzgebung ab und formulierte nur noch 7 Punkte, die erfüllt sein müßten, wenn die SPD den Gesetzen zustimmen sollte. Die Punkte, die auf dem Kölner SPD-Parteitag 1962 verabschiedet wurden, sollten gewährleisten, daß die Notstandsgesetzgebung die demokratischen Grundrechte nicht wesentlich einschränken würden. Die Gewerkschaften verharrten im Gegensatz zur SPD nach wie vor in einer unnachgiebig ablehnenden Haltung, so daß zum ersten Mal seit längerer Zeit ein Konflikt zwischen SPD und Gewerkschaften auszubrechen schien. Der Bundeskongreß des DGB in Hannover 1962 sprach sich eindeutig gegen jedes zusätzliche Notstandsrecht aus und verwies auf die Gefahren, die dem Streikrecht und der freien Entfaltung der Gewerkschaften mit diesen Gesetzen drohten. In den folgenden Jahren beteiligten sich die Gewerkschaften neben progressiven Professoren, Studenten, linken SPD-Gliederungen und Vertretern der Kirchen an einer breiten Kampagne zur Informierung der Öffentlichkeit über die geplanten Gesetze. Die Schwierigkei-

---

[79] *Der Spiegel*, 1. 6. 1965, zitiert nach Helmut Ridder u. a., *Notstand der Demokratie*, Frankfurt 1967, S. 107.

ten der breiten Information lagen aber nicht zuletzt in der Kompliziertheit der Rechtsmaterie, in die die demokratiefeindlichen Maßnahmen eingehüllt waren. Eine Umsetzung in verständliche Alltagssprache, die Arbeitern, Angestellten und Beamten gleichermaßen die Gefahren für die noch junge Demokratie einsichtig gemacht hätte, gelang nur sehr bedingt. Die Gewerkschaften unternahmen allerdings auch nicht sehr viel, um die Problematik in die Betriebe hineinzutragen. Sie beschränkten sich auf öffentliche Veranstaltungen und die Herausgabe von Broschüren, ohne damit die Masse der Mitglieder zu erreichen. Die Massenbasis in den Betrieben für Aktionen gegen die Notstandsgesetze war daher von Anfang an nicht sehr breit. Den Hauptanteil der Demonstranten gegen die Verabschiedung der Gesetze stellten schließlich die in eine bis dahin ungekannte Politisierung geratenen Studenten und Schüler. Linke Funktionäre der Gewerkschaften arbeiteten in der Aufklärungskampagne mit, ohne dabei von ihren Vorständen sonderlich unterstützt zu werden.

Die Beratungen im Rechtsausschuß des Bundestages liefen unterdessen ungehindert weiter. Die SPD bemühte sich, möglichst viele »Unabdingbarkeiten« in die Entwürfe hineinzubringen. 1965 waren die Gesetzentwürfe Höcherls schließlich verabschiedungsreif. Der Widerstand gegen die Gesetze war ebenfalls auf einem neuen Höhepunkt angekommen. Zahllose Gewerkschaftstagsbeschlüsse gegen die Gesetze lagen vor. Hunderte von Professoren hatten an den DGB appelliert, Widerstand zu leisten und hart zu bleiben in seiner Ablehnung. Die Studentenverbände veranstalteten den Kongreß »Demokratie vor dem Notstand« in Bonn. Der Parteivorstand der SPD faßte nicht zuletzt unter diesem Druck im Mai 1965 den Beschluß, dem Notstandsverfassungsgesetz seine für die Verfassungsänderung erforderliche Zustimmung zu verweigern, weil die Bedenken der Partei bei den Beratungen nicht ausreichend gewürdigt worden seien. Dennoch wurden Mitte 1965 die sogenannten einfachen Notstandsgesetze, die mit einfacher Mehrheit verabschiedet werden konnten (nach Ansicht der Regierungskoalition), vom Parlament gebilligt; unter ihnen Gesetze, die das Streikrecht weitgehend einkreisten. »Wenn etwa aufgrund des Wirtschaftssicherstellungsgesetzes von 1965 in den Betrieben von Staats wegen Produktionsauflagen gemacht werden können, so ist es klar, daß die Erfüllung solcher Auflagen den Streik ausschließt.«[80] Ein zu diesem Zeitpunkt erst im Entwurf vorliegendes Dienstpflichtgesetz erlaubt sogar noch weitere Eingriffe.

Die ablehnende Einstellung der SPD zum Notstandsverfassungsgesetz veranlaßte den nächsten Innenminister, Paul Lücke (CDU), die Gesetzesvorlage noch einmal zu überarbeiten, um doch noch die Zustimmung der Opposition und möglicherweise auch der Gewerkschaften zu erlangen. Auf dem DGB-Bundeskongreß in Berlin 1966 zeigten sich deutliche Meinungsverschiedenheiten; zwar wurden die Hannoveraner Beschlüsse einer unbedingten Ablehnung der Notstandsgesetze noch einmal bekräftigt, aber eine starke Minderheit unter Anführung des Vorsitzenden der IG Bau-Steine-Erden, Georg Leber, der den rechten SPD-Flügel repräsentierte, vertrat gegenteilige Auffassungen. So wurde auch das in Anbetracht der drohenden Gesetze gegründete Kuratorium »Notstand der Demokratie« nicht mehr vom DGB insgesamt unterstützt, sondern nur noch von den »linken« Einzelgewerkschaften. Das Kuratorium organisierte neben der Verbreitung von Aufklärungsmaterialien im Oktober 1966 in Frankfurt einen Kongreß »Notstand der Demokratie«, an dem rund 20 000 Menschen teilnahmen. Professoren, Gewerkschaftsfunktionäre, Schriftsteller und Kirchenvertreter analysierten dort die Notstandsverfassung im einzelnen und riefen zum verstärkten Widerstand auf.[81] In zahlreichen Städten der Bundesrepublik wurden ähnliche Kuratorien auf lokaler Ebene gegründet. Aber auch zu diesem Zeitpunkt konnte keineswegs die Rede davon sein, daß es den Gewerkschaften gelungen wäre, den Widerstand in den Betrieben selbst zu organisieren. Die Entpolitisierung der Arbeiter und Angestellten, an der die Gewerkschaften nicht schuldlos waren, rächte sich nun. Nach außen hin blieb die Gewerkschaftsspitze, jedenfalls soweit es den linken Flügel des DGB betraf, gegenüber den Versuchen der SPD-Parteiführung, sie von ihrer prinzipiellen Gegnerschaft gegen die Notstandsgesetze abzubringen, standhaft. Die SPD war inzwischen im Zuge der Wirtschaftskrise in die Re-

---

80 Werner Hofmann in: *Notstand der Demokratie* a.a.O., S. 105.
81 Vgl. das Kongreßprotokoll, Helmut Ridder u. a., *Notstand der Demokratie*, a.a.O.

gierungskoalition mit der CDU/CSU eingetreten, und eine der erklärten Absichten dieser Koalition war es, das Notstandsverfassungsgesetz endlich unter Dach und Fach zu bringen. Die Wirtschaftskrise 1966/67 hatte ja schließlich gezeigt, wie es um die Stabilität des Systems bestellt war, auch wenn man noch nicht von fundamentalen Brüchen im Gefüge reden konnte. In Hearings vor dem Bundestag vertraten die Gewerkschaftsführer 1967 noch einmal ihre Ablehnung der Gesetze. Diese Hearings sollten es der Regierung ermöglichen, die Argumente der Notstandsgegner vor aller Öffentlichkeit als sektiererisch und nicht am Gemeinwohl orientiert hinzustellen; außerdem hatten sie die Funktion eines demokratischen Alibis. Beides gelang den Initiatoren nicht zu voller Zufriedenheit. Der Widerstand, der auf einer breiten Solidarisierung zwischen der stark studentisch bestimmten außerparlamentarischen Opposition und dem linken Flügel der organisierten Arbeitnehmerschaft beruhte, hinderte die Regierung relativ lange daran, ihre Notstandspläne zu verwirklichen.
Noch einmal, im Mai 1968, kurz vor der zweiten und dritten Lesung der Gesetze im Parlament, die zwar in der Form einige Korrekturen erhalten hatten, in der Substanz aber kaum verändert erschienen, erfaßte die Oppositionsbewegung gegen die Notstandsgesetze breite Teile der politisch bewußten Bevölkerung. Ein Sternmarsch auf Bonn vereinigte fast 70 000 Notstandsgegner. Zu diesem Zeitpunkt hatte sich die Gewerkschaftsführung freilich schon von der außerparlamentarischen Opposition distanziert und demonstrierte wohlweislich nicht in Bonn, sondern in Dortmund. Nur einige linke Funktionäre aus den Gewerkschaftsvorständen waren in Bonn dabei. Als die Notstandsgesetze dann Ende Mai 1968 endgültig vom Parlament mit den Stimmen der Mehrheit der SPD verabschiedet wurden, enthielten sie die Einschränkung des Streikrechts, die Möglichkeit zur Dienstverpflichtung und zum Einsatz der Bundeswehr im Innern als Unterstützung der Polizeikräfte, um nur einige Kernpunkte zu nennen. Am Tage der Abstimmung im Bundestag fanden in einer Reihe von Betrieben Warnstreiks statt, die von den Gewerkschaftsführungen aber nicht unterstützt wurden.[82] Die Aufforderung der außerparla-

[82] Eine Aufstellung findet sich in *express-international,* Frankfurt, V/ 1968, Nr. 58, S. 8.

mentarischen Opposition an die Gewerkschaften, den Generalstreik auszurufen, beantwortete der DGB mit einer Erklärung nach der 2. Lesung, in der es heißt: »Der DGB hat erreicht, daß es nicht zu den ursprünglich vorgesehenen, viel weitergehenden Einschränkungen der Grundrechte gekommen ist. [...] Der Bundesvorstand des DGB lehnt einen allgemeinen Streik (Generalstreik) zur Verhinderung der Notstandsgesetze ausdrücklich ab, denn er hält es für einen Verstoß gegen die Grundsätze der parlamentarischen Demokratie, gegen einen mit großer Mehrheit gefaßten Beschluß des Bundestages zum Streik aufzurufen. [...] Jedem Mißbrauch der Notstandsgesetze wird der DGB mit allen ihm zur Verfügung stehenden Mitteln begegnen.«[83]

Abgesehen von der Tatsache, daß ein Generalstreik zu diesem Zeitpunkt wegen der mangelnden Vorbereitung der Arbeiterschaft auf die Problematik der Notstandsgesetze nicht zu realisieren gewesen wäre, ist es immerhin bezeichnend, wie die Gewerkschaftsführung ihre absolute Loyalität gegenüber Parlamentsbeschlüssen beteuerte und damit die Fiktion eines neutralen, über den Interessen der Klassen stehenden Staates aufrechterhielt. Die Gewerkschaftsführung war in den entscheidenden Augenblicken der sich abzeichnenden Verabschiedung der Notstandsgesetze nicht einmal bereit, politische Proteststreiks zu organisieren oder zu unterstützen. Sie beschränkte sich auf Appelle an das Parlament, ohne begreifen zu wollen, daß dieses Parlament (und die Regierung) die angebotene »freiwillige Bereitschaft überzeugter Demokraten« (Ludwig Rosenberg), in Zeiten der Not gegen äußere und innere Feinde einzustehen, der Bundeswehr überlassen würde, die es für einen besseren Garanten der Interessen der in diesem System Herrschenden hielt.

## c. Im Griff der Einkommenspolitik

Haben die Notstandsgesetze im Rahmen des Krisenmanagements die langfristige Aufgabe, die Gewerkschaften in Schach zu halten und in akuten Krisensituationen die Massen der Arbeitnehmer staatlicher Disziplinierungsgewalt zu unterwerfen, so sichern andere Instrumente des staatlich regulierten Kapita-

83 Vgl. *Welt der Arbeit*, Köln, 31. 5. 1968.

lismus die für das System in »Normalzeiten« erforderliche Stabilität. In den meisten neokapitalistischen Industriegesellschaften hat sich für diesen Zweck als wichtigstes Instrumentarium die Einkommenspolitik erwiesen. Gemeinsamer Zweck der staatlichen »Einkommenspolitik« in diesen Ländern ist es (ausgehend von der Notwendigkeit bei Investitionsvorhaben, die immer größere Dimensionen annehmen), die Amortisation zu sichern. Das bedeutet, die Lohnforderungen der Gewerkschaften sind in Grenzen zu halten, so daß sie dem obersten Gebot, dem Wirtschaftswachstum auf der Basis des privaten Kapitalverwertungsprozesses, nicht zuwiderlaufen. Als Ausgleich für die Lohnplanung wird die Vollbeschäftigung in den Katalog der Zielvorstellungen übernommen. In der Bundesrepublik wurde ein solches Instrumentarium erst verhältnismäßig spät entwickelt – ein Zeichen für die lange anomale Geschichte steigender, kaum von Rückgängen unterbrochener Wachstumsraten, deren Ursachen wir schon untersucht haben. Erst kurz vor der Wirtschaftskrise 1966/67 wurden die gesetzlichen Grundlagen der Einkommenspolitik, das sogenannte Stabilitätsgesetz, geschaffen und dann in der Rezession zum ersten Mal angewandt.

Allerdings gab es ideologische Vorläufer dieser Maßnahmen in der Bundesrepublik; der wichtigste ist die von Ludwig Erhard auf dem Düsseldorfer Parteitag der CDU 1965 vorgetragene Konzeption der »formierten Gesellschaft«. Diese Konzeption, die als »Reform der deutschen Demokratie« angepriesen wurde, sollte die der modernen Industriegesellschaft angeblich immanente Entwicklungstendenz zum Ausdruck bringen. Die Zielrichtung wird deutlicher, wenn die Ideologen davon sprechen, es ginge »um die Integration der befestigten Gruppen [zu denen nach Goetz Briefs' Terminologie die Gewerkschaften zählen, d. V.] in Gesellschaft und Staat, um ihre Bindung an das Gemeinwohl, um die Überwindung der zerstörerischen Kräfte des Pluralismus weltanschaulicher und verbandsorganisatorischer Prägung[84]«. Ausgeklammert werden soll aus der Formierung der Gesellschaft nur die Wirtschaft selbst: »Die

---

[84] So die Erhard nahestehenden *Gesellschaftspolitischen Kommentare* im Juli 1965, zitiert nach Reinhard Opitz, *Der große Plan der CDU: die »Formierte Gesellschaft«*, in: *Blätter für deutsche und internationale Politik*, Sonderdruck 9/1965, S. 7.

Dynamik der Wirtschaft, die Konzentration auf eine fortdauernde Erhöhung der Leistung und Nutzbarmachung des technischen und wirtschaftlichen Fortschritts innerhalb der kapitalistischen Wirtschaft darf nicht in die Formierung der Gruppen einbezogen, ihr nicht untergeordnet werden.«[85] Unter Wirtschaft ist hier natürlich das private Unternehmertum zu verstehen. Es sind also die Interessen der Unternehmer, besser: der großen Konzerne, an denen die wirtschaftspolitischen Entscheidungen gemessen werden sollen.

Diese seit 1965 in konservativen Zirkeln diskutierten und an die Öffentlichkeit gebrachten Pläne waren allerdings mit zu viel weltanschaulichem Bombast versehen, als daß sie in Form eines konkreten Gesamtkonzeptes in Gesetzesform hätten eingebracht werden können. Zu verwirklichen wären solche Maßnahmen der Integration der »befestigten« Gruppen, soweit es den wichtigsten Teil, die Gewerkschaften, betraf, auch nur dann, wenn man sie über ihre politische Vertretung, die SPD, binden könnte. Die SPD befand sich aber zu diesen Zeitpunkt noch in der Opposition. Dennoch wurden bereits seit 1964 erste Vorbereitungen für eine gesetzliche Verankerung der Wirtschaftslenkung auf der Basis der ungestörten Entfaltung der privaten Kapitalinteressen getroffen. Im April 1964 hatte das CDU-FDP-Kabinett unter Ludwig Erhard beschlossen, die Wirtschaftspolitik durch die »Bereitstellung einer Reihe von Instrumenten« zu beleben. Es dauerte aber noch zwei Jahre, bis am 4. Juni 1966 das Kabinett ein »Gesetz zur Förderung wirtschaftlicher Stabilität« verabschiedete. Dieses Gesetz wurde während der hereinbrechenden Rezession von der neuen Koalitionsregierung beschleunigt beraten, in einigen Punkten verändert und endgültig im Mai 1967 verabschiedet. Seit dem 14. Juni 1967 ist es in Kraft.[86] Dieses sogenannte Stabilitätsgesetz, das von der Regierung Erhard vorgelegt, aber von ihr nicht mehr zum Abschluß gebracht werden konnte, »stellt das gesamtwirtschaftliche Gleichgewicht im Rahmen der marktwirtschaftlichen Ordnung in den Mittelpunkt eines Zielkatalogs, der durch die Komponenten Stabilität des Preisniveaus, hoher Beschäftigungsstand, außenwirtschaftliches Gleichge-

---

85 Rüdiger Altmann, zit. nach Opitz a.a.O., S. 10.
86 Vgl. dazu Huffschmid, a.a.O., S. 153 ff.

wicht und stetiges und angemessenes Wirtschaftswachstums konkretisiert wird«.[87] Der Bundesregierung wurden mit dem Gesetz bestimmte Pflichten auferlegt: jährlicher Wirtschaftsbericht, Subventionsbericht und eine mittelfristige, auf fünf Jahre datierte Finanzplanung, die jährlich korrigiert werden soll. Im Austausch erhält die Regierung dafür eine Reihe von Kompetenzen und Instrumente zur globalen Wirtschaftslenkung, die ihr weitreichende Steuer- und Haushaltsmaßnahmen zur Einschränkung der finanziellen Selbständigkeit der Länder und Gemeinden gewähren. Mit Hilfe von Rechtsverordnungen kann sie aber auch die Ertragslage der Unternehmer verbessern – über Sonderabschreibungen oder erhöhte und degressive Abschreibungssätze. Eine gesamtwirtschaftliche Lenkung der Privatwirtschaft wird ihr also über die Änderung von Einkommenssteuergesetzen ermöglicht. Die Entscheidung, wann die Regierung derartige Maßnahmen zur Stützung der Wirtschaft für angebracht hält, liegt bei ihr selbst, nicht beim Parlament. Das Stabilitätsgesetz »hält sich – gemäß der Konzeption der Globalsteuerung – fest im Rahmen der bestehenden Kapitalverwertungswirtschaft und erkennt die Autonomie der Unternehmensentscheidung prinzipiell als wirtschaftspolitisch oberstes Gebot an. Die Stabilisierung der Herrschaft des Kapitals und das Wachstum, das das Gesetz fördern will, ist die Expansion des konzentrierten Kapitals über die gesamte Gesellschaft«.[88]

Das Stabilitätsgesetz gibt der Regierung die Möglichkeit, den Unternehmern im Falle stagnierenden Wirtschaftswachstums Angebote zu machen, die sie zur Investition anreizen sollen. In die Autonomie ihrer Entscheidungen greift sie nicht ein. Um sich der Wirksamkeit ihrer Maßnahmen zur globalen Steuerung der Wirtschaft zu vergewissern, muß die Regierung sich dabei in regelmäßigen Abständen mit den Investoren abstimmen; sie muß also eine Institution schaffen, in der die mächtigsten Wirtschaftsverbände als organisierte Macht der Investoren vertreten sind. Diese Institution bestand praktisch schon, bevor sie im Stabilitätsgesetz verankert wurde: die »Konzertierte Aktion«. Ebenso wichtig wie die Anwesenheit der großen Wirtschaftsverbände bei der Konzertierten Aktion ist

---

87 Huffschmid, a.a.O., S. 157.
88 Huffschmid, a.a.O., S. 160.

freilich die der Gewerkschaften. Denn die Gewerkschaften müssen, soll das System sich weiter stabil entwickeln, im Prinzip überproportionalen Gewinnsteigerungen der Unternehmer zustimmen. In der Praxis heißt das: Lohnpolitik mit Rücksicht auf die »gesamtwirtschaftlichen Belange«. Ein anderer Weg ist innerhalb der Logik des Systems nicht denkbar.

Die Bedeutung der Beteiligung der SPD an der Regierung auf dem Höhepunkt der Krise wird von hier aus leicht begreiflich. Ein SPD-Politiker als Bundeswirtschaftsminister und eine SPD in der Regierung haben die Funktion, die Loyalität der Gewerkschaften dieser Politik asozialer Symmetrie gegenüber zu garantieren. Der *Industriekurier*, das Organ der Unternehmer, sprach das ganz offen aus: »Die engen Verbindungen zwischen der SPD und den Gewerkschaften, die bisher als Einfluß der Gewerkschaften auf die Sozialpolitik der SPD in Erscheinung traten, müssen jetzt umgekehrt die Einflußnahme der SPD auf die Gewerkschaften ermöglichen.«[89]

Der Wirtschaftsminister, Karl Schiller, verlegte denn auch den Schwerpunkt seiner Tätigkeit auf die Beeinflussung der Gewerkschaftsspitzen. Das Experiment gelang. Die IG Metall als wichtigster Partner stimmte am 1. April 1968 einem Tarifabschluß von 4% zu, dem am 1.1.1969 weitere 3% folgten. Dies, nachdem zuletzt am 1.1.1966 eine Lohnerhöhung von 6% und am 1.1.1967 eine Lohnerhöhung von 1,9% (3,1% wurden als Ausgleich für die Arbeitszeitverkürzung gewertet) vereinbart worden waren. Diese niedrigen Lohnzuwachsraten mit langer Laufdauer der Tarifverträge – der Vertrag vom April 1968 sollte 18 Monate laufen – hatten die erhoffte Wirkung. 1968 nahm das Nettoeinkommen aus Unternehmertätigkeit und Vermögen um 22 Prozent zu, während die Einkommen der Unselbständigen um nur 5,2% stiegen. Die Lohnquote, von 1960–1966 ansteigend, ging wieder um 2% zurück.

Schiller hatte sich bereits in den Debatten um das Stabilitätsgesetz als Wirtschaftsminister empfohlen, als er der Wirtschaft zusicherte, das Gesetz in ihrem Sinne zu verändern, nämlich von stärker dirigistischen Formen zu einer mehr »freiheitlichen« Auslegung. Als Wirtschaftsminister der Großen Koalition sorgte er dann zusammen mit Finanzminister Franz Josef Strauß (CSU) dafür, daß über Eventualhaushalte und

[89] *Industriekurier*, Düsseldorf, 24.1.1967.

ein Kreditfinanzierungsgesetz rund 11 Milliarden DM (unter Berücksichtigung der Multiplikatorwirkung der Zinssubventionen) in die private Wirtschaft flossen. Erhöhte steuerliche Abschreibungssätze und die Senkung der Diskontsätze führten zu weiteren Steigerungen des Unternehmereinkommens. Die Stillhaltepolitik der Gewerkschaften, die der Wiederherstellung der Vollbeschäftigung wegen sich kaum zu rühren wagten, wurde von Schiller ausdrücklich gelobt: »Die Gewerkschaften haben in hohem Maße Verständnis aufgebracht für die gesamtwirtschaftliche Lage. Sie haben sich nicht gegen die Notwendigkeit einer im Aufschwung gewachsenen Selbstfinanzierung gewehrt.«[90]

In der Öffentlichkeit haben die Gewerkschaftsführungen einer Interpretation der »Konzertierten Aktion« als Bindung der Gewerkschaften an ein abstraktes Gemeinwohl, das konkret die Interessen der Unternehmer fördert, stets heftig widersprochen. Besonders der IG-Metall-Vorsitzende Otto Brenner hat keine Gelegenheit ausgelassen, um zu betonen, der Zweck der Konzertierten Aktion bestehe nicht darin, »die Beteiligten auf irgendwelche Leitlinien oder Orientierungsdaten zu vergattern, sondern darin, ihnen Gelegenheit zu einem freien und für alle unverbindlichen Meinungs- und Informationsaustausch zu geben. Daß die Konzertierte Aktion keinesfalls den Sinn haben kann, die Gewerkschaften tarifpolitisch einseitig festzulegen, ist nicht nur von uns, sondern auch von Vertretern der Bundesregierung immer wieder mit aller Entschiedenheit betont worden«.[91] Abgesehen davon, daß das Stabilitätsgesetz keineswegs unverbindlich von Orientierungsdaten spricht, haben diese, wenn sie einmal benannt sind, den Charakter von Lohnleitlinien, die zu überschreiten bedeuten würde, die gesamte Öffentlichkeit gegen sich zu mobilisieren. In der Praxis haben sich die Gewerkschaften und auch die IG Metall bislang an diese Orientierungsdaten gehalten oder sind sogar darunter geblieben. Es ist aber nicht sicher, daß eine sich an diesen Orientierungsdaten ausrichtende Gewerkschaftspolitik die Vollbeschäftigung und die Preisstabilität

---

90 *Bulletin des Presse- und Informationsamtes der Bundesregierung*, Bonn, Nr. 24 vom 22. 2. 1968, S. 194.
91 Otto Brenner in: *Metall*, Frankfurt/M., Nr. 16 v. 4. 8. 1970, S. 2.

gleichermaßen gewährleisten kann. »Die Lohnleitlinie gibt, indem sie die Tariflöhne unten hält, den Arbeitgebern einen größeren Manövrierraum für die Effektivlöhne. Diese aber lassen sich dauerhaft nur unter dem Druck der Arbeitslosigkeit niedrig halten. Ist die Nachfrageentwicklung günstig, steigt die Beschäftigung, es steigen dann ebenfalls die Löhne, und aus der schleichenden wird eine galoppierende Inflation. Um diese abzuwenden, muß die Nachfrage durch Restriktionsmaßnahmen gedrosselt werden, dann sinkt die Beschäftigung, und die Lohnentwicklung wird gestoppt. Es sind gerade die Arbeitgeber, die bei einer Einhaltung der Lohnleitlinien durch die Gewerkschaften Vollbeschäftigung und Preisniveaustabilität unvereinbar machen.«[92]

Die den Gewerkschaften als Ausgleich angebotene »soziale Symmetrie« war nichts als ein billiges Schlagwort, das materiell nicht eingelöst wurde und im Rahmen der Logik des Systems auch nicht eingelöst werden kann. Unternehmerblätter schreiben in diesem Zusammenhang zu Recht: »Das soziale Leben ist eo ipso asymmetrisch. Darauf beruhen die Antriebe, beruht das Leistungsstreben. Sozial-Symmetrie gehört in die Vorstellungswelt des Kollektivismus.«[93] Die von den Gewerkschaften als »Ausgleich« beschworene Symmetrie setzte, wie das Unternehmerorgan richtig feststellt, eine andere Wirtschaftsverfassung voraus.

Wie sehr sich die Gewerkschaften mit ihrer offenen Zustimmung zur Konzertierten Aktion und der damit notwendig verbundenen Wirtschaftspolitik in die Fänge des Systems begeben haben, beweisen auch Versuche, das Streikrecht über das Stabilitätsgesetz zu beschränken oder als aufgehoben zu betrachten. Eine derartige Auffassung – noch als Theorie – vertritt zum Beispiel der Bochumer Wirtschaftsjurist, Professor Kurt Biedenkopf (der auch das unternehmerfreundliche Mitbestimmungsgutachten erstellte). 1968 erklärte er in einem Vortrag *Rechtsfragen der Konzertierten Aktion:* »Im Schrifttum wird angenommen, die Tarifautonomie werde durch die

---

[92] Wolf Rosenbaum, *Der wirtschaftspolitische Auftrag der Großen Koalition*, in: *Die Große Koalition und die nächsten Aufgaben der Linken*, Frankfurt 1967, S. 52 f.
[93] *Monatsblätter für freiheitliche Wirtschaftspolitik* 13/1967, Nr. 4, S. 240.

Konzertierte Aktion nicht beeinflußt, weil sie keine Verpflichtungen begründe, den Orientierungsdaten zu folgen. Die Verbände seien frei zu handeln, wie sie wünschen. Diese Auffassung ist formaljuristisch haltbar, politisch und materiellrechtlich dagegen zumindest problematisch. Hat eine Beratung von Orientierungsdaten zu dem Ergebnis geführt, daß in einem bestimmten Projektionszeitraum eine Lohnerhöhung von 4% tolerabel, eine Lohnerhöhung von mehr als 5% dagegen als Gefährdung des gesamtwirtschaftlichen Gleichgewichts anzusehen sei, und sind diese Orientierungsdaten nach Gesprächen in der Konzertierten Aktion in der vorgesehenen Weise dem Bundeskabinett vorgelegt, von ihm genehmigt, empfohlen und veröffentlicht worden, so ist es auch rechtlich erheblich [!], wenn eine der beteiligten Industriegewerkschaften eine 8%ige Lohnerhöhung verlangt und durch Arbeitskampf erzwingen will oder der beteiligte Unternehmensverband sich mit der Begründung weigert, in Lohngespräche einzutreten, es sei wirtschaftlich nicht vertretbar, Lohnerhöhungen zu gewähren. Diese Sachverhalte berühren das im kollektiven Arbeitsrecht vielerörterte Problem der Rechtmäßigkeit von Arbeitskampfmaßnahmen unter dem Gesichtspunkt der Sozialadäquanz.«[94] Die Stoßrichtung ist deutlich. Biedenkopf zielt auf eine feste Bindung der Gewerkschaft an die Diskussionsergebnisse der Konzertierten Aktion und relativiert damit die Tarifautonomie bis zur Verhinderung von Streiks. Mit dem Argument der Sozialadäquanz, also der Lehre, nur der sozialen Lage angepaßte Streiks seien rechtmäßig, soll den Gewerkschaften der Handlungsspielraum beschnitten werden. Über die Rechtmäßigkeit und Durchführbarkeit von gewerkschaftlichen Kampfmaßnahmen entscheiden nicht mehr die Mitglieder in freier Urabstimmung, sondern die Gerichte. Die rechtliche Zulässigkeit des Handelns einer autonomen gesellschaftlichen Gruppe, wie die Gewerkschaft eine ist, soll an der Verantwortlichkeit für die »gesamtwirtschaftliche Entwicklung« gemessen werden. Für Biedenkopf geht sogar schon aus der Mitwirkung der Tarifparteien in der Konzertierten Aktion eine »Selbstbindung« hervor, weil die Tarifparteien an der »Verfassung der Entscheidungen« beteiligt sind. Schließ-

---

94 Kurt H. Biedenkopf, *Rechtsfragen der Konzertierten Aktion*, in: *Der Betriebsberater*, 10. September 1968, Heft 25, S. 1008.

lich folgert er in bezug auf den Arbeitskampf: »In diesen Zusammenhang gehört weiter das Problem einer Schlichtung durch die Konzertierte Aktion. Ein Streik größeren Ausmaßes würde offensichtlich das gesamtwirtschaftliche Gleichgewicht im Sinne des Stabilitätsgesetzes gefährden. Fallen Verhandlungen über die Beilegung des Streiks deshalb in die Zuständigkeit der Konzertierten Aktion? Wenn sie Empfehlungen zur Beilegung des Streiks aussprechen und damit eine Schlichtungsfunktion übernehmen, die die Gewerkschaften staatlichen Instanzen bisher immer bestritten haben? Vor dem Hintergrund der politischen Funktion der Konzertierten Aktion müßte man diese Frage eigentlich bejahen.«[94a] Biedenkopfs Position läßt an Deutlichkeit nichts zu wünschen übrig. Wenn krisenhafte Entwicklungen im Wirtschaftsprozeß eintreten und die Gewerkschaften sich »unvernünftig« verhalten, das heißt auf »zu hohen« Lohnforderungen beharren, dann könnten derartige Theorien rascher in Form von Verordnungen oder ähnlichen Instrumenten aktualisiert werden, als manche Gewerkschaftsführer sich das heute träumen lassen. Jedenfalls können sich die Gewerkschaften kaum mit alternativen Zielprojektionen und eigenen Jahreswirtschaftsberichten, wie sie jetzt herausgegeben werden, den Bindungen der Konzertierten Aktion entziehen, wenn sie nicht bereit sind, ihre Forderungen mit allen gewerkschaftlichen Mitteln durchzusetzen, d. h. auch auf die Gefahr einer Krise des Systems hin. Von einer solchen Politik ist allerdings im Augenblick weit und breit nichts zu erkennen, und die Mitglieder sind trotz gelegentlichen »Aufmuckens« noch nicht in der Lage, ihre Kämpfe so zu führen, daß sie die Gewerkschaften aus der Logik des Systems hinausdrängen könnten.

4. Die Etappen der Integration

Die Tatsache, daß sich die Gewerkschaften in der Bundesrepublik, im Gegensatz etwa zu den Gewerkschaften in Großbritannien, Frankreich oder Italien, in das System der staatlichen Einkommenspolitik freiwillig einfügen, markiert den hohen Grad ihrer Integration in die neokapitalistische Wirtschaftsordnung. Die Etappen dieser fortschreitenden Integra-

94a Biedenkopf, a.a.O., S. 1009.

tion sollen noch einmal rekapituliert werden, bevor von jenem Phänomen die Rede sein wird, das der Integrationsbereitschaft der Gewerkschaften einen ersten empfindlichen Stoß versetzte: die wilden Streiks im September 1969.
Die Tendenz der westdeutschen Gewerkschaften, sich in das kapitalistische Wirtschaftssystem einzupassen, war bereits zu einem Zeitpunkt sichtbar, als dieses Wirtschaftssystem noch nicht wieder voll in Kraft war. Nach dem Zusammenbruch des Dritten Reiches kam in den westlichen Besatzungszonen, bedingt durch die Ausrottungspolitik des Faschismus gegenüber der deutschen Arbeiterbewegung, eine Schicht von Funktionären an die Spitze der Gewerkschaften, deren Vorstellungen von einer Neuordnung der Wirtschaft und von der Strategie zu deren Durchsetzung keine grundlegende Umgestaltung der Verhältnisse erwarten ließ. Geprägt von den wirtschaftsdemokratischen Ideen der Weimarer Republik, ohne eine zureichende Analyse des Faschismus, glaubten sie, auf traditionellen Wegen zu ihrem Ziel zu kommen. Sie vertrauten auf die Zusammenarbeit mit den Besatzungsmächten und hofften als Lohn für eine zurückhaltende Politik, die auf eine Mobilisierung der Arbeitnehmer verzichtete, weitgehende Mitbestimmungs- und Mitgestaltungsrechte, ja sogar die Sozialisierung bestimmter Industriezweige zu erreichen. Die aufkeimende Unruhe und Unzufriedenheit der Arbeitnehmer wurde zurückgestaut, um diese Politik nicht zu gefährden. Zu spät begriff die Gewerkschaftsführung, daß vor allem die Amerikaner im Zeichen des sich verschärfenden Ost-West-Konflikts einzig daran interessiert waren, in Mitteleuropa ein kapitalistisches Bollwerk gegen die kommunistischen Länder des Ostblocks zu errichten. Dem Druck, der von diesem Programm ausging, waren die Gewerkschaften nicht gewachsen. Die Bevölkerung zu mobilisieren, um den Besatzungsmächten klarzumachen, daß ihr Kalkül von der Zustimmung der Deutschen abhängig war, lag den Gewerkschaften fern. Doch nur eine solche Politik hätte, trotz unvermeidlicher Niederlagen, Aussicht gehabt, die Wachsamkeit gegenüber der Restauration der überkommenen Besitz- und Machtverhältnisse zu schärfen. Statt dessen faßte der Antikommunismus auch in den Gewerkschaften der Westzonen Fuß und verhinderte solidarische Aktionen auf gesamtdeutscher Ebene gegen die Wiederher-

stellung des kapitalistischen Systems. Er führte schließlich zu weitgehenden Ausschaltung der Opposition in den Gewerkschaften und damit auch zum Abbau der innergewerkschaftlichen Demokratie.
Die Gewerkschaften verließen sich auf eine indirekte Einflußnahme über befreundete Parteien, um die Gesetzgebung in den neuen Parlamenten und im Wirtschaftsrat mitzugestalten. Sie scheiterten, als diese Parteien – nicht zuletzt wegen der ungenügenden Aktivierung der Arbeitnehmer – in die Opposition gerieten. Die demonstrative Zustimmung zum Marshallplan, dessen Konsequenzen für eine Restauration des Kapitalismus absehbar waren, markierte die erste Etappe der Integration der Gewerkschaften nach dem Krieg.
Dieser Prozeß setzte sich fort. Die Verzögerung der Aufhebung des Lohnstopps um mehrere Monate wurde fast widerstandslos hingenommen. Statt in der Anfangsphase des neuen Kapitalismus in der Bundesrepublik eine aktive Lohnpolitik zu betreiben, ermöglichten die Gewerkschaften die Befestigung dieses Kapitalismus durch Verzicht auf Lohnkämpfe. Sie konzentrierten sich auf die – angesichts der wieder erstarkten bürgerlichen Kräfte illusionäre – Bemühung, die Mitbestimmung zu erweitern. Nachdem es ihnen gerade noch gelang, die Montanmitbestimmung gegen die bürgerliche Parlamentsmehrheit zu verteidigen, wichen sie anderthalb Jahre später endgültig zurück; sie tolerierten das gewerkschaftsfeindliche Betriebsverfassungsgesetz, das sie aus den Betrieben verdrängte. Die ausdrückliche Versicherung, sich den Entscheidungen des Parlaments bedingungslos unterzuordnen, auch wenn diese Entscheidung die Substanz der Gewerkschaften, ihre Verankerung in den Betrieben, berührten, bedeutete einen weiteren Schritt auf dem Wege der Einordnung in das herrschende Gesellschaftssystem.
In den fünfziger Jahren brachte der Rückzug auf die Tarif- und Sozialpolitik nach dem Scheitern der Mitbestimmungsillusionen keine strukturelle Wandlung der Gewerkschaftspolitik. Zwar wurde von expansiver Lohnpolitik gesprochen, aber im Zuge der günstigen Konjunkturentwicklung verzichtete man weitgehend auf eine Mobilisierung der Mitglieder für tarifpolitische Ziele. Verhandlungen auf oberster Ebene, die die Mitglieder von einer Beteiligung an den tarifpolitischen Ent-

scheidungen ausschlossen, prägten die Gewerkschaftspolitik. Die Bundesrepublik wurde zum streikärmsten Land unter den westlichen Industrienationen. Hatte das Grundsatzprogramm der Gewerkschaften von 1949 noch die Forderung nach grundlegender Umgestaltung der Wirtschaftsordnung erhoben, so trennte das Aktionsprogramm von 1955 die Fernziele endgültig von den Nahzielen, die sich in einer systemimmanenten Korrektur der kapitalistischen Wirtschaftsordnung erschöpften. Der Widerstand gegen die restaurative Entwicklung der Bundesrepublik, gekennzeichnet durch die Wiederaufrüstung und das KPD-Verbot, wurde von der Gewerkschaftsführung nur zögernd unterstützt oder zurückgedrängt. Aktionen wie »Kampf dem Atomtod« wurden in institutionellen Formen kanalisiert, die bei der ersten besten Gelegenheit wieder beseitigt werden konnten. Die Folge war eine zunehmende Entpolitisierung der Arbeitnehmerschaft.

Der langwierige Kampf gegen die Notstandsgesetze, die als Disziplinierungsmittel der Gewerkschaften in Krisenzeiten gedacht waren, aktivierte zwar erneut die gewerkschaftliche Opposition in der Bundesrepublik und ließ für kurze Zeit ein Bündnis mit Studenten, Professoren und Kirchenvertretern entstehen, scheiterte aber, als es nicht gelang, den politischen Impuls auch in den Betrieben zu verankern und in der Arbeiterschaft zu konsolidieren.

Mit der wirtschaftlichen Rezession wurde schließlich die vorläufig weitestgehende Integration Wirklichkeit. Nach dem Eintritt der SPD in die Regierung akzeptierten die Gewerkschaften die staatliche Einkommenspolitik und erklärten sich bereit, in den Institutionen dieser neokapitalistischen Wirtschaftspolitik, vor allem der »Konzertierten Aktion«, mitzuarbeiten. Ihre Vorleistung bestand in der Zustimmung zu niedrigen Lohnerhöhungen am Ausgang der Rezession, die die Investitionsbereitschaft der Unternehmer wieder anreizen sollten. Die Rücksicht auf »gesamtwirtschaftliche« Belange, die in Wirklichkeit die Belange der privaten Kapitalbesitzer und Kapitalvertreter sind, bekam ihnen allerdings schlecht. Die wilden Streiks im September 1969 machten deutlich, daß Teile der organisierten Arbeiterschaft entgegen der integrierten Politik des Gewerkschaftsapparates offenbar entschlossen sind, ihre Interessen autonom zu verteidigen.

## III. Die wilden Streiks im September 1969

1. Die Septemberstreiks. Chronik

*Der erste Tag: 2. September 1969 (Dienstag)*[1]

Neun Uhr morgens. 3000 Hüttenarbeiter des Hoesch-Werks Westfalenhütte verlassen gemeinsam ihre Arbeitsplätze und ziehen vor das Verwaltungsgebäude. Sie verlangen eine Lohnerhöhung von 30 Pfennig pro Stunde, nachdem die Werkleitung die Forderung der Betriebsräte auf 20 Pfennig abgelehnt und nur 15 geboten hat. Die demonstrierenden Arbeiter besetzen Treppen und Flure des Hauptgebäudes. Der Aufsichtsratsvorsitzende, Dr. Willy Ochel, und der Vorstandsvorsitzende, Dr. Friedrich Harders, können das Gebäude nicht mehr durch den Vorderausgang verlassen. Betriebsrat, Arbeitsdirektor und Vorstand verhandeln. Draußen wechseln die Sprechchöre: »Ausbeuter« und »Alle Räder stehen still, wenn der Arbeiter es will.«
Mittags sprechen Hoesch-Arbeitsdirektor Walter Hölkeskamp und der Betriebsratsvorsitzende Albert Pfeiffer von einer Empore des Hauptgebäudes zu den Streikenden. Sie erläutern noch einmal die Verhandlungsvorschläge. Die Direktion bietet nun 20 Pfennig an; vergeblich, die Arbeiter bleiben hart. Der Betriebsrat zieht sich zur Beratung zurück. Nach langen Diskussionen stellt er sich schließlich hinter die 30-Pfennig-Forderung der Arbeiter und will diesen Beschluß dem Vorstand mitteilen. Dieser hat das Gebäude freilich inzwischen durch einen Hinterausgang verlassen. Eine Entscheidung ist an diesem Nachmittag nicht mehr zu erreichen. Die Arbeiter, verstärkt durch die Mittagsschicht, weichen nicht. Ein Lautsprecherwagen wird zum Diskussionszentrum. Als ein Student antigewerkschaftliche Parolen verbreitet, wird ihm das Mikrophon entzogen. Die Arbeiter sind der Meinung: wir sind die Gewerkschaft. (Die Westfalenhütte ist zu fast 100% in der IG Metall organisiert.) Überredungsversuche von Arbeits-

[1] Die Chronik ist zusammengestellt nach den Berichten aller in Frage kommenden lokalen Zeitungen und Angaben in der Dokumentation des IMSF, *Die Septemberstreiks*, a.a.O., S. 54 ff.

direktor Hölkeskamp, die Arbeiter sollten den Betriebsrat mit der Vertretung der 30-Pfennig-Forderung beauftragen und wieder an die Arbeitsplätze gehen, scheitern. Die Arbeiter sind mißtrauisch. Sie wollen warten, bis sie feste Zusicherungen haben. Und viele warten die ganze Nacht hindurch. Die Nachtschicht hat sich dem Streik angeschlossen. In den Abendstunden dehnt sich der Streik auch auf andere Betriebsteile der Hoesch-AG aus. Die Betriebsräte der Werke Phönix und Union, die zunächst dem 15-Pfennig-Kompromiß zugestimmt hatten, verlangen nun ebenfalls 30 Pfennig. Am späten Abend sind bereits über 15 000 Arbeiter im Ausstand; Hunderte schlafen auf dem Rasen vor dem Verwaltungsgebäude.

*Der zweite Tag: 3. September 1969 (Mittwoch)*

Am Morgen läßt sich Vorstandsvorsitzender Dr. Harders im Werk nicht blicken. Die restlichen Stahlschmelzer der Werke Phönix und Union haben sich dem Streik angeschlossen. Auch sie marschieren zur Hauptverwaltung. Nun sind 27 000 im Ausstand. Gegen zehn Uhr vormittags brechen die Tausende vor dem Verwaltungsgebäude auf und beginnen eine Demonstration durch die Dortmunder Innenstadt. Einen Kilometer lang ist der Zug. Sieben, acht, neun Mann in einer Reihe, ziehen sie vom Dortmunder Norden in die Stadtmitte. Straßenschilder werden mit der Zahl »30« übermalt. Die Polizei hält sich zurück. Anderthalb Stunden später sind die Arbeiter wieder vor dem Hauptgebäude angekommen und warten weiter. Seit 11.00 Uhr verhandeln an einem geheimgehaltenen Ort die Betriebsräte mit der Werkleitung. Schließlich gegen 13.30 Uhr bahnt sich der Betriebsratsvorsitzende Albert Pfeiffer einen Weg durch die Menge zum Lautsprecherwagen und verkündet das Verhandlungsergebnis: die 30 Pfennig sind durchgesetzt, keine Anrechnung auf künftige Lohnerhöhungen. Die Streiktage werden bezahlt. Die Begeisterung ist groß. Die Arbeiter schlagen sich gegenseitig vor Freude auf die Schultern und singen: »So ein Tag, so wunderschön wie heute ...« Gegen 14 Uhr wird nach 30 Stunden Streik die Arbeit wieder aufgenommen. Der Produktionsausfall wird vom Werk mit 40 000 Tonnen Stahl angegeben.
Die Nachricht von dem Erfolg der Hoesch-Arbeiter verbreitet

sich rasch im Ruhrgebiet. Am Mittwochnachmittag kommt es in der Rheinstahl-Gießerei Meiderich in Duisburg zu einem zweistündigen Streik in der Reparaturabteilung. Die Handwerker, der endlos andauernden Verhandlungen über die Lohnangleichung müde, haben begriffen, daß man auf andere Weise schneller zum Ziel kommen kann. Die Unruhe greift aber auch schon auf das Saargebiet über. Walzwerker der Neunkircher Eisenwerke sammeln Unterschriften für eine Lohnerhöhung über 50 Pfennig und entsenden Delegierte zum Vorstand des Unternehmens.

*Der dritte Tag: 4. September 1969 (Donnerstag)*

Die Belegschaft der Rheinstahl-Gießerei in Meiderich, 1300 Arbeiter, legt geschlossen die Arbeit nieder und fordert 30 Pfennig Lohnerhöhung. »Was Dortmund kann, kann Meiderich schon lange«, lautet die Parole. Der Betriebsratsvorsitzende, Heinz Lukrawka, ein Kommunist, vertritt die Forderung der Belegschaft gegenüber der Werkleitung in Mülheim. Die Arbeiter haben auch hier ihren Betrieb »besetzt«; sie warten vor dem Verwaltungsgebäude auf Ergebnisse.

Gegen Mittag erscheint der Arbeitsdirektor Gerhard Hagener und bietet 20 Pfennig plus 10 Pfennig, anrechenbar auf die nächste Tariflohnerhöhung, an. Aber es stellt sich heraus, daß er einen Alleingang unternommen hat. Der Vorstand von Rheinstahl ist zu derartigen Zugeständnissen nicht bereit; er bietet lediglich eine Prämie von je 30,– DM für August und September an. Die Arbeiter pfeifen den Arbeitsdirektor aus, als er diesen Vorschlag vorträgt; der Betriebsratsvorsitzende hatte sich geweigert, das Angebot vor der Belegschaft zu vertreten. Die Mittags- und Nachtschicht in Meiderich nimmt unter diesen Bedingungen die Arbeit nicht wieder auf. Die Arbeiter halten die Werktore besetzt und erscheinen in Arbeitskleidung im Werk, ohne zu arbeiten.

Im Rheinstahlbereich hat sich unterdessen die Nachricht vom Meidericher Streik herumgesprochen. Am Nachmittag kommt es zu ersten Diskussionen und Arbeitsniederlegungen im Rheinstahl-Werk Mülheim, der Friedrich-Wilhelmshütte. Die Gießereiarbeiter machen den Anfang.

Diskussionen zwischen Arbeitern und Betriebsratsmitgliedern

finden verstärkt auch in anderen Unternehmen statt, so bei Mannesmann in Huckingen, wo die Nachtschicht aber noch ruhig an die Arbeit geht. Dagegen ist im Saargebiet bei den Neunkircher Eisenwerken der Streik bereits zum Ausbruch gekommen. Um 11 Uhr haben die Walzwerker im Walzwerk Süd die Walzstraßen stillgelegt und sind vor das Verwaltungsgebäude gezogen, wo Betriebsrat und Werkleitung seit dem frühen Morgen verhandeln. Die Arbeiter fordern 50 Pfennig Erhöhung. Der Vorstand bietet 15 Pfennig an. Daraufhin ziehen starke Gruppen von Arbeitern durch das Werkgelände und fordern andere Abteilungen zur Arbeitsniederlegung auf. Am Abend steht das ganze Werk still. Die Belegschaft versammelt sich in immer größerer Zahl vor dem Verwaltungsgebäude und beginnt, weitere Aktionen zu beraten. Die Roheisenbahn wird blockiert, und die beiden Stahlwerke werden besetzt, um den Abstich zu verhindern. Schließlich stellt man ein Ultimatum: Um Mitternacht werde das Verwaltungsgebäude gestürmt, falls kein positives Ergebnis vorliege. Die Androhung wird wahrgemacht und der Vorstand gezwungen, Rede und Antwort zu stehen. Die Nacht hindurch warten viele Belegschaftsmitglieder im Betrieb auf weitere Verhandlungsergebnisse.

*Der vierte Tag: 5. September 1969 (Freitag)*

An diesem Tag erreicht die Streikbewegung einen neuen Höhepunkt. Über 40 000 Arbeiter befinden sich im Ausstand.
Im Rheinstahlbereich greift die Unruhe weiter um sich. Die 1300 Arbeiter in der Meidericher Gießerei in Duisburg haben die Arbeit nicht wiederaufgenommen. Die Ankündigung einer generellen Erhöhung der Löhne ab 1. September (ohne konkrete Zahlen) reicht nicht aus, um die Arbeiter zu bewegen, den Streik abzubrechen. Mit großer Befriedigung haben sie am Morgen zur Kenntnis genommen, daß auch die Arbeiter im Rheinstahlwerk Mülheim und beim Schalker Verein in Gelsenkirchen die Arbeit niedergelegt haben. Der Werkschutz hat inzwischen das gesamte Gelände abgeriegelt. Die Arbeiter drohen mit größeren Demonstrationen, wenn ihre Forderungen nicht erfüllt werden. Unterdessen wird in Düsseldorf auf höchster Konzernebene verhandelt.

Beim Schalker Verein in Gelsenkirchen verlangen die Arbeiter, die nach der Frühstückspause nicht mehr an ihre Arbeitsplätze zurückgegangen sind, 50 Pfennig Lohnerhöhung. Die Mittagsschicht solidarisiert sich. Eine Demonstration führt über das Werkgelände und durch einen nahegelegenen Ortsteil. Die Besetzung des Betriebes wird aufrechterhalten. Vor dem Tor sitzen die Arbeiter mit ihren weißen Schutzhelmen und skandieren: »50 Pfennig, 50 Pfennig«. Die Streikenden lassen sich weder vom Arbeitsdirektor noch vom örtlichen Gewerkschaftsvorsitzenden zur Arbeitsaufnahme überreden. Am Abend beschließen die Arbeiter, noch am folgenden Tag eine Demonstration zur überraschend einberufenen Sitzung der Großen Tarifkommission der IG Metall in Gelsenkirchen zu organisieren. Auch die Nachtschicht weigert sich, die Arbeit wiederaufzunehmen.

Zur Arbeitsaufnahme, ohne daß greifbare Zusagen ausgehandelt worden sind, kommt es dagegen am Nachmittag in der Friedrich-Wilhelmshütte von Rheinstahl in Mülheim. Die Ankündigung der bevorstehenden Tarifverhandlungen zwischen IG Metall und dem Arbeitgeberverband Eisen und Stahl zusammen mit der Drohung der Stillegung oder jedenfalls weitgehender Rationalisierungsmaßnahmen bewirken Resignation unter den Vertrauensleuten und der Belegschaft. Die Arbeit wird nach längerer Diskussion wiederaufgenommen in dem Gefühl, von Betriebsrat und Gewerkschaft im Stich gelassen worden zu sein. Man fürchtet um die Arbeitsplätze.

Ganz im Gegensatz dazu entwickelt sich die Kampfbereitschaft der Arbeiter bei den Mannesmann-Werken in Huckingen und Großenbaum (Hahnsche Werke). 500 Stahlwerker riegeln am Freitagmorgen das Haupttor ab und beschließen, eine Lohnerhöhung von 30 Pfennig zu fordern, dazu die Bezahlung der Streikstunden und lohnregulierende Maßnahmen. »Wir bleiben, bis sie uns konkret etwas auf die Hand legen können«, heißt die Parole. Allmählich solidarisieren sich die einzelnen Abteilungen. Gegen Mittag muß der Betriebsratsvorsitzende bekanntgeben, daß nun die gesamte Produktion stillsteht. Werkvorstand und Betriebsrat verhandeln ununterbrochen. Bei Schichtwechsel am Mittag ist noch nichts Neues bekannt, also lassen die Arbeiter niemanden ins Werk hinein oder heraus. Als gegen Abend immer noch kein Ergebnis vor-

liegt, wächst die Empörung. Radikale Sprechchöre und die Blockierung der Hauptverwaltung veranlassen den Werkdirektor, um Polizeischutz zu bitten. Die Nachricht von einer zwischen IG Metall und Arbeitgeberverband vereinbarten Lohnerhöhung ab 1. September durch einen neuen Tarifvertrag vermag die Nachtschicht nicht zur Arbeitsaufnahme zu bewegen.
Bei den Neunkircher Eisenwerken hat sich der Streik inzwischen auf den Zweigbetrieb in Homburg ausgedehnt. Spontan organisieren die Arbeiter einen Demonstrationszug durch die Stadt, an dem rund 2000 Streikende teilnehmen. Dem Zug wird eine rote Fahne vorangetragen. Sprechchöre verlangen vom Vorstandsvorsitzenden Schluppkotten: »Schluppes, Schluppes, wann kriegen wir unser Mubbes?« Die Forderung von 50 Pfennig wird aufrechterhalten, vor allem nachdem bekannt wird, daß der IG Metall-Bezirksleiter Pleitgen bereits Verhandlungen mit dem Arbeitgeberverband der saarländischen Eisen- und Stahlindustrie führt. Der Betriebsrat hatte mittags beschlossen, den Verhandlungsraum nicht mehr zu betreten, falls nicht akzeptable Vorschläge gemacht würden.
Am Freitag beginnt auch der Streik in der Klöckner-Hütte in Bremen. Schon während der Nachtschicht gibt es den ersten Warnstreik im Walzwerk, bei dem der als unternehmerhörig bekannte Arbeitsdirektor Düßmann vergeblich zu beschwichtigen sucht. Seit Monaten waren Verhandlungen über die Erhöhung der betrieblichen Zulagen verzögert worden. Nun greifen die Arbeiter zur Selbsthilfe. Um 9 Uhr morgens steht der gesamte Betrieb still. Die Arbeiter ziehen vor das Verwaltungsgebäude und fordern 70 Pfennig Lohnerhöhung. Die Werkleitung hatte 30 Pfennig angeboten, ohne damit Eindruck auf die Arbeiter machen zu können. Nun unterbricht sie die Verhandlungen, um die Konzernleitung in Duisburg zu Rate zu ziehen. Die Arbeiter organisieren Streikposten und einen Notdienst. Auf Aufforderungen, die Tore zu öffnen, reagieren sie mit Gelächter. Am Abend befinden sich 6000 Klöckner-Arbeiter im Streik. Die Werkleitung hat im letzten Augenblick noch den großen Mischer im LD-Stahlwerk füllen lassen.
Im kleineren Klöckner-Stahlwerk in Osnabrück und der zu-

gehörigen Georgsmarienhütte haben die Arbeiter im Laufe des Tages von der Arbeitsniederlegung in Bremen erfahren. Gegen 18 Uhr schließen sie sich den Forderungen an und treten ebenfalls in Streik.
In einigen Betrieben der metallverarbeitenden Industrie haben die Beispiele von Hoesch und Meiderich Folgen gezeigt. Bei den Krupp-Widia-Werken in Essen, im AEG-Reparaturwerk in Mülheim und bei der Heidelberger Druckmaschinen-AG in Geislingen besinnt man sich wieder auf die eigene Kraft, um betriebliche Konflikte zu lösen. Die erste Zeche, die sich der Streikwelle anschließt, ist die Zeche Ewald in Oer-Erkenschwick, wo 250 Kumpel einen dreistündigen Warnstreik veranstalten.

*Der fünfte Tag: 6. September 1969 (Sonnabend)*

Am Sonnabend scheint sich die Lage etwas zu beruhigen. Zwar befinden sich die meisten Belegschaften, die am Freitag gestreikt haben, noch im Ausstand, aber die Bewegung weitet sich am arbeitsfreien Sonnabend nicht mehr aus. Der Tag ist gekennzeichnet durch Verhandlungen zwischen den Betriebsräten und den Vorständen. Die IG Metall hat ihre Große Tarifkommission Eisen und Stahl nach Gelsenkirchen einberufen. Es soll darüber entschieden werden, ob der Arbeitgeberverband zur sofortigen Aufnahme von Tarifverhandlungen aufgefordert wird. Tatsächlich hatte schon am Freitag ein Gespräch zwischen Vertretern des Vorstandes der IG Metall, den nordrhein-westfälischen Bezirksleitern und Vertretern des Arbeitgeberverbandes in Düsseldorf stattgefunden. Man erzielte Einigkeit über eine Lohn- und Gehaltserhöhung, die rückwirkend ab 1. September gezahlt werden soll. Verhandlungen über die Lohnhöhe sollten sobald als möglich stattfinden. Mit diesem raschen Entschluß will man einer Ausweitung der wilden Streiks, die beide Seiten beendet wissen wollen, vorbeugen.
4000 Arbeiter des Mannesmann-Werkes in Huckingen warnen an diesem Tag die Große Tarifkommission mit einem Protestmarsch durch die Duisburger Innenstadt, weniger als 14% Lohnerhöhung zu fordern. 2000 Arbeiter des Schalker Vereins machen ihre Ankündigung wahr und ziehen durch die Gelsen-

kirchner Innenstadt zum Tagungsort der Tarifkommission. Dort vertreten sie ihre Forderungen: 50 Pfennig nicht anrechenbare innerbetriebliche Lohnerhöhung und eine Tariflohnerhöhung von 12–16 Prozent. Die Diskussion in der Tarifkommission ergibt Einigkeit. Allgemein spricht man sich unter dem Druck der Forderungen der Streikenden für eine 14prozentige Forderung aus. Im Protokoll der Sitzung heißt es, daß diese 14% real verwirklicht werden müßten. Die Bereitschaft zu streiken, um diese Forderungen durchzusetzen, sei vorhanden.
Die Verhandlungen innerhalb der Konzerne führen zu ersten Ergebnissen. Bei Mannesmann einigt man sich Sonnabendnacht nach der Sitzung der Großen Tarifkommission mit dem Betriebsrat auf eine Vorauszahlung auf die zu erwartende Lohn- und Gehaltserhöhung von 50 DM, die sofort ausgezahlt werden sollen. Daraufhin nimmt die Belegschaft bereits am Sonntagfrüh die Arbeit wieder auf. Eine tariflohnunabhängige Erhöhung wird nicht durchgesetzt.
Die Streiks bei Klöckner in Bremen und Osnabrück dauern dagegen an, ebenso die in den Neukircher Eisenwerken. Dort lehnt die Belegschaft das Verhandlungsergebnis zwischen IG Metall-Bezirksleitung und Arbeitgeberverband in Höhe von 30 Pfennig im Vorgriff auf die Tariferhöhung mit Mehrheit ab.
Im saarländischen Steinkohlenbergbau beginnen die ersten Streiks. 200 von 300 Arbeitern der Mittagsschicht der Zeche Luisenthal weigern sich einzufahren und verlangen, ohne genaue Zahlen zu nennen, ebenfalls Lohnerhöhungen.

*Der sechste Tag: 7. September 1969 (Sonntag)*

Am Sonntag scheint sich die Lage an einigen Orten weiter zu entspannen. Im Rheinstahlbereich bietet die Direktion nun 50 DM innerbetriebliche Vorauszahlung an. Die Vertrauensleute im Schalker Verein und in der Meidericher Gießerei sind nach längerer Diskussion einverstanden; allerdings fordern sie noch die Bezahlung der Streikausfallschichten. Die Aufnahme der Arbeit für Montag wird in Aussicht genommen.
Verschärft hat sich die Lage nur bei der Saarzeche Luisenthal, die nun vollständig durch Streik stillgelegt ist.

Die Verlagerung der Konfliktregelung von der betrieblichen auf die überbetriebliche Ebene nimmt den Streikenden vielerorts den Wind aus den Segeln. Ihre betrieblichen Forderungen sollen mit den kommenden Tariflohnerhöhungen verrechnet werden. Die Arbeitgeber können jetzt radikalere Forderungen mit dem Hinweis auf diese Tarifverhandlungen, die abgewartet werden müßten, abwehren. Dennoch tritt der erhoffte Erfolg nicht in dem gewünschten Maße ein.

*Der siebte Tag: 8. September 1969 (Montag)*

An diesem Tag flammt die Streikbewegung an vielen Orten wieder auf oder beginnt erst neu. Im Rheinstahlbereich kehrt keine Ruhe ein. Der Kompromißvorschlag für den Schalker Verein wird von der Konzernleitung nicht gebilligt. Man glaubt, nun, da Tarifverhandlungen unmittelbar bevorstehen, keine Zugeständnisse mehr machen zu müssen. Daraufhin legt ein Teil der Beschäftigten in Gelsenkirchen die Arbeit sofort wieder nieder. Gleichzeitig tritt die 2000 Mann starke Belegschaft des Gußstahlwerks Gelsenkirchen, ebenfalls eine Rheinstahltochter, in den Streik. In Meiderich wird nur unregelmäßig gearbeitet. Die Arbeiter diskutieren die Situation. Als die Nachrichten von der erneuten Arbeitsniederlegung beim Schalker Verein eintreffen, spitzt sich die Lage zu, aber es kommt nicht mehr zu einer geschlossenen Arbeitsniederlegung. Dagegen streiken nun die 1300 Arbeiter des Rheinstahlwerks in Brackwede. Die Belegschaft will die schon in den anderen Werken angebotenen 50 DM Vorschuß nicht akzeptieren. Man fordert 30 Pfennig effektive Stundenlohnerhöhung. Die Stimmung ist gereizt. Ein Arbeiter erklärt: »Entweder wir kämpfen oder wir lassen uns weiter über die Ohren hauen. Ich bin für das erstere.« Auch hier besetzen die Arbeiter das Werkgelände, geraten aber in Konflikt mit den Angestellten, die sich nicht solidarisch verhalten.

Weiter gestreikt wird auch in der Klöckner-Hütte in Bremen. Hier hat sich die Situation nicht entspannt, da die Streikenden nicht bereit sind, den auf Weisung der Direktion noch in letzter Minute gefüllten Mischer zu leeren. Die Direktion läßt in der Öffentlichkeit laufend Meldungen verbreiten, daß der Mischer in Gefahr sei zu erkalten und ein Millionenverlust drohe. Die Streikenden sind anderer Auffassung. Sie halten die Agitation der Werkleitung mit dem Mischer für Erpressung. Das seit längerem gespannte Verhältnis zwischen der IG Metall und dem Betriebsrat, der die Interessen der Streikenden vertritt, verschärft den Konflikt zusehends. Die Streikenden halten ihre 70-Pfennig-Forderung nach wie vor aufrecht. Während die Osnabrücker Stahlwerker das Ergebnis des Bremer Streiks abwarten wollen, nehmen die Arbeiter der Georgsmarienhütte am Montag die Arbeit wieder auf. Auch hier wirkte das Druckmittel einer eventuellen Betriebsschließung, verbunden mit vagen Zusagen über eine Lohnerhöhung.

In Neunkirchen kommt es ebenfalls zur Beendigung des Streiks – allerdings durch die Erfüllung eines wesentlichen Teils der Forderungen der Streikenden. Schon am Sonntagabend hatte eine Versammlung der Vertrauensleute stattgefunden, die in einem Marsch auf das Verwaltungsgebäude endete, nachdem die Belegschaftsmitglieder über den Rundfunk von dieser Versammlung Kenntnis erhalten hatten. Der IG Metall-Bezirksleiter teilt dort dem Betriebsratsvorsitzenden ein neues Ergebnis mit: 20 Pfennig übertarifliche Zulage und $8^0/0 = 30$ Pfennig Tariflohnerhöhung. Damit wären die geforderten 50 Pfennig durchgesetzt. Die Frühschicht nimmt das Ergebnis zur Kenntnis und geht wieder an die Arbeit.

Inzwischen greift die Streikbewegung nun auch auf die oberpfälzische Hüttenindustrie über. Im Eisenwerk Maximilianshütte in Haidhof haben die Arbeiter schon am Wochenende Lohnforderungen erhoben. Am Montag vormittag legt dann die Frühschicht die Arbeit nieder. 70 Pfennig mehr pro Stunde werden verlangt. Die 4000 Arbeiter und Angestellten handeln solidarisch. Eine halbe Stunde später kommt die Nachricht, daß auch die 4000 Belegschaftsmitglieder der Maximilianshütte Sulzbach-Rosenberg dem Beispiel ihrer Kollegen gefolgt sind. Aber während man in Haidhof mit Spannung die neuesten Streiknachrichten aus dem Ruhrgebiet verfolgt, die der Betriebsratsvorsitzende über Lautsprecher bekanntgibt, finden sich die Arbeiter in Sulzbach-Rosenberg zur Arbeitsaufnahme bereit. Ein Vorstandsmitglied des Unternehmens hat ihnen zugesagt, daß am Mittwoch Verhandlungen über ihre Forderungen stattfinden werden. Der Abbruch des Streiks nach fünfstündiger Dauer wird von den Arbeitern in Haidhof mit

Mißfallenskundgebungen quittiert. Hier ist man entschlossen, weiterzustreiken, um die Unternehmer an den Verhandlungstisch zu zwingen. Der Druck wirkt. Die Verhandlungen werden für Dienstag angesetzt.
Auch einige kleinere Stahlwerke sind inzwischen von der Streikbewegung erfaßt worden. So die Fried.-Krupp-Hüttenwerke AG in Hohenlimburg, wo am Montagmorgen erst zweihundert und dann im Laufe des Tages rund 750 Arbeiter streiken, um eine Angleichung ihrer Löhne an die heimische Kaltwalzindustrie zu erreichen. Aber auch hier werden 30 Pfennig nicht anrechenbarer Lohnerhöhung gefordert. In den Stahl- und Röhrenwerken Reisholz, Zweigwerk Oberbilk in Düsseldorf, beteiligen sich alle 600 Arbeiter an dem wilden Streik, der eine Lohnerhöhung um 20 Pfennig bringen soll. Das Werk, das zum Thyssen-Bereich gehört, wird von dem Streik völlig überrascht. Arbeitsdirektor Best macht die NPD und die Kommunisten verantwortlich. Er ist für Härte: »Es handelt sich hier um einen wilden Streik, den wir nicht sanktionieren werden. Die Tarifpartner sind völlig überrumpelt und unterlaufen worden.« Auch der Betriebsratsvorsitzende verbreitet Pessimismus: »Ich glaube nicht, daß die Kollegen mit ihren Forderungen durchkommen werden.«
Pressemeldungen über die Streiks in anderen Betrieben führen in den Klöckner-Werken AG-Drahtindustrie in Düsseldorf dazu, daß 1000 Arbeiter am Montag für eine 50 Pfennig-Lohnerhöhung streiken, obwohl sie bereits Anfang August durch den Tarifvertrag in der metallverarbeitenden Industrie, der sie angehören, 8 % mehr erhalten haben. Das Unbehagen über die Lohnpolitik der Geschäftsleitung kommt nun zum Ausbruch.
Ähnliches gilt für das Werk der Westfälischen Union-Drahtindustrie in Hamm. Hier fordern die 1000 Arbeiter mit einem Streik Effektivlohnerhöhungen und protestieren gleichzeitig gegen die geplante Einführung der analytischen Arbeitsplatzbewertung. Was in »ruhigeren« Zeiten mit Verhandlungen über die Bühne geht, nimmt im Rahnen der Streikbewegung radikalere Formen an.
Voll zum Ausbruch kommt an diesem Montag der Streik der Saarbergleute. In allen saarländischen Gruben ruht die Arbeit. 20 000 Bergleute streiken. Sie fordern Lohnerhöhungen von

12 bis 15%, eine neue Urlaubsregelung und neue Lohnfindungsmethoden. Am Nachmittag ziehen 400 Bergleute durch die Saarbrücker Innenstadt zur Geschäftsstelle des Unternehmensverbandes des Saarbergbaus, um gegen die niedrigen Löhne zu protestieren. Sie wollen, daß keiner von ihnen weniger als 1000 Mark netto monatlich mit nach Hause nimmt. Die Polizei hält sich zurück, auch als Scheiben splittern. Der Unternehmensverband Saarbergbau will unverzüglich Verhandlungen mit der Gewerkschaftsführung aufnehmen, die den Streik in Flugblättern scharf verurteilt.
Entgegen den Hoffnungen der Gewerkschaftsführungen und der Unternehmer hat also das Wochenende nur in Teilbereichen eine Abschwächung der Streikbewegung gebracht. Eine Reihe neuer Streiks hat die Gesamtzahl der Streikenden an diesem Tag auf rund 56 000 ansteigen lassen.

*Der achte Tag: 9. September 1960 (Dienstag)*

Eine Woche nach dem Beginn des wilden Streiks bei der Hoesch-AG erreicht die Bewegung ihren zahlenmäßigen Höhepunkt. Am Dienstag, dem 9. September, streiken über 65 000 Arbeiter in den verschiedensten Industriebereichen. In der Stahlindustrie bewirken die für den 11. September angekündigten Tarifverhandlungen mit der vom Vorstand der IG Metall übernommenen 14-Prozent-Forderung eine Abschwächung der Streikbewegung.
Beim Schalker Verein haben die Streikenden am Dienstag früh weiter das Heft in der Hand. Über 2000 Arbeiter warten im Betrieb auf das Ergebnis der Verhandlungen, die zwischen Rheinstahl-Vorstand und dem Arbeitgeberverband stattfinden. Die Betriebsleitung versucht vergeblich, Zwietracht zu stiften. Es wird bekannt, daß die Polizei einen Großeinsatz vorbereitet. In der Nacht treffen in dem zum Werk gehörenden Stadtteil mehrere Hundertschaften Polizei sowie Reiterstaffeln und Hundetrupps ein, angeblich um etwaige Demonstrationen im Zaum zu halten. Gerüchte über eine Aussperrung der Arbeiter, die noch immer den Betrieb besetzt halten, sind schon am Nachmittag umgegangen. Die Werktore für die Frühschicht sollen von Werkschutz und Polizei abgeriegelt werden. Im Gußstahlwerk ist inzwischen die Arbeit in der Hoffnung

auf die Tarifverhandlungen wiederaufgenommen worden. Beim Schalker Verein will man davon noch nichts wissen. Die geforderten 50 Pfennig haben mit der Tarifbewegung nichts zu tun, argumentieren die Arbeiter; sie wollen eine Angleichung ihrer Löhne an die Mülheimer Verdienste. Am Abend erntet der Betriebsratsvorsitzende Pfiffe, als er ankündigt, die Nachtschicht solle am Werktor namentlich darüber abstimmen, wer streiken will und wer nicht. Die Streikenden geben die Parole aus: »Wir lassen uns nicht irremachen. Die Nachtschicht soll die Abstimmungszettel nicht annehmen, sondern zerreißen.« Die Empfehlung zu dieser Abstimmungsaktion war von der örtlichen IG Metall gekommen.
Im Preßstahlwerk Brackwede geht der Streik am Nachmittag nach 27 Stunden zu Ende. Während vormittags die Arbeiter noch keine Anstalten machten, die Arbeit wiederaufzunehmen und die Verhandlungen weitergingen, einigt man sich gegen 15 Uhr. Eine Betriebsvereinbarung bringt lohnregulierende Maßnahmen, die in etwa der 30-Pfennig-Forderung der Arbeiter entsprechen. Der 50-DM-Vorschuß auf die Tariferhöhung wird aufrechterhalten. Die Arbeiter gehen wieder an ihre Arbeitsplätze, nachdem ihnen der Rheinstahl-Vorsitzende Blankenagel die Erfüllung dieser Zusagen persönlich garantiert hat.
Bei den Krupp-Hüttenwerken in Hohenlimburg wird ebenfalls nach 30 Stunden am Dienstagnachmittag die Arbeit wieder aufgenommen, nachdem die Konzernspitze lohnregulierende Maßnahmen zugesagt hat und eine Lohnangleichung vornehmen will. Die Belegschaft folgt einer Aufforderung der außerordentlichen Vertrauensleuteversammlung.
Die Arbeiter im Oberbilker Werk der Stahl- und Röhrenwerke Reisholz erreichen eine einmalige Brutto-Zahlung von 52 Mark zusätzlich. Da aber die Streikausfallzeiten nicht bezahlt werden, kann der Streik nicht als Erfolg bezeichnet werden. Die Arbeiter nehmen die Arbeit dennoch wieder auf.
Erfolgreicher beenden die Arbeiter der Maxhütte ihren Streik am Dienstag. Nach 48 Stunden Arbeitsniederlegung haben sie eine 50-Pfennig-Erhöhung ihrer Löhne erreicht und eine Reihe von tariflich abgesicherten Zuschlägen. Die Einigung war zwischen der Bezirksleitung der IG Metall und dem Unternehmerverband zustande gekommen.

Mit unverminderter Schärfe wird die Auseinandersetzung in der Bremer Klöckner-Hütte fortgesetzt. Die Arbeitgeber wollen keine neuen Angebote mehr unterbreiten, nachdem die IG Metall ihre 14-Prozent-Forderung aufgestellt hat. Die Arbeiter dagegen beharren darauf, daß ihre 70-Pfennig-Forderung unabhängig von dem gewerkschaftlichen Tarifkampf zu sehen sei. Das 40-Pfennig-Angebot der Direktion, ohnehin zum Teil als anrechenbar gedacht, ist nach der Ablehnung durch den Betriebsrat vom Tisch. Die Direktion gibt weiterhin Gefahrenmeldungen über den Zustand des Mischers an die Öffentlichkeit. Auch die IG-Metall-Bezirksleitung läßt sich in diese Panikmache hineinziehen und fordert die Belegschaft auf, den Mischer sobald als möglich zu entleeren, weil sonst Arbeitsplätze gefährdet seien. Bei den Arbeitern herrscht die Überzeugung vor, die IG Metall sei ihnen mit der 14-Prozent-Forderung in den Rücken gefallen und mache ihre betrieblichen Forderungen kaputt. Der Rücktritt von Arbeitsdirektor Düßmann wird gefordert.

In Osnabrück ziehen die Stahlwerker an diesem Tag zum Gewerkschaftshaus, um mit Vertretern der IG Metall zu diskutieren. Das Direktorium hat 50 DM Vorschuß auf eventuelle Lohnerhöhungen angeboten, aber die Arbeiter sind nicht bereit, deshalb ihren Streik zu beenden. Sie wollen die Ergebnisse in Bremen abwarten.

Bis auf den Streik bei der Klöckner-Hütte in Bremen, der noch über den neuen Tarifabschluß hinausreicht, ist der Dienstag der letzte Streiktag in der Eisen- und Stahlindustrie.

Aber an diesem Tag greift die Streikbewegung auf die Werften über. Nach Beendigung der Mittagspause gehen mehr als 2 000 Arbeiter im Gaardener Betrieb der Howaldtswerke-Deutsche Werft AG nicht mehr an ihre Arbeitsplätze, sondern ziehen zum Verwaltungsgebäude; die zweite Schicht schließt sich später an. Ihre Forderungen haben sie schon seit längerem erhoben, ohne daß etwas geschehen ist. Sie wollen eine Angleichung an die Hamburger Löhne. Es sei lange genug verhandelt worden, erklärt ein Sprecher der Streikenden. Der Betriebsratsvorsitzende versucht vergeblich, die Arbeiter wieder zur Arbeit zu bewegen. Es ist absehbar, daß der Streik auf weitere Werftbetriebe übergreift.

Im Saarbergbau erreicht der Streik seinen Höhepunkt. Am

Dienstagvormittag demonstrieren 10 000 Bergarbeiter in Saarbrücken und legen den Verkehr lahm. Die Hälfte von ihnen zieht zum Gewerkschaftshaus, wo der Bezirksleiter der IG Bergbau niedergeschrien wird, als er die Gewerkschaftspolitik zu rechtfertigen sucht. In einigen Fällen werden rote Fahnen der APO verbrannt. Der saarländische Ministerpräsident Röder (CDU) muß eine Sitzung des Kabinetts unterbrechen, nachdem die Demonstranten alle Zufahrtswege zur Staatskanzlei blockiert haben und ihre Forderungen über Lautsprecher an die Landesregierung richten. Die Landesregierung ist mit einem Viertel am Aktienbesitz der bestreikten Saarbergwerke beteiligt. Röder gesteht zu, daß die Forderungen der Kumpel berechtigt sind. Er will sich auf ihre Seite stellen. Die Forderungen liegen inzwischen bei 300 DM Lohnnachzahlung, Fünf-Tage-Woche und Wohngeld-Erhöhung. Die Bezirksleitung der IG Bergbau und der Unternehmerverband nennen gemeinsam diese Forderungen überspitzt und illusorisch. Die Arbeiter rufen den Gewerkschaftsfunktionären in Sprechchören zu »Schloofköpp«. Indessen verhandelt die Spitze der IG Bergbau im Ruhrgebiet an geheimen Orten mit dem Unternehmerverband; sie läßt verlauten, die Lage sei sehr ernst.

Sie ist vor allem deshalb ernst, weil nun auch im Ruhrbergbau die ersten Streiks zu verzeichnen sind. Die Kumpel der Zechen »Fürst Hardenberg« und »Minister Stein« in Dortmund haben als erste die Arbeit niedergelegt. 4 500 Bergarbeiter treffen sich vor dem Verwaltungsgebäude von »Minister Stein« und veranstalten dort ihre Streikversammlung. Die Nachricht platzt mitten hinein in die Tarifverhandlungen der IG Bergbau in Schloß Hugenpoet bei Kettwig; auch 100 Mann des Zechenkraftwerks Ibbenbüren streiken am Vormittag, um Druck auf die Tarifverhandlungen auszuüben.

Die Streikchronik dieses Dienstags wäre unvollständig, würde nicht erwähnt, daß auch im Bereich des öffentlichen Dienstes sich erste Anzeichen von Streikbereitschaft zeigen. 180 Arbeiter und Angestellte der Stadtwerke Dortmund treten an diesem Tag in einen Warnstreik – eine Woche bevor überall Streiks im öffentlichen Dienst beginnen.

*Der neunte Tag:* 10. September 1969 (*Mittwoch*)

In der Stahlindustrie hat sich die Lage weiter beruhigt, jedenfalls an der Ruhr, im Saargebiet und in Bayern. Die Frühschicht des Schalker Vereins in Gelsenkirchen hat erstmals die Arbeit wiederaufgenommen; das gleiche gilt für das Gußstahlwerk in Gelsenkirchen. Man hat sich mit der informellen Zusage des Rheinstahlvorstandes auf 50 DM Sonderzahlung zufriedengegeben und will die Ergebnisse der am nächsten Tag beginnenden Tarifverhandlungen abwarten.
Dagegen gehen die Streiks der Stahlwerker und Werftarbeiter in Norddeutschland weiter.
In Bremen hat die Werkleitung den Klöckner-Arbeitern ein »letztes« Angebot gemacht – eine Erhöhung um 20 Pfennig, unbeschadet der Verhandlungsergebnisse bei den zentralen Tarifgesprächen. Der Betriebsrat lehnt dieses Angebot ab und läßt darüber in einer Versammlung der Streikenden abstimmen. Die Zustimmung zu der Entscheidung des Betriebsrates ist eindeutig. Man hält das Angebot nach sechs Tagen Streik für eine Unverschämtheit. Aber auch die Stimmung gegen die IG Metall verschärft sich. Bezirksleiter Scholz wird ins Werkgelände eingeladen und muß sich anhören, wie ihm ein Arbeiter sagt: »Wenn das hier alles vorbei ist, machen wir mit unseren Mitgliedsausweisen ein nettes, kleines Feuerchen.« Die Klöckner-Arbeiter wollen unabhängig von Tariferhöhungen 40 oder 50 Pfennig und die Bezahlung der Streiktage durchsetzen. Die Werkleitung droht mit dem Verlust von Arbeitsplätzen.
In Osnabrück beschließen die Stahlwerker in einer Belegschaftsversammlung, schichtweise darüber abzustimmen, ob der Streik fortgesetzt werden soll. Knapp 2 000 Stahlwerker beteiligen sich an der Abstimmung; 66% sind für eine Fortsetzung des Streiks. Der Betriebsrat stellt nun eigene Forderungen auf: 20 Pfennig betriebliche Zulage. Die Direktion will sich nach den Bremer Ergebnissen richten. Beeinflußt worden ist die Streikbereitschaft durch Informationen über die Lage in Bremen, die sich die Stahlwerker selber mit Hilfe einer eigenen Delegation verschafft haben, nachdem sie der Presse nicht mehr trauten.
Bei Howaldt in Kiel hat sich der Streik der Werftarbeiter er-

wartungsgemäß weiter ausgedehnt. Auch der Stammbetrieb in Dietrichsdorf steht nun still. 7 000 Werftarbeiter befinden sich im Ausstand. Erste Verhandlungen haben keine Ergebnisse gebracht. Die Arbeitgeber stellen sich auf den Standpunkt, der Tarifvertrag von Anfang August 1969 könne nicht schon wieder gebrochen werden. Die Arbeiter rufen »Ausbeuter!«, sobald sich jemand am Fenster des Direktionsgebäudes zeigt. Die Arbeitgeber weigern sich, mit der Streikleitung zu sprechen.

Im Bergbau haben sich Gewerkschaft und Arbeitgeber in der Nacht zum Mittwoch auf einen neuen Tarifvertrag geeinigt, von dem alle 260 000 Bergleute an Ruhr und Saar betroffen sind. Wichtigste Verbesserungen sind eine rückwirkende Erhöhung der Effektivlöhne um 3,50 DM pro Schicht für alle Arbeiter und Angestellten (rund 10–12%), ein erhöhter Mindesturlaub und eine Treueprämie nach dem Vermögensbildungsgesetz. An der Saar befriedigt das Ergebnis nicht. Während die Frühschicht noch keine klaren Ergebnisse erfahren hat und deshalb auch nicht einfährt, sind die Tausende, die im Laufe des Vormittags von Ministerpräsident Röder die endgültige Vereinbarung zu hören bekommen, nicht zufriedengestellt. Obwohl der Sprecher der Streikenden die Arbeitsaufnahme empfiehlt, denken die Kumpel vorerst nicht daran, den Streik abzubrechen. Man will auch die Streikschichten bezahlt haben. Als sich herausstellt, daß es dafür keine Zusage gibt, fährt die Mittagsschicht nicht in die Gruben ein. Auch die Nachtschicht wartet ab.

Aber auch im Ruhrgebiet stößt der IG-Bergbau-Vorsitzende, Walter Arendt, mit seinem Tarifabschluß nicht auf große Begeisterung. In Dortmund weigern sich die Kumpel der Zechen »Hansa«, »Germania-Zollern« und »Minister Stein«, den Streik mit diesem Ergebnis abzubrechen. 2 500 Bergarbeiter ziehen morgens von »Minister Stein« zum Dortmunder Gewerkschaftshaus. Sprechchor: »Was sind unsere Vertreter? – Arbeiterverräter«. Auf Transparenten wird gefordert: 1000 DM Nettolohn und vier Wochen Urlaub. IG-Bergbau-Bezirksleiter Franz Neumann wird ausgepfiffen. Die zusätzlichen 3,50 DM Schichtlohn würden doch wieder durch eine Erhöhung der Gedingesätze aufgefangen und nichts bliebe in einigen Monaten von der Erhöhung übrig. In Dortmund bildet sich eine zentrale Streikleitung. Ihr Sprecher, Fred Olschewski, kehrt unverrichteter Dinge von einem Gespräch mit der IG Bergbau in Bochum zurück. Die Gewerkschaft weist darauf hin, daß die Streikenden ab Mitternacht keinen Versicherungsschutz gegen Krankheit und Unfälle mehr genießen. Arendt erklärt diejenigen Bergarbeiter, die nach dem Tarifabschluß die Arbeit nicht wiederaufnehmen, für »notorische Unruhestifter«.

*Der zehnte Tag: 11. September 1969 (Donnerstag)*

An diesem Tag beginnen in Krefeld die Tarifverhandlungen zwischen der IG Metall und dem Arbeitgeberverband Eisen und Stahl.
Gestreikt wird im Bereich der Stahlindustrie nur noch bei Klöckner in Bremen und Osnabrück. In Bremen erklärt der Betriebsrat, angeschlagen durch die feindselige Kampagne in der Öffentlichkeit, man sei damit einverstanden, daß die für die Rettung des Mischers erforderliche Belegschaft ins Werk kommt; außerdem will er den Streikenden eine Abstimmung über alternative Forderungen und die Fortsetzung des Streiks vorschlagen. Mit Befriedigung wird das positive Abstimmungsergebnis aus Osnabrück zur Kenntnis genommen. In Osnabrück wird unterdessen entsprechend dem Abstimmungsergebnis vom Vortag weitergestreikt.
Einen Höhepunkt erreicht der Werftarbeiterstreik in Kiel. Fast 2 000 Arbeiter marschieren an diesem Tag auf das Gerücht hin, daß die Verhandlungen im Kieler Yacht-Klub stattfinden, im Schweigemarsch und in Arbeitskluft durch die Stadt. Nach einem 20-Kilometer-Marsch dort angekommen, müssen sie erfahren, daß der Betriebsrat falsche Informationen verbreitet hat. Trotzdem ist der Marsch ein Erfolg; er stärkt die Solidarität. Die Arbeitgeber erörtern Gegenmaßnahmen. Es wird von Aussperrung gesprochen.
Im Saarbergbau beginnt der Streik abzubröckeln. Die Frühschicht ist nicht eingefahren, doch am Vormittag macht der Vorstand der Saarbergwerke neue Angebote, die zwar keine Bezahlung der Streikschichten bedeuten, aber Zugeständnisse, den Einkommensverlust durch Anrechnung auf die Ruhetage auszugleichen. Die Belegschaften spalten sich. Noch einmal demonstrieren weit über 3 000 Bergleute in Saarbrücken für ihre Forderungen, die Mittagsschichten jedoch fahren teilwei-

se wieder ein. Nachmittags arbeiten bereits zwei Dittel, und die Nachtschicht ist voll besetzt. Die Gewerkschaft hatte die Arbeiter darauf »hingewiesen«, daß die Krankenversicherung beim Weiterstreiken unterbrochen sei.
In Dortmund hat sich die Streiklage nicht wesentlich verändert. Knapp 10 000 Kumpel streiken auch am Donnerstag weiter; sie wollen so lange streiken, »bis wir nicht mehr können«. 3 500 Bergarbeiter marschieren quer durch Dortmund von den Zechen »Germania« und »Hansa« zu »Minister Stein«. Der Sprecher der Streikenden verhandelt mit dem Arbeitsdirektor des Unternehmens, dann wieder mit dem Vorstand der IG Bergbau in Bochum. Die Forderung lautet jetzt statt der vereinbarten 3,50 DM Schichtzulage sechs DM und 28 statt 20 Urlaubstage sowie volle Bezahlung der Ausfallschichten. Die Streikenden drohen mit einer Ausweitung des Streiks auf andere Reviere. Als die Streikleitung am Abend aus dem Bochumer Gewerkschaftshaus zurückkehrt, rät sie den Streikenden, den Ausstand zu beenden. Die Gewerkschaft ziehe nicht mit. Buhrufe und Pfiffe der Streikenden gelten Walter Arendt. Ein Versuch der Streikleitung, Ministerpräsident Kühn als Vermittler einzuschalten, war an dessen Weigerung gescheitert, einen »wilden« Streik zu unterstützen. Er beließ es bei einem Appell an die Streikenden zur Wiederaufnahme der Arbeit.

*Der elfte Tag: 12. September 1969 (Freitag)*

Nach über 18stündigen Verhandlungen einigen sich IG Metall und Arbeitgeberverband auf eine rückwirkende Lohn- und Gehaltserhöhung für die Eisen- und Stahlindustrie um 11% und eine stufenweise Verlängerung des Urlaubs um je einen Tag in den nächsten drei Jahren. Die IG Metall erklärt, sie sei mit dem Ergebnis zwar nicht zufrieden, halte es aber für vertretbar.
Bei der Klöckner-Hütte in Bremen beginnt am Freitagnachmittag die geheime Abstimmung über die Fortsetzung des Streiks. Das Direktorium bleibt bei seinem Angebot von 20 Pfennig, die nicht angerechnet werden sollen. Ausfallschichten wegen des Streiks will es aus grundsätzlichen Erwägungen nicht bezahlen. Bei vielen Arbeitern herrscht die Meinung vor,

eine Annahme dieses Angebots komme einer Kapitulation gleich. Aber die Einmischung der IG Metall läßt innerbetrieblich nicht viel Spielraum. Einige wollen den Hochofen wieder ausblasen, der angezündet wurde, um das Eisen im Mischer vor der Erstarrung zu bewahren. Das Entgegenkommen der Streikenden in dieser Sache sei nicht gewürdigt worden. Der in Bremen zu einer Angestelltenkonferenz erwartete IG-Metall-Vorsitzende Brenner, der bei den Tarifverhandlungen in Krefeld ist, läßt seine Rede verlesen und erklärt zu dem Klöckner-Streik, die IG Metall könne diese Art der Auseinandersetzung nicht billigen; politisch extreme Kräfte versuchten auf Kosten gutgläubiger Arbeitnehmer ihr Geschäft zu machen. Das Abstimmungsergebnis wird für den folgenden Tag erwartet. In Osnabrück warten die streikenden Stahlwerker weiter auf die Ergebnisse in Bremen.

Bei der Howaldtwerft macht die Direktion neue Angebote, die aber von den Streikenden als unzureichend zurückgewiesen werden. In einem der beiden Werke beginnen die Arbeiter Streikposten aufzustellen und blockieren damit den Werkverkehr. Aufforderungen der IG Metall und des Arbeitgeberverbandes, die Arbeit wiederaufzunehmen, bleiben wirkungslos. Die Arbeiter beharren auf einer vorherigen Angleichung ihrer Löhne an die Hamburger Verhältnisse.

Nachdem im Saarbergbau wieder Ruhe herrscht, bröckelt auch die Streikfront im Dortmunder Bergbau am Freitag endgültig ab. Schon in der Nacht hat sich angekündigt, daß eine weitere Solidarisierung von Ruhrzechen nicht mehr zu erwarten ist. Am Freitag wird die Arbeit überall wiederaufgenommen. Die Hauptfrage ist nur noch, ob die Ausfallschichten nachzuholen sind. Von Bezahlung ist keine Rede mehr. In Dortmund ist der Streik erfolglos zu Ende gegangen.

*Der zwölfte Tag: 13. September 1969 (Sonnabend)*

Nach neun Tagen ist der Streik in der Klöckner-Hütte Bremen zu Ende. In der geheimen Abstimmung hat sich eine Mehrheit von 52,3% für die Annahme des Angebots der Direktion und gegen eine Weiterführung des Streiks ausgesprochen; 44,1% stimmen für eine Fortsetzung. Allerdings ist die Beteiligung an der Abstimmung schwach: nur 2 200 von 5 700 Ab-

stimmungsberechtigten geben ihre Stimme ab. Erreicht haben die Streikenden zusätzlich zu der auch für sie geltenden 11%igen Tariflohnerhöhung eine innerbetriebliche Zulage von 20 Pfennig. Die Streikenden werten die 11% als ihren Erfolg. Betriebsratsvorsitzender Röpke: »Das hätte die Gewerkschaft nie erreicht, wenn die Arbeiter nicht von sich aus aktiv geworden wären.« IG Metall und Arbeitsdirektor Düßmann verurteilen dagegen noch einmal die wilden Streiks. Bezirksleiter Scholz: »Es darf nicht zugelassen werden, daß unkontrollierte Gruppen das wirtschaftliche und politische Gestalten in unserem Staat ins Wanken bringen.«
Die Osnabrücker Stahlwerker entscheiden sich am Sonnabend ebenfalls mit Mehrheit für einen Abbruch des Streiks, nachdem ihnen die innerbetriebliche Lohnregulierung zugesagt worden ist.
Nur noch bei den Howaldt-Werken in Kiel wird an diesem Samstag gestreikt. Die große Streikbewegung scheint mit den Tarifabschlüssen, die die IG Metall und die IG Bergbau erreicht haben, endgültig vorüber zu sein.

*Der dreizehnte bis achtzehnte Tag: 14. bis 19. September 1969 (Sonntag bis Freitag)*

Die dritte Streikwoche erfaßt zahlenmäßig keine größeren Massen mehr. 10 000 bis 12 000 Streikende sind das Maximum an den einzelnen Tagen. Bemerkenswert ist lediglich, daß in dieser Woche auch in der Textilindustrie und im öffentlichen Dienst spontane Arbeitsniederlegungen stattfinden.
Der Streik der Werftarbeiter wird allerdings noch die ganze Woche hindurch mit Härte geführt. Verhandlungen bringen zunächst keine Erfolge. Die Arbeiter entscheiden sich dafür, weiterzustreiken. Inzwischen haben auch die Beschäftigten der Lübecker Flender-Werke kurzfristig die Arbeit niedergelegt, um eine Angleichung an die Hamburger Schiffbaulöhne zu erreichen. Am Mittwoch, dem 17. September, ergibt eine weitere geheime Urabstimmung der Howaldt-Arbeiter eine große Mehrheit für die Fortsetzung des Streiks. Die Geschäftsleitung beginnt, die streikenden Arbeiter bei der Krankenkasse abzumelden, um so den Widerstand zu brechen. Daraufhin veranstalten 5 000 Arbeiter, zum Teil mit ihren Frauen, einen Pro-

testzug durch Kiel und fordern den Oberbürgermeister auf, Fürsorgeunterstützung im Notfall zu leisten.
Während in Flensburg die Gefahr eines wilden Streiks durch Verhandlungen gebannt wird, streiken die Kieler weiter. Erst nach 11 Tagen, am 19. September, kommt es zu einem Kompromiß. Der Kieler Lohn wird dem Hamburger Lohn um 11 Pfennig angeglichen. Die Werft bezahlt den Streikenden von dem elftägigen Ausstand 32 Arbeitsstunden. Der Krankenversicherungsschutz wird rückwirkend wiederhergestellt, und es wird zugesichert, daß keine Repressalien gegen die Streikenden eingeleitet werden. Die Arbeiter nehmen die Arbeit wieder auf. Als sich die Werkleitung allerdings wenige Tage später nicht mehr an ihre Zusage hält und zwei mißliebige Arbeiter entlassen will, gibt es erneute Warnstreiks. Die Kündigungen werden daraufhin zurückgenommen.
Am Montag, dem 14. September, haben auch in der westfälischen Textilindustrie wilde Streiks begonnen. Die Streikenden wollen Lohnerhöhungen durchsetzen, um die Differenz zu den Erhöhungen in der Stahlindustrie und im Bergbau auszugleichen. 6% fordern die rund 600 Arbeiter der Westfälischen Jutespinnerei in Ahaus, 30–50 Pfennig die 1 500 Arbeiter der Gebr. Laurenz-Textilwerke in Ochtrup, und verbesserte betriebliche Lohnfindungsmethoden. Nach dreitägigen Streiks können diese Forderungen durchgesetzt werden. Im öffentlichen Dienst unterstützen die Arbeiter in den städtischen Versorgungsbetrieben die Forderung der ÖTV nach vorgezogenen Tarifverhandlungen mit spontanen Arbeitsniederlegungen. Die ersten Aktionen, die den Charakter von Warnstreiks haben, werden von den Bediensteten der Müllabfuhr in Duisburg, den Essener Verkehrsbetrieben, aber auch aus München, Nürnberg und Offenbach gemeldet. Es folgen am 18. September Berliner Müllarbeiter, Arbeiter der Wittener Stadtwerke, die Herner Fuhrparkarbeiter, die Kölner Stadtreinigungsarbeiter sowie städtische Bedienstete in verschiedenen Bundesländern. Die Forderungen, die erhoben werden, liegen im allgemeinen bei 15%. Oft bestehen die Streikenden auf Zulagen, die als Vorschuß auf die Tariferhöhung gezahlt werden sollen. Die Streiks dienen im allgemeinen der Unterstützung der gewerkschaftlichen Forderungen und werden von der Gewerkschaftsspitze wohlwollend betrachtet, wenn auch aus rechtlichen

Gründen nicht unterstützt. Ein Konflikt zwischen den Streikenden und der Gewerkschaftsführung ist nicht zu beobachten.[2]

## 2. Überblick über das Ausmaß der Streikbewegung

Als am 2. September 1969 die 3 000 Arbeiter der Frühschicht des Zweigwerks Westfalenhütte der Hoesch-AG in Dortmund die Arbeit niederlegten und sich gegen 9 Uhr vor dem Gebäude der Hauptverwaltung versammelten, konnte noch niemand ahnen, daß sich daraus in den nächsten zweieinhalb Wochen eine spontane Streikbewegung entwickeln würde, wie sie die Bundesrepublik noch nicht erlebt hatte. Nach dem Abschluß der Tarifverhandlungen am 18./19. September 1969 ergaben Berechnungen, daß in dieser Zeit mindestens 140 000 Arbeiter und Angestellte von der Streikbewegung erfaßt worden waren. Die Bewegung hatte von der Eisen- und Stahlindustrie auf den Bergbau, die Werften, die metallverarbeitende Industrie, den öffentlichen Dienst und die Textilindustrie übergegriffen.[3]

In der Eisen- und Stahlindustrie haben mindestens 78 000 Arbeiter, im Bergbau 34 000, in der metallverarbeitenden Industrie (einschließlich Werften) 20 000, im öffentlichen Dienst 7 000 und in sonstigen Bereichen noch einmal 2 500 Beschäftigte zur Selbsthilfe gegriffen, um ihre Interessen durchzusetzen. Diese Zahlen sind Mindestzahlen, denn in vielen Fällen sind Streiks in kleineren Betrieben gar nicht bekanntgeworden. Schon die Zahl der bestreikten Betriebe, die mit etwa 70 angegeben wird, macht deutlich, daß vor allem Großbetriebe betroffen waren (der Durchschnitt liegt bei 2 000 Streikenden pro Betrieb). Die Gesamtzahl der Streikausfalltage wird mit

---

[2] In dieser Chronik kaum berücksichtigt sind die zahlreichen Streiks in der metallverarbeitenden Industrie, die im Gefolge der Streikbewegung bei Eisen und Stahl zustande kamen und von dieser Bewegung zweifellos mitbeeinflußt waren. Zusammenstellungen finden sich in den Informationen der Pressestelle beim Vorstand der IG Metall in Frankfurt.
[3] Vgl. dazu: *Die Septemberstreiks 1969 – Darstellung, Analyse, Dokumente*, herausgegeben vom Institut für Marxistische Studien und Forschungen (IMSF), Frankfurt 1969, S. 38 ff., und *Übersicht über die Arbeitsniederlegungen in der Eisen- und Stahlindustrie, für den Vorstand der IG Metall am 15. 9. 1969.*

532 308 angegeben. Das bedeutet: in diesen zweieinhalb Wochen wilder Streiks lag die Quote der »verlorenen« Arbeitstage über der, die 1964 bis 1968 insgesamt angefallen ist und die für diesen Zeitraum »nur« 507 051 verlorene Arbeitstage ausweist. Allein dieser Zahlenvergleich macht deutlich, daß hier qualitative Unterschiede sichtbar werden. Hinzu kommt, daß nach dem Ende der Septemberstreiks, vor allem in der Metallindustrie, das Mittel der wilden Streiks wieder stärker an Anziehungskraft gewonnen hat. Vorläufige Berechnungen aufgrund von Fragebogen, die die IG-Metall-Zentrale an ihre Verwaltungsstellen gesandt hat, um einen Überblick über die Situation in den Betrieben zu gewinnen, lassen erkennen, daß von Mitte September 1969 bis Juni 1970 mindestens 50 000 Metallarbeiter und -angestellte an betrieblichen Streikaktionen beteiligt waren, die nicht von der Gewerkschaft ausgelöst, zum Teil aber mehr oder minder offen gutgeheißen worden sind.

Bevor eine genauere Beschreibung der Streikaktionen und ihrer wichtigsten Strukturmomente gegeben wird, müssen zunächst die unmittelbaren Ursachen, die diese Streiks auslösten, analysiert werden. Wie kam es, daß die Arbeiter – bei der Vertretung ihrer Interessen von einer verfehlten Gewerkschaftspolitik in Stich gelassen – zur Selbsthilfe griffen und nicht, wie bisher, in Resignation und Apathie verharrten? Ein Bündel greifbarer Ursachen bietet sich an; zufällige Umstände mögen mit im Spiel gewesen sein; eine abschließende Antwort, die angeben könnte, unter welchen Umständen sich derartige Vorgänge mit Sicherheit wiederholen, ist kaum möglich. Wichtiger als alle Spekulationen ist es ohnehin, aus der Tatsache der wilden Streiks die politischen und die gewerkschaftspolitischen Konsequenzen zu ziehen. Darüber wird im dritten Teil dieses Buches zu reden sein.

3. Die unmittelbaren Ursachen der wilden Streiks

*a. Die wirtschaftliche Hochkonjunktur*

Die Nachwirkungen der Rezession von 1966/67 hatten in der Montanindustrie bis zum Frühjahr 1968 angehalten. Seit diesem Zeitpunkt begannen sich die wirtschaftspolitischen Unterstützungsmaßnahmen der Bundesregierung für die Unternehmer auszuwirken, und die Stagnation ging allmählich über in eine neue Boomphase, die im Herbst 1969 einen neuen Höhepunkt erreichte. Im Sachverständigengutachten 1969 heißt es dazu: »Im Herbst 1969 befindet sich die westdeutsche Wirtschaft auf dem Höhepunkt eines Konjunkturaufschwungs, der in seiner Intensität eher mit dem Aufschwung von 1959/60 als mit dem von 1964/65 vergleichbar ist.«[4]

In der Stahlindustrie zeigte sich diese Entwicklung deutlich. Betrachtet man die Entwicklung der Produktion der wichtigsten Stahlverarbeiter vom Ende der Rezession bis zum September 1969, so erkennt man den massiven Anstieg. Hier der saisonbereinigte Index[5]: Entwicklung der Produktion bei den wichtigsten Stahlverarbeitern (1962 = 100)

|  | Anfang 1968 | September 1969 |
|---|---|---|
| Investitionsgüterindustrien | 115 | 148 |
| Maschinenbau | 105 | 131 |
| Straßenfahrzeugbau | 120 | 160 |
| EBM-Industrie | 115 | 165 |
| Elektrotechnische Industrie | 130 | 158 |
| Stahlverformung | 98 | 135 |

Entsprechend stiegen die Auftragsbestände, zum Beispiel bei den Walzstahlfertigerzeugnissen von 4095 im 1. Vierteljahr 1968 auf 7036 im 3. Vierteljahr 1969. Gleichzeitig wurden die Lieferfristen immer länger. Lagen sie im März 1968 noch für Walzstahlerzeugnisse bei 2,1 Monaten, so im September 1969 schon bei 2,88 Monaten.

Die eisenschaffende Industrie wies in der ersten Phase die typischen Merkmale einer Mengenkonjunktur auf. Plastisch tritt das in den steigenden Produktionsziffern bei Roheisen, Rohstahl und Walzstahlfertigerzeugnissen (in 1000 t) seit Anfang 1968 hervor[6]:

---

4 *Jahresgutachten 1969 des Sachverständigenrates zur Begutachtung der gesamtwirtschaftlichen Entwicklung*, Bundestagsdrucksache VI/100, S. 7.
5 Statistisches Bundesamt, *Index der industriellen Nettoproduktion* (arbeitstäglich).
6 Rheinisch-Westfälisches Institut für Wirtschaftsforschung, Essen, (RWI), *Konjunkturberichte*, H. 3/1969, Statist. Teil, S. 30.

|      |        | Roheisen | Rohstahl | Walzstahl-fertigerzeugnisse |
|------|--------|----------|----------|-----------------------------|
| 1968 | 1. Vj. | 7364     | 10 130   | 6886 |
|      | 2. Vj. | 7310     | 8 867    | 6857 |
|      | 3. Vj. | 7788     | 10 665   | 7481 |
|      | 4. Vj. | 7342     | 10 508   | 7475 |
| 1969 | 1. Vj. | 8363     | 11 068   | 7860 |
|      | 2. Vj. | 8228     | 11 036   | 7722 |
|      | 3. Vj. | 8749     | 11 555   | 8325 |

Es zeigt sich aber auch in der Jahresproduktion und dem jährlichen Ausnutzungsgrad des Rohstahlsektors (in 1000 t)[6a]:

|      | Rohstahl-kapazität | Rohstahl-produktion | Ausnutzungsgrad (in %) |
|------|--------------------|---------------------|------------------------|
| 1966 | 47 580             | 35 316              | 74,2 |
| 1967 | 47 800             | 36 744              | 76,9 |
| 1968 | 48 750             | 41 159              | 89,6 |
| 1969 (geschätzt) | 49 000 | 46 000             | 93,0 |

Die steigenden Produktionsziffern führten zu einer steigenden Kapazitätsauslastung im Rohstahlbereich, aber auch zu einer kontinuierlichen Zunahme des Auslastungsgrades in den Stahlwalzwerken:
Kapazitätsauslastung der Stahlwalzwerke in Prozenten[6b]:

|      |        | Profilstahl | Walzdraht | Bandstahl | Bleche über 3 mm | Bleche unter 3 mm kaltgewalzt | Bleche unter 3 mm warmgewalzt |
|------|--------|-------------|-----------|-----------|------------------|-------------------------------|-------------------------------|
| 1968 | 1. Vj. | 58 | 71 | 61 | 55 | 71 | 66 |
|      | 2. Vj. | 56 | 70 | 59 | 57 | 79 | 71 |
|      | 3. Vj. | 63 | 77 | 59 | 61 | 81 | 78 |
|      | 4. Vj. | 62 | 75 | 64 | 61 | 77 | 68 |
| 1969 | 1. Vj. | 68 | 76 | 70 | 64 | 80 | 76 |
|      | 2. Vj. | 64 | 72 | 67 | 66 | 80 | 65 |
|      | 3. Vj. | 70 | 78 | 70 | 71 | 84 | 73 |

6a Referat Willi Michels vor Beirat und Bevollmächtigten der IG Metall am 22. 9. 1969 in Stuttgart.
6b RWI, a.a.O., S. 52.

Entscheidend bei der Beurteilung dieser Situation ist aber, daß die steigenden Produktionsziffern bei praktisch konstanter Beschäftigtenzahl der eisenschaffenden Industrie erreicht wurden. Die Zahl der Arbeiter blieb vom Ende des 1. Vierteljahres 1968 (225 597) bis zum Ende des 2. Vierteljahres 1969 (225 724) konstant und stieg auch bis zum Ende des 3. Vierteljahres 1969 nur ganz geringfügig auf 227 384 an. Damit lag die Beschäftigtenzahl um rund 10 Prozent unter dem Beschäftigtenstand am Jahresende 1966, wo 246 845 Arbeiter beschäftigt waren.[7] Mit anderen Worten: die Produktionsrekorde in der eisenschaffenden Industrie sind nur über eine verschärfte Belastung des einzelnen Arbeiters erreicht worden. Die »Gnade der Stunde der Angst«, von der Franz Josef Strauß im Hinblick auf die Rezession gesprochen hatte, war von den Unternehmern rücksichtslos genutzt worden.

Ein Blick auf die zusätzliche quantitative Arbeitsbelastung durch Sonderschichten und Überstunden sowie durch gesteigerte Arbeitsintensität zu Lasten der physischen und nervlichen Konstitution des Arbeiters zeigt folgendes Bild[8]:

|      |       | geleistete Arbeiterstunden (in 100) | Arbeitsproduktivität, 1959 = 100 (Produktionsergebnis je geleisteter Arbeiterstunde) |
|------|-------|---------|-------|
| 1968 | 1. Vj. | 132 701 | 179,7 |
|      | 2. Vj. | 127 128 | 187,6 |
|      | 3. Vj. | 132 159 | 195,6 |
|      | 4. Vj. | 135 268 | 190,0 |
| 1969 | 1. Vj. | 136 272 | 199,0 |
|      | 2. Vj. | 130 963 | 206,0 |
|      | 3. Vj. | 135 239 | 213,1 |

Die Mehrarbeitsstunden, die im Monatsdurchschnitt 1966/67 noch 8,3 Stunden betragen hatten, stiegen 1967/68 auf 14,0 Stunden und erreichten im ersten Halbjahr 1969 18,0 Stunden im Monatsdurchschnitt.[9]

Die Situation im Steinkohlebergbau war nicht viel anders, wenn auch der Produktionsanstieg aufgrund der vorherge-

---

7 RWI, a.a.O., S. 31.
8 RWI, a.a.O., S. 31.
9 Referat Willi Michels vor Beirat und Bevollmächtigten der IG Metall am 22. 9. 1969 in Stuttgart, S. 3.

gangenen Strukturkrise nicht die gleichen Ausmaße annahm wie in der Stahlindustrie. Aber auch hier sind bei stark sinkenden Beschäftigungszahlen (1967 305 000; Mai 1968 273 000; Mai 1969 258 000) die Produktionsziffern gestiegen. Im 1. Halbjahr 1969 stieg die Produktion um 2,7%, der Umsatz aufgrund des Abbaus der Halden sogar um 5,5%. Die Arbeitsproduktivität schnellte steil nach oben; sie stieg 1968 im Vergleich zu 1967 um 14,9% je Arbeiter und um 10,3% je Arbeiterstunde. Gegenüber 1962 stieg die Produktivität je Arbeiter bis 1968 um 43,2%.[10] Angesichts dieser Produktionsentwicklung, der gesteigerten Arbeitsintensität und der Verlängerung der Arbeitszeit bei gleichzeitiger Stillhaltepolitik der Gewerkschaften, die die letzten Tariflohnerhöhungen im Sommer 1968 auf 18 Monate Laufzeit abgeschlossen hatten, verwundert es nicht, wenn die Unternehmer enorme Gewinnraten erwirtschafteten.

Seit Anfang 1968 wurde die Mengenkonjunktur in der Stahlindustrie durch eine Preiskonjunktur überlagert. Die Einführung der Nettopreislisten ab 1. Januar 1968 erlaubte eine Erhöhung der Preise für gängige Stahlsorten um 15 bis 40%. Dieser mengen- und preisbedingte Aufschwung der bundesrepublikanischen Stahlindustrie schlug sich in beträchtlichen Umsatz- und Gewinnsteigerungen nieder:[11]

|  | Umsatzerlös (in Mrd. DM) | | | Jahresüberschuß (in Mio. DM) | | |
|---|---|---|---|---|---|---|
|  | 1969 | 1968 | 1967 | 1969 | 1968 | 1967 |
| Klöckner-Werke AG, Duisburg | 1,88 | 1,58 | 1,44 | 69,4 | 36,4 | 6,6 |
| Neunkirchener Eisenwerke AG Neunkirchen/Saar | 547,00 | 441,50 | 454,50 | 6,9 | 5,4 | 1,7 |
| August-Thyssen-Hütte AG, Duisburg-Hamborn | 3,80 | 3,10 | 2,80 | 169,4 | 125,9 | 68,4 |
| Mannesmann AG, Düsseld. | 1,92 | 1,87 | 1,74 | 86,2 | 64,1 | 57,6 |
| Fried. Krupp Hüttenwerke AG Bochum | 2,00 | 1,77 | 1,71 | 59,5 | 14,3 | — |
| Hoesch AG, Dortmund | 2,83 | 2,45 | 2,38 | 87,7 | 62,6 | 53,4 |

10 *Die Septemberstreiks* (IMSF), a.a.O., S. 22 ff.
11 Gewinn- und Verlustrechnungen der betroffenen Unternehmen.

Die Zuwachsraten bei den später bestreikten Stahlunternehmen entwickelten sich wie folgt:

|  | Zuwachsraten in % | | | |
|---|---|---|---|---|
|  | Umsätze | | Jahresüberschüsse | |
|  | 1969 | 1968 | 1969 | 1968 |
| August-Thyssen-Hütte AG | 22,6 | 10,7 | 34,6 | 84,1 |
| Mannesmann AG | 2,8 | 7,5 | 34,5 | 11,3 |
| Fried. Krupp Hüttenwerke AG | 13,0 | 3,5 | 316,1 | ∞9a |
| Hoesch AG | 15,5 | 3,0 | 40,1 | 18,2 |
| Klöckner-Werke AG | 19,0 | 9,7 | 90,7 | 451,5 |
| Neunkirchner Eisenwerke AG | 23,9 | −2,9 | 27,8 | 217,7 |

9a 1967 kein Jahresüberschuß

Im Monatsdurchschnitt 1966/67 hatten die Bruttoumsatzerlöse noch 1,5 Milliarden DM betragen; sie waren 1968 auf 1,7 Milliarden und im ersten Halbjahr 1969 bereits auf rund 2 Milliarden DM gestiegen. Ebenso sind im Steinkohlebergbau die monatlichen Umsätze gestiegen, und zwar im Vergleich zum Vorjahr 1967 um 7,3%, im Mai 1968 um + 9,7% und im Mai 1969 noch einmal um + 6,0%.

## b. Der Lohnrückstand

Die IG Metall und die IG Bergbau hatten die letzten Tarifverträge für die Beschäftigten in der Montanindustrie am 1. 6. 1968 bzw. 1. 7. 1968 abgeschlossen. Beide Gewerkschaften vereinbarten eine 18monatige Laufzeit. Während die IG Metall eine stufenweise Erhöhung von 5% ab 1. 6. 1968 und weitere 2% ab 1. 3. 1969 vereinbarte (Schnitt bei 18 Monaten: 6%), erreichte die IG Bergbau ab 1. 7. 1968 sogar nur 5,5%.

Diese niedrigen Abschlüsse waren das Ergebnis der nachwirkenden Rezessionsangst, des Drucks der Regierung auf die Gewerkschaften und der mangelnden Einsicht in die schon einsetzende Wiederaufschwungsphase der Wirtschaft. Auf der 20. Mitgliederversammlung des Bundesverbandes der Deutschen Industrie (BDI) in Bonn am 18./19. 6. 1969, also noch vor der Streikbewegung, erklärte eines der einflußreichsten Mitglieder des Sachverständigenrates, Professor Herbert

Giersch: »Die Gewerkschaften wollten sich vom Sachverständigenrat nicht in die Lohnpolitik hineinreden lassen mit dem Ergebnis, daß sie sich an die Leitlinie des Bundeswirtschaftsministers hielten, dessen Zielprojektion nicht 6½ v. H. Sozialproduktzuwachs vorsah, wie der Sachverständigenrat für 1968 anvisiert hatte, und nicht gut 7 v. H., wie die amtliche Statistik jetzt ausweist, sondern wie gesagt nur 4 v. H. Infolgedessen brachte der neue Aufschwung einen Lohn-Lag [Lohnrückstand, d. V.] wie nie zuvor und eine Gewinnexplosion, die alles bisherige in den Schatten stellt.« Das Sachverständigengutachten drückt sich etwas vorsichtiger aus: »Die Tarifpolitik der Gewerkschaften, die 1967 und 1968 durch Zurückhaltung gekennzeichnet war, hat bis Mitte 1969 den konjunkturellen Rückstand der Effektivlöhne nicht abzubauen vermocht.«[12] Und: »Die Tarifpolitik hat den Lohn-Lag im Aufschwung 1968 entscheidend bestimmt. Obwohl die Gewinne wegen des hohen Produktivitätszuwachses vom Herbst 1967 an außerordentlich stiegen, wurden die Tariflöhne auch 1968 im Durchschnitt um weniger erhöht als in vergleichbaren Jahren früherer Zyklen.«[13]

Die für die Arbeitnehmer nachteilige Entwicklung zeigt auch ein Blick auf den sinkenden Lohn- und Gehaltsanteil am Umsatz. In der Eisen- und Stahlindustrie sank er von 20,2% im Jahr 1962 über 19,7% (1966) auf 18,6% (1967), 17,8% (Mai 1968) und 17,5% (Mai 1969); im Steinkohlebergbau ging er von 57,0% (1966) auf 53,4% (1967), 49,8% (Mai 1968) und 48,3% (Mai 1969) zurück.[14]

Die durchschnittlichen Bruttostundenlöhne der Arbeiter hatten sich in diesem Zeitraum nur unwesentlich verbessert, während ein konstanter Anstieg der Lebenshaltungskosten zu verzeichnen war. So stieg der Preisindex für die Lebenshaltung (1962 = 100) vom 1. Vierteljahr 1968, wo ein Quartalsdurchschnitt von 115,7 festzustellen ist, bis zum 3. Quartal 1969 auf 119,5 spürbar an; er wurde durch überproportionale steuerliche Belastung der Arbeitnehmereinkommen zusätzlich verstärkt.

Die Verzerrung der Einkommensentwicklung läßt sich nicht

---

12 *Sachverständigengutachten*, a.a.O., S. 22.
13 *Sachverständigengutachten*, a.a.O., S. 24.
14 *Die Septemberstreiks* (IMSF), a.a.O., S. 18 und 22.

verheimlichen.[15] Die Nettoeinkommen aus Unternehmertätigkeit und Vermögen stiegen im Vergleich zum gleichen Zeitraum des Vorjahres:

1. Halbjahr 1968    + 24,6%
2. Halbjahr 1968    + 21,9%
1. Halbjahr 1969    + 9,9%

Dagegen die Nettoeinkommen aus unselbständiger Arbeit:

1. Halbjahr 1968    + 3,1%
2. Halbjahr 1968    + 7,4%
1. Halbjahr 1969    + 9,6%

Noch deutlicher wird das Bild, wenn man den Zuwachs der Pro-Kopf-Einkommen betrachtet[16]:

Pro-Kopf-Einkommen (netto)

|      | Selbständige[14a] | | Arbeitnehmer | |
|------|-------|-------------|-------|-------------|
|      | Abs.  | Zuwachs in %| Abs.  | Zuwachs in %|
| 1968 | 22 650 | 22,8 | 8781 | 4,7 |
| 1969 | 24 576 | 8,5  | 9444 | 7,6 |

14a ohne Abschreibungen

Bei den Einkommen aus unselbständiger Arbeit ergeben sich in diesem Zeitraum Steigerungen der Lohnsteuer von:

1. Halbjahr 1968    + 11,8%
2. Halbjahr 1968    + 16,1%
1. Halbjahr 1969    + 21,4%

Noch im 1. Halbjahr 1969 kann das Deutsche Institut für Wirtschaftsforschung (DIW) feststellen: »Infolge der progressiven Wirkungen der Lohnsteuer sowie der Beitragserhöhungen der Sozialversicherungen steigen aber die Nettolöhne und -gehälter auch gegenwärtig noch schwächer als das Sozialpro-

---

15 *Wirtschaft und Statistik 1969*, Nr. 9, S. 483 ff.
16 Rolf Seitenzahl, *Einkommensstatistik und Einkommensentwicklung im System der volkswirtschaftlichen Gesamtrechnung*, in: *Gewerkschaftliche Monatshefte* Nr. 8/1970, S. 461.

dukt.«[17] Die Gewerkschaften, gebunden durch die lange Laufzeit der Tarifverträge, unternahmen keinen Versuch, diese Situation zu korrigieren. Einige Stahlunternehmer kündigten in Briefen an ihre Aktionäre triumphierend höhere Dividenden für das Geschäftsjahr 1968/69 an. Der Leiter des Zweigbüros der IG Metall in Düsseldorf, Vorstandsmitglied Willi Michels, erklärte später dazu: »Als ich diesen Aktionärsbrief von Hoesch gesehen habe, da habe ich gesagt: Wie kann man nur so einen Blödsinn machen! Das war psychologisch ganz verkehrt.«[18]

Eine Befragung, die das Infas-Institut in zwei bestreikten Werken der Stahlindustrie und in zwei Kohlenzechen im Dezember 1969/Januar 1970 vornahm, ergab auf die Frage nach den Ursachen, warum man gestreikt habe, Antworten, die die wachsende Unzufriedenheit der Arbeiter widerspiegeln. Als Hauptgründe für den Streik wurden in den Stahlwerken genannt: zu niedrige Löhne im Vergleich zur Wirtschaftslage, zu niedrige Löhne im Vergleich zu anderen Betrieben, außerdem der vorgezogene Tarifvertrag vom 2. 8. 1969 in der metallverarbeitenden Industrie. Im Bergbau rangierte der Grund »zu niedrige Löhne im Vergleich mit anderen Betrieben« an erster Stelle vor den niedrigen Löhnen im Vergleich zur Wirtschaftslage.[19]

Der vorgezogene Tarifvertrag für die metallverarbeitende Industrie, den die IG Metall Anfang August 1969 abgeschlossen hatte, brachte als materielles Ergebnis eine 8prozentige Lohn- und Gehaltserhöhung. Der tarifliche Ecklohn in der Metallindustrie lag damit bei 4,38 DM in Nordrhein-Westfalen, der Akkordrichtsatz bei 4,46 DM, der Lohn im Durchschnitt also bei 4,42 DM; das bedeutete: er lag um 0,43 DM

17 *DIW-Wochenberichte* 38/1969, S. 248.
18 *Spiegel* Nr. 38/1969 v. 15. 9. 1969, S. 33.
19 Institut für angewandte Sozialwissenschaft, *Spontane Arbeitsniederlegungen im September 1969*, Bad Godesberg, Jan. 1970, Übersicht 10 und 11. Die beiden ersten Fragen hatten den Wortlaut: 1. »Hier habe ich einige Gründe, die man heute für die Streiks angibt. Da wird z. B. gesagt: Überall, wo die Leute sich umgesehen haben, wurde viel mehr verdient als sie selber bekommen. Das hat sie unzufrieden gemacht. 2. Andere sagen, die Leute mußten plötzlich so viel schaffen und sollten doch an die Tarife aus der vorangegangenen Krisenzeit gebunden sein, obwohl die Unternehmer hohe Gewinne machten.« Die Befragten sollten angeben, ob das ein sehr wichtiger Grund des Streiks, ein Grund unter anderen oder nicht so wichtig sei.

höher als der Tariflohn in der Eisen- und Stahlindustrie, der noch immer 3,99 DM betrug. Entsprechend niedriger gestalteten sich die Effektivverdienste. Dieser Unterschied hatte vor allem deshalb Bedeutung, weil in vielen gemischten Betrieben eisenschaffende und metallverarbeitende Tätigkeiten zusammentrafen. Ein Lohnvergleich am Arbeitsplatz oder nach Feierabend förderte die Differenz zutage und vergrößerte den Unmut der benachteiligten Stahlarbeiter.

Die Unzufriedenheit der Arbeiter mit der Lohnpolitik ihrer Gewerkschaften wird auch aus den Ergebnissen der Infas-Umfrage deutlich. Auf die Frage: »Wie beurteilen Sie persönlich die Tarifpolitik, die ihre Gewerkschaft in den letzten Jahren gemacht hat? War sie gut oder schlecht?«[20] antworteten in den beiden Stahlwerken 52 bzw. 29% mit »nicht so gut«, in den Zechen: 48% und 69%. Die positive Nennung in dem einen Stahlunternehmen (den Mannesmann-Werken in Huckingen) dürfte auf die Erfahrungen zurückgehen, die die Belegschaft dort mit dem Arbeitsdirektor und dem Betriebsrat gemacht hat und die sich auf die Einstellung zur Gewerkschaft auswirkten. Auf die Frage, ob der vorherige Tarifvertrag (also 1968) fehlerhaft gewesen sei oder nicht, antwortet allerdings auch hier die Mehrheit, daß das kein guter Abschluß gewesen sei.[21]

Im Laufe des ersten Halbjahres 1969 hatte sich der Unmut der Arbeiter in zahlreichen kleinen Abteilungsstreiks in Unternehmen der Stahlindustrie artikuliert, ohne daß dadurch sehr viel erreicht worden wäre. (In einigen Firmen hatte man innerbetrieblich 10 bis 20 Pfennig durchsetzen können.) Die Hitzeperiode des Sommers 1969, die gerade in den Warmbetrieben der Stahlindustrie bei zurückgehenden Beschäftigtenzahlen (noch verstärkt durch Urlaub) die Anforderungen an die Belegschaften ins Unerträgliche steigerten, hatte die Forderung nach Hitzegeldern aufkommen lassen, die aber nur in wenigen Fällen als einmalige Zulagen gewährt wurden.

Der Tarifabschluß in der Metallindustrie, der neben 8% noch Urlaubsverlängerung in Stufen und gewerkschaftspolitische Errungenschaften wie den Schutz der Vertrauensleute brachte, hatte schon in der metallverarbeitenden Industrie starke Kri-

20 *Infas-Untersuchung*, a.a.O., Übersicht 22.
21 *Infas-Untersuchung*, a.a.O., Übersicht 22.

tik innerhalb der Betriebe und in der Gewerkschaft gefunden.
Angesichts rasch steigender Preise war ein solcher Abschluß
kaum dazu angetan, den Nachholbedarf zu decken: Die
Gewerkschaftsführung hatte ihn nach einer Reihe von »Spitzengesprächen«, die plötzlich in Verhandlungen umfunktioniert worden waren, getätigt, ohne die Mitglieder vorher
ausreichend zu informieren oder an der Entscheidung zu beteiligen. Selbst die Tarifkommissionen wurden praktisch vor vollendete Tatsachen gestellt. In der Stahlindustrie wollten die
Betriebsfunktionäre mehr herausholen und konnten dabei
sicher sein, daß sie von den Belegschaften unterstützt würden.
Die Tarifverträge waren aber erst zum 30. 11. 1969 kündbar.
Die IG Metall hatte Anfang August 1969 den Arbeitgeberverband Eisen und Stahl aufgefordert, Tarifverhandlungen
möglichst bald einzuleiten. Aber da die Gewerkschaft wegen
des laufenden Tarifvertrags kein Druckmittel zur Hand hatte,
ließ sich der Arbeitgeberverband nicht zu Zugeständnissen
veranlassen. Auch ein Schreiben der Arbeitsdirektoren der
Eisen- und Stahlindustrie an den Vorsitzenden des Arbeitgeberverbandes, Dr. Hermann Brandi, Mitte August, änderte
die Situation nicht. Die Arbeitgeber beharrten auf ihrer Position und beachteten die Sturmzeichen nicht. Es bedurfte nur
noch einer Initialzündung, um das komplizierte System der
kanalisierten Interessenvertretung aufzubrechen. Der Funke
zündete am 2. September 1969 in einem Werk der Hoesch-AG
in Dortmund.

## c. Initialzündung: Hoesch

Hier sind einige Vorbemerkungen nötig: Im Herbst 1966 war
die Fusion zwischen der Hoesch-AG, die den Betrieb Westfalenhütte, und der Dortmund-Hörder-Hüttenunion, die die
Betriebe Union und Phönix einbrachte, vollzogen worden. Bis
zur Fusion hatte Hoesch die höchsten Leistungslöhne in der
Branche gezahlt. Nach der Fusion vom 1. 10. 1966 galten
die Hörder Zeitlöhne. Das war zwar gut bei schlechter Konjunktur, aber ausgesprochen schlecht bei guter Konjunktur.
Konzernleitung und Betriebsrat waren sich einig, daß neue
Lohnfindungsmethoden erarbeitet werden mußten, denn eine
Lohnharmonisierung zwischen den Betriebsteilen war bei der

Fusion nicht zustande gekommen. Man hatte eine Kommission eingesetzt, die die unterschiedliche Bezahlung bei gleicher Arbeit in verschiedenen Betriebsteilen beseitigen sollte. Eine Neubewertung aller Arbeitsplätze war geplant. Die Arbeiten der Kommission zogen sich in die Länge, und jeder Versuch, betriebliche Lohnerhöhungen durchzusetzen, scheiterte an dem Hinweis auf die Harmonisierungskommission, die angeblich erst ihre Arbeit abschließen müßte. Mittlerweile stiegen in anderen Unternehmen die Verdienste. Die Hoesch-Belegschaft fand sich in der Lohnskala der großen Eisen- und Stahlkonzerne plötzlich vom ersten auf den letzten Platz versetzt. Wie Vorstandssprecher Vogel erklärte, waren Lohnunterschiede bis zu 24 Pfennig gegenüber anderen Unternehmen aufgetreten.[22] Diesen Lohnstopp wollten die Arbeiter der Hoesch-AG nicht mehr länger hinnehmen. Am 15. August 1969 beantragte der Betriebsrat eine Erhöhung des Ecklohns um 20 Pfennig, rückwirkend ab 1. August. Am 25 August bequemte sich die Konzernleitung zu einer Antwort: 15 Pfennig ab 1. Dezember. Vertrauensleute gaben dieses »Angebot« an die Belegschaft weiter. Der Betriebsrat lehnte am 1. September die 15 Pfennig ab und forderte neue Verhandlungen mit dem Vorstand. Aber die Belegschaft, von ihren Vertrauensleuten informiert, ließ sich nun nicht mehr besänftigen. Bevor es zu neuen Verhandlungen kam, legte die Frühschicht am 2. September 1969 die Arbeit in der Westfalenhütte nieder, und 3000 Arbeiter zogen vor das Gebäude der Hauptverwaltung, um ihre Forderungen mit einem Streik durchzusetzen.

Wenn auch den Arbeitern der Hoesch-AG das Verdienst zukommt, die ersten gewesen zu sein, die zur Selbsthilfe gegriffen haben, so darf man doch nicht vergessen, daß innerbetriebliche Lohndifferenzen, aber auch Lohndifferenzen auf überregionaler Ebene in vielen Fällen vorlagen und sich als streikauslösender Konflikt geradezu anboten. Die Saarbergleute wollten den Ruhrbergleuten gleichgestellt werden, die Stahlarbeiter in Bayern denen in Nordrhein-Westfalen. Die schleswig-holsteinischen Werftarbeiter verlangten, daß ihre Löhne dem Hamburger Standard angeglichen würden. In vielen Betrieben forderten Abteilungen, die sich unterbezahlt vorkamen, das gleiche wie andere Abteilungen, z. B. in den Neunkircher

22 *Weserkurier*, 5. 9. 1969.

Eisenwerken. Beim Rheinstahl-Konzern wollten die an der Peripherie des Konzerns befindlichen Betriebe wie das Preßstahlwerk in Brackwede die gleichen Löhne, wie sie in den Zweigwerken in Mülheim oder Meiderich gezahlt wurden. Die Arbeiter der Röhrenwerke Reisholz streikten nur deshalb, weil sie erfahren hatten, daß ihre Kollegen in einem Betrieb auf der gegenüberliegenden Straßenseite plötzlich 20 Pfennig mehr bekamen.

Jahrelang hingenommene »Ungerechtigkeiten« erlangten eine Bedeutung; sie wurden aktueller Diskussionsgegenstand. Ein »schlechtes« Betriebsklima, erzeugt durch autoritäre betriebliche Führungsmethoden, oder die Erinnerung an Lohnkürzungen während der Rezession machten manche Belegschaften anfälliger für die Streikbewegung als andere. Dort, wo die Betriebsleitung bereits großzügige Hitzeprämien oder andere Zuschläge gezahlt hatte, war die Möglichkeit der Mobilisierung geringer. So kamen zu den wirtschafts- und gewerkschaftspolitischen Ursachen der Streiks noch ein Bündel jeweils unterschiedlicher betrieblicher Ursachen hinzu, die die Streikneigung entweder verstärkten oder verminderten.


4. Strukturmomente der wilden Streiks

Die Erscheinungsform und die Struktur der Septemberstreiks sind entscheidend geprägt durch die Tatsache, daß ihnen die Unterstützung des gewerkschaftlichen Apparates fehlte. Der Verzicht auf organisatorische und finanzielle Unterstützung, den die Gewerkschaft in einem von ihr anerkannten Streik leistet, wirkte sich sowohl vorteilhaft als auch nachteilig aus.

Der Fortfall des hemmenden Einflusses der Gewerkschaftsbürokratie, die in den meisten Fällen auf ein rasches Ende der Streiks drängt und bei Verhandlungen mit den Arbeitgebern kompromißbereiter zu sein pflegt als die Streikenden selbst, kommt der Durchschlagskraft der Streikbewegung zugute. Indirekt wirkt sich freilich der Einfluß der Gewerkschaftsapparate doch aus. Sie bemühen sich, die wilden Streiks durch zentrale Verhandlungen auf hoher Ebene zu unterlaufen, um die Bewegung wieder unter Kontrolle zu bekommen. Der Stärke der wilden Streiks, ihrer Spontaneität, Radikalität und der unmittelbaren Beteiligung der Streikenden an allen wichtigen Entscheidungen entsprechen allerdings auch charakteristische Schwächen: die Gefahr, wegen mangelnder finanzieller Unterstützung nicht lange durchhalten zu können, die fehlende überbetriebliche Koordination der Streikenden, die leichtere Spaltungsmöglichkeit von außen. Diese organisatorischen Schwächen wilder Streiks sind allerdings eher typisch als unvermeidbar.

Die Septemberstreiks in der Bundesrepublik erreichten, so gesehen, kein besonders hohes Niveau, besonders wenn man sie mit Streikbewegungen in Frankreich, Italien oder England vergleicht. Die Ursachen dafür sind in der Untersuchung der Entwicklung der Gewerkschaften seit 1945 bereits zur Sprache gekommen: die weitgehende Entpolitisierung der Arbeiterschaft, die Dezimierung der politischen Kader in den Betrieben durch den Faschismus und die Nachkriegsentwicklung, schließlich die streikfeindliche Politik der Gewerkschaften in den fünfziger und sechziger Jahren, die eine mangelhafte Streikerfahrung zur Folge hatte.

*a. Formen der Selbstorganisation*

Trotz dieser Nachteile entwickelten sich während der Septemberstreiks spontan Formen der Selbstorganisation, die die Mehrzahl der Steiks erfolgreich enden ließen und den Arbeitern Erfolgserlebnisse verschafften, die weiterwirken werden.

Neu und charakteristisch war vor allem, daß die Streiks zum großen Teil in Form von Betriebsbesetzungen durchgeführt wurden. Das Mittel Betriebsbesetzung wurde hauptsächlich in der Eisen- und Stahlindustrie angewandt. Die Arbeiter mußten den Kampf unmittelbar führen, konnten ihn nicht einer Gewerkschaftsführung überlassen, die lediglich von Fall zu Fall zu Urabstimmungen aufruft, wenn Verhandlungsergebnisse erzielt worden sind. Diese Tatsache bringt eine wesentlich erhöhte Kampfbereitschaft der Arbeiter mit sich. Die Vorteile sind: Das Reagieren auf neue Situationen wird leichter; Abwehrmaßnahmen der Arbeitgeber werden für alle Streikenden frühzeitig sichtbar und können die Solidarität verstärken; die Kommunikation geht ohne größere Schwierigkeiten vor sich, da immer alle Streikenden oder doch die Mehrzahl beisammen sind. Eine eventuell notwendige Verhandlungskommission muß sich permanent der Kontrolle der aktiv Streikenden un-

terwerfen. Die Selbsttätigkeit des einzelnen, seine persönliche
Verantwortung für das Gelingen des Streiks wird durch die
Öffentlichkeit aller Entscheidungen gefördert. Die Schwächen
sind schon angedeutet worden: Beschränktheit auf die betriebliche Ebene, fehlende Ausdauer bei sich länger hinziehenden
Streiks.
Konkret spielten sich die Betriebsbesetzungen in den Septemberstreiks so ab, daß sich nach Arbeitsniederlegungen in einzelnen Abteilungen alle streikenden Arbeiter allmählich vor
dem Verwaltungsgebäude einfanden oder in der Nähe der
Tore und dort Diskussionen über das weitere Vorgehen und
die aufzustellenden Forderungen führten. In einigen Fällen
organisierten aktive Streikkader einen Lautsprecherwagen
oder Megaphone. Sprechchöre und rasch hergestellte Transparente gaben Auskunft über die Stimmung der Streikenden und
ihre Forderungen. Oft wurden sofort die Tore besetzt, um die
nächste Schicht noch vor Arbeitsaufnahme über die neue Situation zu informieren. Aus der Mehrzahl der Betriebe wurde
bekannt, daß die Arbeiter regelmäßig ihre Arbeitskleidung
anlegten und die Stechuhren bedienten. Damit war man für
eine ordnungsgemäße Bezahlung der ausfallenden Streikschichten gerüstet und dokumentierte zugleich, daß man sich,
durch die unnachgiebige Haltung des Arbeitgebers dazu gezwungen, im Ausstand befand. Bei der Klöckner-Hütte in Bremen praktizierte die Streikleitung ein sorgfältiges System der
Einlaßkontrolle, um zu verhindern, daß Betriebsfremde oder
Streikbrecher das Gelände betraten. In Bremen behielt man
auch den Notdienst in eigener Regie, zumal einzelne Betriebsteile wie das LD-Stahlwerk mit dem Mischer ein besonderes
Streikobjekt waren. Auch bei den Neunkircher Eisenwerken
besetzten die Streikenden Teile des Stahlwerks und blockierten die Roheisenbahn, um eine mögliche Ingangsetzung der
Produktion durch Streikbrecher zu verhindern. In Osnabrück
zogen Gruppen von Arbeitern jeweils in die Abteilungen, wo
sich Streikmüdigkeit bemerkbar machte und diskutierten mit
den Kollegen, bis diese von der Notwendigkeit der Fortsetzung des Streiks überzeugt waren. Bei Hoesch in Dortmund
und bei den Eisenwerken in Neunkirchen wurde kurzfristig
auch das Verwaltungsgebäude besetzt. Das Direktorium der
Klöckner-Hütte in Bremen mußte in ein Hotel der Innenstadt

umziehen, um seine Arbeit fortsetzen zu können. In Saarbrücken blockierten die Streikenden den Landtag.
Ein besonderes Problem bot die Aufrechterhaltung der Kontrolle über den Betrieb bei Nacht. In einigen Fällen verbrachten Teile der Belegschaften die Nacht im Werk, in anderen Fällen wurden nachts Streikposten aufgestellt. Bei Mannesmann in Huckingen ließ die Werkleitung gegen Ende des Streiks am Morgen keine Werksangehörigen außer dem Werkschutz durch die Tore. Die Streikenden beantworteten die Aussperrung mit einer Abriegelung der Tore von außen, die sie bis zum Abschluß des Streiks besetzt hielten.
Tendenzen zu einer Einführung der Selbstbestimmung der Arbeiter über den Produktionsprozeß, wie sie aus den Betriebsbesetzungen im Mai in Frankreich bekanntgeworden sind, fanden sich nirgends während der Septemberstreiks. Auch dies ist ein Anzeichen für den noch defensiven Charakter und das vergleichsweise niedrige politische Niveau dieser Streikbewegung.
Die Wahl von Streikleitungen oder die Bestimmung von Streiksprechern durch die Streikenden sind vor allem im Bergbau zu beobachten. Im Ruhrbergbau in Dortmund bildete sich eine zentrale Streikleitung für die bestreikten Zechen, deren Sprecher ein parteiloser Arbeiter wurde. Diese Streikleitung, die in ihrer Zahl und Zusammensetzung schwankte, vermochte dem Streik der Dortmunder Bergleute allerdings keine feste organisatorische Stütze zu geben. Die Ursachen dafür scheinen mangelnde Streikerfahrung und Uneinigkeit über die zu erreichenden Ziele gewesen zu sein, vor allem aber das Scheitern der Bemühung, die Isolierung der Dortmunder Streiks im Bereich des Ruhrbergbaus zu überwinden. Die Streikleitung ergriff eine Reihe von Initiativen zur Verhandlung mit den Unternehmern, der IG Bergbau und dem Ministerpräsidenten. Sie blieb erfolglos, weil ihr die Legitimation zur Vertretung der Streikenden bestritten wurde und sie nicht die Macht hatte, die Gegenseite, Gewerkschaften und Unternehmer, zu Verhandlungen zu zwingen. Lediglich eine Ausweitung der Streiks auf andere Zechen hätte ihr in dieser Situation die Macht dazu geben können.
Im Saarbergbau kam es nur zur Wahl eines Streiksprechers, der die Forderungen der Streikenden vortrug. Als Betriebs-

ratsmitglied der Zeche Camphausen und SPD-Stadtrat verdankte er seine Benennung allein dem Vertrauen seiner Arbeitskollegen. Er scheiterte in dem Augenblick, als er – falsch informiert – bekanntgab, die Streikschichten würden bezahlt, und zur Wiederaufnahme der Arbeit aufforderte. Als sich der Irrtum herausstellte, richtete sich die Erbitterung der Bergleute auch gegen ihn. Er trat zurück. Da im Bergbau keine Zechenbesetzungen stattfanden, waren hier Streikleitungen von besonderer Bedeutung. Ihre Schwäche ist sowohl Ausdruck der desolaten politischen und gewerkschaftlichen Situation unter den Saarbergleuten als auch Ursache für das Zusammenbrechen des Streiks.

In der Eisen- und Stahlindustrie dagegen wurden kaum formelle Streikleitungen gebildet. Die ständige Anwesenheit der Streikenden im Betrieb gewährleistete die Kontrolle über Verhandlungskommissionen, die zumeist aus Vertrauensleuten und Betriebsratsmitgliedern bestanden. Formelle Streikleitungen erwiesen sich nur da als erforderlich, wo sich Betriebsrat und Vertrauensleutekörper offen gegen den Streik stellten. An den Kommunikationszentren, zum Beispiel den Lautsprecherwagen, bildeten sich informelle Gruppen, die das Nötigste regelten. Dort allerdings, wo die Streiks länger andauerten, wie in der Klöckner-Hütte oder der Howaldt-Werft, waren stabilere Organisationsformen unerläßlich. In Bremen übernahm diese Funktion der Betriebsrat, der ohnehin in Opposition zur Unternehmensleitung und zur örtlichen IG Metall stand. In Kiel bildete sich eine Streikleitung unter Führung eines DKP-Mitgliedes. Der Betriebsratsvorsitzende vertrat die Interessen der Direktion, so daß eine autonome Streikleitung unabdingbar war. Die Streikleitung trat im Verlauf des Streiks unter anderem auch mit dem AStA der Universität Kiel in Verbindung und akzeptierte dessen Angebot technischer Hilfeleistung für die Streikenden. Daraus entwickelte sich eine Zusammenarbeit, die über die Dauer des Streiks hinaus fruchtbar wurde.

Aufgrund der Tatsache, daß die Gewerkschaft sich nicht für die Popularisierung der Streiks einsetzte, gewann das Mittel der Straßendemonstration für die Streikenden eine erhöhte Bedeutung. Viele streikende Belegschaften demonstrierten, um die Bevölkerung mit ihrem Programm zu solidarisieren oder

Druck auf die Verhandlungen auszuüben. Ein Nebeneffekt dieser Demonstrationen war sicherlich auch die autosuggestive Wirkung, die von einer derartigen Aktion ausgeht. Den Streikenden wurde ihre eigene Stärke bewußt, wenn sie zu Tausenden durch die Straßen zogen und für ihre Ziele demonstrierten. Wie die lokale Presse feststellte, verliefen diese Demonstrationen äußerst diszipliniert. An Militanz erreichten diese Demonstrationen in keiner Phase die der radikalen Studenten; ihre Funktion und ihr Erfolg lagen nicht zuletzt darin, daß sie ein neues Selbstbewußtsein der Arbeiter artikulierten. Im Bergbausektor, wo die Streikenden durch erhebliche Entfernungen voneinander isoliert waren, fanden sie in den Demonstrationen zusammen. Die Demonstrationen hatten hier den unmittelbaren Effekt, gemeinsame Aktionen zu ermöglichen – so z. B. in Saarbrücken, wo sie den Ministerpräsidenten oder die Gewerkschaftsführung zu öffentlichen Stellungnahmen zwangen, oder in Dortmund, wo die Solidarität unter den verschiedenen bestreikten Zechen mit Hilfe von Demonstrationsmärschen hergestellt wurde. In Gelsenkirchen und Duisburg dienten die Demonstrationen vornehmlich der Beeinflussung der Großen Tarifkommission der IG Metall für die Stahlindustrie. Delegationen konnten dort die Forderungen der Streikenden vortragen und so unmittelbar auf die gewerkschaftliche Willensbildung Einfluß nehmen. In Kiel wurde demonstriert, um die Bevölkerung für die Interessen der Werftarbeiter zu gewinnen und auf die drohende soziale Notlage aufmerksam zu machen; Adressat der Demonstration war deshalb unter anderen auch der Kieler Oberbürgermeister, der den Streikenden soziale Unterstützungsmaßnahmen für den Fall der Fortsetzung des Streiks zusagen sollte.

Ein besonderes Problem bildete während der Streiks die Einrichtung eines wirksamen Kommunikationsnetzes. Die Unterrichtung der Belegschaft durch die Streikleitung oder durch aktive Streikkader, die Verständigung über das weitere Vorgehen untereinander, die Kontakte mit Betrieben desselben Konzerns oder anderen bestreikten Unternehmen: alles das erforderte Improvisation und organisatorische Anstrengungen. Die Information im Betrieb geschah verhältnismäßig leicht über Lautsprecher oder Megaphon. Streikversammlungen entschieden, oft in formeller Abstimmung, über Fortsetzung oder

Abbruch des Streiks; in diesen Versammlungen mußten die Streikleitungen, Streiksprecher oder Verhandlungskommissionen über ihre Tätigkeit Rechenschaft ablegen. Ein Delegationssystem, das die Mehrheit der direkt Betroffenen vom Entscheidungsprozeß ausschließt, wie es sich über die Betriebsrats- und Gewerkschaftsbürokratie herausgebildet hat, wurde in keiner Phase der Aktionen in Erwägung gezogen. Für die innerbetriebliche Information sorgten außerdem Flugblätter der verschiedenen Gruppen.

Während die innerbetriebliche Kommunikation durch die Streikform der Betriebsbesetzung einigermaßen gewährleistet war, blieb die überbetriebliche Verständigung fragmentarisch und schwach. Die Massenmedien, vor allem das Fernsehen, übernahmen zwar in gewissem Maße die Information der Streikenden über das Ausmaß der Streikbewegung; aber die Berichterstattung war eher streikfeindlich. Direkte Kommunikation von Betrieb zu Betrieb war in der Eisen- und Stahlindustrie selten, im Bergbau kam sie sporadisch über die Demonstrationen zustande. Eine Ausnahme bildeten die Osnabrücker Stahlwerker, die in einer kritischen Phase ihres Streiks eine Delegation nach Bremen entsandten, um festzustellen, ob die Zeitungsberichte, die die Klöckner-Arbeiter in Bremen als wilden und zerstörerischen Haufen von Kommunisten darstellten, der Wahrheit entsprächen. Die Folge war eine intakte Solidarität mit den Bremer Arbeitern, die bis zum Schluß des Streiks anhielt. Ein anderes Beispiel für die Überwindung der geographischen Isolierung eines Betriebes gab die Maxhütte im Oberpfälzischen. Dort organisierte der Betriebsrat regelmäßige Lautsprecherdurchsagen über den Stand und die Entwicklung der Streikbewegungen im Ruhrgebiet.

Derartige erfolgreich angewandte Hilfsmittel können freilich nicht darüber hinwegtäuschen, daß eine der zentralen Schwächen dieser Streikbewegung die mangelnde überbetriebliche Koordination und Kommunikation war. Das Fehlen einer Verbindung der aktiven Streikkader untereinander, z. B. über parallele politische Organisationsformen, machte sich deutlich bemerkbar. Die einzige Gruppe, die einen solchen Versuch unternahm, war die DKP; doch auch sie war organisatorisch keineswegs in der Lage, beispielsweise eine täglich erscheinende Streikzeitung für die betroffenen und noch aktivierbaren

Betriebe herzustellen und zu verbreiten. Sie wirkte im wesentlichen durch betriebsbezogene Flugblätter und die organisatorische Arbeit ihrer Betriebsgruppen, deren Einfluß auf das Streikgeschehen unterschiedlich stark war.
Die Notwendigkeit zur Selbstorganisation hat also im Verlauf der Streikbewegung wesentliche Schwächen der Arbeiterbewegung in der Bundesrepublik sichtbar werden lassen. Sie hat aber auch gezeigt, daß die Arbeiter heute in der Lage sind, bis zu einem gewissen Grad ihre Kämpfe selbst zu führen, wenn die Gewerkschaftsleitung versagt und sich offen oder verdeckt gegen die Vertretung der Interessen durch die Arbeiter selbst wendet.

### b. Der Charakter der Forderungen

Im Vordergrund der Streikbewegung stand die Forderung nach höheren Löhnen. Nur zusätzlich wurden in einigen Fällen Forderungen nach einer Verbesserung der Arbeitsbedingungen erhoben. Politische Forderungen, die offen das System in Frage gestellt hätten, wurden nicht formuliert; sie sind allenfalls hinter bestimmten Erscheinungsformen der Streiks zu entdecken. Die Streikenden selbst wiesen alle Versuche, politische Inhalte in den Streik hineinzutragen, zurück. In ihrem Grundansatz hatten die Streiks rein ökonomischen Charakter. Dennoch unterschieden sich die Postulate in einigen bemerkenswerten Aspekten von den Programmen der üblichen, von der Gewerkschaftsbürokratie geleiteten Tarifbewegungen. Entgegen jahrelanger gewerkschaftlicher Praxis wurden statt prozentualer Forderungen lineare erhoben. Nicht 14% lautete die Forderung zunächst, sondern 30 Pfennig, 50 Pfennig, 70 Pfennig mehr Lohn pro Stunde. In diesen linearen Forderungen steckt ein Motiv, daß die gewerkschaftliche Tarifpolitik aus mehreren Gründen nicht akzeptiert. In den gewerkschaftlichen Tarifkommissionen, die gemeinhin die Lohnforderungen aufstellen, dominieren die qualifizierten Arbeiter; unter ihnen ist die Anpassung an das Leistungsprinzip weit fortgeschritten. Der Facharbeiter soll mehr bekommen als der Angelernte oder der Hilfsarbeiter. Er leiste ja auch mehr, heißt es. Die Gewerkschaftsführung hat sich diesem Argument immer angeschlossen; außerdem hat sich im Laufe der Zeit durch ständige prozentuale Lohnerhöhungen der Abstand zwischen unteren

und oberen Lohngruppen stetig vergrößert, so daß die Besserverdienenden daran interessiert sind, diesen Abstand aufrechtzuerhalten, und sich Nivellierungstendenzen widersetzen.
Als auf der Klausurtagung des IG-Metall-Vorstandes im Juni 1970 Konsequenzen aus den Septemberstreiks gezogen werden sollten und die Richtlinien für die nächste Tarifbewegung festzulegen waren, erklärte der Tarifexperte der IG Metall, Vorstandsmitglied Hans Mayr: »Zunächst einmal würden wir dadurch unsere bisherige Auffassung preisgeben, daß unsere Lohn- und Gehaltspolitik leistungsbezogen sei.«[23] Haben bei der Aufstellung der Forderungen nicht die Tarifkommissionsmitglieder allein mit dem Vorstand der Gewerkschaft zu entscheiden, sondern bestimmt die Mehrheit der Arbeiter eines Betriebs mit, dann dominiert regelmäßig nicht das Leistungsprinzip, sondern das Gerechtigkeitsmotiv: »Das Brot ist für jeden um den gleichen Betrag teurer geworden, also soll auch jeder die gleiche Lohnerhöhung bekommen, egal ob er Vorarbeiter oder Hilfsarbeiter ist.« In der linearen Forderung steckt also ein Angriff auf das Prinzip der Leistungsentlohnung. Nicht was einer durch Anstrengung aller seiner Kräfte (und vielleicht begünstigt durch eine bessere Ausbildung) schaffen kann, sondern was er braucht zum Lebensunterhalt für sich und seine Familie, soll die Richtschnur für die Lohnhöhe sein; darum haben die Bergarbeiter an der Saar und an der Ruhr 1000 DM netto als Monatslohn für jeden Kumpel gefordert. Das Gerechtigkeitsmotiv spielt aber auch eine bedeutende Rolle bei den zahlreichen Forderungen nach Angleichung der Löhne an andere Betriebe oder Regionen. Die Kieler Werftarbeiter verlangten eine Lohnangleichung an die Hamburger Schiffbaulöhne, die Hüttenarbeiter in der Oberpfalz wollten ebensoviel verdienen wie die im Ruhrgebiet, die Bergarbeiter an der Saar wollten ihren Kollegen an der Ruhr gleichgestellt werden. Das Motto lautete, nach einem Sprechchor der Werftarbeiter: »Wir gehen jetzt zur Direktion – für gleiche Arbeit – gleichen Lohn!« Diese Forderungen widersprechen natürlich der Logik des Systems. Standortbedingungen werden in aller Regel von der Industrie ökonomisch ausgenutzt, und so können in der Ober-

---

23 *Der Gewerkschafter*, Sonderdruck Tarifbewegung '70, Nr. 6a vom Juni 1970, S. 4.

pfalz, wo der Arbeitsmarkt für die Unternehmer günstiger ist als im Ruhrrevier, niedrigere Löhne gezahlt werden. Im Saarbergbau, wo das politische und gewerkschaftliche Bewußtsein der Kumpel vergleichsweise niedriger ist, verdient man entsprechend weniger als an der Ruhr.

Eine weitere Forderung, die nicht in die normalen Lohnbewegungen hineinpaßt, war die nach Bezahlung der Streikausfallschichten; sie tauchte fast überall auf und spielte eine wichtige Rolle.[23a] Abgesehen von dem finanziellen Ausgleich, den man damit anstrebte, steckte hinter dieser Forderung auch der Anspruch auf Anerkennung der Streiks als einer rechtmäßigen Notwehrmaßnahme. Die Unternehmer sträubten sich daher heftig gegen diese Forderung, sie hatten aber nicht immer Erfolg. Unterstützung erhielten sie dabei übrigens auch von der Leitung der IG Bergbau, die dem Vernehmen nach zahlungswillige Unternehmer beschworen haben soll, die Streikschichten nicht zu bezahlen, damit das Beispiel nicht Schule mache.[24] In einigen Fällen nahmen die Streikenden in ihre Forderungen auch die vorbeugende Regelung auf, daß niemand wegen seiner Beteiligung am Streik später Nachteile haben solle. Als die Direktion der Howaldt-Werft dennoch versuchte, zwei unliebsam gewordene Arbeiter nach dem Streik zu entlassen, bekam sie sofort den Widerstand der Belegschaft zu spüren; kurze Warnstreiks reichten aus, um die Repressionsversuche zu unterbinden.

Die Forderungen wurden im allgemeinen spontan in Belegschaftsversammlungen beschlossen oder waren das Resultat von Auseinandersetzungen, die schon seit längerem im Betrieb im Gange waren. Die griffige Formel von 30 Pfennig spielte zu Beginn der Streikbewegung eine große Rolle; nach dem raschen Erfolg der Hoesch-Arbeiter übertrug sie sich auf den Rheinstahlbereich und von dort weiter auf andere Betriebe. Einige Belegschaften begannen freilich gleich damit, 50 Pfennig oder sogar 70 Pfennig zu verlangen. Die höchste Forderung, die bekanntgeworden ist, wurde in dem kleinen

---

[23a] Bekanntlich werden in vielen westlichen Industrienationen von den Gewerkschaften überhaupt keinerlei Streikgelder gezahlt, ganz gleich ob der Streik von der Gewerkschaft unterstützt wird oder nicht.

[24] Vgl. die Berichte in *Frankfurter Rundschau*, 24. 10. 1969, *Frankfurter Neue Presse*, 25. 10. 1969.

Stahlwerk Arns in Remscheid erhoben; die rund 600 streikenden Walzwerker dort verlangten 83 Pfennig Lohnerhöhung pro Stunde. Für diese und die anderen Forderungen steht der Satz eines Neunkircher Eisenwerkers: »Ich weiß: die oben können zahlen.«

Im Laufe der Streiks wandelten sich einige der Forderungen. Die Saarbergarbeiter legten durch ihren Streiksprecher einen ganzen Katalog von Forderungen vor. Die Liste enthielt:

1. Lohnerhöhungen vom 1. August 1969 auf der Verhandlungsbasis eines Stundenlohns von 8 DM (Gleichstellung mit der Ruhr und der eisenschaffenden Industrie);
2. neue Lohnfindungen (heraus aus der Gedingeschere);
3. Urlaubsgeld in Höhe eines Monatslohns;
4. kein Lohnausfall im Urlaub;
5. Kindergeld auch für das erste Kind (wie im öffentlichen Dienst);
6. Spezialistenzulage;
7. Hitzegeld ab 26 Grad;
8. Wohnungsgeld auch für Ledige;
9. 5-Tage-Woche;
10. Ausschöpfung des 312-DM-Gesetzes;
11. Treue- und Alterszulage;
12. Ablösung des 250-DM-Vorschusses, der im Krankheitsfall nicht bezahlt wird, durch eine einmalige Abfindung;
13. Entschädigung für nichtgenutzte Deputatkohle in voller Höhe durch sofortige Barzahlung;
14. bei Wiederaufnahme der Arbeit eine einmalige Zahlung für den Monat August;
15. Zusicherung an alle Streikenden, daß keinem Belegschaftsmitglied durch die Teilnahme an Demonstrationen und am Streik ein Nachteil entsteht.[25]

Bedeutsam an diesem Katalog ist neben der Aufzählung von Wünschen, die die Probleme der Bergarbeiter ahnen lassen, der Punkt 2. Die Forderung »heraus aus der Gedingeschere« deutet darauf hin, daß mehr im Spiel war als bloß materielle Interessen: Man wollte »heraus« aus einem Arbeitssystem, das die fortwährende Anspannung aller Kräfte fordert und sie mit der Zeit aufzehrt. Auch die Dortmunder Bergarbeiter befürchteten, mit Hilfe des Leistungsdrucks der Gedingeschere, die von der

25 IMSF, a.a.O., S. 148.

Grubenleitung manipulierbar ist, schließlich doch wieder um den Großteil der ausgehandelten Lohnerhöhungen zu kommen.
Vergleicht man die erzielten Ergebnisse mit den Forderungen, so kann nicht in allen Fällen von einem Erfolg der Streiks gesprochen werden. Andererseits steht fest, daß die Tariflohnerhöhungen, die schließlich vereinbart wurden, nur unter dem Druck der Streiks höher ausgefallen sind als je zuvor. Ob die betrieblichen Abschlüsse bessere Resultate aufwiesen, wenn die Gewerkschaften nicht sofort eingegriffen hätten, sondern den wachsenden Druck auf die Konzerne noch weiter abgewartet und ausgenutzt hätten, muß offen bleiben; einiges spricht dafür, zum Beispiel die Einstellungsänderung des Rheinstahldirektoriums, nachdem Tarifverhandlungen angesetzt worden waren.
Insgesamt waren die Arbeiter, wie die Umfragen des Infas-Instituts zeigen, mit ihren Erfolgen durchaus zufrieden.[26] Durchweg wurden die Forderungen als angemessen empfunden. Die niedrigste positive Quote ist bei den Dortmunder Bergarbeitern der Zeche Minister Stein zu finden. Die Frage, ob die Streiks bessere Arbeitsbedingungen gebracht hätten, wird von der Mehrheit der Befragten verneint. Daß es auf jeden Fall gut und richtig gewesen sei, daß die Arbeiter im September gestreikt haben, meinen die Arbeiter in der Stahlindustrie zu 76% (gegen 4%) und 58% (gegen 10%), im Bergbau lauten die Zahlen 44% (gegen 28%) bei Minister Stein und 82% (gegen 4%) für die Zeche Camphausen an der Saar. Offensichtlich wirkte der Zusammenbruch des Dortmunder Streiks noch Monate später im Bewußtsein der Bergarbeiter nach. Bei den befragten Betriebsfunktionären ist das Ergebnis ähnlich wie bei den Arbeitern, mit der Ausnahme der Zeche Minister Stein;

---

26 Vgl. zum folgenden: *Infas-Untersuchung,* a.a.O., Übersichten 7, 8 und 9. Bei den Ergebnissen der Infas-Umfrage muß allerdings bedacht werden, daß hier nur jeweils in zwei Zechen und zwei Stahlwerken Befragungen durchgeführt wurden. Wenn diese Befragungen auch wissenschaftlichen Ansprüchen genügen, so läßt sich doch die besondere betriebliche Situation, die die Antworten mitprägt, nicht ohne weiteres verallgemeinern. Es handelt sich bei den Ergebnissen der Studie also im wesentlichen um wichtige Indizien für das Bewußtsein und das Verhalten der Arbeiter und Angestellten, nicht um voll abgesicherte Erkenntnisse über »die« Streikenden vom September 1969.

hier sind sogar 44% (gegen 29%) der Meinung, der Streik habe keine Vorteile gebracht. Die Bereitschaft zur Wiederholung des Streiks findet sich bei den Arbeitern der Neunkircher Eisenwerke und der Mannesmann-Werke zu 63% und 54%, bei Minister Stein und der Zeche Camphausen zu 41% und 76%. Bei Minister Stein meinen dagegen 49%, daß nur eine Minderheit die Streiks zu wiederholen bereit wäre. Bei den Funktionären halten eine Wiederholung der Streiks für möglich, weil sie sich bewährt hätten: in Neunkirchen 63%, bei Mannesmann 71%, bei Minister Stein 29% (gegen 67%) und bei Camphausen 75%.

Es war bereits davon die Rede, daß die streikenden Arbeiter es ablehnten, politische Motive mit ihren Streiks zu verbinden. Die Abwehr solcher Versuche nahm teilweise ausgesprochen aggressive Formen an, wie sie sonst in der Streikbewegung kaum erkennbar waren. Die Wut, mit der vereinzelt rote Fahnen verbrannt wurden, agitierende Studenten mit Prügel bedroht und DDR-Kamerateams vom Werkgelände gejagt wurden, ist bemerkenswert. Darin drückt sich einmal das Mißtrauen aus, für irgend etwas, das man nicht voll durchschaut, ausgenutzt zu werden, so wie man täglich im Betrieb ausgenutzt wird; zum anderen weist die entschiedene Ablehnung politischer Inhalte auch auf Angst hin, die durch Aggression überkompensiert wird. Angst nämlich, den Kampf nicht nur gegen den identifizierbaren Unternehmer führen zu müssen, sondern das ganze anonyme und übermächtige System herauszufordern.

Insgesamt wird an den Forderungen klar, daß Streiks hierzulande noch weit davon entfernt sind, konkrete Machtproben darzustellen, wie etwa die Streiks der Fiat-Arbeiter in Turin 1969/70 es getan haben, wo die herrschende Gewalt nur noch mit massivem Polizeieinsatz »Ruhe und Ordnung« sichern konnte. Die Septemberstreiks haben gezeigt, daß die streikenden Arbeiter in der Bundesrepublik noch nicht in der Lage sind, den Gewerkschaften ihren Willen aufzuzwingen und sie damit zu verändern. Am Schluß setzte sich die traditionelle gewerkschaftliche Tarifpolitik wieder durch. Es ist nur ein Anfang gemacht worden, sie zu erschüttern.

*c. Das Verhältnis der Streikenden zu Betriebsvertretung und Gewerkschaft*

Die Einstellung der Streikenden zu ihren betrieblichen und gewerkschaftlichen Vertretungsorganen ist nicht auf einen Nenner zu bringen. Sie unterschied sich nach dem Verhalten, das diese Institutionen gegenüber den Forderungen der Streikenden und dem Streik selber an den Tag legten. Die Reaktionen der Streikenden reichten deshalb von offen antigewerkschaftlichen Positionen bis zur Bereitschaft, die Führung des Kampfes den traditionellen betrieblichen und gewerkschaftlichen Vertretungsorganen zu überlassen.

Im allgemeinen stellt der Betriebsrat für die Arbeiter die unmittelbare Vertretung ihrer gewerkschaftlichen Interessen dar, obwohl die rechtliche Konstruktion seine Unabhängigkeit von der Gewerkschaft vorsieht; doch gerade in der Stahlindustrie und im Bergbau sind die Betriebsratsmitglieder zu 80 bis 100 Prozent auch Gewerkschaftsmitglieder. Eine faktische Identität ist also meistens gegeben. Nur in Konfliktfällen wird dem Arbeiter das Spannungsverhältnis zwischen Betriebsrat und Gewerkschaft deutlich. Dieses Verhältnis kann sich verwischen, wenn bei Streiks, die nicht von der Gewerkschaft unterstützt werden, Betriebsrat und Gewerkschaft gemeinsam einen Streik einzudämmen versuchen. Die Funktion der gewerkschaftlichen Vertrauensleute reicht heute von bloßer Verbreiterung der Betriebsratsbasis bis zur Kontrolle des Betriebsrats; selten sind allerdings die Spannungen zwischen Betriebsrat und Vertrauensleuten so ausgeprägt wie bei der Bremer Klöckner-Hütte, wo sie gleichzeitig die Spannung zwischen politischen Gruppen – DKP und »Arbeiterpolitik« auf der einen, SPD-Betriebsgruppe auf der anderen Seite – widerspiegeln.

Der Arbeitsdirektor als oberste betriebliche Vertretungsinstanz ist nicht gegen das Vertrauen der Arbeitnehmervertreter im Aufsichtsrat wählbar und wird von der Gewerkschaftsführung benannt. Er wird wegen seiner Arbeitgeberfunktion von den Arbeitern nur noch in Ausnahmefällen als »unser Mann« gesehen; er handelt in Konfliktfällen gewöhnlich im Sinne des Unternehmensvorstandes. Da er meist das Sozial- und Personalressort verwaltet, wird er in Krisensituationen von der

Unternehmensleitung häufig vorgeschickt, um den Konflikt beizulegen.
Die örtliche Gewerkschaftszentrale, die Bezirksleitung oder der Hauptvorstand der Gewerkschaft treten dem Arbeiter nur in Betriebsversammlungen oder über die Massenmedien gegenüber. Sie sind für ihn Repräsentanten eines weitgehend anoymen Apparates, von dem er erwartet, daß er sich für die Sicherung der Arbeitsplätze, die Verbesserung der Arbeitsbedingungen und die Erhöhung der Löhne einsetzt. Die Kluft zwischen den gewerkschaftlich vereinbarten Tariflöhnen und den tatsächlichen Verdiensten, die durch betriebliche Zulagen entstehen, mindert die Attraktivität der Gewerkschaft allerdings beträchtlich. Oft wird dem Betriebsrat als Erfolg gutgeschrieben, was nur eine Reaktion der Geschäftsleitung auf die angespannte Arbeitsmarktlage darstellt: ein Versuch, die Arbeitskräfte zu halten oder neue zu bekommen. Im Laufe der Zeit hat sich daraus ein Zulagensystem entwickelt, das bis zu 30% des Verdienstes der Arbeitnehmer ausmacht und über das die Gewerkschaft mit ihrer Tarifpolitik keine Kontrolle ausüben kann. In Zeiten von Konjunkturrückgängen führt das zu Verdienstminderungen, wenn die Geschäftsleitung die rechtlich nicht absicherbaren »freiwilligen« Zulagen kürzt.
Insgesamt dominiert bei den Arbeitnehmern gegenüber der Gewerkschaft die Meinung, sie müsse für die nicht gerade niedrigen Mitgliedsbeiträge entsprechende Dienstleistungen bereitstellen. Nur eine aktive Minderheit der Arbeiter nimmt Anteil am gewerkschaftlichen Leben, sei es durch ehrenamtliche Funktionen, sei es durch Beteiligung an der gewerkschaftlichen Willensbildung auf betrieblicher und lokaler Ebene. Die apathische Einstellung gegenüber der Gewerkschaft als Dienstleistungsbetrieb ändert sich bei der Mehrheit der Arbeiter nur in Konfliktfällen oder Krisenperioden.
Auch die Septemberstreiks haben zu deutlichen Reaktionen der Arbeiter auf das Verhalten ihrer Betriebsräte und Gewerkschaften geführt. Man muß sich allerdings davor hüten, kritische Äußerungen in angespannten Situationen bereits zu bewußter Ablehnung von Gewerkschaften überhaupt umzudeuten. Alle Kritik an den Gewerkschaftsapparaten oder der Betriebsratsbürokratie läßt in der Regel die organisierten Arbeiter nicht vergessen, daß auch sie selbst »die Gewerkschaft«

sind, und daß Gewerkschaften in diesem System der Trennung zwischen gesellschaftlicher Produktion und privater Aneignung des Produzierten unentbehrlich sind, um dem Arbeiter das Existenzminimum zu sichern.

Der Betriebsrat, und das haben auch die Septemberstreiks bewiesen, befindet sich in betrieblichen Konfliktfällen durch seine Bindung an die vom Betriebsverfassungsgesetz vorgeschriebene Friedenspflicht in einer schwierigen Lage. Er steht unter dem Druck zweier Seiten. Die streikende Belegschaft verlangt von ihm, daß er ihre Interessen gegenüber der Unternehmensleitung vertritt. Eine aktive Interessenvertretung, die ihn offen an die Spitze einer Streikbewegung der Belegschaft stellen würde, ist ihm aber bei der herrschenden konservativen Arbeitsrechtsprechung untersagt. Die Unternehmensleitung übt Druck auf ihn aus, um die Arbeiter wieder zur Arbeitsaufnahme zu bewegen. Der Betriebsrat soll als Vermittlungsinstanz tätig werden; er soll die Forderungen der Belegschaft zwar vortragen dürfen, aber sie in den Verhandlungen mit der Unternehmensleitung in Einklang mit dem Wohl des Betriebes bringen – und das heißt in der Regel: mit den Interessen des Unternehmers. In dieser Situation verfügt der Betriebsrat über wenig Spielraum; sein Verhalten wird mitbestimmt von dem Vertrauen, das er sich bei der Belegschaft durch aktive Interessenvertretung bereits erworben oder das er längst verloren hat, weil er bislang nur als Vermittler der Interessen der Geschäftsleitung fungiert hat. Ein Betriebsrat, der gewillt ist, die Interessen der Beschäftigten auch während eines Streiks wirksam zu vertreten, muß geschickt agieren; er muß in der Lage sein, den Streikenden klarzumachen, daß ihn nur das Gesetz und die Geschäftsleitung zwingen, zur Wiederaufnahme der Arbeit aufzufordern; er muß die Belegschaft von den Verhandlungsangeboten der Geschäftsleitung informieren, ohne dafür Propaganda zu machen; er muß in Kontakt mit den Vertrauensleuten oder der Streikleitung bleiben, um das informell weiterzugeben, was offen zu vertreten das Betriebsverfassungsgesetz ihm verwehrt. Nur so kann er eine autonome Verhandlungsposition gegenüber der Geschäftsleitung wahren und sich gleichzeitig das Vertrauen der Streikenden erhalten.

In einer Reihe von Fällen haben sich Betriebsräte während der Septemberstreiks diese Taktik zu eigen gemacht und erfolgreich gehandelt. Die Streikführung zum Beispiel bei der Klöckner-Hütte in Bremen lag inoffiziell in Händen des Betriebsrats, ebenso bei der Rheinstahlhütte in Meiderich und bei der Maxhütte in Haidhof/Oberpfalz. Gegenteilige Beispiele, wo Betriebsräte als Befehlsempfänger der Unternehmensleitung oder mindestens in deren Interesse handelten, fanden sich vor allem im Bergbau; so drängte der Betriebsratsvorsitzende der Zeche Camphausen von vornherein auf eine Beilegung der wilden Streiks. Aber auch bei der Howaldt-Werft in Kiel erfüllte der Betriebsrat eine ähnliche Funktion. In beiden Fällen bildeten sich sofort neben dem Betriebsrat Streikleitungen oder Streiksprecher. Im Durchschnitt gaben die Betriebsräte in den bestreikten Unternehmen dem Druck der Streikenden zunächst nach und übernahmen deren Forderungen; in dem Augenblick, da das Ende der Streikbewegung durch den Abschluß von Tarifverträgen absehbar wurde, drängten sie dann verstärkt auf eine Beilegung der Streiks.

Die Streikenden wendeten sich überall dort offen gegen ihre Betriebsräte, wo sie sich zum Dienstboten der Betriebsleitung machten und die Wiederaufnahme der Arbeit um jeden Preis betrieben. Von der Mehrheit der in der Infas-Umfrage befragten Arbeiter der Eisen- und Stahlindustrie wird die Rolle des Betriebsrats im Nachhinein positiv beurteilt. Eine Verallgemeinerung dürfte aber in diesem Punkt besonders schwerfallen, weil mit Ausnahme der Zeche Camphausen keine Betriebe darunter sind, in denen es zum offenen Konflikt zwischen Streikenden und Betriebsrat gekommen ist.

In den vier Unternehmen der Eisen- und Stahlindustrie und des Bergbaus schneiden von den verschiedenen Institutionen, die sich für höhere Löhne und verbesserte Arbeitsbedingungen nach Meinung der Arbeiter am meisten eingesetzt haben, der Betriebsrat und die Gewerkschaft am besten ab. Es folgen Vertrauensleute und unmittelbare Vorgesetzte auf den nächsten Plätzen vor Arbeitsdirektor und Arbeitnehmervertreter im Aufsichtsrat. Für Verbesserung der Arbeitsbedingungen setzt sich danach am meisten der Betriebsrat ein, für höhere Löhne am meisten die Gewerkschaft. Die Befragten in den Neunkircher Eisenwerken gaben auch hier dem Betriebsrat die höhere Wertung.[27] Zum konkreten Verhalten des Betriebsrats

27 *Infas-Untersuchung*, a.a.O., Übersicht 5 und 6.

und der anderen Institutionen während der Septemberstreiks wurde die folgende Frage gestellt: »Auf welche Gruppen oder Leute war man bei Ihnen im Betrieb vor und während der Streiks eigentlich besonders schlecht zu sprechen?«[28] In den Stahlunternehmen liegen an der Spitze Arbeitgeberverband und Werkleitung. In beiden Zechen ist dagegen die Reihenfolge: Gewerkschaft, Arbeitgeberverband, Betriebsrat, Werkleitung. In den Stahlwerken rangieren Betriebsrat und Arbeitsdirektor an unteren Positionen. Während der Streiks sprachen sowohl Betriebsräte, gewerkschaftliche Vertrauensleute, Gewerkschaftsvertreter, Arbeitsdirektoren und die Werkleitung zu den Streikenden. Positiv wurde in den Stahlwerken die Stellungnahme des Betriebsrats aufgenommen; ihm folgen Streiksprecher oder Streikende. Bei den Zechen rangiert der Betriebsrat eindeutig hinter den Streiksprechern. In der Zeche Camphausen erhält er die gleiche Beurteilung wie die Werkleitung. Überwiegend negativ werden hier auch die Gewerkschaftsvertreter beurteilt, und zwar noch schlechter als die Sprecher der Werkleitung und die Arbeitsdirektoren.[25]

Schließlich wurde die Frage gestellt, wie das Verhalten des Betriebsrates im Streik insgesamt zu beurteilen sei: In Neunkirchen waren der Ansicht, er habe die Forderungen der Streikenden unterstützt: 49%, bei Mannesmann: 48%, bei Minister Stein: 8%(!) und in der Zeche Camphausen: 17%. Im letzten Fall überwiegt die Meinung, er habe sich neutral, im vorletzten Fall, er habe sich negativ zum Streik verhalten.[30]

Dem entsprechen auch die Antworten auf die Frage, ob der Betriebsrat während des Streiks das Vertrauen der Arbeiter genossen habe oder ob sich der Streik auch gegen den Betriebsrat gerichtet habe: 41% der Bergleute bei Minister Stein und 37% bei Camphausen (jeweils die Höchstnennungen zu den vorgegebenen Antwortmöglichkeiten) sprachen dem Betriebsrat das Vertrauen ab. Bei den befragten Betriebsfunktionären ergibt sich mit geringen Abweichungen das gleiche Bild.

Die Betriebsräte stehen also dort, wo sie sich tatsächlich unter dem Druck des Streiks für die Belegschaftsinteressen eingesetzt

---

28 *Infas-Untersuchung*, a.a.O., Übersicht 14.
29 *Infas-Untersuchung*, a.a.O., Übersicht 15 und 16.
30 *Infas-Untersuchung*, a.a.O., Übersicht 20.

haben, in gutem Ansehen. In den Bergbaubetrieben dagegen wurde ihnen offen das Mißtrauen ausgesprochen.
Die gewerkschaftlichen Vertrauensleute im Bereich der Stahlindustrie spielen im Bewußtsein der Streikenden keine tragende Rolle. In den Umfragen werden sie nur selten als entscheidendes Gremium genannt. Sie stehen im Schatten des Betriebsrates. Allerdings ist zu bedenken, daß sie nur selten geschlossen aufgetreten sind. In der Regel spalteten sich unter dem Druck der Forderungen und Ansprüche der Streikenden die Vertrauensleute in eine aktive, streikunterstützende Minderheit und in eine eher zögernde Mehrheit, die von der Anti-Streikpropaganda der Gewerkschaftsapparate beeinflußt wurde. Die vergleichbaren Schachtgewerkschaftsausschüsse in den Zechen erlangten überhaupt keinen Einfluß auf die Streiks im Bergbau; sie haben ihn durch die Politik der IG Bergbau ohnehin verloren. Bemerkenswerte Einzelfälle von streikfeindlichen Verhaltensweisen der Vertrauensleute finden sich kaum. In der Klöckner-Hütte in Bremen versuchte der in Opposition zum Betriebsrat stehende Vertrauensleutekörper mit Unterstützung des Gewerkschaftsapparates den Streik zurückzudrängen, allerdings ohne großen Erfolg. Insgesamt ergibt die Infas-Umfrage in bezug auf die Vertrauensleute ein ähnliches Bild wie beim Betriebsrat: 48% und 47% in den Stahlwerken meinen, die Vertrauensleute hätten die Forderungen der Streikenden unterstützt, 33% bei Minister Stein meinen, sie hätten sich gegen den Streik gestellt, und 30% bei Camphausen, sie hätten sich neutral verhalten (jeweils die Höchstnennungen unter den möglichen Antworten).[31]

Nicht sonderlich positiv wird die Rolle des Arbeitsdirektors von den Streikenden eingeschätzt. Er vertrat in fast allen Fällen die Interessen der Unternehmensleitung und trat oft als deren Exponent auf. In einigen Fällen, wie in Bremen, geriet er offen ins Schußfeld der Streikenden, die seine Ablösung forderten. Da die Arbeitsdirektoren sich mit ihrer Handlungsweise auch in Übereinstimmung mit den Gewerkschaftszentralen befanden, hatten sie Konsequenzen für ihr Verhalten nicht zu befürchten.

Die überbetrieblichen Gewerkschaftsfunktionäre, sei es auf lo-

---

31 *Infas-Untersuchung*, a.a.O., Übersicht 21.

kaler, regionaler oder zentraler Ebene, sahen sich während des Streiks besonders harter Kritik ausgesetzt, wenn sie in den Verlauf der Bewegung einzugreifen suchten. Sie wurden oft mit Buh-Rufen, Pfiffen und Sprechchören, die sie als »Arbeiterverräter« bezeichneten, empfangen, wenn sie auf Streikversammlungen zur Wiederaufnahme der Arbeit überreden wollten oder die Streiks sogar als ungesetzlich darstellten. Bei den Neunkircher Eisenwerken kam es zu heftigen antigewerkschaftlichen Ausbrüchen, als der Frankfurter Bezirksleiter der IG Metall die Streikenden nach einem völlig unzureichenden Zugeständnis der Direktion zur Wiederaufnahme der Arbeit bewegen wollte. Vertreter der IG Bergbau, selbst Bezirksleiter, mußten es sich gefallen lassen, von den Streikenden niedergeschrien oder offen der Komplizenschaft mit den Unternehmern bezichtigt zu werden. Hier richteten sich mehrere Demonstrationen unmittelbar gegen die streikfeindliche Politik der Gewerkschaftsführung. Die Stellungnahme des Gewerkschaftsvorstandes zu den Streiks wird von den Bergleuten in der bereits zitierten Umfrage als weniger gut bis schlecht bezeichnet.[32] Als übertrieben oder falsch bewerteten sie auch die Einstellung ihres Gewerkschaftsvorstandes zur »Friedenspflicht«, während die Stahlarbeiter hier mehr Verständnis für ihren Gewerkschaftsvorstand zeigten.[33] Eine manifeste antigewerkschaftliche Haltung, die Massenaustritte zur Folge gehabt hätte, war gleichwohl nicht zu beobachten, auch nicht im Bereich der IG Bergbau.[33a] Alternative Organisationsformen boten sich nicht an, und der geringe Grad der Politisierung dieser Streikbewegung verhinderte, daß die Streikenden auf sofortige Konsequenzen in den Gewerkschaftsapparaten drängten. Dennoch war das Verhalten der Gewerkschaftsführung in dieser Streikbewegung für viele Arbeiter eine wichtige Lektion; die Arbeiter sind auch der Gewerkschaft gegenüber selbstbewußter geworden.

---

32 *Infas-Untersuchung*, a.a.O., Übersicht 18.
33 *Infas-Untersuchung*, a.a.O., Übersicht 19.
33a Die IG Metall konnte im darauffolgenden Jahr ihre Mitgliederzahlen sogar noch steigern. Die ansatzweise erfolgte Politisierung der Arbeitnehmer kommt offenbar der Gewerkschaft zugute.

### d. Der Einfluß inner- und außerbetrieblicher Kadergruppen

Bürgerliche Zeitungen, prominente Politiker, Unternehmer und der Vorstand der IG Bergbau vertreten die Auffassung, die Kommunisten hätten diese Streikbewegung nach sorgfältiger Vorbereitung angezettelt. Einige Zeitungen wußten sogar von Generalstabsplänen zu berichten, die die Kommunisten in ihren Schubladen hätten. Die Streikbewegung paßte offenbar nicht in die herrschende Vorstellung, daß der Arbeiter längst in den sozialen Wohlfahrtsstaat integriert sei und keine Gefahr mehr für das etablierte System darstelle.
Tatsächlich haben die Kommunisten in der Streikbewegung eine Rolle gespielt. Aber daß sie die Streikbewegung ausgelöst oder gar gesteuert hätten, ist durch nichts beweisbar. Die Fakten sprechen dagegen. Die bequeme Verschwörertheorie hat auch eher den Zweck, von den tatsächlichen Mißständen abzulenken, die als Ursachen der Streikbewegung bereits untersucht worden sind. Das eigene Versagen ließ sich in vielen Fällen dadurch verdecken, daß man die Schuld einem anonym arbeitenden übermächtigen Gegner zuschob: dem Kommunismus.
Der Einfluß der kommunistischen Betriebsgruppen in den einzelnen Zentren der Streiks war unterschiedlich stark. In nahezu allen großen Unternehmen der Eisen- und Stahlindustrie existieren DKP-Betriebsgruppen; die meisten von ihnen geben regelmäßig Betriebszeitungen heraus, die in den Werken kursieren. In Bremen z. B. stellten die Kommunisten im Betriebsrat zusammen mit der Gruppe »Arbeiterpolitik« die aktivste Gruppe; bei der Howaldt-Werft war der Streiksprecher ein DKP-Mitglied; die inoffizielle Streikführung bei der Rheinstahl-Gießerei in Meiderich lag in den Händen des kommunistischen Betriebsratsvorsitzenden. In anderen Unternehmen stellte die DKP Betriebsratsmitglieder und Vertrauensleute, die sich aktiv am Streik beteiligten. An der Peripherie der Streikbewegung, in Osnabrück, in der Oberpfalz oder im Saarland, ist die DKP dagegen kaum vertreten. Im Bergbaubereich ist ihr Einfluß bisher offenbar minimal – Resultat der jahrelangen betont antikommunistischen Politik der Führung der IG Bergbau.
Insgesamt scheint das Potential der DKP nicht so groß zu sein,

daß sie in der Lage gewesen wäre, die Streiks zu steuern. Auf dem letzten Parteitag der DKP vor den Streiks wurde bekanntgegeben, daß von 1052 Delegierten 847 Gewerkschaftsmitglieder seien; 157 hätten Wahlfunktionen in den Betrieben, 577 in den Gewerkschaften.[34] Diese Zahlen gelten für den Bereich der gesamten Wirtschaft der Bundesrepublik. Die DKP ist zwar in den Betrieben verankert, aber ihre Position dort ist nicht sehr stark. Alle Indizien und Aussagen der DKP selbst weisen darauf hin, daß ihre Funktionäre in den Betrieben nicht wegen ihrer Parteizugehörigkeit anerkannt werden, sondern weil sie durch ihre konsequente Vertretung der Interessen der Arbeitnehmer Vertrauen erworben haben. Der Meidericher Betriebsratsvorsitzende Heinz Lukrawka findet in seinem Wahlkreis als ADF-Kandidat bei weitem nicht die Unterstützung, die er als Betriebsratsvorsitzender hat, wo er regelmäßig mit großer Mehrheit gewählt wurde. Ganz allgemein hatten die Kommunisten bei den auf die Streiks unmittelbar folgenden Bundestagswahlen, als sie auf den Listen der ADF kandidierten, keine nennenswerten Wahlerfolge. Trotz der Streikbewegung brachte es die ADF in ihrem Stammland Nordrhein-Westfalen nur auf 0,7 Prozent Stimmenanteil, im Ruhrgebiet lag der Durchschnitt bei rund 1,0 Prozent (insgesamt weniger, als die DFU 1965 erreichte).

Die Aktivität der kommunistischen Betriebsgruppen erstreckte sich vor allem auf die Arbeit in den Streikgremien, in den Betriebsräten und Vertrauensleutekörpern, wo sie ihre Streikerfahrung nutzbringend anwenden konnten. Ein Schwergewicht ihrer Tätigkeit lag auf der Information der Belegschaften. Ihre Flugblätter und Streikzeitungen spielten eine wichtige Rolle, weil sie oft das einzige betriebsbezogene Informationsmittel darstellten und die Arbeiter mit den verschiedenen Stadien des Kampfes vertraut machten. Dort, wo die Kommunisten versuchten, ADF-Werbung mit einzuschleusen, reagierten die Arbeiter so ablehnend, daß derartige Versuche sofort aufgegeben werden mußten.

Die Strategie der Betriebsgruppen der DKP, wenn man von einer entwickelten Konzeption überhaupt sprechen kann, war auf eine Ausweitung der Arbeitskämpfe gerichtet, allerdings

---

34 Angaben von Manfred Kapluck in *Unsere Zeit*, 18. 9. 1969, S. 2.

nicht um jeden Preis; als ebenso wichtig wurde angesehen, die Kämpfe möglichst geschlossen und erfolgreich zu Ende zu führen. Das bestimmte auch die Einstellung der Kommunisten gegenüber den Gewerkschaften. Die DKP beabsichtigte nicht, die Gewerkschaftsführung offen anzugreifen. Sie propagierte ausdrücklich den Kampf gegen die Arbeitgeber als den wirklichen Gegner der Streikenden. Typisch dafür ist ein Flugblatt der DKP-Betriebsgruppe in den Neunkircher Eisenwerken; darin heißt es unter anderem: »Während der Streiks sahen manche Kollegen im Betriebsrat und der Gewerkschaft den Gegner. Eine solche Haltung ist jedoch falsch, weil dabei übersehen wird, daß einzig und allein das Monopolkapital, die Schluppkotten und Co. die Feinde der Arbeiterschaft sind. Wenn auch oftmals Anlaß zu Kritik an den Kollegen von Betriebsrat und Gewerkschaft besteht, man darf trotzdem niemals die Fronten verwechseln.«[35]
Auf dieser Linie liegt auch die offizielle Stellungnahme des DKP-Präsidiums zu den Streiks. Nachdem das Präsidium die Streikenden seiner Solidarität versichert und Vorwürfe zurückgewiesen hat, die Streiks würden kommunistisch gesteuert, heißt es weiter: »Zugleich wendet sich die DKP gegen die Versuche zwielichtiger Kräfte – vor allem von seiten der NPD und der CDU/CSU –, die entstandene Situation zur Ausbreitung gewerkschaftsfeindlicher Stimmungen oder sogar zur Spaltung der Gewerkschaften zu mißbrauchen. Anlässe zu berechtigter Kritik müssen in den Gewerkschaften selbst bereinigt werden. Aber ohne eine starke gewerkschaftliche Organisation, die einheitliche und geschlossene Kampf- und Solidaritätsaktionen zu organisieren in der Lage ist, können die Arbeiter ihre Interessen gegen den härter werdenden Widerstand der Unternehmer nicht durchsetzen. Die Lösung ist nicht das Wegwenden von den Gewerkschaften, sondern die Überwindung der Mängel in ihrer Tätigkeit und die Stärkung der gewerkschaftlichen Organisation und Kampfkraft.« Das DKP-Präsidium unterstützt ausdrücklich die Tarifforderungen der Gewerkschaften, »die mit dem Willen der kämpfenden Arbeiter und Angestellten übereinstimmen«. Es verficht aber auch die Meinung, »daß die Arbeiter und Angestellten selbst über die

---

35 IMSF, a.a.O., S. 38.

Ergebnisse der Tarifverhandlungen entscheiden müssen. Aktionen in den Betrieben können die Position der Tarifkommission in den Verhandlungen über den Abschluß neuer Tarifverträge nur stärken.«[36] Diese Stellungnahme wurde am 11. 9. 1969, also nach Abschluß der Bergbautarifverhandlungen und zu Beginn der Tarifverhandlungen für die Eisen- und Stahlindustrie, abgegeben. Eine Ausweitung der Streikkämpfe gegen den Widerstand der Gewerkschaftsführung befürwortet die DKP nicht. Sie unterstützt in dieser Phase vielmehr den Versuch, die Streikbewegung durch die gewerkschaftliche Tarifpolitik aufzufangen.

Die Arbeiter selbst sind nicht der Meinung, daß die Kommunisten eine bedeutende Rolle in der Streikbewegung gespielt haben, wie die Ergebnisse der Infas-Umfrage zeigen. Inwieweit hier antikommunistische Ressentiments mitspielen, die es dem Einzelnen nicht erlauben, zuzugestehen, er habe sich kommunistischer Führung anvertraut oder zumindest von kommunistischer Aktivität profitiert, läßt die Befragung freilich offen. Wahrscheinlich ist allerdings, daß die Kommunisten akzeptiert wurden, weil sie konsequent die Interessen der Arbeiter vertraten. Auf die Frage: »Gab es bei Ihnen im Werk politische Gruppen, die versuchten, auf die Streikenden Einfluß zu nehmen?« antworteten in den Stahlwerken 58% und 56%: keine derartigen Gruppen; 21% und 22% nannten: DKP-Kommunisten. Das Verhältnis bei den Betriebsfunktionären ist dagegen umgekehrt: 44% und 55% sind der Meinung, Kommunisten hätten Einfluß genommen, 35% und 33% glauben nicht an einen Einfluß derartiger Gruppen. Im Bergbaubereich lauten die Zahlen ähnlich: bei den Arbeitern wird der Einfluß von Kommunisten von 21% und 17% bejaht, von 62% und 57% dagegen verneint. Die Funktionäre urteilen: 54% dafür, 36% dagegen bei Minister Stein; 33% dafür und 54% dagegen in der Zeche Camphausen. Der Rest der Antworten verteilt sich auf CDU, SPD, APO und NPD, die aber alle nur Splitterwerte erreichen, was ihren Einfluß betrifft.[37] Über die Rolle der Kommunisten während des Streiks befragt, entscheidet sich die Mehrheit der Arbeiter für die Antwort: »Die Kommunisten sind von den Streikenden eindeutig abgelehnt worden.«

36 *DKP–Pressedienst*, 11. 9. 1969, S. 2.
37 *Infas-Untersuchung*, a.a.O., Übersicht 12.

Als nächste Variante wird genannt: »Die Kommunisten haben mitgemacht wie alle anderen.« (Diese Meinung dominiert allerdings in Neunkirchen.) Der Rest der Arbeiter antwortet im wesentlichen, die Kommunisten seien nicht in Erscheinung getreten. Die Funktionäre äußern sich mit zahlenmäßigen Abweichungen ähnlich.[38] Als Sprecher während der Streiks werden die Kommunisten nur in Neunkirchen mehr positiv als negativ von den Arbeitern bewertet, bei Minister Stein hält es sich die Waage, und in den übrigen Unternehmen überwiegt das negative Urteil. Offene Sympathie für die Kommunisten ist also nirgendwo mit besonderer Deutlichkeit zu finden, sie werden allenfalls toleriert.

An einflußreichen politischen Kadern ist in den Betrieben neben den kommunistischen Gruppen der DKP nichts zu erkennen gewesen, mit Ausnahme der Gruppe »Arbeiterpolitik« in Bremen. Diese Gruppe, hervorgegangen aus einer Abspaltung der KPD der Weimarer Republik und in der Tradition des Bremer Linksradikalismus stehend, hat sich seit Jahren einen großen Einfluß unter den Arbeitern der Klöckner-Hütte erobert, weil sie mit ihrer konsequenten Politik der Vertretung der Arbeiterinteressen auch den Konflikt mit dem Gewerkschaftsapparat nicht scheute. Sie stellte nach einer heftigen Auseinandersetzung mit der Bremer IG-Metall-Verwaltung und ihren Anhängern im Betriebsrat der Hütte nach den letzten Wahlen den Betriebsratsvorsitzenden Bonno Schütter und mehrere Betriebsratsmitglieder. Schütter wurde freilich nach seiner Beteiligung an mehreren politischen Aktionen, unter anderem gegen die Notstandsgesetze, entlassen und versuchte über das Arbeitsgericht, wieder in den Betrieb hineinzukommen; inzwischen ist er auch aus der IG Metall ausgeschlossen worden mit der Begründung, bei der Betriebsratswahl eine gegnerische Liste angeführt zu haben. Da er fortan keinen Rechtsschutz mehr genoß, mußte er sich mit der Klöckner-Hütte vergleichen und auf seinen Arbeitsplatz verzichten. Dennoch ist die Gruppe »Arbeiterpolitik« weiter einflußreich im Betriebsrat der Hütte vertreten; ihre Strategie beinhaltet einen offeneren Kampf gegen die Gewerkschaftsbürokratie, als ihn die DKP zu führen bereit scheint; sie tritt stärker für eine

38 *Infas-Untersuchung*, a.a.O., Übersicht 13.

gewerkschaftsunabhängige Politik zur Vertretung der Arbeiterinteressen im augenblicklichen Stadium des Kapitalismus ein.[39]

Die vorwiegend studentisch bestimmte außerparlamentarische Opposition wirkte auf die Streikbewegung kaum ein. Wo Studenten auftraten, verfielen sie häufig, wie ein Werkstudent bei Hoesch, in abstrakte Negierung der Gewerkschaften, die den Arbeitern nicht zu vermitteln war; sie wurde als gegen die eigenen Interessen gerichtet empfunden. Außerdem versuchten Studenten, sich an Demonstrationen der Arbeiter zu beteiligen, bei denen sie aber nur selten geduldet wurden. In Saarbrücken verbrannte man vereinzelt ihre roten Fahnen und bedrohte sie mit körperlicher Gewalt, in anderen Fällen wurden ihre Solidarisierungsversuche zurückgewiesen, da man vermutete, sie wollten den Streikenden Lehren erteilen, wie sie ihren Kampf führen sollten. Lediglich in Kiel gelang es Studenten, eine Verbindung zur Streikleitung herzustellen, weil sie sich auf die Bereitstellung technischer und organisatorischer Hilfe beschränkten, nicht aber eine ideologische Führungsrolle beanspruchten. Die Zusammenarbeit wurde hier über die Streikdauer fortgesetzt; als die Studenten mit disziplinarischen Maßnahmen durch den Rektor bedroht wurden, sicherten ihnen die Arbeiter Unterstützung zu.

Die außerparlamentarische Opposition in ihren vielen unterschiedlichen Gruppierungen war nicht darauf vorbereitet, in die Streikbewegung wirksam einzugreifen. Eher war es umgekehrt: Die Streikbewegung beeinflußte die Bildung und Arbeit zahlreicher Betriebsprojekt- und Basisgruppen. Über eine Analyse der Streikbewegung im September 1969 versuchten und versuchen solche Gruppen, Anhaltspunkte für eine »nichtrevisionistische« Betriebsarbeit zu gewinnen. Weitgehend wird dabei von einer antigewerkschaftlichen Position ausgegangen, die die Arbeiter in unabhängigen Gruppen sammeln will.

Ein indirekter Einfluß der studentischen Protestbewegung auf die Erscheinungsform der Streiks ist allerdings nicht zu verkennen, wenn man die zahlreichen Demonstrationen be-

---

39 Vgl. dazu im einzelnen die Arbeit von Wieland Eschenhagen, *Zur Theorie und Praxis innergewerkschaftlicher Opposition unter besonderer Berücksichtigung der jüngsten Auseinandersetzungen im Bereich der IG Metall Bremen*, Berlin 1970.

trachtet. Die Popularisierung dieses Kampfmittels durch die Studenten in den vergangenen Jahren hat sicherlich dazu beigetragen, es auch für die Arbeiter wieder attraktiv zu machen.

Insgesamt betrachtet spielten die politischen Kadergruppen, vor allem die der DKP, in den Streiks eine stabilisierende Rolle, ohne aber entscheidende Steuerungsfunktionen ausüben zu können. Auch hier zeigt sich das vergleichsweise geringe politische Engagement dieser Streikbewegung. Der Mangel an politisch aktiven Arbeitergruppen hat es in vielen Fällen der Gewerkschaftsführung und den Unternehmern leicht gemacht, die Forderungen der Streikenden zurückzudrängen und die Streiks frühzeitig zu beenden.

### e. Die Taktik der Unternehmer

Die Arbeitgeber gaben sich zunächst völlig überrascht von den Ereignissen, ungeachtet der Tatsache, daß es im Laufe des Sommers in den Betrieben bereits zu zahlreichen Teilstreiks gekommen war. Es habe keinerlei Anzeichen vor dem ersten Aufflammen der Unruhen gegeben, erklärte Dr. Kurt Neben, Hauptgeschäftsführer des Arbeitgeberverbandes der Eisen- und Stahlindustrie in einem Interview.[40] Man hielt es zu diesem Zeitpunkt noch für besser, den Kommunisten die Schuld in die Schuhe zu schieben, um damit die Streiks zu diskreditieren und von den eigentlichen Ursachen abzulenken.

Die Taktik der Unternehmer und ihrer Verbände zur Eindämmung der Streiks vollzog sich auf zwei Ebenen. Einerseits versuchte man im Betrieb Druck auf die Streikenden auszuüben, um die Streikfront aufzuspalten, andererseits bemühte man sich, so rasch wie möglich auf überbetrieblicher Ebene zu einer Einigung mit den Gewerkschaften zu kommen, um von daher der Streikbewegung den Wind aus den Segeln zu nehmen. Während diese Taktik auf Betriebsebene nur zu Teilergebnissen führte, war der Versuch, auf überbetrieblicher Ebene die Streikbewegung zu unterlaufen, verhältnismäßig erfolgreich.

Auf der Betriebsebene wandten die Unternehmer eine Reihe von Mitteln an, um die Streikenden zu verunsichern und die Streikfront zu zerbrechen. Sie drohten mit Rationalisierungs-

40 *Stuttgarter Zeitung*, 11. 9. 1969.

maßnahmen und Stillegung, wie in der Friedrich-Wilhelms-Hütte in Mülheim. Sie stellten die streikenden Arbeiter als »zerstörerische Elemente« dar, die Produktionsanlagen und Arbeitsplätze gefährdeten, wie in Bremen oder Neunkirchen, aber auch beim Schalker Verein. Sie griffen zum Mittel der Aussperrung, wie bei Mannesmann und der Klöckner Drahtindustrie in Düsseldorf. Sie ließen Polizei aufmarschieren wie in Gelsenkirchen. Im Dortmunder Steinkohlebergbau versuchten sie, die Bergleute per Telegramm zu Notarbeiten in den Gruben zu verpflichten. Bei der Howaldt-Werft meldeten sie die Streikenden von der Krankenkasse ab. Im saarländischen Bergbau täuschten sie den Streiksprecher mit der Scheinzusage, die Ausfallschichten würden bezahlt, die sie dann wieder zurückzogen; dort arbeiteten sie auch mit fliegenden Kassen, um den Bergarbeitern sofort einen Vorschuß auszuzahlen, der sie verpflichtete, wieder in die Gruben einzufahren. In vielen Fällen nutzten sie die Propagandawirkung des Arguments, die Arbeiter ließen sich von Kommunisten ausnutzen. Bei der Hoesch-AG wurden Gerüchte ausgestreut, kommunistische Terroristen hätten die Villa des Vorstandsvorsitzenden überfallen. Das Gerücht sollte die gesamte Streikbewegung in den Augen der Öffentlichkeit diskreditieren. Die *Frankfurter Allgemeine Zeitung* und nach ihr die *Bild-Zeitung* brachten die Falschmeldung in großer Aufmachung. In den meisten Fällen setzten die Unternehmer den Betriebsrat unter Druck, er müsse den Arbeitsfrieden unverzüglich wiederherstellen; ebenso versuchten sie, die örtlichen Gewerkschaftsverwaltungen für ihre Ziele einzuspannen.

Alle diese Versuche, die Streikenden zu verwirren und ihre Entschlossenheit zu brechen, waren mehr oder weniger erfolgreich. Als die Arbeitgeberseite nach anfänglichem Zögern allerdings erkannt hatte, welches Ausmaß die Streiks anzunehmen drohten, drängte sie darauf, auf überbetrieblicher Ebene Gegenmaßnahmen zu ergreifen. Als einziges Mittel, die Streikbewegung wirksam zu unterlaufen, bot sich das Vorziehen der Tarifverhandlungen an; nur so konnte verhindert werden, daß allzu weitgehende betriebliche Zugeständnisse an die Streikenden gemacht werden mußten; nur so konnten auch radikale Forderungen in den Betrieben unter Hinweis auf die vereinbarten Tarifverhandlungen abgewehrt werden. Außer-

dem ließ sich mit Hilfe dieser Taktik vermeiden, daß noch weitere Unternehmen in die Streikbewegung einbezogen wurden. In einigen Unternehmen hatte man zwar die Unruhe mit freiwilligen Zahlungen aufgefangen, in anderen Belegschaften aber wurde das Hoesch-Beispiel offen diskutiert und befürwortet. Die rasche Vereinbarung vom 5. September, rückwirkend ab 1. September höhere Löhne zu zahlen, hielt manche Belegschaft dann doch davon ab zu streiken.
Bezeichnend für diese Taktik ist auch der Druck, der vom Arbeitgeberverband auf den Rheinstahlvorstand ausgeübt wurde, den Streikenden keine Angebote mehr zu machen. Bei Rheinstahl beugte man sich der Verbandsdisziplin und zog die ersten Angebote wieder zurück; sie sollten jetzt nur noch als anrechenbarer Vorschuß auf den kommenden Tarifabschluß verstanden werden. Der Rheinstahlvorsitzende Toni Schmücker erklärte den Betriebsräten seines Konzerns bei den Verhandlungen am Montag, dem 8. September, in Essen, er sei nicht in der Lage, sich den Forderungen des Arbeitgeberverbandes zu widersetzen, worauf die Betriebsräte keine Garantie mehr für eine Begrenzung des Streiks übernahmen.
Während die Streikenden die 14%-Forderung, die der IG-Metall-Vorstand übernommen hatte, als unabdingbar betrachteten, erklärte Dr. Neben vom Arbeitgeberverband Eisen und Stahl kurz vor den Verhandlungen mit der IG Metall: »Natürlich ist das eine taktische Forderung und nichts anderes. Die IG Metall konnte gar nicht anders, um diese vielen wilden Streiks mit den unerhörten Wünschen [!] aus den Werken zu unterlaufen. Ich bin sicher, daß das am Verhandlungstisch nicht drin ist.« Er fügte hinzu: »Wir lassen uns aber nicht unter den Druck der Straße setzen. Wir wollen mit der Gewerkschaft zusammen als Ordnungsfaktor für das Lohnwesen das Bestmögliche finden.«[41] Neben hatte richtig vorausgesehen. Die Eisen- und Stahlindustrie kam nach dem Rekordjahr in Produktion und Gewinn mit 11% Lohnerhöhung noch relativ glimpflich davon, auch dort, wo bereits betriebliche Zahlungen übertariflich geleistet worden waren. Das gemeinsame Interesse, das auch die Gewerkschaftsführung an der Beilegung der wilden Streiks hatte, kam ihr dabei zugute.
Die Sorge der Arbeitgeber richtete sich, nachdem die Streik-

41 *Stuttgarter Zeitung*, 11. 9. 1969.

welle abgeklungen war, vor allem auf die Auswirkungen, die die Streiks auf die künftige Tarifgestaltung haben würden. Arbeitgeberverbandspräsident Otto A. Friedrich vom Flick-Konzern betrachtete die Streikbewegung vornehmlich unter dem Aspekt, daß »damit das Wertvollste in Frage gestellt [ist], das die Tarifautonomie den Arbeitnehmern und Unternehmern bietet, nämlich unter Beachtung aller gesamtwirtschaftlichen Fakten vernünftige Fortschritte in Lohn, Gehalt, Arbeitszeitregelung und dergleichen auszuhandeln und auch auszukämpfen, dann aber die Friedenspflicht zu wahren und damit den Unternehmern auch die erforderliche Basis für ihre Planung, für ihre Kalkulation und für ihre stets mit Risiko verbundenen Investitionen zu geben«.[42] Die Bedeutung der Friedenspflicht für die Stabilisierung der bestehenden Verhältnisse wird hier unübertroffen deutlich. Da sie aber in ihrer rigorosen Form (nämlich als Bindung der Gewerkschaften an zu lange Tarifverträge), mit dazu beigetragen hatte, die Streikbewegung zu verursachen, begann man sich auch im Arbeitgeberlager Gedanken zu machen, wie man hier ohne Systemgefährdung Abhilfe schaffen könnte. Der stellvertretende Vorsitzende der Metallarbeitgeber, Horst Knapp, formulierte auf der jährlichen Mitgliederversammlung der Bundesvereinigung der Arbeitgeberverbände am 11. 12. 1969 in München erste Vorschläge. Er ging, wie Friedrich, davon aus, daß die spontanen Arbeitsniederlegungen eine schwerwiegende Bedrohung der Tarifautonomie seien. Deren Sicherung stelle ein »vorrangiges, auch gesellschaftspolitisches Anliegen« dar. Dann riet er, »mit aller Vorsicht und aller Behutsamkeit sozusagen, als persönliche Meinung und vorbehaltlich eingehender Beratungen der Kompetenzgremien der Bundesvereinigung, [...] wie man den Gewerkschaften, die sich zur Zeit als Konsequenz der spontanen Aktionen in die Flucht nach vorn gedrängt sehen, in geeigneter Form und für uns vertretbarer Form vielleicht ein dämpfendes Mittel gegenüber den Herden an die Hand geben kann, in denen solche Reaktionen entstehen«.[43] Knapp empfahl, in die Tarifverträge Vereinbarungen aufzunehmen, die Konsultationsvorgänge zwischen

---

42 *Die Welt*, 12. 12. 1969.
43 Vgl. Rede von H. Knapp auf der Mitgliederversammlung der BDA in München vom 11.–12. 12. 1969.

den Tarifvertragsparteien dann vorsehen, wenn die wirtschaftliche Entwicklung während der Laufzeit der Verträge einmal ungleichmäßig verläuft.[43a] Diese Regelung wäre für die Unternehmer extensiv interpretierbar, andererseits könnten »Unruheherde« erkannt und bekämpft werden, ehe sie sich zu Flächenbränden ausweiteten. Diese vorbeugende Vermeidungsstrategie im gemeinsamen Interesse von Gewerkschaften und Arbeitgeberverband war auch dazu gedacht, einer Tendenz zu Tarifverträgen ohne feste Laufzeiten, die die Gewerkschaft jederzeit von der Friedenspflicht entbinden würden, entgegenzuwirken.

Handfester sind Maßnahmen, wie sie in Arbeitgeberkreisen in vertraulicherer Atmosphäre diskutiert wurden. Bezeichnend ist die Äußerung des Präsidenten des Bundesverbandes der Deutschen Industrie, Fritz Berg, der nach der Meldung über eine angebliche Bedrohung der Ehefrau des Hoesch-Vorstandsvorsitzenden Dr. Harders erklärte: »Die hätte doch ruhig schießen sollen, einen totschießen, dann herrschte wenigstens wieder Ordnung.«[44] Berg erklärte zu dieser Äußerung, die er auf einem Empfang der Düsseldorfer Industriekreditbank gemacht hatte, später, sie sei mißverstanden worden; er dementierte sie nicht.

Schwerer wiegen Gedanken, wie sie auf einer Sitzung der Wirtschaftsvereinigung Eisen und Stahl nach den Streiks vorgetragen wurden. Dem Protokoll dieser vertraulichen Sitzung zufolge erklärte der Vorstandsvorsitzende von Mannesmann, Egon Overbeck, gleichzeitig Vorsitzender dieser Wirtschaftsvereinigung, unter anderem: »Es ist einfach schlecht, der Forderung eines wilden Streiks nachzugeben, denn es steht die Ordnung in unseren Betrieben und auch die Ordnung in unserem Staat auf dem Spiel. Wenn der Anarchie nachgegeben wird, wird die Ordnung im Staat in ihren Grundfesten erschüttert. Es ist eine alte Erkenntnis in der Geschichte, daß jede Generation nur das bewahren kann, was sie auch zu ver-

---

[43a] Otto Brenner griff diese Anregung auf und empfahl sie auf einer Klausurtagung des IG Metall-Vorstandes im Januar 1970 mit den Worten: »Wir können es uns ja wohl nicht leisten, keinen Vorstoß in dieser Richtung zu unternehmen, wenn die Arbeitgeber die Tür auch nur leicht öffnen.« Siehe Sonderdruck 2 A des *Gewerkschafters*, Februar 1970, S. 4.
[44] *Der Spiegel*, 8. 9. 1969.

teidigen bereit ist. Wenn nochmals ein wilder Streik auf uns zukommen sollte, so ist die Frage, ob wir nicht die Herausforderung annehmen und unsere Werke schließen sollen. Wenn wir nachgeben und nachträglich auch noch die Streiktage bezahlen, so stellt dies eine Ermunterung dar, bei der nächsten Gelegenheit wieder Lohnerhöhungen durch wilde Streiks durchzudrücken.«[45] Overbeck empfiehlt neben der Aussperrung in solchen Fällen außerdem eine bessere Koordination der Unternehmer untereinander. Der Bundestagsabgeordnete Hans Dichgans (CDU), geschäftsführendes Vorstandsmitglied der Wirtschaftsvereinigung, hatte noch weitere Vorschläge zu machen: »Das Neue bei diesen Lohnauseinandersetzungen war, daß Tarifverträge und Arbeitsverträge gebrochen wurden, ohne daß die Arbeitgeber die Alternative, Schadensersatzforderungen an die Vertragsbrüchigen zu stellen, ernstlich in Erwägung zogen. Daß erstmalig Gewalt gegen Personen und Sachen geübt wurde, wie die Beispiele in Dortmund und Bremen zeigen. Daß Faustpfänder von den Streikenden erobert wurden, um ihre Forderungen durchzusetzen.« Nach dieser Analyse zieht er die Folgerung: »Als Konsequenz der wilden Streiks und der daraus folgenden Tariferhöhungen müssen wir nicht nur die wirtschaftlichen Belastungen betrachten. Wesentlich ist, daß das Element der Anarchie und Pression in das Verhältnis der Sozialpartner eingedrungen ist. Die Polizei ist nicht von sich aus zum Schutze der Personen und Sachwerte eingeschritten, sondern nur auf Verlangen der Arbeitgeber. Wir müssen uns fragen, ob es nicht einer neuen Definition des Begriffs ›Freiheit‹ bedarf, um uns gegen derartige Gesetzesübertretungen und Vertragsbrüche zu schützen.« Arbeitsdirektor August Best von den Stahl- und Röhrenwerken Reisholz in Oberbilk sagte nach Overbecks Rede: »Ich möchte grundsätzlich Ihren Ausführungen und denen von Herrn Dichgans zustimmen.«[46]

Es ist anzunehmen, daß die ersten Andeutungen zukünftiger vorbeugender Maßnahmen, die unmittelbar nach den Streiks erörtert wurden, im Arbeitgeberlager weiter konkretisiert worden sind. Auf jeden Fall ist man sich, das wird aus den

---

45 Aus dem Protokoll der Sitzung der Wirtschaftsvereinigung Eisen und Stahl, September 1969, S. 14.
46 A.a.O., S. 12 ff.

Zitaten deutlich, hier sehr viel klarer über die Gefährlichkeit dieser Aktionen der Belegschaften und über ihre politischen Gehalte als auf seiten der Arbeiter. Sollten weitere spontane Aktionen größeren Ausmaßes zustande kommen, so müßte mit einem wesentlich härteren Widerstand der Unternehmer gerechnet werden, die beim ersten Mal noch schwerfälliger reagierten, als es ihre Mittel ihnen erlaubten.

*f. Die Politik des Gewerkschaftsapparates zur Eindämmung der Streikbewegung*

Die Gewerkschaftsführungen, sowohl der IG Bergbau als auch der IG Metall, hatten schon im August, als sich die Unruhe unter den Belegschaften verstärkte, vorsichtig versucht, auch mit den Arbeitgebern des Bergbaus und der Eisen- und Stahlindustrie zu verhandeln, um die Spanne bis zum Auslaufen der geltenden Tarifverträge zu überbrücken. Die Arbeitgeber hatten ablehnend reagiert, und die Gewerkschaftsspitzen, gewohnt, Verträge buchstabentreu zu halten, gaben sich damit zufrieden, ohne den in den Betrieben vorhandenen Druck auszunutzen. Den Gewerkschaftsspitzen war die Unzufriedenheit der Arbeiter nicht unbekannt. Der Dortmunder Bevollmächtigte der IG Metall beispielsweise hatte am 22. August in einem Schreiben an die Bezirksleitung die explosive Situation geschildert. In dem Schreiben hieß es unter anderem: »Durch die anhaltende Hitzeperiode der vergangenen Wochen sowie durch die absolute Höchstproduktion in den Betrieben herrscht unter der Belegschaft eine unerhörte Spannung. Täglich kommt es zu spontanen Aktionen, die meistens in Lohnhöhe und Verdienst ihren Ursprung haben. Die Beendigung und Verhinderung kurzfristiger Arbeitsniederlegungen gehört z. Zt. zur täglichen Aufgabe der Betriebsräte. Der finanzielle Nachholbedarf macht sich insbesondere dadurch bemerkbar, daß die Eisen- und Stahlindustrie keine Neueinstellungen mehr vornehmen kann. Bewerber für einen Arbeitsplatz in den Produktionsbetrieben lehnen eine Arbeit ab, nachdem ihnen der Lohn genannt wird. Es dürfte kein Geheimnis mehr sein, daß in der Verarbeitung bessere Verdienstmöglichkeiten bestehen. All diese Tatbestände haben zu einer unerträglichen Spannung in den Betrieben geführt. Ohne Übertreibung kann gesagt wer-

den, daß nur noch der Funke fehlt, der eine Explosion erzeugt, deren Ausmaß z. Zt. noch nicht beschrieben werden kann.«
Sodann trug der IG-Metall-Funktionär die Meinung der Dortmunder Tarifkommission vor, die Bezirksleitung sollte beauftragt werden, »Gespräche mit dem Arbeitgeberverband zu führen, die zum Ziel haben, die z. Zt. geltenden Lohn- und Gehaltstarifverträge vorzeitig durch neue Verträge abzulösen. Die Gewißheit, daß solche Gespräche geführt werden, könnten ebenfalls zur Beruhigung in den Betrieben führen«.[47] Der Appell blieb unbeachtet. Vermutlich scheuten die Gewerkschaftsführungen sich auch, kurz vor der Bundestagswahl eine große Tarifbewegung zu beginnen, nachdem man seinerzeit mit Bedacht den Kündigungstermin hinter die Wahlen gelegt hatte, weil die SPD befürchtete, Mittelstandswähler zu irritieren.
Nachdem die Streiks ausgebrochen waren, gaben sich die Gewerkschaften überrascht, allerdings weniger über die Tatsache der Streiks als vor allem darüber, daß die Belegschaften völlig selbständig handelten und auch ohne gewerkschaftliche Unterstützung einen Streik länger als einen Tag durchhielten. Die Gewerkschaftsführungen bemühten sich, die Streikbewegung so rasch als möglich einzudämmen und unter die eigene Kontrolle zu bekommen. Der Versuch, auf örtlicher Ebene die Streikenden zu überreden, die Arbeit wiederaufzunehmen und die Vertretung ihrer Interessen den Betriebs- und Gewerkschaftsfunktionären zu überlassen, mißlang im allgemeinen. Die Gewerkschaftsfunktionäre wurden auf Betriebs- und Streikversammlungen ausgepfiffen oder niedergeschrien, wenn sie ohne konkrete Zusagen von Lohnerhöhungen oder mit unzureichenden Verhandlungsergebnissen vor die Streikenden traten.
Gleichzeitig drängten die Gewerkschaften sofort nach Ausbruch der Streiks auf Verhandlungen über neue Tarifverträge mit den Arbeitgebern. Nur so konnte man die Selbsttätigkeit der Belegschaften kanalisieren. Diese Taktik ging im wesentlichen auf, da auch die Arbeitgeber hierin das einzige Mittel sahen, radikalen Forderungen die Spitze zu nehmen. Die Verhandlungskommission der IG Metall, die am 3. September in

---

47 Schreiben von W. Dieterich, Verwaltungsstelle Dortmund der IG Metall, an die IG Metall-Bezirksleitung in Essen vom 22. 8. 1969.

Hagen tagte, verlangte bereits unter dem Eindruck der erfolgreichen Hoesch-Aktion neue Tarifverhandlungen. Zwei Tage später vereinbarten die Tarifparteien in einem Gespräch zwischen den zuständigen Bezirksleitungen der IG Metall und dem Vorstand des Arbeitgeberverbandes Eisen und Stahl, »daß die derzeitigen gültigen Lohn- und Gehaltstarifverträge in den materiellen Bedingungen eine Verbesserung erfahren sollten, die rückwirkend ab 1. September 1969 wirksam wird«.[48] Verhandlungen wollte man in der kommenden Woche aufnehmen. Einen Tag später trat die Große Tarifkommission der IG Metall in Gelsenkirchen zusammen; sie erhob die Forderung nach einer 14%igen Lohn- und Gehaltserhöhung, die der IG-Metall-Vorstand am 9. September übernahm. Die Verhandlungen wurden im Einvernehmen mit den Arbeitgebern auf den 11. September festgesetzt, obwohl die Gewerkschaftsführung den Termin lieber noch weiter vorverlegt hätte.

Das vergleichsweise rasche Handeln der Tarifvertragsparteien und die Übernahme der Forderung der Streikenden durch die Gewerkschaftsleitung führten bereits am Wochenende zum Abbröckeln der Streikbewegung in der Stahlindustrie, die kurz vor den Tarifverhandlungen, mit Ausnahme der Klöckner-Hütte, ganz erlahmte. In Bremen widersetzten sich die Streikenden am längsten dem Versuch, ihren Kampf um höhere Löhne der Gewerkschaftsführung zu überlassen, und bemühten sich aus eigener Kraft, höhere Forderungen durchzusetzen. Die Auseinandersetzungen zwischen der Bremer IG-Metall-Bürokratie und dem Betriebsrat der Hütte hatten den Sinn der Betriebsfunktionäre und vieler Belegschaftsmitglieder für die Versuche des Apparates geschärft, die Interessen der Mitglieder den Interessen des Gewerkschaftsapparates zu opfern.

Nachdem am 5. September im Steinkohlenbergbau an der Saar die ersten Streiks begannen, wurden noch am selben Tage vorzeitige Tarifverhandlungen beschlossen. Am 8. September wurde vereinbart, rückwirkend ab 1. September Lohnerhöhungen zu gewähren. Unter dem Eindruck der Ausweitung der Streiks wurden die Verhandlungen, die ursprünglich auf den 11. September festgesetzt waren, schon am 9. September begonnen. An diesem Tag tagte auch die Tarifkommission der IG Bergbau in Bochum. Am Morgen des 10. September konnte

48 *Metall-Pressedienst*, 5. 9. 1969.

dann bereits das Verhandlungsergebnis bekanntgegeben werden: Lineare Erhöhung von 3,50 DM pro Schicht = 10 Prozent ab 1. September 1969 und eine Reihe zusätzlicher Verbesserungen. Während der Streik an der Saar daraufhin abebbte, ohne daß den Bergleuten ihre weitergehenden Forderungen erfüllt worden wären, wurde der Dortmunder Streik am 10. und 11. September fortgesetzt, bis die Streikenden die Aussichtslosigkeit ihres Unternehmens einsahen.

Die Gewerkschaftsführungen waren noch einmal glimpflich davongekommen. Im Urteil der Mitglieder und Funktionäre, das bestätigt auch die Infas-Umfrage, wird dabei die IG Metall wesentlich positiver bewertet als die IG Bergbau. Die Gründe dafür sind schon angeführt worden. Sie lassen sich in der Feststellung zusammenfassen, daß die IG Bergbau nicht nur offen gegen die Streiks auftrat, sondern auch die streikenden Arbeiter, also die eigenen Mitglieder, mit der Behauptung diffamierte, sie ließen sich von den Kommunisten ausnutzen. Die IG-Metall-Führung versuchte zwar auch, die Streiks einzudämmen, hütete sich aber, in die Tonart der Arbeitgeber und der bürgerlichen Presse zu verfallen; sie zeigte Verständnis für die Forderungen, bekämpfte aber gleichzeitig die angewandte Methode.

Der Schock des selbständigen Handelns der Mitglieder wirkte nach. Die Konsequenzen, die von den Gewerkschaften gezogen wurden, waren unterschiedlich. Da für die IG-Bergbau-Führung die Streiks ein Werk kommunistischer Agitatoren und APO-Studenten waren, konzentrierte man sich auf die Bekämpfung der »bergbaufremden, agitatorischen Elemente«. Zwei Ausgaben der Gewerkschaftszeitung *Einheit* versuchten, den Mitgliedern diese Verschwörertheorie einzureden, freilich ohne großen Erfolg, wie der nächste Gewerkschaftstag oder die Umfragen des Infas-Instituts zeigen. »Belegt« wurden die Vorwürfe mit einer Reihe von Indizien, insbesondere der Anwesenheit von hohen DKP-Funktionären und bekannten SDS-Mitgliedern im Ruhrgebiet, mit anonymen Telefonanrufen und nächtlichen Diskussionen vor den Zechen. Der Versuch einer Analyse der Situation wurde nicht gemacht. Schlagzeilen in der *Einheit* wie: »Raffiniert im Hintergrund gewühlt«, »DKP gab Startsignal«, »Ungeheuerlich: Was für die Chinesen gut ist, soll auch für die Bergleute gut sein«, ähnelten nicht von ungefähr *Bild-Zeitungs*-Überschriften. Die Tendenz dieser Meinungsmache gipfelte in Sätzen wie: »Die von uns durchgeführten Untersuchungen in Dortmund haben ergeben, daß der wilde Streik das Ergebnis einer raffiniert angelegten Aktion aus dem Hintergrund ist. Bergbaufremde politische Kräfte haben die Vorbereitungen für diese wilden Streiks getroffen, ohne daß die später wild streikenden Bergleute und auch die Öffentlichkeit ahnen konnten, daß hier jemand daran gedreht hatte.«[49] Die IG Bergbau fand sich mit dieser Interpretation der Streikbewegung im Kreis des DGB-Bundesvorstandes isoliert, ebenso wie mit der Absicht, die Bezahlung der Streikschichten durch die Bergbauunternehmen zu verhindern. Beifall fand sie für diese Erklärung der wilden Streiks nur bei den Unternehmern und der bürgerlichen Presse, die ebenfalls von den eigentlichen Ursachen und dem eigenen Versagen ablenken wollten. Auf dem nächsten Gewerkschaftstag der IG Bergbau im November 1969, der den früheren Vorsitzenden Walter Arendt bereits als Arbeitsminister der neuen Regierung sah, wandten sich die Delegierten gegen die offiziellen Erklärungen der Gewerkschaftsführung zu den wilden Streiks. Als sie von Karl van Berk, dem Tarifexperten der IG Bergbau, nochmals vorgetragen wurden, erntete er lautstarken Widerspruch. Ein Delegierter entgegnete ihm: »Wir sollten unsere Organisation nicht durch Antikommunismus schwächen lassen. Unser Feind steht nicht links.«[50]

Ernsthafter setzten sich die Führungsspitze und die hauptamtlichen Funktionäre der IG Metall mit der Streikbewegung und ihren Konsequenzen für die Organisation auseinander. Otto Brenner hatte bereits während der Streiks das Märchen von der kommunistischen Verschwörung zurückgewiesen; die Hauptursachen seien die nicht vorhersehbare Konjunkturentwicklung mit ihrer Einkommensverzerrung und die starre Haltung der Arbeitgeber im Hinblick auf vorgezogene Verhandlungen gewesen. Auf einer Informationstagung für die Mitglieder des Beirats und die Bevollmächtigten der IG Metall am 22. September 1969 in Stuttgart wurden erste Konsequenzen angedeutet. Beklagt wurde von Brenner vor allem, »daß

---

49 *Einheit,* Organ der IG Bergbau und Energie, Jg. 22, Nr. 19, 1. Oktoberausgabe, S. 3.
50 *Westfälische Rundschau* vom 17. 11. 1969.

die Kontakte und Informationen zwischen unseren Mitgliedern und ihren Vertrauensleuten und Betriebsräten sowie den hauptamtlichen Funktionären nicht ausreichend waren«. Der Informationsfluß müsse verbessert werden. »Natürlich reicht das bei weitem noch nicht aus, und wir müssen noch mehr tun, um unsere Vertrauensleutekörper noch besser in den Griff zu bekommen.«[51] Weiterreichende Folgerungen für das gesamte Tarifvertragssystem, etwa die Abschaffung fester Laufzeiten von Tarifverträgen, befürwortete Brenner nicht, auch nicht generell kürzere Laufzeiten. Eine Aufhebung der Laufzeiten bei Tarifverträgen, die die Gewerkschaft jederzeit kampfbereit machen würde, wie sie der DGB-Vorsitzende Vetter angedeutet hatte, wurde innerhalb der IG-Metall-Führung in ähnlicher Form nur von dem Vorstandsmitglied Fritz Strothmann vorgetragen, der sogar eine Aufhebung der Friedenspflicht vorschlug, damit die Gewerkschaft die Führung der Streiks übernehmen könnte. Diese Auffassung fand allerdings keinen Anklang bei der IG-Metall-Führung.[52]

Die Funktionäre der mittleren und unteren Ebene der IG-Metall kritisierten anläßlich der Informationstagung im September 1969 vor allem die Selbstzufriedenheit und mangelnde Selbstkritik der Führungsspitze. Ein Bevollmächtigter aus Baden-Württemberg meinte, »daß ein gewisser Vertrauensschwund auch gegenüber dem Vorstand zu verzeichnen ist«, und er habe das Gefühl, »daß der Vorstand die große Stunde verkennt, daß die Gewerkschaftspolitik in eine neue Periode eingetreten ist und eine andere Situation besteht, weil es mit der alten Methode vorbei ist, Gewerkschaftsarbeit zu machen, und die Bewegung in die Betriebe hineinreicht. Wir sollten erkennen, daß wir in einen neuen Abschnitt der Gewerkschaftsgeschichte eingetreten sind.« Er belegte das am Beispiel eines spontanen Streiks in der Trafo-Union in Esslingen, der von den Angestellten angeführt wurde und mit dem sich die Arbeiter erst nachträglich solidarisierten. Er schloß mit den Worten: »Das erfordert eine andere Gewerkschaftspolitik, etwas

---

51 *Bericht über eine Informationstagung für die Mitglieder des Beirates und die Bevollmächtigten bzw. deren Vertreter aus allen Verwaltungsstellen der IG Metall am 22. September 1969 in Stuttgart*, S. 4.
52 Strothmann in seinem Referat auf der 7. Konferenz f. Vertrauensleute und Betriebsratsmitglieder der IG Metall am 26. u. 27. 11. 1969 in Braunschweig, S. 26.

mehr Bewegung als bisher. Darauf sollten wir uns einstellen. Wir sollten uns nicht unterlaufen lassen, sondern an der Spitze und die Führung bleiben.«[52a] Mehrere Funktionäre verlangten eine Überprüfung der Mitarbeit an der Konzertierten Aktion, die den Arbeitnehmern keinerlei Vorteile gebracht habe. Gefordert wurden lineare Lohnbewegungen und die Verwirklichung der immer wieder propagierten »betriebsnahen Tarifpolitik«. Kritisiert wurde die unzureichende Information durch die Gewerkschaftspresse, die offenbar einer Zensur unterworfen sei. Die Verkürzung der Laufzeiten von Tarifverträgen wurde einmütig befürwortet. Auch die Infas-Umfrage stützt diese Auffassung mit großen Mehrheiten, wie sie auch lineare Tarifbewegungen und die Verankerung der effektiven Verdienste im Tarifvertrag, nicht nur der Grundlöhne, als Wunsch der überwiegenden Mehrheit der Arbeiter und Betriebsfunktionäre ausweist.[53]

Eine Klausurtagung des Vorstandes der IG Metall im Januar 1970 diskutierte noch einmal die Streikbewegung anhand der vorliegenden Infas-Studie. Otto Brenner kam zu dem Ergebnis: »Wir wollen nicht, daß sich Entwicklungen, wie wir sie mit den spontanen Arbeitsniederlegungen Anfang September vorigen Jahres erlebt haben, unter Umständen wiederholen. [...] Wir müssen von Anfang an diejenigen sein, die Forderungen formulieren, auf Verhandlungen drängen und diese dann im richtigen Moment durchführen. Natürlich unter Wahrung aller Pflichten, die sich aus den Tarifverträgen ergeben, und auch ohne, daß wir uns vor den Karren von Minderheiten spannen lassen.«[54] Man beschloß, die kommenden Tarifverhandlungen regional zu führen, um der Kritik am Zentralismus der Gewerkschaftsführung zu begegnen. Außerdem wollte man nun, nachdem man sich jahrelang erfolgreich dagegen gesträubt hatte, die sogenannte Vermögensbildung nach dem 312-DM-Gesetz in den Katalog der Forderungen aufnehmen. Über das Motiv sprach Brenner offen: »Ich brauche nicht zu betonen, daß dieser Vorstoß in das Gebiet der sogenannten

---

[52a] Lothar Zimmermann, IG Metall-Bevollmächtigter in Esslingen, in: *Bericht über eine Informationstagung*, a.a.O., S. 31 f.
[53] *Infas-Untersuchung*, a.a.O., Übersicht 23 und 24.
[54] *Der Gewerkschafter*, Monatsschrift für die Funktionäre der IG Metall, Sonderdruck 2 A, Februar 1970, S. 3 f.

Vermögensbildung, besser sollte es wohl Sparförderung heißen, dann, wenn er gelingt, mir erheblich mehr zusagen würde als eine unter dem Zwang der Preisentwicklung durchgeführte Sonderbewegung für Lohn- und Gehaltserhöhungen.«⁵⁵ Die Unruhe über die Preisentwicklung in den Betrieben war tatsächlich weit fortgeschritten und hatte in einigen metallverarbeitenden Betrieben im Frühjahr 1970 wieder zu spontanen Arbeitsniederlegungen geführt. Brenner und der IG-Metall-Vorstand wollten andererseits der neuen Regierung keine Schwierigkeiten bei ihren Stabilisierungsbemühungen machen und griffen daher zum Mittel der bisher abgelehnten Vermögensbildungspläne.

Die Lehren, die die Führung der IG Metall aus den Streiks zog, gingen nicht in Richtung auf eine autonome Gewerkschaftspolitik. Trotz der Kritik von unten wurde am Verhalten gegenüber der staatlichen Wirtschaftspolitik und der Konzertierten Aktion nichts geändert; man behielt das Tarifsystem und die Methoden, in »Spitzengesprächen« Vorentscheidungen zu treffen, bei. Verbessert werden sollte lediglich der Informationsfluß, hauptsächlich wohl darum, künftige spontane Entwicklungen rascher unter Kontrolle zu bekommen. Als Diskussionsmaterial im Juli 1970 an die Verwaltungsstellen und Bezirksleitungen verteilte Bemerkungen zum Buch *Die Septemberstreiks 1969* des IMSF gipfelten in den Sätzen: »Die Gefahr besteht, daß Beschlüsse und Weisungen des Vorstandes im Sande verlaufen. Deshalb ist der Ansatz: ›Mehr Demokratie‹ in Fragen der inneren Organisation mißverständlich. [...] Der hierarchische, d. h. hauptamtliche Strang sollte dagegen stärker zentralisiert werden.«⁵⁶

Auch aus den Schwächen, die die Mitbestimmung während der Streikbewegung in der Montanindustrie offenbarte, wurden keine sichtbaren Konsequenzen gezogen. Brenner gab sich mit der Feststellung zufrieden, die Montanmitbestimmung sei keine Streikversicherung. Tatsächlich war sie aber von den Gewerkschaften, vor allem während der Strukturkrisen, gerade wegen ihrer Funktion, größere soziale Auseinandersetzungen

---

55 A.a.O., S. 4.
56 Schreiben des IG Metall-Vorstandes an die Verwaltungsstellen und Bezirksleitungen der IG Metall vom 9. 7. 1970 unterzeichnet von Otto Brenner, S. 6.

zu verhindern, so angepriesen worden. Eine Verstärkung der Mitbestimmung von unten nach oben wurde jedenfalls nicht unternommen. Forderungen nach mehr Mitbestimmung am Arbeitsplatz, z. B. über Arbeitsgruppensprecher, wurden als »Aufsplitterung« und Förderung »zentrifugaler Tendenzen«[57] bekämpft.

Insgesamt gesehen sind die Gewerkschaftsführungen durch die Streikbewegung in ihrer Rolle als Ordnungsfaktoren des bestehenden Systems nicht wesentlich erschüttert worden.

## 5. Die Reaktion der Regierung und der politischen Parteien auf die Streikbewegung

Die Reaktion der Politiker auf die wilden Streiks war von der kurz bevorstehenden Bundestagswahl bestimmt. Die Auseinandersetzung über die Ursachen und damit die Frage nach den Schuldigen wurde zum wichtigen Thema in der letzten Phase des Wahlkampfes. Die regierende Große Koalition von CDU/CSU und SPD war zu diesem Zeitpunkt durch den Streit um die verzögerte Aufwertung der DM bereits so gespalten, daß man sich gegenseitig öffentlich die Verantwortung für die Ausstände anlasten konnte. Andererseits war man bei allen Parteien bemüht, mehr oder minder deutlich Verständnis für die streikenden Arbeiter zu bekunden, die man als Wähler für sich gewinnen wollte. So gerieten vor allem die Gewerkschaften ins Schußfeld der Kritik, offen bei CDU/CSU, NPD und FDP, verdeckter bei der SPD und bei der DKP.

In der CDU/CSU gab es allerdings im einzelnen beträchtliche Meinungsunterschiede. Franz Josef Strauß warf in einem Interview mit der *Welt* den Gewerkschaften vor, sie hätten die Gefahr, die von den Kommunisten in ihren eigenen Reihen ausgehe, nicht erkannt, weil sie sich um politische Angelegenheiten mehr bekümmert hätten als um ihre eigenen. Außerdem sei die Ursache für die wilden Streiks in der Inflationshysterie der Aufwertungspolitiker, also des Bundeswirtschaftsministers Schiller, zu suchen.[58]

[57] A.a.O., S. 4.
[58] *Die Welt*, 18. 9. 1969.

Die Kritik an Schiller übernahm auch der CDU-Fraktionsvorsitzende, Rainer Barzel, der aber vor allem die gewerkschaftliche Mitbestimmungspolitik angriff und die »betriebsfremden Persönlichkeiten« in den mitbestimmten Aufsichtsräten der Montanindustrie als Grund für die Streiks benannte.[59] Dagegen vertrat der Hauptgeschäftsführer der CDU-Sozialausschüsse, Norbert Blüm, als Vertreter des Arbeitnehmerflügels seiner Partei, eine der SPD-Interpretation nahestehende Meinung: die Diskrepanz zwischen stagnierenden Löhnen und davoneilenden Gewinnen sei Ursache der Streiks. Die These, linksradikale Elemente hätten die wilden Streiks ausgelöst, bezeichnete er als Ablenkungsmanöver. Das Mitbestimmungsmodell hielt auch er in diesem Zusammenhang für verbesserungsbedürftig.[60] War die Meinung in der Führung der CDU/CSU also in wichtigen Punkten gespalten, so präsentierte die SPD im wesentlichen die Formel: »Das Ziel ist verständlich. Das Mittel der wilden Streiks aber ist schädlich, weil sie auf alle zurückschlagen.«[61] Zwar hatte Schiller als Dortmunder Bundestagskandidat der SPD zunächst die Streiks vorsichtig begrüßt, er rückte aber nach massiver Kritik der Gewerkschaftsführung und der Parteispitze schnell wieder von dieser Position ab und verkündete nun, er habe nur begrüßt, daß der Sonderfall bei Hoesch, der auf einem schwebenden innerbetrieblichen Zwist beruht habe, aus der Welt geschafft sei: »Die wilden Streiks aber in anderen Stahlwerken und auch im Saarbergbau sind anders zu beurteilen. Bei ihnen geht es um unser Tarifvertragssystem schlechthin.«[62] Schiller forderte die Streikenden deshalb auf, mit den wilden Streiks Schluß zu machen und den Gewerkschaften zu vertrauen.[63]

Willy Brandt begrüßte einerseits als SPD-Vorsitzender die Absage der Streikenden an »radikale Kräfte«, andererseits kritisierte er vorsichtig die Gewerkschaftsführung: »Ich bin jetzt ganz sicher, daß die Gewerkschaften und ihre Führer die jetzige Situation in den Griff bekommen im Sinne des ständi-

---

59 *Die Welt*, 25. 9. 1969.
60 *Publik*, 19. 9. 1969.
61 Schiller im *Weser-Kurier*, 11. 9. 1969.
62 A.a.O.
63 A.a.O.

gen Lernenmüssens und im Hinblick auf etwaige Kontaktmängel in der Vergangenheit.«[64] Das SPD-Parteipräsidium ließ sich während der Streiks laufend von den Gewerkschaftsführern über die Situation berichten und »forderte die Mitglieder und Freunde der SPD auf, das Handeln der Gewerkschaften nachdrücklich zu unterstützen«.[65] Die Unruhe unter den Arbeitern, den Stammwählern der SPD, so kurz vor der Bundestagswahl, hielt man, ohne es offen auszusprechen, eher für negativ im Hinblick auf den Wahlausgang. Man dachte in der Klischeevorstellung, Unruhe müsse in jedem Falle den bürgerlichen Parteien nützen; doch das Wahlergebnis zeigte deutlich, daß das Gegenteil der Fall war. Die schichtenspezifische Unruhe hatte sich politisierend auf die Arbeiterwähler ausgewirkt und sie in größerer Zahl als je zuvor an die Wahlurnen gebracht. Dort wählten sie in der Mehrheit SPD und nicht das kommunistische Wahlbündnis ADF. Eine Blitzumfrage des Allensbacher Meinungsforschungsinstitutes hatte kurz vor der Wahl bereits ergeben, daß 20% der Bevölkerung auf die Frage: »Hat irgendeine Partei mit Schuld daran, daß die wilden Streiks ausgebrochen sind?« die CDU/CSU nannten, aber nur 11% der SPD (40% nannten keine Partei).[66]

Die FDP als Oppositionspartei verteilte die Schuld gleichmäßig auf die Koalitionspartner, indem sie die Nichtaufwertung und die ohnmächtige Wirtschaftspolitik als Gründe für die Streiks anführte. Auch sie benutzte die Streiks als Argument gegen die Mitbestimmung, deren Versagen nun angeblich offenkundig geworden sei.[67]

Offen unterstützt wurde die Streikbewegung nur von der ADF, ohne daß sie daraus bei den Wahlen wesentliche Vorteile ziehen konnte. Die Arbeiterwähler sind offenbar in der Bundesrepublik noch immer in ihrer überwiegenden Mehrheit an die SPD fixiert. Ihr Unbehagen an der Politik dieser Partei drückt sich allenfalls in Wahlenthaltung aus, nicht aber – oder noch nicht – im Wechsel zu anderen Parteien, die sich links von der SPD angesiedelt haben.

64 *Neue Ruhr-Zeitung*, 11. 9. 1969.
65 *SPD-Pressemitteilungen und Informationen*, 11. 9. 1969.
66 *Allensbacher Berichte*, 23.–24. 9. 1969, S. 2.
67 So z. B. Karl Moersch (FDP-MdB) in *Abendpost/Nachtausgabe*, Ffm., 15. 9. 1969.

Die bevorstehenden Bundestagswahlen haben sicherlich mit dazu beigetragen, daß Eingriffe des Staates in die Streikbewegung fast vollständig unterblieben sind und kein Versuch gemacht wurde, autoritäre Maßnahmen, etwa die Notstandsgesetze, anzuwenden. Keine Partei konnte es sich bei der Ausdehnung der Streikbewegung in diesem Augenblick leisten, potentielle Wählermassen zu beunruhigen. Da sich die Gewerkschaftsführungen, auch wenn rasch deutlich wurde, welch erhebliche Kontaktschwierigkeiten zwischen der Basis und der Führung bestanden, insgesamt als Ordnungsfaktoren bewährten und die Entwicklung wieder in den Griff bekamen, bestand zu besonderen Maßnahmen kein Anlaß mehr. Ob diese »Duldung« gegenüber größeren, nicht von den Gewerkschaften kontrollierten Streikbewegungen unter anderen politischen Konstellationen aufrechterhalten werden wird, muß allerdings bezweifelt werden. Die Nichteinmischungspolitik widerstrebt dem System eines staatlich regulierten Kapitalismus. Die oben zitierten Überlegungen der Arbeitgeber deuten ebenfalls in die andere Richtung.

6. Die Kommentierung der Streiks durch Presse, Funk und Fernsehen

Die Berichterstattung über die wilden Streiks und ihre Kommentierung durch die Massenmedien spiegelt die Tatsache wider, daß die Zeitungen im Privatbesitz sind und die öffentlich-rechtlichen Rundfunkanstalten die Kommentatoren nach parteipolitischen Gesichtspunkten auswählen. Mit wenigen Ausnahmen verbreitete die veröffentlichte Meinung eine im Prinzipiellen uniforme, im Detail nuancierte Beurteilung der wilden Streiks. Prinzipiell bestand Einigkeit über die Gefährlichkeit der wilden Streiks, ihre Unangemessenheit als Kampfmittel der Arbeiter und darüber, daß die Gewerkschaften die Kontrolle über die Bewegung bekommen müßten. Im Detail wurde die Schuld am Ausbruch der Streiks verschieden verteilt. Es wurden unterschiedliche Schlußfolgerungen für die zukünftige Entwicklung angeboten.

Eine Reihe von Zeitungen zeigte ein gewisses Verständnis für die Motive der Streikenden, ohne die Mittel zu billigen. Die

Berichterstattung in den Lokalteilen der Zeitungen war, von Ausnahmen abgesehen, verhältnismäßig objektiv. Übermäßig betont wurde lediglich die Abwehrhaltung der Arbeiter gegenüber sogenannten radikalen Kräften; der Raum, der für derartige Beobachtungen im Rahmen eines Berichtes verwendet wurde, war im Durchschnitt überproportional groß. Die Tatsache der verhältnismäßig objektiven Berichterstattung über den Verlauf der Streiks und die Forderungen der Streikenden dürfte sich daraus erklären, daß lokale Zeitungen auf ihre Abonnenten, zu denen auch die Streikenden gehören, Rücksicht zu nehmen pflegen.

Die Kommentierung in den Zeitungen, aber auch in Hörfunk und Fernsehen, war dagegen im allgemeinen frei von derartigen Rücksichten. Sie orientierte sich in der Regel an dem, was die Journalisten unter Objektivität und »Gemeinwohl« verstehen: an den bestehenden Verhältnissen, eine gemäßigte Kritik eingeschlossen. In einer Analyse von 78 Zeitungskommentaren zu den spontanen Arbeitsniederlegungen hat der Pressechef der IG Metall, Werner Thönnessen, die wesentlichen Argumente und Vorschläge zusammengestellt, die zu diesem Thema in der Presse vorgebracht wurden. Dort finden sich alle schon zitierten Zurechnungen wieder, wobei der Akzent oft auf die verschleppte Anpassung der Löhne gelegt wird. Häufig werden die Unternehmer beschuldigt, vorschnell Gespräche mit den Gewerkschaften abgelehnt zu haben. In CDU-nahen Zeitungen wird vor allem Schiller attackiert, dessen Stabilitätspolitik versagt habe. Gewichtige Vorwürfe gelten aber auch den Gewerkschaften. Diese hätten sich zu sehr auf die Konzertierte Aktion eingelassen, sie seien »lammfromm« geworden, sie hätten zu viel Rücksicht auf die SPD genommen. Die Streiks wurden als Signal für die Mitgliederferne der Gewerkschaften gewertet; die innergewerkschaftliche Demokratie und Information funktioniere schlecht. Der Autoritätsverlust der Gewerkschaften wird dabei im allgemeinen als Gefahr für die bestehende Ordnung interpretiert.

Eine der Folgerungen, die von vielen Zeitungen, vor allem von unternehmerfreundlichen Blättern gezogen wird, ist das Versagen der Mitbestimmung. Die Vorschläge, die sich allenthalben wiederfinden, laufen darauf hinaus, Tarifverträge mit kürzeren Laufzeiten abzuschließen und allgemein in der

Tarifpolitik zu flexibleren Lösungen zu kommen. Während die Gewerkschaften in der ersten Woche der wilden Streiks nach anfänglich scharfer Kritik an ihrem Versagen vor allem als Ordnungsfaktor herausgestellt und damit den Streikenden angepriesen werden, wird diese Einstellung mit dem näherrückenden Tarifabschluß überlagert von der Befürchtung, die Lohnerhöhungen könnten zu hoch ausfallen und neue Preissteigerungen hervorrufen.

Das antikommunistische Motiv spielt im Durchschnitt der Kommentierung keine überragende Rolle. Lediglich einige bemerkenswerte Einzelerscheinungen, auf die näher einzugehen ist, machen hier eine Ausnahme: die Springerpresse und die *Frankfurter Allgemeine Zeitung*. Am 9. September erschien die *FAZ* mit folgendem Aufmacher auf der ersten Seite: »Kommunisten schreiben sich die wilden Streiks zu«; Untertitel: »Seit langem vorbereitet / Anführer eingeschleust / Gewerkschaft überrascht / Sorge um den Einfluß auf die Arbeiter / Streikunwillige terrorisiert«. Der Bericht des Düsseldorfer FAZ-Korrespondenten Wilhelm Throm sprach von einem »Generalstabsplan« der Initiatoren des Streiks. »Die Hauptagitatoren waren, wie glaubwürdige Beobachter mitteilen, durchweg Arbeiter, die noch keine zwei Monate bei Hoesch arbeiten. Offenbar waren sie vorher systematisch von den Kommunisten, von der außerparlamentarischen Opposition und von der außergewerkschaftlichen Opposition eingeschleust worden.« Dann folgte die Schauergeschichte von einem Trupp Streikender, die zur Villa des Hoesch-Generaldirektors Harders gefahren seien, um sie anzuzünden; Frau Harders sei ihnen aber mit der Pistole in der Hand entgegengetreten und habe gedroht zu schießen; schließlich sei die Polizei eingetroffen und habe den Versuch endgültig vereitelt.[68] Die *Ruhrnachrichten* und die *Westfalenpost* entlarvten bereits am folgenden Tag diese Geschichte als kompletten Schwindel, und auch aus der Villa Harders wurde die Sache bald dementiert.[69] Der Zweck der FAZ-Story, die Verunglimpfung der Streikenden und das Ablenken von den tatsächlichen Ursachen des Streiks, wurde freilich durch die Richtigstellungen kaum beeinträchtigt; am 10. September

[68] *FAZ*, 9. 9. 1969, S. 1.
[69] *Westfalenpost*, 10. 9. 1969.

druckte die *Bild-Zeitung* den *FAZ*-Bericht kommentarlos in Auszügen nach. In der Folgezeit bemühte sich vor allem der *Rheinische Merkur* (christlich-konservativ) um den Nachweis, daß die gesamte Streikbewegung kommunistisch angezettelt und gesteuert gewesen sei. Er veröffentlichte *Das rote Kursbuch*, in dem »dokumentiert« wurde, welche Rolle SED und DKP bei den Streiks gespielt hätten, nämlich die einer »langfristigen Anleitung und Schulung für den Krisenfall« sowie »eine für den projezierten Fall eingespielte ›Steuerung‹ und eine exakte Kooperation mit den Sendern in der DDR«.[70]

Ähnlich verhielt sich die Springerpresse; am zurückhaltendsten gab sich die *Welt*, die nur gelegentlich darauf hinwies, daß geschulte Genossen Öl hinzugegossen hätten, wo es zu brennen begann[71]; ein anderer Artikel trug die Überschrift »Agitatoren der Streiks arbeiteten nach genauem Programm.«[72] Im wesentlichen konzentrierte die *Welt* ihre Angriffe auf Schiller und den DGB: »So ruiniert man eine Republik«, kommentierte Herbert Kremp Aussagen des DGB-Vorsitzenden Vetter.[73]

Die *Welt am Sonntag* fragte sich besorgt: »Wilde Streiks in Deutschland: Wer steckt dahinter?«, und Joachim Neander gab in einem ›Hintergrundbericht‹ die Antwort: die Kommunisten. Wo es darum ging, die Leute zum Streiken zu überreden, seien sie dagewesen und hätten ihre Arbeit getan.[74]

Genauer betrachtet werden soll hier die Berichterstattung und Kommentierung der *Bild-Zeitung*, da sie als wichtiges Informationsorgan der Arbeiter gilt. In den ersten Tagen der Streikbewegung ist kaum etwas über die Streiks in dem Blatt zu finden. Es wird am 4. 9. lediglich berichtet, daß der wilde Streik der Hoesch-Arbeiter Erfolg gehabt habe. Am 6. 9. findet sich ebenfalls nur ein Bericht darüber, daß die Gewerkschaften Tarifverhandlungen erreicht haben: »Die Reaktion auf die wilden Streiks hat gezeigt: Weder die Gewerkschaften noch die Arbeitgeber haben Interesse an einem großen Arbeitskampf.«[75]

70 *Rheinischer Merkur*, 19. 9. 1969, S. 3.
71 *Welt*, 10. 9. 1969, S. 2.
72 *Welt*, 10. 9. 1969.
73 *Welt*, 22. 9. 1969.
74 *Welt am Sonntag*, 14. 9. 1969.
75 *Bild*, 6. 9. 1969.

Am 7. 9. wird dieser Satz in *Bild am Sonntag* wiederholt; hinzu kommt die »Bemerkung«: »Der Arbeitgeberverband hat deshalb einen Warnschuß losgelassen: Wilde Streiks seien ungesetzlich. Alle Beteiligten könnten fristlos entlassen werden.«[76] Am 9. September folgt dann der erste deutliche Kommentar der Redaktion auf Seite 1: »Wer ist schuld an der englischen Krankheit?«[77] Schuld sind laut *Bild* nicht die Stahlarbeiter, sondern einige Unternehmer, vor allem bei Hoesch, denen die Kapitulation vor den Forderungen vorgeworfen wird, sodann die »Volksverhetzer«: »Denn das wissen die meisten Stahlarbeiter wahrscheinlich nicht: Als der erste wilde Streik ausbrach, meldete das fast im gleichen Moment der kommunistische Deutschlandsender. Und ebenso schnell wurden – zur Verblüffung der demokratischen Gewerkschaftsfunktionäre – die offensichtlich von Kommunisten gedruckten Flugblätter verteilt.« Auch die Gewerkschaften sind schuld: Sie hätten den Anschluß an die Interessen der Arbeiter verpaßt, weil sie wegen der Mitbestimmung an beiden Seiten des Tisches säßen: »Aber schwere Vorwürfe sollte man ihnen diesmal nicht machen. Das wäre ungerecht.« (Auch die *Bild-Zeitung* sieht in den Gewerkschaftern die Verbündeten, die die Bewegung wieder unter Kontrolle bringen können.) Schließlich und vor allem wird Schiller kritisiert wegen »seiner indirekten Billigung ungesetzlicher Aktionen«. Sie alle haben das »Gespenst der wilden Streiks, das die Deutsche Mark kaputtmachen kann«,[78] losgelassen. Am nächsten Tag druckt *Bild* die Pistolenstory aus der *FAZ* nach und freut sich auf der ersten Seite: »Bergleute verbrannten die roten Fahnen«, Untertitel: »Gewerkschaften und Minister: Nehmt die Arbeit wieder auf!« Der Artikel schließt mit dem Satz: »Sprecher der Gewerkschaften: Eile ist geboten! Kommunistische Agitatoren verstärken in den Betrieben ihre Propaganda«.[79] Am 12. 9. wird diese Polemik fortgesetzt: »Die IG Bergbau bemüht sich fieberhaft, den wilden Streik zu beenden. Sie hat keinen Zweifel: In Dortmund schüren Linksradikale das Feuer.«[80]

---

76 *Bild am Sonntag*, 7. 9. 1969.
77 *Bild*, 9. 9. 1969.
78 A.a.O., S. 1.
79 *Bild*, 10. 9. 1969.
80 *Bild*, 12. 9. 1969.

Nach dem Abschluß der Tarifverhandlungen im Bergbau und in der Stahlindustrie setzt *Bild* die Vorwürfe gegen Schiller fort – am 15. 9. mit Aussprüchen des BDI-Präsidenten Berg, der zum Schußwaffengebrauch gegenüber den Streikenden aufgefordert hatte. An diesem Tag beginnt sie auch mit dem Zitieren ausländischer Zeitungen als Kronzeugen, zunächst mit dem *Sunday Telegraph:* »Wahrscheinlichster Verlierer ist die SPD, weil sie am engsten mit den Gewerkschaften verbunden ist, die in den Augen der Arbeiter versagt haben.«[81] Am 16. 9. muß die *Times* herhalten mit Zitaten, die Befriedigung über eine Schwächung der deutschen Exportkraft durch die wilden Streiks ausdrücken. Am selben Tag werden die streikenden Werftarbeiter darauf hingewiesen, daß sie nur noch einen Tag in der Krankenversicherung sind, wenn sie weiterstreiken.[82] Am 20. 9. geht es um die Lohnforderungen im öffentlichen Dienst; diesmal darf der *Daily Mirror* Kronzeuge spielen: »Der Deutschen Verlust ist unser Gewinn«, jubelt Woodrow Wyatt im englischen Massenblatt *Daily Mirror.* Der Originalzeitungstitel wird sogar im Faksimile mitgeliefert. Die Schlagzeile des ganzen Artikels lautet: »Woher sollen wir denn die neun Milliarden nehmen« (ein Appell von Bundesfinanzminister Strauß). Im Artikel wird eine neue Wirtschaftskrise beschworen: »Soll wieder das Gespenst der Kurzarbeit durch unsere Fabriken geistern? Schon lachen sich unsere Konkurrenten im Ausland ins Fäustchen.«[83] Am 23. 9. heißt es in *Bild,* unterzeichnet von Chefredakteur Peter Boenisch: »Wollen wir die harte Mark weichstreiken?« Massive Anti-SPD-Wahlpropaganda wechselt mit nationalistischen Appellen: »Bis heute leben wir als Kriegsverlierer besser als alle Sieger – ausgenommen die Amerikaner. Das soll so bleiben.« Und dann die Aufforderung: »Beseitigt Lohnungerechtigkeiten, aber beugt euch nicht dem Druck der ungesetzlichen wilden Streiks. Laßt euch von der Nervosität der Gewerkschaften nicht anstecken. [...] Wer unsere Währung, unseren Wohlstand und unsere Sicherheit in Gefahr bringt, verliert die Wahl.«[84] In den folgenden wenigen Tagen vor der Wahl setzt *Bild* seine

81 *Bild,* 15. 9. 1969.
82 *Bild,* 16. 9. 1969.
83 *Bild,* 20. 9. 1969.
84 *Bild,* 23. 9. 1969.

Angriffe fort mit Schlagzeilen wie »Eines Tages müssen wir es alle bezahlen« oder mit »Briefe an Bild« – »Es geht um die Mark«, in denen sorgfältig dosiert Boenischs Auffassungen von den Lesern bestätigt werden. Boenischs Kampagne war, betrachtet man das Wahlergebnis, insgesamt gesehen, nicht erfolgreich. Vermutlich war die Diskrepanz zwischen den Interessen der *Bild*-Leser, die bei dem Wirtschaftsboom nicht zu kurz kommen wollten, und den Interessen der von Boenisch vertretenen Schicht, die ihre Gewinnraten in Gefahr sah, zu groß, als daß Zeitungspolemik ausgereicht hätte, sie zugunsten der Unternehmerinteressen zu beseitigen.

Die Springerpresse, insbesondere die *Bild-Zeitung*, bestätigte mit ihrer Berichterstattung und Kommentierung der wilden Streiks ihre arbeitnehmerfeindliche Position. Auch die übrige Presse reagierte im wesentlichen systemkonform, allenfalls in politischen Nuancen unterschieden, je nachdem, welcher Partei der Wahlsieg zugedacht war. Die Gewerkschaften erfreuten sich trotz der Kritik an ihrem Versagen im Hinblick auf die vorbeugende Vermeidung der Streiks im allgemeinen einer positiven Einschätzung als stabilisierendes Element der Wirtschaftsordnung. In vielen Fällen wurden ihnen diese Rolle erstmals zugestanden. Vorurteile, die jahrelang in bestimmten Redaktionen geherrscht hatten, zählten plötzlich nicht mehr. Werner Thönnessen konnte in seiner Analyse der Pressekommentare mit Recht feststellen: »Einem erheblichen Teil der Kommentare ist ernste Sorge um die weitere Entwicklung der Gewerkschaften nicht abzusprechen.«[85] Typisch sind dafür die Sätze aus einem Kommentar der liberalen Wochenzeitung *Die Zeit*: »Die deutschen Gewerkschaften sind durch ihr zahlenmäßiges Gewicht und ihr Verantwortungsbewußtsein zu einer der tragenden Säulen unserer Gesellschaftsordnung geworden. Das sollten sie, nicht zuletzt im Interesse ihrer Mitglieder, weiter bleiben. Sie wären schlecht beraten, wenn sie, schockiert durch die jüngsten Ereignisse, den Rückmarsch in die Aera des Klassenkampfs antreten würden. Aber sie werden sich mehr als bisher um die Basis kümmern müssen.«[86] Der

---

[85] *Analyse der Pressekommentare zu den spontanen Arbeitsniederlegungen* von Werner Thönnessen, *Informationen der Pressestelle der IG Metall* Nr. 69/48, S. 12.
[86] *Die Zeit*, 12. 9. 1969.

Wandel der öffentlichen Meinung gegenüber den Gewerkschaften ist durch die wilden Streiks und die Art ihrer Beilegung aktualisiert und beschleunigt worden. Dieser Umstand ist auch bei den Gewerkschaftsführungen selbst nicht ohne Wirkung geblieben; er erleichtert es vielen führenden Funktionären, die Rolle der Gewerkschaftsapparate als Ordnungsfaktoren zu verinnerlichen.

## IV. Ordnungsfaktor oder Gegenmacht
## Zur Strategie einer autonomen
## Gewerkschaftspolitik

### 1. Betriebsnahe Gewerkschaftspolitik

In einem Punkt sind die Septemberstreiks in der Bundesrepublik den Streikbewegungen der letzten Jahre in Italien, Frankreich, Belgien oder Großbritannien verwandt, wenn auch nicht ebenbürtig: sie zeigten ein wachsendes Selbstvertrauen der Arbeiter und Angestellten. Das selbsttätige Handeln und das selbstbewußte Auftreten gegenüber den Gewerkschaftsführungen dokumentiert die wiedererwachte Kampfbereitschaft wichtiger Teile der Arbeiterklasse. Die zunehmende Zahl spontaner Streiks nach dem September 1969 und der Druck auf die Gewerkschaftsführungen, der sich in Lohnforderungen äußert, wie sie seit langem nicht mehr erhoben wurden, sind weitere Anzeichen dafür.
Deutlich werden aber auch die Grenzen dieses neuen Selbstbewußtseins. Die Art des Kampfes, der Charakter der Forderungen und der Grad der Einflußnahme politisch bewußter Kader auf die Streiks deuten darauf hin, daß die sozialen Auseinandersetzungen in der Bundesrepublik noch nicht in ein Stadium eingetreten sind, in dem die Überwindung eines bloß »ökonomistischen« Handelns absehbar wäre. Nicht nur die oft aggressive Ablehnung politischer Forderungen durch die Streikenden, auch die Mühelosigkeit, mit der es den Gewerkschaftsapparaten gelang, die Streikbewegung wieder unter Kontrolle zu bekommen, stützen diese Auffassung. Ansätze, die darüber hinausweisen, wurden nur in der Art der Kämpfe sichtbar, in Betriebsbesetzungen und Demonstrationen sowie in bestimmten Einzelforderungen. Man kann davon ausgehen, daß erst periodisch sich wiederholende Kämpfe, mit und ohne Unterstützung der Gewerkschaften, ein Bewußtsein erzeugen werden, das über »tradeunionistische« Konzepte hinausdrängt und das über Auseinandersetzungen um einen größeren Anteil am erwirtschafteten Ertrag hinaus die Frage nach den Macht- und Besitzstrukturen stellt. Erst im Verlauf solcher Konflikte können die politischen und gewerkschaftlichen Organisationen

der Arbeiterbewegung in einen Prozeß der Veränderung hineingezogen werden, der wieder eine Kontrolle der Führungsapparate durch die Basis ermöglicht und systemüberwindende Tendenzen freisetzt.

In Westeuropa sind seit einigen Jahren verstärkt Auseinandersetzungen im Gange, die einer Integration der Gewerkschaften in die neokapitalistischen Wirtschaftssysteme entgegenwirken. Für die Bundesrepublik gilt in diesem Zusammenhang, daß erst Ansätze dazu sichtbar geworden sind. Strukturreformen der Gewerkschaftspolitik, wie sie etwa in Italien bereits durchgesetzt sind, liegen hierzulande offenbar noch in weiter Ferne. Dennoch soll in diesem Kapitel von solchen Strukturreformen die Rede sein, soweit sie mehr oder weniger dazu beitragen können, die in den wilden Streiks und ihren Voraussetzungen sichtbar gewordenen Tendenzen zu fördern. Tiefgreifende Veränderungen der Gewerkschaftspolitik werden allerdings nur das Resultat verstärkter Auseinandersetzungen auf betrieblicher und überbetrieblicher Ebene sein; diese voranzutreiben, bleibt vorerst die Aufgabe der innergewerkschaftlichen Opposition, der aktiven betrieblichen Kader und der kooperationsbereiten, außerbetrieblichen sozialistischen Gruppen. Ihre Aufgabe wird es sein, zusammen mit den entschlossenen Arbeitern und Angestellten, die Gewerkschaften zu einer »betriebsnahen Gewerkschaftspolitik« zu zwingen.

Eine betriebsnahe Gewerkschaftspolitik muß davon ausgehen, daß die Macht der Gewerkschaftsbewegung im aktuellen Stadium in der dialektischen Beziehung von zentraler Verhandlungsmacht und autonomer Betriebspolitik besteht. Gewerkschaftliche Gegenmacht manifestiert sich dort, wo die Eroberung der Macht auf betrieblicher Ebene – als Verteidigung und Ausbau der Interessen der Arbeitnehmer durch diese selbst – verbunden wird mit der Entwicklung und Durchsetzung autonomer, alternativer Planungskonzepte auf nationaler Ebene durch die Gewerkschaften. Betriebsnahe Gewerkschaftspolitik wird durch diese beiden aufeinander angewiesenen Formen des Kampfes charakterisiert: Auf der betrieblichen Ebene kämpfen die Arbeiter und Angestellten mit Unterstützung der Gewerkschaften für eine Verbesserung ihrer Arbeits- und Entlohnungsbedingungen, letztlich für die Kontrolle über den Produktionsprozeß. Die von den Arbeitern und Angestellten geführten betrieblichen Kämpfe stärken, wie nicht zuletzt die Septemberstreiks bewiesen haben, die zentrale Verhandlungsmacht der Gewerkschaften. Die mobilisierende Kraft, die von den betrieblichen Kämpfen ausgeht, wirkt in die Gewerkschaften hinein und fördert den innergewerkschaftlichen Demokratisierungsprozeß. Der Druck von unten zwingt die Gewerkschaftsführung, die Interessen der Mitglieder genauer zu beachten. Er gibt ihr die Handlungsfreiheit auf nationaler Ebene wieder – nicht als Freiheit, unabhängig von den Interessen derer, die sie vertritt, sich für die Integration ins bestehende System zu entscheiden, sondern als Freiheit, unabhängige Alternativen zur staatlichen Einkommenspolitik zu entwickeln und zu vertreten: Alternativen, die die tatsächlichen Bedürfnisse ausdrücken. André Gorz beschreibt diese Dialektik von autonomer Betriebspolitik und zentraler Verhandlungsmacht folgendermaßen: »Die Forderung nach Machtpositionen der Arbeiter in den Betrieben bedeutet keinesfalls, daß sich dort ein Betriebspartikularismus oder ein Betriebspatriotismus entwickeln müßte. Sie hat nur dann einen offensiven und mobilisierenden Inhalt, sie hat nur dann einen Sinn und eine Chance, wenn die lokalen Forderungen Teil einer umfassenden Alternative zum kapitalistischen Entwicklungsmodell werden. Nur eine solche globale Sicht stiftet den notwendigen Zusammenhang mit der politischen Ebene, auf der die großen Entscheidungen über die nationale Entwicklung und die gesamte Wirtschaftspolitik getroffen werden. Die politische Aktion auf dieser Ebene setzt aber umgekehrt die Existenz mobilisierter und kampfbereiter Massen voraus, die die Aktion nicht nur vorantragen, sondern auch und vor allem als Gegenmacht mit dezentralisierten, unbürokratischen Methoden der Obstruktion durch private und öffentliche Machtzentren begegnen können.«[1]

Selbst wenn nicht damit zu rechnen ist, daß sich die Gewerkschaften mit ihren Planungskonzepten im ersten oder zweiten Anlauf durchsetzen, kann doch die Artikulation der Bedürfnisse und Interessen der lohnabhängigen Bevölkerung einen bedeutsamen Aufklärungsprozeß in Gang setzen, der ein Bewußtsein von den Widersprüchen und dem fortdauernden

[1] André Gorz, *Zur Strategie der Arbeiterbewegung im Neokapitalismus*, Frankfurt 1967, S. 71.

Ausbeutungscharakter der kapitalistischen Produktionsweise vermittelt. Ein solcher an die Bedürfnisse der Lohnabhängigen anknüpfender Aufklärungsprozeß, der die inneren Zusammenhänge des Wirtschafts- und Gesellschaftssystems bloßlegt, wirkt wieder zurück auf das Niveau der betrieblichen Kämpfe. Deren bloß ökonomische Zielsetzung wird leichter durchschaubar und aufhebbar in Konflikten, die offen antikapitalistischen Charakter annehmen. Damit wird die Voraussetzung für eine Politisierung der Arbeiter und Angestellten auf einer Ebene geschaffen, von der aus eine grundlegende Umgestaltung des Systems erst möglich wird.
Für eine autonome betriebsnahe Gewerkschaftspolitik, wie sie sich voll erst in periodischen Massenkämpfen entfalten kann, liegen im augenblicklichen Stadium der Entwicklung in der Bundesrepublik nur theoretische und wenige praktische Ansätze vor. Dabei handelt es sich um betriebsnahe Tarifpolitik, um betriebsnahe Bildungsarbeit, um den Ausbau der Kontrolle der Arbeiter über den Produktionsprozeß im Rahmen einer Mitbestimmung von Arbeitsgruppen am Arbeitsplatz, um eine Verbesserung der innergewerkschaftlichen Demokratie und um die Erarbeitung und Veröffentlichung autonomer Plankonzeptionen der Gewerkschaften, die alternativ zu den staatlichen Wirtschaftsplänen die Bedürfnisse der Arbeitnehmer formulieren.

*a. Betriebsnahe Tarifpolitik*

Die spontanen Streiks stellen ein Stück praktischer Kritik an der bisherigen Tarifpolitik dar. Diese Tarifpolitik ist gekennzeichnet durch weiträumige Geltungsbereiche, verhältnismäßig lange Laufzeiten und in der Regel stark zentralisierte Verhandlungen, die kaum eine Beteiligung der Betroffenen zulassen. Während die Tarifverträge in der Weimarer Republik im wesentlichen betriebsbezogen waren, traten in der nationalsozialistischen Ära sogenannte »Tarifordnungen« an die Stelle frei ausgehandelter Tarifverträge. Sie hatten den Charakter von staatlichen Rechtsverordnungen und waren so großflächig angelegt, daß sie keine Beziehung zu den tatsächlichen Arbeitsbedingungen in den Betrieben hatten. Die Löhne und Gehälter wurden vom Staat festgesetzt. Aus Gründen der Rechtssicherheit wurden diese Tarifordnungen nach dem Zusammenbruch 1945 nicht außer Kraft gesetzt. Später orientierten sich die neuen Tarifverträge an dem Geltungsbereich der Tarifordnungen, und es entwickelten sich die regionalen Tarifgebiete, die bis heute bestehen; sie umfassen Betriebe in den Größenordnungen von wenigen Beschäftigten bis zu Zehntausenden von Arbeitnehmern. Völlig unterschiedliche Branchen mit verschiedener Konjunktur- und Produktivitätsentwicklung fallen unter denselben Tarifvertrag. Das gilt für die Regelung der Lohn- und Gehaltshöhe ebenso wie für die der Arbeitsbedingungen im Betrieb.

Das Resultat dieses Tarifsystems ist bekannt: Die Spanne zwischen Tariflöhnen und Effektivverdienst wächst in Zeiten guter Konjunktur rasch; bei Großunternehmen beträgt sie nicht selten 30% des tatsächlichen Verdienstes. Der Arbeiter hat nicht mehr den Eindruck, daß es die solidarische Anstrengung der gewerkschaftlich organisierten Arbeitnehmer ist, die die Höhe seines Verdienstes bestimmt, sondern das Entgegenkommen der Geschäftsleitung oder das geschickte Taktieren des Betriebsrats. Daß Lohnfragen Machtfragen sind, verblaßt bei diesem System der arbeitsmarktorientierten Löhne und Gehälter. Deutlicher wird diese Tatsache erst wieder in Zeiten nachlassender Konjunktur, wenn der Arbeitgeber die tarifvertraglich nicht abgesicherten Zulagen kürzt. Die Kampfbereitschaft der Arbeiter und Angestellten wird in diesen Perioden allerdings erheblich gedämpft durch die Furcht vor dem Verlust des Arbeitsplatzes. Die Gewerkschaft wiederum hält sich zurück mit ihren Forderungen, weil sie den Wiederaufschwung der Wirtschaft nicht gefährden will.

Vermindern die materiellen Folgen der traditionellen Tarifpolitik die Attraktivität der Gewerkschaften auf der Betriebsebene, so verstärkt der Prozeß der Aushandlung der Forderungen den Entpolitisierungsprozeß der Mitglieder. Die vorwiegend zentral oder regional geführten Verhandlungen finden ohne wirksame Kontrolle durch die gewerkschaftliche Basis im Betrieb statt. An ihnen ist lediglich die kleine Zahl ständiger Tarifkommissionsmitglieder beteiligt: die wichtigen Betriebsratsvorsitzenden einer Region, allenfalls noch Vorsitzende von Vertrauensleutekörpern, dazu hauptamtliche Bevollmächtigte und Gewerkschaftssekretäre. Die Entscheidungen

fallen in diesen Gremien in normalen Zeiten, ohne daß ein Druck der betrieblichen Basis spürbar wird.
Die Strategie der betriebsnahen Tarifpolitik knüpft an die beiden geschilderten Momente an: an die Spanne zwischen Tarif- und Effektivverdiensten und an die mangelnde Mitwirkung der Basis an den Entscheidungen in den Tarifverhandlungen. Sie hat als Zielvorstellung eine Struktur, in der sich betriebliche und nationale Tarifbewegung zu einer Einheit verbinden. Dabei ist es nicht so wichtig, welche tarifrechtliche Form angewandt wird: ob in den regionalen Tarifvertrag eine Öffnungsklausel aufgenommen wird, die Zusatztarifverträge für einzelne Betriebe oder Konzerne gestattet, oder ob eine Differenzierung der Forderungen den Abschluß von Regional- und Firmentarifverträgen zugleich ermöglicht. Die betriebsnahe Tarifpolitik soll die beiden Extreme einer zentralisierten Tarifpolitik und einer bloß betrieblichen Tarifpolitik ausschließen. Im ersten Fall ersetzen Verhandlungen zwischen den Apparaten gesellschaftlicher Verbände die notwendige Beteiligung der Basis an den Auseinandersetzungen; den Ergebnissen muß schließlich nur noch von den unteren Instanzen zugestimmt werden – wenn sie überhaupt befragt werden. Im zweiten Fall besteht die Gefahr, daß eine rein am betrieblichen Geschehen orientierte Tarifpolitik zu einer Vereinzelung der Kämpfe, zu Betriebsegoismus und zur Auflösung der zentralen Verhandlungsmacht der Gewerkschaften führt.
Betriebsnahe Tarifpolitik will also die Beteiligung der organisierten Arbeitnehmer an der gesamten Tarifpolitik. Sie will die Selbstbestimmung der Betroffenen über Form und Inhalt des Kampfes. Sie hängt eng mit der innergewerkschaftlichen Demokratie zusammen, ja, sie ist ihr Kernpunkt. Betriebliche Tarifkommissionen aus Vertrauensleuten, Betriebsratsmitgliedern, Jugendsprechern oder auch funktionslosen organisierten Arbeitnehmern sollen mitentscheiden über die Forderungen, die für ihren Betrieb aufgestellt werden, und sie sollen mitentscheiden, welche Maßnahmen ergriffen werden müssen, um diese Forderungen durchzusetzen. Die Nähe dieser Tarifkommissionsmitglieder zu ihren Arbeitskollegen ermöglicht die notwendige Kontrolle durch die betriebliche Basis. Die Mitwirkung der Gewerkschaft kann betriebsegoistisches Verhalten

verhindern. Damit stellt sich gleichzeitig die Frage nach einer Verstärkung der betriebsnahen Bildungsarbeit, die die Mitglieder solcher betrieblicher Tarifkommissionen befähigen soll, die Bedürfnisse der Arbeiter und Angestellten, die sie vertreten, zu artikulieren und zu verfechten. Das Konzept der betriebsnahen Tarifpolitik ist also nicht isoliert zu betrachten. Auch eine verbesserte Mitbestimmung am Arbeitsplatz als Kontrolle der Arbeitsgruppen über den Produktionsprozeß ist über eine erfolgreiche betriebsnahe Tarifpolitik rechtlich abzusichern, wie andererseits eine funktionierende Mitbestimmung am Arbeitsplatz langfristig die Basis für eine aktive betriebsnahe Tarifpolitik bilden kann.

Die betriebsnahe Tarifpolitik ist also Teil einer neuen offensiven Strategie der Gewerkschaften im Betrieb und auf überbetrieblicher Ebene. Sie stellt auf der Ebene des Betriebs die Frage nach der Macht in der Gesellschaft, weil sie die Frage nach der Macht im Betrieb stellt. Die Verfügungsmacht des Arbeitgebers über den Spielraum zwischen tariflichem und effektivem Verdienst und über die konkreten Arbeitsbedingungen, den Ablauf des Arbeitsprozesses, wird angegriffen, wenn die Arbeitnehmer hier eine Doppelherrschaft anvisieren. Die Arbeitgeber setzen deshalb diesen Versuchen den härtesten Widerstand entgegen. Sie wissen, daß die Arbeitnehmer, die spüren, daß die Macht des Kapitals im Betrieb zu brechen oder wenigstens einzuschränken ist, diesen Versuch auch im Staat unternehmen werden. Die politische Bildungsarbeit der Gewerkschaften muß diesen Horizont der betriebsnahen Tarifpolitik aufzeigen, soll sie nicht Gefahr laufen, in »nur gewerkschaftlichen« Forderungen zu versanden.

Betriebsnahe Tarifpolitik ist in der Bundesrepublik bisher wenig erprobt worden. Dagegen hat sich in den Vereinigten Staaten eine recht erfolgreiche betriebsnahe tarifpolitische Praxis entwickelt. Daß es dort dennoch nicht zu grundsätzlichen Auseinandersetzungen über die Macht im Betrieb und auf nationaler Ebene kommt, liegt an den spezifischen politischen Bedingungen der Arbeiterbewegung in den Vereinigten Staaten. Eine politische Organisation der Arbeiterbewegung, die die Impulse der betriebsnahen Tarifpolitik in einer sozialistischen Strategie aufheben könnte, fehlt fast völlig; das gleiche gilt von betriebsnaher politischer Bildungsarbeit, die die unerläßliche Ergänzung betriebsnaher Tarifpolitik ist. Gleichwohl ist die mehrjährige betriebsnahe Praxis der Automobilarbeitergewerkschaft (UAW) nicht gänzlich von ihrer Entwicklung zu einer stärker politisch engagierten Gewerkschaft zu trennen. Der Auszug aus der reaktionär-antikommunistischen AFL-CIO, die Opposition gegen die Vietnampolitik der Regierung und das Engagement in der Bürgerrechtsbewegung belegen trotz aller grundsätzlichen Bejahung der Wirtschaftsordnung in den USA die neuen Tendenzen.

Der Ausgangspunkt für betriebsnahe Tarifpolitik in den USA war in mancher Hinsicht günstiger als bei uns. Die Unterschiede zwischen erstreikbaren Tarifverträgen und nicht erstreikbaren speziellen Betriebsvereinbarungen gibt es nicht, ebensowenig zwei Vertretungsebenen im Betrieb – gewerkschaftliche Vertrauensleute und Betriebsrat. Der Vertrauensmann wird als Gewerkschaftsvertreter von der Belegschaft gewählt; hinter ihm steht die Macht der Gewerkschaft und die Drohung des Streiks – im Gegensatz zum deutschen wirtschaftsfriedlichen Betriebsrat. Diese Konstruktion ist für die amerikanische Situation entscheidend. »Wieviel Lohn der einzelne für welche Tätigkeit bekommt, wieviel Stunden er arbeiten muß, wieviel Mann eine bestimmte Maschine bedienen, wer zuerst entlassen wird, wenn die Aufträge zurückgehen – alles« wird von der Gewerkschaft ausgehandelt. Von ihrer Stärke und von der wirtschaftlichen Druckstellung, die sie im Fall des Streiks besitzt, hängt es ab, was ein »Paket« (an Forderungen) enthält. Ob es nur »Bestimmungen über Löhne und Arbeitszeit – und in welcher Höhe – oder ob es über alles mögliche, was am Arbeitsplatz Bedeutung hat, feste Bestimmungen enthält, die dann auch erzwingbar sind«[2] Unter diesen Bedingungen entstand zum Beispiel in der amerikanischen Automobilindustrie ein Netz von Tarifverträgen, die in hohem Maße Einfluß auf die Arbeitsbedingungen und Arbeitsbeziehungen nehmen. Auch in den USA ging es dabei nicht ohne Konflikte zwischen dem Gewerkschaftsapparat und der Basis ab, wobei die Bedeutung der Arbeitsgruppe im Betrieb als eigentlicher Träger der Konflikte immer mehr hervortrat. Der Widerstand der Arbeitgeber läßt sich daran ablesen, daß es in

[2] Richard Herding, *Mitbestimmungsrechte der amerikanischen Arbeitnehmer*, in: *Arbeitsheft* 219 der IG Metall, 1969, S. 5.

den letzten 10 Jahren bei General Motors 30 Streiks über Konflikte wegen der Produktionsregeln und der Arbeitsbedingungen gab. Die grundsätzliche Weigerung der Arbeitgeber, Eingriffe in ihre Verfügungsmacht zuzulassen, mußte in langen Auseinandersetzungen gebrochen werden. Die fehlende politische Perspektive des Kampfes — »Amerikanische Gewerkschaften sind zutiefst ›amerikanisch‹, ihre Vorstellungen transzendieren nicht den traditionellen Werthorizont ihrer Gesellschaft«[3] — läßt diese Tarifpolitik letztlich allerdings in der Sackgasse enden.

In der Bundesrepublik hat eine progressive Minderheit in den Gewerkschaften seit Ende der fünfziger Jahre an der Theorie einer betriebsnahen Tarifpolitik gearbeitet, die in einer sozialistischen Strategie aufgehoben sein soll. Die Erprobung in der Praxis blieb allerdings auf Einzelfälle beschränkt. Zwar machte sich der Vorstand der IG Metall die Forderung nach einer betriebsnahen Tarifpolitik zu eigen, aber es blieb bei Lippenbekenntnissen. Nur bei den Ford-Werken in Köln unternahm man einen halbherzigen Versuch, der am Widerstand des Bezirksleiters und an arbeitsrechtlichen Hindernissen scheiterte. Immerhin erhöhte sich die Mitgliederzahl der IG Metall im Verlauf der Aktion bei Ford um ein Vielfaches.

Ein weiterer Versuch wurde Anfang 1970 von der hessischen IG Chemie unternommen. Theoretisch vorbereitet durch eine Diskussion innerhalb der Gewerkschaft und abgestützt durch einen Gewerkschaftstagsbeschluß, bemühte man sich, im Lohn- und Gehaltssektor zusätzlich zum regionalen Tarifvertrag betriebsnahe Forderungen durchzusetzen. Später sollten dann für den Gesamtbereich der Organisation auch die in den Manteltarifverträgen verankerten Regelungen der Arbeitsbedingungen überprüft werden. Das Vorstandsmitglied der IG Chemie Werner Vitt nannte in diesem Zusammenhang: Fragen der Arbeitsordnung, spezielle Lohn- und Leistungssysteme, Prämien, Mitbestimmung und Kontrolle der Berufsausbildung, Rationalisierungsmethoden und ähnliches.[4] Zur Begrün-

---

[3] Kurt L. Shell, *Amerikanische Gewerkschaften als fortschrittliche Kraft?*, in: *Sonderdruck aus Gewerkschaftliche Monatshefte* Juni/Juli 1970, S. 48.
[4] Werner Vitt, *Betriebsnahe Tarifpolitik*, in: *express-international*, Nr. 91 vom 20. 2. 1970, S. 8.

dung der im Februar 1970 aufgestellten Forderungen in 9 Großbetrieben der chemischen Industrie Hessens, wurde auf die Notwendigkeit verwiesen, nach den negativen Erfahrungen mit der Rezession die Effektivverdienste tarifvertraglich abzusichern. Eine Demokratisierung der Tarifpolitik sei im Zeichen wachsender Mitbestimmung opportun. Zwar hatte es in der chemischen Industrie keine nennenswerten wilden Streiks gegeben, aber man sah die Beteiligung der gewerkschaftlichen Basis an der Tarifpolitik auch unter diesem Aspekt. Der politische Kontext wird bei Werner Vitt genannt, der davon ausgeht, »daß die Lohnpolitik und damit das Einkommen der Arbeitnehmer nach wie vor ein wesentliches Element ist, um die Arbeitnehmer zu mobilisieren. Wird jedoch das Einkommen der Arbeitnehmer, wie es den Anschein hat, auch mit Hilfe der ›Konzertierten Aktion‹ und der staatlichen Wirtschaftspolitik immer mehr sogenannten übergeordneten gesamtwirtschaftlichen und damit politischen Kriterien unterworfen, so besteht die Gefahr für die Gewerkschaften, daß sie in die Rolle eines staatlichen Ordnungsgehilfen gedrängt werden, ohne daß prinzipiell die bisherige Einkommens- und Vermögensverteilung zur Diskussion steht. Einer solchen Politik, die also nichts an den wirtschaftlichen Strukturen ändern will, kann man nur entgegenwirken, wenn man die Arbeitnehmer in den Betrieben und Unternehmungen stärker an der Tarifpolitik und damit an ihrem unmittelbaren Einkommen interessiert.«[5]

Weniger interessant als die tatsächliche Höhe der Lohnforderungen – auch die betriebsnahe Tarifpolitik wird die verteilungspolitischen Grenzen, die das System setzt, nicht überwinden – war die Frage nach der Mobilisierung der Arbeitnehmer für die betriebsnahe Tarifpolitik. Dabei stellte sich heraus, daß in den meisten Betrieben eine große Bereitschaft bestand, besonders unter den Betriebsfunktionären und Vertrauensleuten, die betriebsnahe Tarifpolitik auch mit Kampfmaßnahmen durchzusetzen. (Schon die Aufstellung der Forderung nach einer derartigen Tarifpolitik wirkte also mobilisierend. Die Praxis dürfte diese Tendenz weiter verstärken.) Uneinheitlich reagierte die regionale Tarifkommission. Die Mehrheit wollte nur ungern die Macht mit den betrieblichen

[5] Werner Vitt, a.a.O., S. 8.

Tarifkommissionen teilen und verhielt sich eher zögernd. Das Zusammenspiel von gewerkschaftlicher Bezirksleitung und betrieblichen Tarifkommissionen war aber zunächst stärker. Unter dem Druck der Kontrolle durch ihre eigenen betrieblichen Tarifkommissionen wagten es die Betriebsräte nicht, offen Widerstand zu leisten. In der Regel nahmen bisher nur ein oder zwei Vertreter als Tarifkommissionsmitglieder aus einem Betrieb an Beratung und Entscheidung teil. Die Kontrollmöglichkeit war denkbar gering. Nun beobachteten 5 bis 20 Mitglieder betrieblicher Tarifkommissionen aus einem Betrieb das Verhalten in den entscheidenden Abstimmungen. Die Weitervermittlung der Information im Betrieb war gegeben, eine begrenzte Öffentlichkeit und gegenseitige Kontrolle hergestellt. Die »Betriebsratsfürsten« hatten nur noch geringe Ausweichmöglichkeiten auf Kompromisse.

Daß diese Tarifbewegung dennoch scheiterte, obwohl der Urabstimmungstermin bereits festlag und in den Betrieben der Streik vorbereitet war, hatte mehrere Ursachen.[6] Die Furcht der Unternehmer vor dem Eingriff in ihre Verfügungsmacht trieb sie zu weitgehenden materiellen Zugeständnissen; dabei waren die »Großen« zu Lohn- und Gehaltserhöhungen bereit, die die schwächeren Betriebe kaum zahlen konnten. Aber sie waren nicht in der Lage, sich der Verbandsdisziplin zu widersetzen. Die betriebsnahe Tarifpolitik wurde den Gewerkschaften also regelrecht abgekauft. Das war allerdings nur möglich, weil die Betriebsräte in einigen betroffenen Unternehmen, vor allem bei den Farbwerken Hoechst, alles darangesetzt hatten, die Bewegung zu bremsen. Seit Jahren von der Ideologie und Praxis der Sozialpartnerschaft geprägt, war es ihnen gelungen, die Mobilisierung der Arbeitnehmer in ihrem Betrieb zu verhindern. Als ein benachbarter Bezirksleiter einen günstigen Abschluß meldete, fielen diese Betriebsräte um; sie bestürmten den Bezirksleiter, die Urabstimmung abzusagen, da bei ihnen keine Streikbereitschaft mehr vorhanden sei. Da nur zwei Betriebe standfest blieben, gab die hessische Bezirksleitung schließlich nach und schloß mit den Arbeitgebern ab. Der Hauptvorstand der Gewerkschaft, der das unsolidarische Verhalten des benachbarten Bezirks nicht gerügt hatte,

6 Vgl. dazu Michael Schütz, Entmachtet die Räte, in: *express international*, Nr. 98 vom 29. 5. 70, S. 8.

war froh, keinen Streik finanzieren zu müssen, der bei dem harten Widerstand der Arbeitgeber länger hätte dauern können. Außerdem waren der Mehrheit im Vorstand Bedenken gekommen, ob die Dezentralisierung der Verhandlungsmacht bis auf die Betriebsebene in ihrem Interesse wäre. Der Druck der regierenden SPD und ihres Wirtschaftsministers, der durch eine derartige Politik seine »Konzertierte Aktion« gefährdet sehen mußte, dürfte sich ebenfalls ausgewirkt haben.
Das Scheitern dieses Versuchs einer betriebsnahen Tarifpolitik wurde von der Mehrheit der Vertrauensleute aus den Betrieben, denen man diese Entscheidung auf einer zentralen Gewerkschaftsversammlung präsentierte, als Verrat gebrandmarkt. Die betrieblichen Tarifkommissionen waren an der letzten Entscheidung, bei der es um die Annahme des Angebots der Arbeitgeber ging, nicht mehr beteiligt worden. Die Mehrheit der Mitglieder der regionalen Tarifkommission verhinderte auch eine Mitgliederbefragung. An der gewerkschaftlichen und betrieblichen Basis lösten diese Vorgänge zweifellos einen Lernprozeß aus. Die Eckpfeiler des Widerstandes gegen eine betriebsnahe Tarifpolitik waren deutlich sichtbar geworden.
Eine Novellierung des Betriebsverfassungsgesetzes, wie sie geplant ist, wird allein nicht weiterhelfen. Das Problem, wie die Betriebsräte aus ihrer Mittlerstellung, die sie der Kontrolle der Arbeitnehmer im Betrieb entzieht, herauszuheben sind, wird sich nicht auf dem Gesetzeswege lösen lassen. Hier kann nur eine Mobilisierung von Gruppen politisch bewußter Vertrauensleute und Gewerkschafter helfen, die in der Lage sind, die Tätigkeit des Betriebsrats einer praktischen Kontrolle zu unterwerfen und die Ergebnisse dieser Kontrolle weiterzuvermitteln, so daß langfristig eine Politisierung der Arbeitnehmer die Betriebsräte wieder an die Basis bindet.

## b. Betriebsnahe Bildungsarbeit

Im Rahmen einer Strategie betriebsnaher Gewerkschaftspolitik, die auf eine unabhängige gewerkschaftliche Gegenmacht in Betrieb und Gesellschaft zielt, kommt der Bildungsarbeit eine besondere Bedeutung zu. Bildungsarbeit kann dabei nicht beschränkt sein auf die Vermittlung vergleichsweise abstrakter

Kenntnisse und Fertigkeiten, wie das noch in vielen Gewerkschaftsschulungen der Fall ist. Die Bildungsarbeit muß vielmehr an die betrieblichen Konflikte anknüpfen und durch sie weitergetrieben werden. Der Leiter der Bildungsabteilung der IG Metall, Hans Matthöfer, beschreibt diesen Prozeß mit den Worten: »Das durch die sich gegenseitig ergänzende, verstärkende Wechselbeziehung zwischen Aktion und Einflußnahme im Betrieb einerseits und Aufklärung durch Bildungsarbeit andererseits entstehende Selbstbewußtsein und der Glaube an die Kraft der eigenen Organisation, bilden die Voraussetzungen für ein stärkeres Engagement der Mitglieder, das seinerseits wiederum Voraussetzung für wirksame politische Bildungsprozesse ist.«[7]

Traditionell steht im Mittelpunkt gewerkschaftlicher Bildungsarbeit die Aneignung von Kenntnissen der einschlägigen Gesetze und der Arbeitsstudienmethoden, bürokratischer und technischer Fertigkeiten; sie kommen dem Interesse des Schulungsteilnehmers entgegen, »besser« zu arbeiten als die Kollegen. Politisches Bewußtsein soll dieser Auffassung von Arbeiterbildung zufolge durch die Kenntnis der Gewerkschaftsgeschichte und durch eine Beschreibung der gesellschaftlichen und wirtschaftlichen Zustände vermittelt werden; allenfalls werden sozialistische Klassikertexte studiert. Diese Form von Bildungsarbeit bleibt im wesentlichen systemkonform; sie ermöglicht das Funktionieren der Funktionäre, vermag aber nicht den Emanzipationskampf der Arbeiterschaft zu fördern, weil sie keinerlei Anstrengungen unternimmt, die deformierten Bewußtseinsstrukturen und Interessenlagen derer, die sie bilden soll, in Betracht zu ziehen. Eine solche Bildungsarbeit entspricht in ihrer blinden Vermittlung von Lernstoffen den integrativen Tendenzen der Gewerkschaftsbewegung.

Die betriebsnahe Bildungsarbeit, wie sie in Zusammenarbeit von linken Gewerkschaftern, Soziologen, Psychologen und Bildungspraktikern seit Mitte der sechziger Jahre verstärkt entwickelt und vor allem im Bereich der IG Metall und der IG Chemie erprobt wurde, versucht dagegen die isolierte Ver-

---

[7] Hans Matthöfer, *Die Bedeutung der Mitbestimmung am Arbeitsplatz und im Betrieb für die politische Bildungsarbeit der Gewerkschaften* in: Neue Gesellschaft 15/1968/1, S. 44.

mittlung von Kenntnissen und Fertigkeiten aufzuheben. Sie knüpft an die alltägliche betriebliche Erfahrung des einzelnen Arbeitnehmers an. Die autoritäre Struktur des Betriebes, die unzureichenden Mitbestimmungsrechte, die Probleme der Lohnfindung oder der Akkordregelung erzeugen Konflikte, die verarbeitet werden müssen und Entscheidungen erfordern. Die Ursachen dieser Konflikte sind aber nur vordergründig in besonderen betrieblichen Konstellationen zu finden. Tatsächlich verweisen sie immer auf die strukturellen Widersprüche des bestehenden gesellschaftlichen Herrschaftssystems. Die betriebsnahe Bildungsarbeit hat die Aufgabe, »die Vermittlung herzustellen zwischen den Auseinandersetzungen und Konflikten um die Verbesserung der Verhältnisse im Betrieb und der Notwendigkeit des Kampfes um die Zentralen der gesellschaftlichen, politischen und wirtschaftlichen Macht, in denen in zunehmendem Maße die wirklich wichtigen Entscheidungen fallen«.[8] Sie ist insofern politische Bildungsarbeit, als sie den betrieblichen Funktionären, ausgehend von deren eigenen Problemen und Erfahrungen, ein Bewußtsein von den gesellschaftlichen Zusammenhängen ihres Handelns vermittelt und Verfahren zur Lösung dieser Probleme diskutiert, die nicht betriebsborniert an den Symptomen herumkurieren, sondern auf eine Transformation des Systems zielen.

Eine solche Bildungsarbeit sieht sich allerdings zwei zentralen Schwierigkeiten ausgesetzt. Sie muß als theoretische Schulung, die gleichwohl die Praxis einbezieht, ins Leere stoßen, wenn sie nicht von einer Politik der Gewerkschaftsführung gestützt wird, die selber die bestehenden gesellschaftlichen Widersprüche anerkennt und zum Ansatz ihres politischen Handelns macht. Anders ausgedrückt: Wenn der Zustand der innergewerkschaftlichen Demokratie es nicht erlaubt, daß die Impulse, die aus der Bildungsarbeit kommen, sich im Druck von unten nach oben umsetzen lassen, sind Resignation und politische Apathie der Funktionäre die Folge. Eine betriebsnahe Bildungsarbeit ist in ihrer Wirksamkeit eng begrenzt, wenn es ihr zwar gelingt, betriebliche Kader heranzubilden, diese Kader sich politisch aber nicht entfalten können und keinen Einfluß auf die Gewerkschaftspolitik gewinnen.

Die andere zentrale Schwierigkeit ist nur scheinbar eine di-

8 Matthöfer, a.a.O., S. 42.

daktische. In Wirklichkeit betrifft sie die Voraussetzungen der Arbeiterbildung überhaupt. Es handelt sich um das Problem der Barrieren, die der Lernbereitschaft entgegenstehen. Dabei geht es nicht bloß um die Frage von Sprachbarrieren, Lernfähigkeit oder Überanstrengung durch den Arbeitsprozeß. Gravierender ist die die Lernbereitschaft bestimmende Motivationsstruktur des Arbeiters, sein Selbst- und Wirklichkeitsverständnis, das keineswegs von vornherein günstige Lernvoraussetzungen schafft. Im Gegenteil, verfestigte Bewußtseinsstrukturen und ideologische Verfassungen, bewußte und unbewußte Konflikte erweisen sich als elementare Hindernisse des Bildungsprozesses. Werden diese verborgenen Konflikte nicht bewußtgemacht, so sind in der Regel autoritäre Verhaltensweisen die Folge. Die »Effektivität der Arbeiterbildung ist nicht zuletzt davon abhängig, ob und inwieweit es ihr gelingt, die grundlegenden oft verdrängt oder verzerrt wahrgenommenen Konflikte der Individuen als strukturelle Widersprüche der Gesellschaft zu erklären und von bloßen Symptomen derartiger Konflikte zu unterscheiden.«[9] Wissenschaftliche Forschung auf diesen Gebieten, die die Widerspiegelung der betrieblichen und gesellschaftlichen Wirklichkeit im Bewußtsein der Arbeitnehmer untersucht, ist unerläßlich, wenn die Bildungsarbeit langfristig Erfolge zeitigen soll.

Aus dem Ansatz der betriebsnahen Bildungsarbeit, der Anknüpfung an den realen betrieblichen Konflikt, ergibt sich auch folgerichtig ihre Methode: die des exemplarischen Lernens. Ausgehend von einzelnen typischen Fällen wird versucht, »schrittweise den Zusammenhang der Einzelsituation mit der gesellschaftlichen Situation, den allgemeinen Rechtsverhältnissen, der technischen Entwicklung, den wirtschaftlichen Bedingungen des Betriebes und der Gesellschaft und den betrieblichen und gesellschaftlichen Herrschaftsverhältnissen aufzuzeigen. Dabei vollzieht sich ein ständiger Wechsel der Perspektiven, um im vorgenannten Sinne die differenzierte Sicht der Einzelwissenschaften zu überwinden und zu einem Verständnis des Ganzen zu gelangen«.[10] Das kann nicht in

---

[9] Oskar Negt, *Soziologische Phantasie und exemplarisches Lernen*, Frankfurt 1968, S. 31.
[10] Vorwort zu *Industriearbeit und Herrschaft* von Brock, Hindrichs, Hoffmann u. a., 1969, S. 7.

Form autoritärer Unterrichtsmethoden geschehen. Den Teilnehmern an Schulungslehrgängen muß die selbständige Auseinandersetzung mit den Problemen und die Kommunikation untereinander über ihre Erfahrungen und Erkenntnisse ermöglicht werden. Gruppendynamische Prozesse, die die Lernbereitschaft stärken und unbewußte Konflikte bewußtwerden lassen, sind unerläßlich, wenn die erforderlichen Einstellungsänderungen hervorgerufen werden sollen.

Ansätze und Methodik einer betriebsnahen Bildungsarbeit sind bislang vor allem in der IG Metall und in der IG Chemie erprobt worden. Sie haben dazu geführt, daß die Zahl der Bildungsobleute, die in ihren Betrieben als Multiplikatoren der gewerkschaftlichen Bildungsarbeit wirken, beachtlich angestiegen ist. Damit nahm allerdings auch die Unruhe auf den unteren Ebenen der Gewerkschaftsorganisation zu. Besonders bei der IG Metall führte die Anwendung der betriebsnahen Bildungsarbeit zu heftigen Debatten zwischen den Schulen der Gewerkschaft und dem Vorstand, der unter den Druck der hauptamtlichen Bevollmächtigten geriet, die sich stärker der Kritik von Betriebsfunktionären ausgesetzt sahen. Die Abwahl von Bevollmächtigten durch die örtliche Vertreterversammlung alarmierte die etablierten Funktionäre. Der Mißmut im Gewerkschaftsapparat wuchs, nachdem sich herausgestellt hatte, daß die aktivsten Kritiker bei Gewerkschaftstagungen, Bezirkskonferenzen oder Jugendkongressen Teilnehmer von Bildungslehrgängen waren. Zwar wurden bislang noch keine offenen Konflikte registriert, aber die Gewerkschaftsbürokratie ist gewarnt und versucht, mit Hilfe von Zensurmaßnahmen und Kontrollen die Entwicklung zu bremsen. Studenten werden im Gegensatz zu früher kaum noch in der Bildungsarbeit beschäftigt.

Auch auf dem Gebiet der Bildungsarbeit wird es also darauf ankommen, ob sich der Druck von unten künftig verstärkt und ob die Politisierung der Betriebsfunktionäre entfaltet werden kann. Aktive und gutgeschulte betriebliche Kader, die in der Lage sind, die Bedürfnisse der Arbeiter zu artikulieren und in Arbeitskämpfen eine ›theoretisch‹ fundierte und organisatorische Stütze zu bilden, werden für den Erfolg solcher Kämpfe von ausschlaggebender Bedeutung sein.

## c. Mitbestimmung am Arbeitsplatz

Angesichts des ökonomistischen Bewußtseins auch der fortgeschrittenen Teile der organisierten Arbeiterschaft bieten sich für eine – wie auch immer begrenzte – antikapitalistische Gewerkschaftsstrategie Vorstöße in der Verteilungsfrage an. Isoliert muß eine tarif- und vermögenspolitische Strategie der Gewerkschaften, selbst im Erfolgsfalle, zweischneidig bleiben; sie läuft stets Gefahr, den materiellen Schleier über fortbestehenden gesellschaftlichen Widersprüchen, den die Ideologie verschwenderischer Produktivität im organisierten Kapitalismus ausbreitet, zusätzlich zu verdichten. Es gibt keine Garantie, daß nach einer aktiven Tarifbewegung der politische Mobilisierungseffekt durch den konjunkturellen Nachfrageeffekt wieder neutralisiert wird.

Die Mitbestimmungsvorstellungen des DGB sind im Kern auf die qualifizierte Mitbestimmung in allen großen Kapitalgesellschaften gerichtet. Das unternehmenspolitische Kontrollorgan, der Aufsichtsrat, soll paritätisch besetzt sein, und in das unternehmenspolitische Entscheidungsorgan, den Vorstand, soll ein Arbeitsdirektor, der nicht gegen das Vertrauen der Arbeitnehmer bestellt werden kann, entsandt werden. Theoretisch könnte also Mitbestimmung auf Unternehmensebene die kapitalistische Willensbildung in doppelter Weise beeinflussen: In ihrer defensiven Variante ließe sie die gewinnorientierten Unternehmensentscheidungen für sich genommen zwar unangetastet, stellte ihnen aber vom ersten Planungsstadium an sozialorientierte Zusatzpläne zur Seite. Investitionspläne der Unternehmensleitung würden zwar akzeptiert, ihre Folgen für die Belegschaften würden jedoch durch das Instrument der Sozialplanung aufgefangen. Entlassungen würden durch Umsetzungen an gleichwertige Arbeitsplätze und Umschulungsmaßnahmen vermieden oder durch Einkommensgarantien und Abfindungszahlungen an sozial erträgliche Bedingungen geknüpft. Arbeitsplatzsicherung und Einkommenssicherung würden also in dieser Form der Sozialplanung das kurzfristige Schutzinteresse der Arbeit neben das Profitinteresse des Kapitals stellen. In ihrer offensiven Form müßte Mitbestimmung im Unternehmen wenigstens versuchen, gewinnorientierte Unternehmensentscheidungen durch bedarfsorientierte Alter-

nativpläne zu ersetzen. Investitions- und Gewinnverteilungsvorschläge der Kapitalvertreter würden mit Gegenvorschlägen der Arbeitnehmervertreter konfrontiert werden. Diese Form der Alternativplanung setzt gegen das Profitinteresse des Kapitals das mittelfristige Bedarfsinteresse des Verbrauchers.
In der Praxis der qualifizierten Mitbestimmung im Montanbereich fand nur die defensive Form der Mitbestimmung – und auch das nur sehr eingeschränkt – Anwendung. Im ganzen gesehen, blieben diese Vorformen antikapitalistischer Eingriffe auch dort ungenutzt, wo sich mit der Montanmitbestimmung ein Erfahrungsfeld aufgetan hatte; objektive Anpassungszwänge mögen dabei mit ausschlaggebend gewesen sein. Strukturelle Krisenanfälligkeit der Montanindustrie und massive Rekonzentrationsprozesse drängten die Arbeitnehmervertreter der Konzerne in die Defensive. Diese ökonomische Begrenzung ihres Spielraums wurde durch juristische Faktoren begünstigt. Die begrenzte Rechtsstellung des Aufsichtsrats insgesamt – der Vorstand kann das Vetorecht des Aufsichtsrats gegen bestimmte Vorlagen durch Anrufen der Hauptversammlung umgehen – und die begrenzte Rechtsstellung der einzelnen Aufsichtsratsmitglieder – positive und negative Sorgfaltspflicht, vor allem die Verschwiegenheitspflicht – engen den Aktionsradius der Arbeitnehmervertreter nachträglich ein. Aber der tendenzielle Mißerfolg der qualifizierten Mitbestimmung wäre ohne den Hinweis auf subjektive Anpassungserscheinungen unzureichend erklärt; allzuoft waren die Mandatsträger der Arbeitnehmer bereit, die Interessen der abhängig Beschäftigten einem abstrakten und diffusen »Unternehmensinteresse« zu opfern. Dahinter stand im günstigen Fall eine mißverstandene Isolation betrieblicher Teilinteressen, im ungünstigen Fall eine naive Unvoreingenommenheit gegenüber gängigen Unternehmerideologien. Häufig mögen die Mandatsträger zudem bereit gewesen sein, einmal errungene persönliche Privilegien: Tantiemen und Vorstandsbezüge, durch kompromißlerisches Taktieren zu sichern: Ruhe an der betrieblichen Front konnte die Wiederwahl durch entpolitisierte Mehrheiten noch am ehesten gewährleisten. Erleichtert und verfestigt wurde die Entfremdung zwischen der betrieblichen Basis und ihren Interessenvertretern in übergeordneten

Instanzen dadurch, daß eine wirksame Kontrolle von unten institutionell und politisch praktisch unmöglich war.
Aus der Leidensgeschichte der qualifizierten Mitbestimmung ergibt sich zwingend eine Schlußfolgerung: der Angriff auf die autonome kapitalistische Verfügungsgewalt kann nicht isoliert in den Planungs- und Entscheidungszentren des herrschenden Systems geführt werden. Selbst erste und minimale Teilerfolge werden ohne basisorientierte Mitbestimmungsansätze nicht möglich sein.
Es scheint, als ob diese Einsicht den offiziellen Mitbestimmungsideologen des DGB nicht so fremd ist, wie es auf den ersten Blick scheint. Man hat längst begriffen, daß unternehmerische Autonomie im Vorfeld der zentralen Entscheidungen, auf der betrieblichen Ebene, letztlich die Mitbestimmung im unternehmenspolitischen Bereich auszuhöhlen droht. Deswegen sucht man einen Ausweg in der Mitbestimmung des Betriebsrats; aber hier tauchen die gleichen Probleme wie auf der Ebene des Unternehmers auf. Einer antikapitalistischen Mitbestimmungspraxis des Betriebsrats, der isoliert von der Basis vor sich »hinwerkelt« sind ebenfalls enge Grenzen gezogen. Gesetzlich ist er von vornherein zur sozialpartnerschaftlichen Anpassung gezwungen. Er hat die Verpflichtung, mit dem Arbeitgeber vertrauensvoll und zum Wohle des Betriebes zusammenzuarbeiten. Die Friedenspflicht untersagt ihm Störungen des Betriebsfriedens durch Arbeitskampfmaßnahmen. Die Schweigepflicht isoliert ihn von der Belegschaft. Die prinzipielle Unabhängigkeit von den Gewerkschaften liefert ihn dem Arbeitgeber aus. Die Pufferstellung zwischen Belegschaft und Management treibt den Betriebsrat in die formellen Autoritätsstrukturen und entfremdet ihn den Arbeitnehmern. Sein Interesse an einer regelmäßigen Wiederwahl, sein besonderer Kündigungsschutz und seine starke persönliche Stellung im Betrieb, die sich vor allem aus seiner Bewegungsfreiheit ergibt, der Hang zur Professionalisierung der betrieblichen Mitbestimmung (Berufsbetriebsrat) verschärfen die soziale Distanz zu seiner Wählerschaft.[11] Im Grunde setzen sich die Fehlentwicklungen der unternehmenspolitischen Mitbestim-

---

11 Vgl. Manfred Teschner, *Entfremdungserscheinungen im Verhältnis von Belegschaft und Betriebsrat*, in: *Das Mitbestimmungsgespräch* Nr. 5–7, 1964, S. 97.

mung fort. Um so wichtiger werden zusätzliche Zwischen- und Vermittlungsinstanzen zwischen Basis und Mitbestimmungsfunktionären. Zur Diskussion stehen im Augenblick zwei Formen basisorientierter Mitbestimmung: die Aktivierung der gewerkschaftlichen Vertrauensleute und – das erstere nicht ausschließend – die Verankerung von Arbeitsgruppenbesprechungen bzw. von Arbeitsgruppensprechern im Betrieb.
Die gewerkschaftlichen Vertrauensleute im Betrieb sind am ehesten in der Lage, der betrieblichen Mitbestimmung die fehlenden politischen Impulse zu geben. Organisatorisch sind sie die beste Kommunikationsinstanz zwischen Belegschaft und Betriebsrat. Ihre betrieblichen Wirkungsbereiche umschließen eine relativ geringe Anzahl von Beschäftigten – in der Regel nicht mehr als 20 Arbeitnehmer. Sie verfügen über gute Kontakte zur Basis und sind über die unmittelbaren Bedürfnisse ihrer Kollegen informiert. Weil sie von den Arbeitnehmern ihres Wirkungsbereiches nicht nur direkt gewählt werden, sondern durch Mehrheitsbeschluß dieser Gruppe auch jederzeit abberufen werden können, sind sie von der betrieblichen Basis abhängig. Diese beiden Umstände können dafür sorgen, daß die gewerkschaftlichen Vertrauensleute die Verbindung zwischen Wählern und Betriebsrat nicht abreißen lassen. Politisch sind sie zur Kontrollinstanz des Betriebsrats von unten her qualifiziert. Soweit gewerkschaftliche Vertrauensleute selbst Mitglieder des Betriebsrats sind, tragen sie Anregungen, Wünsche und Beschwerden aus ihrem Wirkungsbereich nach oben weiter und unterrichten ihre Mandanten über das weitere Schicksal solcher Initiativen. Gewerkschaftsorganisatorisch besser informiert und gewerkschaftspolitisch besser geschult, könnten die Vertrauensleute als Avantgarde der organisierten Arbeitnehmer eine personelle Alternative zu eingeschüchterten oder korrumpierten Betriebsratsmitgliedern darstellen. Voll entfaltet wäre die Kontrollfunktion des gewerkschaftlichen Vertrauensleutekörpers aber erst, wenn er einerseits den Betriebsrat personell majorisierte, ihn also praktisch dirigieren könnte, und andererseits im Gewerkschaftsstatut als unterste Gewerkschaftsinstanz verankert wäre, womit er über die anerkannten gewerkschaftlichen Aktionsmittel verfügte: »Auf diese Weise würde praktisch ein einheitliches Organ zur Interessenvertretung der Arbeitnehmer im Betrieb gebildet. Dieses

hätte gleichzeitig sowohl die betriebsverfassungsrechtlichen Befugnisse des gegenüber der Geschäftsleitung offiziell vertretungsberechtigten Betriebsrats als auch die Möglichkeiten einer tariffähigen Partei (nämlich als Untergliederung einer tariffähigen Partei) und dürfte zwar nicht als Betriebsrat, wohl aber als tariffähige Partei einen Arbeitskampf führen.«[12]
Auch ein derartiges Konzept zur Verbesserung der Vertrauensleutearbeit kann nicht unabhängig gesehen werden von der Intensivierung der betrieblichen Bildungsarbeit und der Entfaltung der innergewerkschaftlichen Demokratie, wenn es nicht in Gefahr geraten soll, den Versuchungen der Integration zu erliegen.

Ähnliches gilt für die Strategie einer Mitbestimmung am Arbeitsplatz durch Arbeitsgruppensprecher oder Arbeitsgruppenbesprechungen, wie sie in letzter Zeit verstärkt debattiert werden. Ein Teil der Vorschläge zielt darauf, über das Betriebsverfassungsgesetz derartige Mitbestimmungsrechte zu verankern. Hierher gehören die Empfehlungen, die von dem Leiter der Bildungsabteilung der IG Metall, Hans Matthöfer, in den Gewerkschaften und im Parlament vorgebracht wurden. Der SPD-Bundestagsabgeordnete will Arbeitsgruppensprecher im Rahmen eines § 56a im Betriebsverfassungsgesetz institutionalisieren: »In Betrieben mit mehr als 5000 Beschäftigten bilden Arbeitnehmer, die im Rahmen der Aufgaben des Betriebs oder einer Betriebsabteilung gemeinsam selbständige Teilfunktionen erfüllen, Arbeitsgruppen. Diese wählen mit Mehrheit Arbeitsgruppensprecher, die die Aufgabe haben, in Zusammenarbeit mit dem Betriebsrat die Interessen der Arbeitsgruppe gegenüber dem unmittelbaren Vorgesetzten zu vertreten.« »Ergänzend« sollen auf der Grundlage eines neuen § 56 BetrVG »Arbeitsgruppenbesprechungen« stattfinden, die auf Antrag des Gruppensprechers oder eines Drittels der Gruppenmitglieder einberufen werden: »Arbeitsgruppenbesprechungen dienen der Mitwirkung der Arbeitnehmer an allen ihren Arbeitsplatz betreffenden Fragen, insbesondere bei Einführung neuer Produktionsverfahren, Einrichtung neuer Arbeitsplätze, Wechsel des Arbeitsplatzes, der Änderung von Arbeitsplätzen oder des Arbeitsablaufs, der Arbeitsteilung und Arbeitszerle-

---

12 Reinhard Hoffmann, *Rechtsfortschritt durch gewerkschaftliche Gegenmacht*, Frankfurt 1968, S. 17 f.; vgl. auch das gesamte Kapitel, S. 12–22.

gung, der Materialanlieferung, der Verdienstabrechnung, soweit diese Fragen den Bereich der Arbeitsgruppe betreffen.«[13] Andere Vorschläge zur Mitbestimmung am Arbeitsplatz wollen der Arbeitsgruppe im Wege des Tarifvertrages, über zusätzliche Vereinbarungen zum regionalen Tarifvertrag, also mittels betriebsnaher Tarifpolitik, Existenzrecht und Mitbestimmungsfunktion sichern. Dafür ist nicht zuletzt die Überlegung maßgebend, daß wegen des zu erwartenden Widerstands der Arbeitgeber ein Mobilisierungseffekt eintreten könnte, der die Mitbestimmung am Arbeitsplatz für die Arbeitnehmer zu einem erkämpfenswerten Recht machte. Die gesetzliche Einführung der Mitbestimmung durch Arbeitsgruppen hätte dagegen bestenfalls erst nach ihrer Institutionalisierung mobilisierende Funktion.

Reinhard Hoffmann propagiert die relative Autonomie der Arbeitsgruppen auf der Basis der technischen Produktionsorganisation.[14] Im Rahmen der zentral vorgegebenen Produktionspläne erfüllt die Arbeitsgruppe selbsttätig die gemeinsame Arbeitsaufgabe. Im Rahmen eines vorgegebenen Gruppen-Gesamtlohns handelt sich Entlohnungsgrundsätze und -systeme für die Ermittlung des individuellen Effektivverdienstes mit der Geschäftsleitung aus.

Der politische Effekt des Arbeitsgruppen-Konzepts leitet sich aus der Tatsache her, daß die amorphe Gesamtbelegschaft in handlungsfähige Teilkollektive gegliedert wird. Der Sprung zur kollektiven Organisationsform auf Gruppenebene ist nicht von vornherein zum Scheitern verurteilt. Einmal werden nur informell ohnehin gegebene Spielräume verfestigt: die übergeordneten Instanzen der Betriebshierarchie konnten und können zu keinem Zeitpunkt jedes Detail der Arbeitsausführung diktatorisch von oben vorgeben. Zum anderen ist das Konfliktpotential in diesem Fall zunächst begrenzt. Das Produktivitätsinteresse der Geschäftsleitung wird vorerst nicht berührt. Im Gegenteil: die relative Autonomie der Gruppe wird oft steigende Arbeitsleistungen zur Folge haben. Das hierarchische Organisationsprinzip wird nicht pauschal in Frage gestellt. Seine übergeordneten Züge bleiben zunächst intakt; pro-

---

[13] Hans Matthöfer, *Vorschlag zur Novellierung des Betriebsverfassungsgesetzes*, in: *Gewerkschaftliche Monatshefte* Nr. 12/1968, S. 751 f.
[14] Vgl. Reinhard Hoffmann, a.a.O., S. 52 ff.

blematisch wird es nur auf der unteren Ebene. Eine derart begrenzte Offensive ist realitätsnah; gleichzeitig emanzipiert sich aber das Teilkollektiv wenigstens im Ansatz. Qualitativ neue Produktions- und Leistungsstrukturen sind in der kleinsten Zelle der Produktionsorganisationen beispielhaft vorweggenommen. An die Stelle der individuellen Konkurrenz der Arbeiter untereinander tritt ein neues Kollektivbewußtsein, das den Keim eines neuen Klassenbewußtseins in sich trägt. Damit wird die organisatorische und politische Voraussetzung für weiterentwickelte Formen der Solidarisierung geschaffen. Die Gruppenaktion erhält neue politische Akzente, wenn sie ihren einmal erreichten Freiheitsspielraum mit defensiven Kampfformen verteidigt: etwa mit vorübergehender oder anhaltender Minderleistung als Abwehrmaßnahme gegen neue Arbeitsanforderungen oder Bewertungsmaßstäbe; vor allem aber wenn sie ihren Freiheitsspielraum durch offensive Kampfformen erweitert: mit wilden Streiks oder »Arbeit nach Vorschrift«, um neue Kompetenzen zu erobern. Bereits in dieser Phase wird die direkte Verbindungslinie zur Kooperation mit anderen Teilkollektiven, also zur gesamtbetrieblichen Aktion sichtbar.
Das Konzept der Mitbestimmung am Arbeitsplatz ist dadurch belastet, daß Teile des aufgeklärten Managements scheinbar mit ihm sympathisieren. Tatsächlich haben die Arbeitgeber die Bedeutung des betrieblichen Teilkollektivs früh erkannt und versuchen, es in ihre Anpassungsstrategie einzubauen. Was die Arbeitsgruppenbesprechung angeht, zeigt sich das in einer Broschüre des Deutschen Industrieinstituts aus dem Jahr 1963. Dort will man die Arbeitsgruppenbesprechung zum zivilen Gegenstück der militärischen Lagebesprechung machen: »Dabei geht es nicht um irgendwelche Modetendenzen, seien sie politischer, soziologischer oder anderer Natur. Es geht also nicht um die Einführung einer ›weichen Welle‹, nicht um eine falsch verstandene ›Vermenschlichung‹ und erst recht nicht um eine ›Demokratisierung des Betriebes‹. Vielmehr geht es darum, altbewährte und nach wie vor gültige Führungsgrundsätze in einer neuen Situation sinnvoll und zweckentsprechend zu verwirklichen.«[15] Was den Arbeitsgruppensprecher betrifft,

15 Carlos Kollmannsperger, *Über den Umgang mit Gruppen im Betrieb,* Köln 1963, S. 47.

so will ihn die Bundesvereinigung der Deutschen Arbeitgeberverbände in Gestalt des Verbindungsmannes zwischen Arbeitsgruppe und Geschäftsleitung mit Beschlag belegen.[16]
Belastet ist das Arbeitsgruppenkonzept auch durch die unverhohlene Opposition zentralistischer Funktionäre in den Gewerkschaften selbst. Ihre Kritik richtet sich gegen einen angeblich steigenden Einfluß Nichtorganisierter über das System der Mitbestimmung am Arbeitsplatz durch Arbeitsgruppen. Der IG-Metall-Vorstand schrieb beispielsweise dazu: »Ob es die Fürsprecher der Vorschläge wollen oder nicht, das Neue läuft auf die Kristallisierung eines *innerbetrieblichen Gegenpols* zum Betriebsrat hinaus. [...] Eine Verlagerung des Schwergewichts von der Gewerkschaftsfunktion *weg* zur unmittelbaren ›direkten‹ Interessenvertretung eines engbegrenzten Kreises von Kollegen [...] schafft den gegen die Einheitsgewerkschaft gerichteten Bestrebungen eine innerbetriebliche Plattform, die sie bisher nicht errichten konnten.«[17]
Die Arbeitsgruppen-Konzeption wird von dieser Seite nicht als Ergänzung, sondern als Alternative zum gewerkschaftlichen Vertrauensleute-System hingestellt und abgewertet. Auf diesem Umweg lassen sich dann den Vorschlägen zur Mitbestimmung am Arbeitsplatz antigewerkschaftliche und entpolitisierende Akzente aufsetzen. Von einem funktionsfähigen Kampfverband der Lohnabhängigen vorgetragen, wären diese Argumente ernst zu nehmen; von einem erstarrten Dienstleistungsapparat vorgebracht, haben sie nur die Funktion, eine mögliche Delegation von Macht zu verhindern.
Aber selbst wenn man die fatale gemeinsame Frontlinie von »linken« Gewerkschaften und »aufgeklärten« Unternehmern bei der Propagierung der Mitbestimmung am Arbeitsplatz ignorieren will, bleibt eines richtig: In der diskutierten Form ist dieses Konzept zweischneidig. Die Integrationsgefahr ist nicht zu leugnen. Eine Fehlentwicklung zum Betriebsegoismus ist nicht ausgeschlossen, weil die Arbeitsgruppe vorerst nur im Rahmen eines vorgegebenen Produktionsplans aktiv wird.

---

16 Vgl. *Freiheitliche soziale Ordnung – heute und morgen – Ein Beitrag der BDA,* Köln 1968, S. 13 f.
17 *Einige Bemerkungen zur Diskussion über die Arbeitsgruppensprecher,* in: *Diskussionsmaterial vom Vorstand der IG Metall,* am 9. 7. 1970 verteilt, gez. Otto Brenner.

Eine Neigung zu gruppenegoistischem Fehlverhalten ist in dem Konzept mit angelegt, weil die Gruppeninitiative sich zunächst auf das Teilkollektiv beschränkt. Wichtiger als diese Einwände ist aber zunächst, daß den Anpassungsrisiken ungleich größere Entwicklungschancen gegenüberstehen:
1. Mitbestimmung am Arbeitsplatz fördert die Einübung radikal-demokratischer Praktiken im unmittelbaren Erfahrungsbereich des Arbeitnehmers. Sie belebt das Interesse an übergeordneten Planungs- und Entscheidungsvorgängen. Dadurch ermöglicht sie die faktische Kontrolle der eigenen Mandatsträger und der überkommenen Autoritäten auf den oberen Entscheidungsebenen. So kann sie den Dispositionsspielraum der Kapitalseite im Kristallisationskern kapitalistischer Macht allmählich einengen. Mitbestimmung am Arbeitsplatz macht Mitbestimmung im Betrieb und Unternehmen also erst funktionsfähig.
2. Gleichzeitig bereitet Mitbestimmung am Arbeitsplatz die nächste historische Etappe jenseits der Mitbestimmung vor. Soweit sie Entscheidungskompetenzen des Managements an die betriebliche Basis verlagert, wird sie als Vorform der Kontrolle der Arbeiter über den Produktionsprozeß begreifbar. Zu Ansätzen einer qualitativen Transformation kommt es in dieser Phase, wenn die organisierten Arbeitnehmer von gelegentlichen Verhandlungen, die der unternehmerischen Entscheidungsgewalt fallweise neue Grenzen setzen, zur permanenten Überwachung unternehmerischer Funktionen vordringen. Soweit Mitbestimmung am Arbeitsplatz durch Arbeitsgruppen die Solidarisierung mit anderen Teilkollektiven vorbereitet und damit die kapitalistische Autorität auf einer allgemeineren Ebene in Frage stellt, entwickelt sie sich zur Arbeiterproduktionskontrolle.[18] Sie steuert dann jene Phase der Doppelherrschaft an, in der die politische Transformation des Systems aktuell wird.

Mitbestimmung am Arbeitsplatz ist also nur als Bestandteil einer umfassenden antikapitalistischen Gewerkschaftsstrategie davor geschützt, den Anpassungszwängen zu verfallen. Nur im Zusammenhang mit einer betriebsnahen Bildungsarbeit, mit betriebsnaher Tarifpolitik und dem Kampf für eine Stärkung

[18] Vgl. die Untersuchung von Rudolf Kuda, *Arbeiterkontrolle in Großbritannien – Theorie und Praxis*, Frankfurt, 1970.

der innergewerkschaftlichen Demokratie trägt sie dazu bei, die Chancen autonomer Gegenmachtpositionen im Betrieb zu verbessern.

### d. Innergewerkschaftliche Demokratie

Betriebsnahe Gewerkschaftspolitik ist angewiesen auf breiteste innergewerkschaftliche Demokratie. Beim heutigen Zustand der Gewerkschaften ist die innerorganisatorische Demokratie durch die vorherrschende Zentralisierung des Willensbildungsprozesses weitgehend aufgehoben. Die Ursachen dieses Prozesses sind nicht mit einer personalisierenden Betrachtung zu fassen. Es handelt sich nicht um das persönliche Machtstreben einiger Funktionärsgruppen, die man nur auszuwechseln brauchte. Die zunehmende »Bürokratisierung« und »Zentralisation« der Gewerkschaften ist vielmehr die Antwort auf die fortschreitende Zentralisation des Kapitals, dem die Gewerkschaften standhalten müssen, wenn sie die Interessen ihrer Mitglieder wirksam vertreten sollen. Sie ist aber auch die Folge der erweiterten Aufgabenstellung der Gewerkschaften und ihres stärkeren Eindringens in das staatliche und politische Leben. Diese Aufgabenerweiterung bedingt einen arbeitsteiligen Führungsapparat, der sich ständig vergrößert. Mit der Tendenz zur Bürokratisierung, die die Gewerkschaft mit anderen sozialen Großorganisationen teilt, stellen sich für sie aber besondere Probleme. Gewerkschaften sind anders als andere Großgebilde für ihre Wirksamkeit auf die aktive Teilnahme derer, die sie vertreten, angewiesen; nur so können sie soziale und politische Veränderungen bewirken. Betreiben sie eine von den Bedürfnissen der Mitglieder losgelöste Politik, so stoßen sie über kurz oder lang auf den Widerstand dieser Mitglieder. Der Widerstand wird sich im Mitgliederrückgang zeigen oder in Selbsthilfeaktionen der Mitglieder, die die Gewerkschaften scheinbar überflüssig machen. Mandel schreibt zu Recht: »Die Zentralisation [...] droht die gesamte Grundlage der Gewerkschaften zu untergraben, wenn sie zu einer systematischen Passivität der Gewerkschaftsmitglieder entartet, weil ein immer kleinerer Teil von Funktionären die zentralen Entscheidungen trifft – einschließlich der Kompromisse bei Tarifverhandlungen –, ohne eine breite Schicht von Aktivisten in den Entscheidungsprozeß einzuschalten.«[19]

Es geht also nicht um eine völlige Aufhebung der Zentralisation der Gewerkschaften, sondern um die erforderliche Durchlässigkeit der Willens- und Meinungsbildung, um die Verlagerung von Entscheidungszentren nach unten. Diese Durchlässigkeit ist beim augenblicklichen Zustand der Gewerkschaften nicht mehr gewährleistet. Der Abbau einer gewerkschaftlichen Demokratie in Richtung auf eine Zentralisierung des Willensbildungsprozesses ist weit fortgeschritten. Die Richtlinien der Gewerkschaftspolitik werden nur noch scheinbar von den gewählten Delegierten auf den Gewerkschaftskongressen beraten und bestimmt. Die vom Vorstand vorformulierte Politik, in Anträgen niedergelegt, die im Führungsapparat sorgfältig ausgearbeitet wurden, wird in der Regel von den Delegierten nur bestätigt. Die Führungsregie hat eine Reihe von Manipulationstechniken entwickelt, die unter dem Vorwand technokratischer Notwendigkeiten unliebsame Beschlüsse verhindern können. Das reicht vom Einfluß der Antragskommission, den undemokratischen Tages- und Geschäftsordnungen, der Besetzung des Verhandlungspräsidiums, der Beschneidung der Redezeiten bis zur offenen Diffamierung oppositioneller Gruppen, denen keinerlei Fraktionsrechte zugestanden werden, während der hauptamtliche Führungsapparat seine Beraterstäbe zur ständigen Verfügung hat.

Die mangelnde Durchlässigkeit von unten nach oben zeigt sich auch im personellen Bereich. Je höher die Ebene der Repräsentation ist, desto mehr verlieren die Wahlen ihren plebiszitären Charakter. Gewerkschaftsvorstände ergänzen sich heute in der Regel durch Kooptation. Selten kommt es zu Alternativkandidaturen, die Wahlentscheidungen fordern. Der Vorsprung der besser informierten hauptamtlichen Funktionäre wächst mit der Komplexität ihres Wirkens.

Bezeichnend für den Zustand der innergewerkschaftlichen Demokratie ist die Einförmigkeit der gewerkschaftlichen Publikationen. Nur in höchst seltenen Fällen sind vom Vorstand abweichende Meinungen zu finden. Eine Diskussion unterschiedlicher Auffassungen zu wichtigen Gewerkschaftspro-

---

[19] Ernest Mandel, *Systemkonforme Gewerkschaften?*, in: *Sonderdruck Gewerkschaftl. Monatshefte* Juni/Juli 1970, S. 70.

blemen findet generell nicht statt. Information der Mitglieder über die Gründe, die zu Entscheidungen des Führungsapparates geführt haben und möglicherweise nach Darlegung kontroverser Positionen entschieden worden sind, wird mit dem Hinweis auf die notwendige Geschlossenheit nach außen abgewehrt.
Die Aktivität innergewerkschaftlicher Opposition auf Betriebsebene wird mit administrativen Mitteln bekämpft, wie der Fall »Klöckner-Hütte« in Bremen zeigt. Als dort das Versagen des Arbeitsdirektors und des sozialdemokratischen Betriebsrats bei der Vertretung der Interessen der Mitglieder offenkundig wurde, bildete sich aus Mitgliedern der dissident kommunistischen Gruppe »Arbeiterpolitik«, der DKP, aber auch linkssozialdemokratischen Kräften eine Oppositionsbewegung; sie führte zum Sturz des alten Betriebsrats, nachdem mehrere Betriebsratslisten im Namen der IG Metall aufgestellt worden waren. Die IG Metall stellte sich auf örtlicher, regionaler und zentraler Ebene gegen die innergewerkschaftliche Opposition, die die Mehrheit der Arbeiter im Betrieb hinter sich hatte, und reagierte mit Ausschlußverfahren gegen die führenden Köpfe der Opposition. Innergewerkschaftliche Oppositionsgruppen müssen beim gegebenen Stand der innerorganisatorischen Demokratie damit rechnen, ihre Politik, soweit sie gegen die integrationistische Gesamtstrategie der Organisation gerichtet ist, auf betrieblicher Ebene gegen den Apparat vertreten zu müssen. Wieland Eschenhagen kommt in seiner Untersuchung der Auseinandersetzungen im Bereich der IG Metall Bremen zu dem Schluß: »Den Trägern der oppositionellen Bewegung bleibt – sofern sie selbst gewerkschaftliche Funktionäre der unteren Organe sind – nur die Alternative, die Ansätze der Eigeninitiative an der Basis als Beauftragte der Führungsgremien autoritär manipulativ zu unterdrücken, oder die Konfrontation in Verbindung mit einer weiteren Mobilisierung der Basis weiterzutreiben. Die zweite Alternative läßt die Widersprüche zwischen dem unteren Funktionärskörper der Gewerkschaft als unmittelbare Interessenvertretung der Arbeiterschaft und der Gesamtorganisation aufbrechen. In diese Auseinandersetzung ist die Basis als Objekt des innerorganisatorischen Konflikts und als Subjekt, das die Richtung und die Schärfe des Konflikts bestimmt, einbezogen.

Die erste Alternative kann zur unmittelbaren Aufnahme des Konflikts und zum Kampf um die Eroberung der gewerkschaftlichen Organisation an der Basis durch diese und ihren Sprecher selbst führen, wenn es einer politischen Gruppe als in der Belegschaft verankerter Kader gelingt, Resignation zu verhindern, die Organisation der Initiativen aufzunehmen und die Kräfteverhältnisse richtig einzuschätzen. Beide Verlaufsformen, insbesondere die letztere, implizieren, daß über den Konflikt mit der eigenen Organisation Bedingungen geschaffen werden können, unter denen Klassenbewußtsein sich tendenziell aktualisieren läßt.«[20]

Die Existenz politischer Kader in den Betrieben und der Aufbau überbetrieblicher Kaderorganisationen, die in der Gewerkschaft und in Opposition zur Gewerkschaftsführung wirken, stellen den Testfall für die innergewerkschaftliche Demokratie dar. Es muß ihnen gelingen, sich demokratische Rechte in der Organisation zu sichern, die ihnen tendenziell eine Verbreiterung ihrer Basis erlauben. Sie müssen verstärkt Urabstimmungen über wichtige Entscheidungen, das Recht auf oppositionelle Auffassungen in den gewerkschaftlichen Publikationsorganen und Minderheitenrechte auf Gewerkschaftskongressen durchsetzen. Da es nicht darum gehen kann, den Zentralisationsprozeß, insoweit er eine Stärkung der gewerkschaftlichen Verhandlungsmacht bedeutet, rückgängig zu machen, muß die Zielrichtung des innergewerkschaftlichen Demokratisierungsprozesses eine Kontrolle der Führungsapparate durch die aktiven Gruppen an der gewerkschaftlichen Basis sein.

### e. Alternative Plankonzeption

Die staatliche Einkommenspolitik mit ihrer globalen Steuerung der Wirtschaftsentwicklung im Interesse der privaten Kapitalverwertung zwingt die Gewerkschaften zu einer Verteidigung der Interessen der Arbeiter und Angestellten auf der Ebene des Betriebes. Eine autonome, betriebsnahe Gewerkschaftspolitik schafft die Voraussetzungen für weiterführende Kämpfe durch Mobilisierung und Schärfung der Wachsamkeit

---

20 Wieland Eschenhagen, a.a.O., S. 273.

gegenüber der offensiven Strategie der Unternehmerseite und ihrer Verbündeten.
So wichtig diese Ebene des Kampfes auch ist, die Gewerkschaften dürfen sich damit nicht begnügen; sie müssen die Auseinandersetzung auch auf nationaler (und, soweit dafür die Voraussetzungen gegeben sind, auf internationaler) Ebene führen. Das bedeutet, sie müssen den regierungsamtlichen Zielvorstellungen unabhängige, an den Bedürfnissen der Lohnabhängigen orientierte Plankonzeptionen gegenüberstellen. Tun sie das nicht, so droht der Kampf der Arbeiter und Angestellten in den Betrieben, der die Verteilungsverhältnisse und die Frage nach der Verfügungsmacht über den Produktionsprozeß zum Inhalt hat, zu einem fruchtlosen Hadern mit den Auswirkungen des Systems zu werden, ohne die Perspektive einer Transformation der kapitalistischen Wirtschaftsordnung zu eröffnen. Das heißt nicht, daß die Gewerkschaften in der Lage wären, eine solche Transformation allein zu beginnen; es bedarf dazu nach wie vor der einheitlichen Anstrengung aller Kräfte der Arbeiterbewegung (womit sich auch die Frage nach dem Verhältnis Partei und Gewerkschaft stellt). Es heißt vielmehr nur, daß die Gewerkschaften autonome Plankonzeptionen erarbeiten, veröffentlichen und verteidigen müssen. So könnten die Voraussetzungen für eine umfassende politische Alternative zur staatlichen Wirtschaftspolitik sichtbar werden und den Lohnabhängigen Orientierungsmöglichkeiten in den Auseinandersetzungen gegeben werden.
Eine solche Politik der alternativen Plankonzeptionen ist mit einer Mitarbeit in den Institutionen der staatlichen Einkommenspolitik nicht vereinbar. Das wird am Beispiel der bundesrepublikanischen Entwicklung besonders deutlich. Hier stellt die Bundesregierung qua Bundeswirtschaftsminister aufgrund der Verpflichtungen aus dem Stabilitätsgesetz, »Orientierungsdaten für ein gleichzeitiges aufeinander abgestimmtes Verhalten (Konzertierte Aktion) der Gebietskörperschaften, Gewerkschaften und Unternehmensverbände [...] zur Verfügung«. (§ 3) Sie stellt Lohnorientierungsdaten nach eigenem Ermessen auf. Die »Sozialpartner« werden mit diesen Daten konfrontiert, ohne an ihrer Erarbeitung unmittelbar beteiligt zu sein. Zwar können die Gewerkschaften, rein rechtlich gesehen, höhere Lohnsätze abschließen; formal ist die Tarifauto-

nomie also nicht beeinträchtigt. Faktisch müßten sie das aber nicht nur gegen den Widerstand der gesamten Öffentlichkeit tun und würden als Preistreiber gebrandmarkt, sie sind auch den Konjunkturdämpfungsmaßnahmen der Regierung ausgesetzt, die eine Disziplinierung über die Erhöhung der Arbeitslosenzahlen ermöglichen. Der Leiter der Wirtschaftsabteilung beim DGB-Bundesvorstand, Rudolf Henschel, definierte die Situation so: »Die tarifpolitische ›Freiheit‹ bleibt unangetastet, aber die faktischen tarifpolitischen Möglichkeiten werden auf einen Spielraum von 1% innerhalb der Unter- und Obergrenze des amtlichen Lohndatums beschränkt, wenn es den Gewerkschaften nicht gelingt, dieses Datum im Bewußtsein der Öffentlichkeit zu relativieren und seine Sperrfunktion durch Gegendaten aufzubrechen.«[21] Die Einflußlosigkeit der Gewerkschaften auf die Entwicklung der staatlichen Orientierungsdaten und ihre faktische Bindung an die in der Konzertierten Aktion herbeigeführte Übereinstimmung machen es ihnen unmöglich, ihre Politik autonom an den Interessen ihrer Mitglieder zu orientieren, und befördern ihre Anpassung an das bestehende System.

Eine Weigerung, an der staatlichen Einkommenspolitik mitzuarbeiten, würde zunächst natürlich nichts daran ändern, daß die Regierung sich weiter dieses Instrumentariums bedient. Aber die Gewerkschaften könnten ihre Handlungsfreiheit wiedergewinnen; sie könnten ihre eigenen Zielvorstellungen propagieren und mit Unterstützung einer aktiven Betriebspolitik die Polarisierung der Interessen in der Gesellschaft aufzeigen und vorantreiben. Die sozialpartnerschaftliche Hülle, unter deren Schutz die Profitsteigerung und Machtkonzentration der Unternehmer fortschreitet, läßt sich nur zerreißen, wenn die Gewerkschaften mit einer unabhängigen Politik andere Prioritäten der wirtschaftlichen und gesellschaftlichen Entwicklung setzen als die Koalition von Unternehmern und Regierung.

Die Gewerkschaften in der Bundesrepublik sind von einer derartigen Politik noch weit entfernt. Die Führungsspitzen haben sich, allerdings gegen einen wachsenden Widerstand von unten, für eine Mitarbeit an der staatlichen Einkommenspoli-

21 Rudolf Henschel, *Gewerkschaften am Scheideweg*, in: *Gewerkschaftl. Monatshefte*, 1969, Heft 4, S. 217.

tik entschieden. Sie verteidigen diese Entscheidung mit der Begründung, daß sie auf der Ebene der Wirtschaftspolitik die Vorstellungen der Gewerkschaften zu Gehör bringen; sie legen inzwischen auch eigene Zielprojektionen vor (was die Arbeitgeber auch tun); aber sie wollen damit nur, wie Henschel es formuliert, »der Gefahr der Verabsolutierung amtlicher Lohnorientierungsdaten begegnen«. Die Zielprojektionen sind Produkte der Gewerkschaftsspitzen und ihrer Beraterstäbe, die nicht in allgemeine Agitation für eine andere Entwicklung der Wirtschaft umgesetzt werden, geschweige denn mit den Kämpfen an der Basis verbunden werden. Die systemkonforme Verhaltensweise der Gewerkschaftsführungen wird durch eine solche Karikatur von alternativer Politik nicht verändert.

Die Gefahr, daß die Einkommenspolitik schließlich dazu führt, die Arbeiterbewegung den Anforderungen der kapitalistischen Logik zu unterwerfen, verdeutlicht die Notwendigkeit einer umfassenden politischen Alternativkonzeption; sie offenbart die Begrenztheit gewerkschaftlichen Handelns und wirft die Frage nach dem Verhältnis zwischen Partei und Gewerkschaft auf.

## 2. Partei und Gewerkschaft

Das Versagen der traditionellen politischen Parteien der Arbeiterbewegung in der Bundesrepublik, wesentlich bedingt durch die Folgen des Ost-West-Konflikts nach dem Zweiten Weltkrieg, hat dazu geführt, daß eine Zeitlang übertriebene Hoffnungen in die Gewerkschaften gesetzt wurden. Die Gewerkschaften erschienen vielen als Hort einer lebendigen Tradition der Arbeiterklasse. Erst die Auseinandersetzungen um die Verabschiedung der Notstandsgesetze und das Verhalten der Gewerkschaftsführung gegenüber der staatlichen Einkommenspolitik haben solche Fehleinschätzungen zugunsten einer nüchterneren Betrachtung korrigiert.

Die Gewerkschaften sind aufgrund ihrer Organisationsstruktur, des Bewußtseins ihrer Mitglieder, ihrer geschichtlichen Entwicklung und ihrer allgemeinen Funktion als Selbsthilfe- und Widerstandsorganisationen im Kapitalismus keine revolutionären Zusammenschlüsse; sie sind eng an die neokapitalistische Wirtschaftsordnung gebunden. Aber im Rahmen dieser Bindung gibt es für die Gewerkschaftspolitik die Alternative: autonome Verteidigung der Arbeiterinteressen oder Integration ins bestehende System. Eine autonome Gewerkschaftspolitik bringt nicht automatisch eine Veränderung der Gesellschaft zustande; sie kann aber die Möglichkeit dazu offenhalten. Insofern ist eine autonome Gewerkschaftspolitik eine der Voraussetzungen für eine Umgestaltung des bestehenden Systems. Gewerkschaftliche Organisation kann die Macht der Arbeiterklasse bewahren und stärken, wenn sie sie zum Ausdruck bringt. Wenn die Ansätze für eine offensive Strategie der Arbeiterklasse in den Gewerkschaften liegen, so bedarf es doch deren Umsetzung in Politik, die die Gewerkschaften allein nicht leisten können. Das Fehlen einer umfassenden politischen Alternative zur bestehenden Gesellschaftsordnung, die nur eine Massenpartei der Arbeiterklasse auch organisatorisch darstellen könnte, schlägt ebenso auf die Gewerkschaften und ihre Politik zurück, wie das Fehlen einer offensiven Gewerkschaftsstrategie die entsprechende parteipolitische Aktivität lähmt. Aus diesem Teufelskreis führen nur Konzeptionen heraus, die von sozialen Konflikten, wie den Septemberstreiks und ihrer theoretischen Bewältigung, ausgehen. Nur aus der Verlängerung und Verstärkung solcher Klassenkämpfe kann die Arbeiterbewegung in Zukunft die Kraft ziehen, das bestehende Gesellschaftssystem tatsächlich zu gefährden. Eine Erneuerung der Organisationsformen der Arbeiterklasse, Partei und Gewerkschaft, wird sich nur als Folge sozialer Konflikte vollziehen. Daß derartige Erneuerungen erstarrter Organisationen möglich sind, haben die Klassenkämpfe in Italien seit 1969 gezeigt. Dabei geht es nicht um eine Aufhebung der gewerkschaftlichen Organisationsform in Anlehnung an die von einigen Gruppen proklamierte Losung: »Zerschlagt die Gewerkschaften!« Eine einheitliche Organisation der Arbeiter ist keine realistische Alternative zum Ziel der Veränderung der Gewerkschaften. Arbeiter und Angestellte bejahen eindeutig die gewerkschaftliche Organisationsform, so offen auch ihre Kritik an der Gewerkschaftspolitik ist. Diese Tatsache haben nicht zuletzt die Untersuchungen und Umfragen nach den Septemberstreiks deutlich gemacht. Die Erfahrungen aus

der praktischen Gewerkschaftsarbeit zeigen sogar, daß die Mitglieder der Gewerkschaft vielfach weitergehende Aufgaben übertragen möchten, als diese bereit und in der Lage sind zu erfüllen. Mangels anderer Schutzorganisationen sollen die Gewerkschaften, nach dieser bei durchschnittlichen Mitgliedern sehr verbreiteten Auffassung, auf dem gesamten sozialen Sektor, von den Mieten bis zu Schulproblemen, aktiv werden. Der organisierte Kapitalismus macht also die Existenz von starken, demokratisch strukturierten Gewerkschaften, die als Sammelstätten des Widerstandes der Lohnabhängigen dienen, notwendig – auch im Bewußtsein dieser Lohnabhängigen.
Es bleibt hier undiskutiert, wieweit zu diesen beiden Organisationsformen, Partei und Gewerkschaft, noch eine dritte, unmittelbarere hinzutreten muß, nämlich eine Bewegung von Delegierten und Arbeiterräten in den Betrieben. In Italien hat es in Turin, inzwischen aber auch andernorts, wichtige Ansätze zu einer solchen Organisationsform gegeben, die ja ebenfalls eine Tradition der Arbeiterbewegung weiterführen würde. Die Arbeiterdelegierten bei Fiat oder Pirelli setzen die Tradition der Räte nicht in der deformierten Form der Betriebsräte fort, wie sie sich nach dem Scheitern der deutschen Revolution von 1918/19 entwickelt hat, sondern in ihrer ungebrochenen Form als Delegierte, die von den Arbeitern direkt kontrolliert werden und deren Interessen gegenüber dem Unternehmer und der Gewerkschaft vertreten. Anzeichen für ähnliche Entwicklungen in der Bundesrepublik gibt es kaum. Die Septemberstreiks waren viel zu kurz, als daß sich in ihnen neue Organisationsformen hätten entwickeln können.
Eines läßt sich immerhin aus den jüngsten westeuropäischen Kämpfen der Arbeiter und Angestellten herauslesen: es findet sich kein Hinweis darauf, daß das Prinzip der Einheitsgewerkschaft ein Hemmnis für die Entwicklung dieser Konflikte gewesen ist. Gewiß ergibt sich ein gewisses Stimulans aus der Konkurrenz von politisch orientierten Richtungsgewerkschaften. Die Aktionsfähigkeit wird aber durch die Spaltung eher eingeschränkt. Im Gegenteil zwingen gerade in den Ländern Frankreich und Italien, wo es solche Richtungsgewerkschaften gibt, die neuen, aus den Kämpfen entstehenden Gruppen die gespaltenen Apparate zur Zusammenarbeit und verursachen einen Prozeß der fortschreitenden Einigung. Diese Entwick-

lung wurde keineswegs durch politisch aktive Gruppen in den Gewerkschaften behindert. Deren Aktivität stellte vielmehr einen entscheidenden Motor für die Neubelebung der Gewerkschaftspolitik dar. Einheit der Gewerkschaftsbewegung kann also ebenso verbunden sein mit bürokratischem Trott, Passivität und Anpassung ans Bestehende wie mit lebendiger Diskussion aktiver politischer Gruppen in der Gewerkschaftsbewegung, die die entscheidenden Impulse für eine offensive Strategie geben.

Wenn auch in der Bundesrepublik die Beteiligung von politischen Gruppen außerhalb der Betriebe von den streikenden Arbeitern und Angestellten im September 1969 im allgemeinen schroff zurückgewiesen und als Einmischung empfungen wurde, so trifft dies doch nicht für diejenigen Gruppen zu, die im Betrieb selbst verankert und aktiv waren, z. B. die Gruppe »Arbeiterpolitik« bei der Klöckner-Hütte in Bremen.

Die Einheit der Arbeiterbewegung kann sich heute und morgen nicht in einer einheitlichen Organisation verwirklichen, die die bestehenden und möglichen Formen: Partei, Gewerkschaft und Rätebewegung, aufhebt. Vielmehr sollten diese Organisationsformen als sich ergänzend verstanden werden. Vorbild mag der Turiner Metallarbeiter sein, der in allen drei Organisationen aktiv ist. In dem militanten Arbeiter oder Angestellten, der sich nicht auf die Erfahrungen von Streiks und offensiver Gewerkschaftsarbeit beschränkt, sondern sie verbindet mit politischen Aktionen, politischem Bewußtsein und politischer Organisation, konkretisiert sich die mögliche und notwendige Einheit der Arbeiterklasse.

# Dokumente

Die folgende Dokumentation zu den wilden Streiks im September 1969 erhebt keinen Anspruch auf Vollständigkeit. Die Auswahl der Flugblätter, Betriebszeitungen, Stellungnahmen der Organisationen, Presseberichte und Analysen wurde unter dem Gesichtspunkt getroffen, die Beschreibung und Untersuchung der Streikbewegung im dritten Teil des vorliegenden Buches durch authentisches Material zu ergänzen.

Nach einer quantitativen Übersicht über die Streiks in Westeuropa und in den USA ab 1950 folgen Flugblätter und Betriebszeitungen aus verschiedenen Unternehmen der Eisen- und Stahlindustrie, des Bergbaus und der Werftindustrie. Dabei sind Flugblätter der DKP deutlich in der Überzahl, ein Beleg für die Aktivität der Betriebsgruppen dieser Partei während der Streiks. Von den einzelnen Organisationen – Parteien, Gewerkschaften, Studenten, Arbeitgeberverbänden – sind jeweils charakteristische Aussagen aus der Fülle des Materials herausgenommen. Die Presseberichte beschränken sich auf den bereits zitierten Artikel aus der *Frankfurter Allgemeinen Zeitung* und seine Widerlegung sowie zwei typische Kommentare der *Bild-Zeitung*. Im letzten Teil der Dokumentation sind Analysen zusammengestellt, die sich mit den Konsequenzen der Septemberstreiks beschäftigen.

# I. Übersicht

*Entwicklung der Streikbewegungen in einigen europäischen Ländern und den Vereinigten Staaten ab 1950 (DGB – Bundesvorstand, Abt. Tarifpolitik). Angaben in 1000.*

| Länder | 1950 | 1951 | 1952 | 1953 | 1954 | 1955 | 1956 |
|---|---|---|---|---|---|---|---|
| Bundesrepublik[1] | | | | | | | |
| betroffene Beschäftigte | 79,3 | 174,3 | 84,1 | 50,6 | 115,9 | 597,4 | 25,3 |
| verlorene Arbeitstage | 380,1 | 1592,9 | 442,9 | 1488,2 | 1586,5 | 846,6 | 263,9 |
| Großbritannien[2] | | | | | | | |
| betroffene Beschäftigte | 303,3 | 379,0 | 416,0 | 1374,0 | 450,0 | 671,0 | 508,0 |
| verlorene Arbeitstage | 1389,0 | 1694,0 | 1792,0 | 2184,0 | 2457,0 | 3781,0 | 2083,0 |
| Frankreich[3] | | | | | | | |
| betroffene Beschäftigte | 1527,3 | 1754,0 | 1155,2 | 1783,7 | 1318,9 | 1060,6 | 981,7 |
| verlorene Arbeitstage | 11728,8 | 3495,5 | 1732,6 | 9722,1 | 1440,1 | 3078,7 | 1422,5 |
| Italien[3] | | | | | | | |
| betroffene Beschäftigte | 3537,1 | 2134,7 | 1471,9 | 4679,1 | 2045,3 | 1403,2 | 1677,8 |
| verlorene Arbeitstage | 7760,8 | 4514,5 | 3530,6 | 5827,6 | 5376,7 | 5622,3 | 4136,7 |
| Österreich[4] | | | | | | | |
| betroffene Beschäftigte | — | 31,6 | 31,9 | 12,7 | 21,1 | 26,0 | 43,2 |
| verlorene Arbeitstage | — | 84,4 | 75,3 | 38,1 | 51,3 | 58,0 | 153,4 |
| Belgien[5] | | | | | | | |
| betroffene Beschäftigte | 149,9 | 121,2 | 278,1 | 116,7 | 60,6 | 118,6 | 176,1 |
| verlorene Arbeitstage | 2768,6 | 593,2 | 863,4 | 411,9 | 443,7 | 1001,8 | 948,2 |
| Niederlande[4] | | | | | | | |
| betroffene Beschäftigte | 17,6 | 14,2 | 3,8 | 10,8 | 18,7 | 21,2 | 37,0 |
| verlorene Arbeitstage | 162,2 | 66,7 | 31,2 | 28,3 | 59,3 | 133,0 | 212,8 |
| Schweden[2] | | | | | | | |
| betroffene Beschäftigte | 2,4 | 15,1 | 2,1 | 26,2 | 7,7 | 3,9 | 1,6 |
| verlorene Arbeitstage | 41,0 | 530,7 | 78,5 | 581,7 | 24,5 | 158,8 | 4,0 |
| USA[5] | | | | | | | |
| betroffene Beschäftigte | 2410,0 | 2220,0 | 3540,0 | 2400,0 | 1530,0 | 2650,0 | 1900,0 |
| verlorene Arbeitstage | 38800,0 | 22900,0 | 5910,0 | 28300,0 | 22600,0 | 28200,0 | 33100,0 |

| Länder | 1957 | 1958 | 1959 | 1960 | 1961 | 1962 |
|---|---|---|---|---|---|---|
| Bundesrepublik[1] | | | | | | |
| betroffene Beschäftigte | 45,1 | 202,4 | 21,6 | 17,1 | 21,1 | 79,2 |
| verlorene Arbeitstage | 2385,9 | 780,6 | 61,8 | 37,7 | 65,3 | 450,9 |
| Großbritannien[2] | | | | | | |
| betroffene Beschäftigte | 1359,0 | 524,0 | 646,0 | 819,0 | 779,0 | 4423,0 |
| verlorene Arbeitstage | 8412,0 | 3462,0 | 5270,0 | 3024,0 | 3046,0 | 5798,0 |
| Frankreich[3] | | | | | | |
| betroffene Beschäftigte | 2963,8 | 1112,5 | 939,8 | 1071,5 | 2551,8 | 1472,4 |
| verlorene Arbeitstage | 4121,3 | 1137,7 | 1938,4 | 1070,0 | 2600,6 | 1901,5 |
| Italien[3] | | | | | | |
| betroffene Beschäftigte | 1226,8 | 1283,3 | 1900,3 | 2337,9 | 2697,8 | 2909,8 |
| verlorene Arbeitstage | 4618,8 | 4171,9 | 9190,4 | 5786,2 | 9890,9 | 22716,5 |
| Österreich[4] | | | | | | |
| betroffene Beschäftigte | 19,6 | 28,7 | 47,0 | 30,7 | 38,3 | 207,5 |
| verlorene Arbeitstage | 45,6 | 48,7 | 50,5 | 68,8 | 113,9 | 647,7 |
| Belgien[5] | | | | | | |
| betroffene Beschäftigte | 339,1 | 62,8 | 123,5 | 19,1 | 12,6 | 22,0 |
| verlorene Arbeitstage | 3788,7 | 293,8 | 983,1 | 334,4 | 92,1 | 271,0 |
| Niederlande[4] | | | | | | |
| betroffene Beschäftigte | 1,4 | 5,1 | 7,6 | 75,5 | 8,6 | 2,2 |
| verlorene Arbeitstage | 7,2 | 37,3 | 14,0 | 467,4 | 24,7 | 9,1 |
| Schweden[2] | | | | | | |
| betroffene Beschäftigte | 1,6 | 0,1 | 1,2 | 1,5 | 0,1 | 3,5 |
| verlorene Arbeitstage | 53,0 | 15,0 | 23,9 | 18,5 | 2,1 | 5,0 |
| USA[5] | | | | | | |
| betroffene Beschäftigte | 1390,0 | 2060,0 | 1880,0 | 1320,0 | 1450,0 | 1230,0 |

| Länder | 1963 | 1964 | 1965 | 1966 | 1967 | 1968 |
|---|---|---|---|---|---|---|
| Bundesrepublik[1] | | | | | | |
| betroffene Beschäftigte | 100,9 | 5,6 | 6,3 | 196,0 | 59,6 | 25,2 |
| verlorene Arbeitstage | 878,0 | 16,7 | 48,5 | 27,1 | 389,6 | 25,2 |
| Großbritannien[2] | | | | | | |
| betroffene Beschäftigte | 592,5 | 883,0 | 876,0 | 543,9 | 733,7 | 2000,0[6] |
| verlorene Arbeitstage | 1755,0 | 2277,0 | 2925,0 | 2398,0 | 2787,0 | 4700,0[6] |
| Frankreich[3] | | | | | | |
| betroffene Beschäftigte | 2646,1 | 2603,1 | 1237,1 | 3341,0 | 2823,6 | — |
| verlorene Arbeitstage | 5991,5 | 2496,8 | 979,9 | 2523,5 | 4203,5 | — |
| Italien[3] | | | | | | |
| betroffene Beschäftigte | 3693,7 | 3245,5 | 2310,0 | 1888,0 | 2244,2 | — |
| verlorene Arbeitstage | 11394,6 | 13088,6 | 6992,9 | 14473,6 | 8568,4 | — |
| Österreich[4] | | | | | | |
| betroffene Beschäftigte | 16,5 | 40,8 | 146,0 | 120,9 | 7,5 | — |
| verlorene Arbeitstage | 34,0 | 35,4 | 151,2 | 71,4 | 16,4 | — |
| Belgien[5] | | | | | | |
| betroffene Beschäftigte | 17,7 | 41,8 | 19,6 | 45,5 | 38,5 | — |
| verlorene Arbeitstage | 247,4 | 443,8 | 70,1 | 533,3 | 181,7 | — |
| Niederlande[4] | | | | | | |
| betroffene Beschäftigte | 26,1 | 8,5 | 23,2 | 11,2 | 1,6 | — |
| verlorene Arbeitstage | 37,8 | 43,9 | 54,6 | 12,6 | 6,2 | — |
| Schweden[2] | | | | | | |
| betroffene Beschäftigte | 2,8 | 1,9 | 0,2 | 29,3 | 0,1 | — |
| verlorene Arbeitstage | 25,0 | 34,0 | 4,1 | 350,5 | 0,4 | — |
| USA[5] | | | | | | |
| betroffene Beschäftigte | 941,0 | 1640,0 | 1550,0 | 1960,0 | 2870,0 | — |
| verlorene Arbeitstage | 16100,0 | 22900,0 | 23300,0 | 25400,0 | 42100,0 | — |

*Anmerkungen*

Aufgrund der unterschiedlichen Streikstatistiken in den einzelnen Ländern geben die Ergebnisse nicht immer einheitlich Auskunft über die Streiks und Aussperrungen. Die Streikergebnisse für Deutschland enthalten jedoch für den gesamten Berichtszeitraum keinerlei Daten über Aussperrungen.

1. Deutschland: einschl. Aussperrungen.
2. Großbritannien, Schweden: ab 1950 einschl. Aussperrungen.
3. Frankreich, Italien: ab 1950 einschl. Aussperrungen und ausschl. Arbeitsstreitigkeiten, die sich über mehr als einen Wirtschaftszweig erstreckten.
4. Österreich, Niederlande: ab 1950 einschl. Aussperrungen.
5. Belgien, USA: ab 1950 einschl. Aussperrungen und ausschl. Arbeitsstreitigkeiten mit einer Dauer von weniger als einem Tag.
6. Vorläufig.

*Quellen:*

Statistisches Rechtsamt, Berlin; Internationale Arbeitsorganisation, Genf; Statistisches Bundesamt, Wiesbaden.

# II. Flugblätter und Betriebszeitungen

# Heiße Eisen

## ALLE RÄDER STEHEN STILL, WENN DER ARBEITER ES WILL!

Kampfentschlossenheit drückt diese Losung der Arbeiter und Angestellten vor dem Verwaltungsgebäude der Hoesch Westfalenhütte aus.
Heute, gegen 9 Uhr, verließen etwa 1500 Arbeiter spontan und demonstrativ ihre Arbeitsplätze, um vor dem Verwaltungsgebäude die Lohnerhöhung zu fordern, die ihnen bisher von der Direktion verweigert wird.

## 30 PFENNIG FÜR ALLE SOFORT!

Das ist die berechtigte Forderung der Westfalenhütten-Arbeiter und -Angestellten. Wochenlang wurden sie von allen möglichen Leuten vertröstet, während die Produktion ständig steigt und damit die Belastungen für die Arbeiter immer größer werden.

Durch dauernde Rationalisierungsmaßnahmen bekommen die Arbeiter und Angestellten immer mehr Arbeit aufgebrummt, während die Aktionäre und Top-Manager vom glänzenden Geschäft sprechen und immer höhere Gewinne einheimsen.
Das immer größer werdende Arbeitstempo führt zu einer außerordentlichen Unfallhäufigkeit.
Löhne und Gehälter stehen in keinem Verhältnis zu den Gewinnen. Dazu steigen die Lebenshaltungskosten enorm an.

Das sind im wesentlichen die Ursachen für den Proteststreik der Westfalenhütten-Arbeiter.

## ARBEITER KÄMPFEN NICHT OHNE GRUND!
Jawohl: Alle Räder stehen still, wenn der Arbeiter es will! In diesem Ruf kommt zum Ausdruck, daß die Arbeiter entschlossen sind, ihre Sache selbst in die Hand zu nehmen.

## SOLIDARITÄT IST GEWERKSCHAFTLICHE PFLICHT!
Darum sollten sich alle mit den Streikenden solidarisch erklären, um die gemeinsame Forderung nach einer Lohnerhöhung von 30 Pfennig für alle und ab sofort durchsetzen.

Die Erhöhung, um die es heute geht, darf nicht auf den bevorstehenden Tarifabschluß angerechnet werden. Es geht ganz einfach darum, einen Nachholbedarf durchzusetzen.

DIE DA OBEN KÖNNEN NICHT MACHEN,
WAS SIE WOLLEN...
sagten Kollegen vor dem Verwaltungsgebäude.
Richtig so, die »von unten« haben recht mit ihren Forderungen und haben recht in der Wahl der Mittel, mit denen sie ihre Forderungen durchsetzen werden.
Darum verdienen sie unsere volle Unterstützung.

ERFOLG DURCH SOLIDARITÄT
UND EINHEITLICHES HANDELN!


2. 9. 1969 DKP-BETRIEBSGRUPPE WESTFALENHÜTTE


verantw.: rudi skott, dortmund
druck: schreibstube sprenger, dortmund

# letzte information, dienstag, 20 uhr – letzte information dienstag, 20 uhr – letzte information

Die Belegschaft der Westfalenhütte streikt weiter.
Der Betriebsrat der Westfalenhütte übernahm einstimmig die Forderung der Belegschaft nach 30 Pfennig Lohnerhöhung für alle – und sofort.
Er unterbreitete der Direktion diesen Vorschlag. Die Direktion läßt sich aber verleugnen. Sie will erst wieder am 3. 9. 69 verhandeln.

Die vor dem Verwaltungsgebäude der Westfalenhütte versammelten streikenden Arbeiter gaben eine eindeutige Antwort. Sie beschlossen:

> Wir nehmen die Arbeit nur dann auf, wenn die 30-Pfennig-Forderung erfüllt ist und die Schicht bezahlt wird.

Ein Kollege teilte mit, daß auf dem WERK UNION Verleumdungen im Umlauf seien. Es wurde behauptet, in der Verwaltung der Westfalenhütte wären Teppiche in Brand gesteckt worden. Die Streikenden seien Betrunkene. Alle würden von den Kommunisten aufgewiegelt.

Dazu sagen wir ganz deutlich: Die Belegschaft ist gewerkschaftlich organisiert und hat Erfahrungen genug, sich von niemandem aufwiegeln zu lassen.
Dies tun weder Kommunisten, Sozialdemokraten noch nichtorganisierte Arbeiter.

Wir wiederholen hier die Forderung der Belegschaft:
> Es geht um die 30 Pfennig Lohnerhöhung und nicht um Interessen irgendeiner politischen Gruppe.

# Heiße Eisen

## Extrablatt

Der Präsident des Bundesverbandes der Deutschen Industrie, FRITZ BERG, erklärte am Freitag, 12. 9. 69, bei einem Empfang der Industrie-Kreditbank in Düsseldorf:
»Die hätte doch ruhig schießen sollen, einen totschießen, dann herrschte wenigstens wieder Ordnung.«
Jawohl, Kollegen, Ihr habt richtig gelesen: »... einen totschießen, dann herrschte wenigstens wieder Ordnung«. Das ist die Meinung des obersten Bosses aller bundesdeutschen Unternehmer.

Wer erschossen werden sollte? – Arbeiter!
Arbeiter, die nicht länger gewillt sind, den »braven Sozialpartner« zu spielen.
Arbeiter, die in Streikkämpfen den Unternehmern eine Lohnerhöhung aus dem Rachen rissen.

Der Boß aller Unternehmer, Fritz Berg, bedauert, daß die Lügen der großbürgerlichen FRANKFURTER ALLGEMEINEN ZEITUNG über den Streikverlauf der Hoesch-Belegschaft zu schnell als übelste Brunnenvergiftung entlarvt wurden.
Er bedauert, daß FRAU HARDERS nicht mindestens einen unserer Kollegen erschossen hat.

Damit zeigt sich für alle sichtbar das wahre Gesicht der Unternehmer. Um ihre Profite, um ihre Macht zu sichern, ist ihnen jedes Mittel recht. Von der Verleumdung, über gemeine Lügen, bis zur Aufforderung zum Mord.

Die Unternehmer und alle, die offen oder versteckt auf ihrer Seite stehen, haben in den letzten Tagen Bammel bekommen vor der einheitlich und geschlossen auftretenden Arbeiterschaft.
Darum schlagen sie wild um sich und versuchen, »Außenstehende«, »Kommunisten« und »Unruhestifter« verantwortlich zu machen für die Folgen der Bonner Politik, die sich einzig und allein zum Ziel gesetzt hat, die Ausbeuter und ihre Ordnung zu unterstützen und zu erhalten.

Die Spitze aller Unverschämtheiten ist sicher das, was Herr Berg am Freitag gesagt hat. Wir wissen aber auch, daß dieser Herr Berg mit seiner Auffassung über fordernde und kämpfende Arbeiter nicht allein steht. Sie entspricht der Politik der Bonner Regierung, aller arbeiterfeindlichen und neonazistischen Kräfte.

Während der Streiks der Bergarbeiter von »Minister Stein« forderte die NPD die Bergarbeiter auf, nicht an Lohnerhöhungen, sondern an ihr »Vaterland« zu denken.
Der Vorsitzende der CSU und Bundesfinanzminister STRAUSS forderte, mit der Regierungspolitik Unzufriedene außerhalb des Gesetzes zu stellen und wie Tiere zu behandeln.
Kiesinger diffamiert die Gegner seiner Unternehmerpolitik als »Visagen«, »Höhlenmenschen« und »heulende Derwische«.

Wir weisen alle Versuche zurück, Gegner der Bonner Regierungspolitik zu verleumden und werden uns auch in Zukunft nicht abhalten lassen, solidarisch an der Seite derer zu stehen, die um ihre berechtigten Forderungen kämpfen.
Die Betriebsgruppe der DKP protestiert auf das schärfste gegen die verbrecherische Aufforderung des Präsidenten des Bundesverbandes der Deutschen Industrie, auf streikende Arbeiter zu schießen.
Es ist unverantwortlich, solchen Unruhestiftern noch länger die Möglichkeit zu geben, Macht und Einfluß auf das wirtschaftliche und politische Leben in der Bundesrepublik auszuüben.
Darum sollten wir alle gemeinsam und stärker als bisher für die Durchsetzung der gewerkschaftlichen Forderung nach allseitiger Mitbestimmung eintreten. Durch diese Mitbestimmung müssen Macht und Einfluß der Bergs, Harders' und ihrer Paladine in Bonn rigoros eingeschränkt werden.
DIE ERFAHRUNGEN DER LETZTEN TAGE HABEN BEWIESEN, WIE NOTWENDIG ES IST, DIE GEWERKSCHAFTEN ALS EINHEITLICHE UND GESCHLOSSENE KAMPFORGANISATIONEN WEITERHIN ZU FESTIGEN.
NUR SO KANN DER KAMPF UM MITBESTIMMUNG FÜR ARBEITER UND ANGESTELLTE ZUM ERFOLG FÜHREN.

    D K P    BETRIEBSGRUPPE WESTFALENHÜTTE

verantw.: rudi skott, dortmund
druck: schreibstube sprenger, dortmund

# Kolleginnen und Kollegen!

30 Stunden genügten den Kollegen des Hoesch-Konzerns, die Unternehmer in die Knie zu zwingen.
Ihre berechtigte Forderung – 30 Pfennig für alle – wurde im entschlossenen Kampf durchgesetzt.
Zu lange wurden wir alle mit Schlagworten wie »soziale Symmetrie« und »konzertierte Aktion« abgespeist.
Das Ergebnis: Die Unternehmer scheffelten Millionengewinne.
> Der DGB sprach zu Recht von einer Gewinnexplosion. Der soziale »Klimbim« wurde abgebaut. Preise stiegen, Löhne blieben.

Den Kollegen von Hoesch platzte zuerst der Kragen. 27 000 streikten für die gemeinsame Forderung:
> 30 Pfennig für alle,
> keine Anrechnung auf einen neuen Tarif,
> volle Bezahlung der Streikstunden.

Unsere Dortmunder Kollegen bewiesen, Appelle an die Einsicht der Unternehmer sind letztlich ergebnislos. Sie verstehen nur eine Sprache: unseren gemeinschaftlichen, solidarischen Kampf! Gestern streikten die Kollegen unseres Schwesterbetriebes in Meiderich – ebenfalls für 30 Pfennig.
Auch in unserem Betrieb nahmen gestern, ab 13 Uhr, alle, bis auf die Kollegen vom Maschinenbau, den »Kampf für 30 Pfennig« auf.
Die verantwortlichen Herren des *Rheinstahl-Konzerns* waren sehr schnell zur Stelle. Sie wollten nicht etwa unsere berechtigten Forderungen anerkennen, sondern ihre hinlänglich bekannte und leider zu oft erfolgreiche Hinhaltetaktik an den Mann bringen.
Heute morgen muß mit den Kollegen des Maschinenbaus der Kampf für 30 Pfennig, wenn er erfolgreich sein soll, fortgesetzt werden.
Kollegen, darum auf zum Betriebsrat, stärken wir seine Verhandlungsposition!
Unsere Mindestforderung:
> 30 Pfennig für alle!
> Keine Anrechnung auf einen neuen Tarif!
> Volle Bezahlung der Streikstunden!

Kollegen!
Nehmt die Arbeit nicht eher auf, bis dieses Ergebnis vorliegt. Nur so konnten die Kollegen in Dortmund erfolgreich sein.

Eigendruck im Selbstverlag,
verantw. W. Anheyer, Mülheim

# Streik

## DIE DA OBEN KÖNNEN NICHT MACHEN, WAS SIE WOLLEN!

Der Streik breitet sich aus!
*Gießerei Meiderich:* 1300 Arbeiter und Angestellte seit gestern im Streik.
*Mannesmann Huckingen:* 2000 Kollegen aus den Produktionsbetrieben haben um 10 Uhr die Arbeit niedergelegt.
*Friedrich-Wilhelm-Hütte, Mülheim/Ruhr:* Seit heute morgen streiken 2300 Arbeiter. Der Betrieb liegt still.
*Schalker Verein, Gelsenkirchen:* 2000 Arbeiter haben, gegen 10.30 Uhr, die Arbeit niedergelegt.

## 30 PFENNIG FÜR ALLE!

Durch die dauernden Rationalisierungsmaßnahmen bekommen die Arbeiter und Angestellten immer mehr Arbeit aufgebrummt, während die Aktionäre und Top-Manager vom glänzenden Geschäft sprechen und immer höhere Gewinne einheimsen.
Das immer stärker werdende Arbeitstempo führt zu einer außerordentlichen Unfallhäufigkeit.
Löhne und Gehälter stehen in keinem Verhältnis zu den Gewinnen. Dazu steigen die Lebenshaltungskosten enorm an.

## ARBEITER KÄMPFEN NICHT OHNE GRUND!

Jawohl: Alle Räder stehen still, wenn der Arbeiter es will! In diesem Ruf kommt zum Ausdruck, daß die Arbeiter entschlossen sind, ihre Sache selbst in die Hand zu nehmen.

## SOLIDARITÄT IST GEWERKSCHAFTLICHE PFLICHT!

Darum sollten sich alle mit den Streikenden solidarisch erklären, um die gemeinsame Forderung nach einer Lohnerhöhung von 30 Pfennig für alle und ab sofort durchzusetzen.
Die Erhöhung, um die es heute geht, darf nicht auf den bevorstehenden Tarifabschluß angerechnet werden.

## ERFOLG DURCH SOLIDARITÄT UND EINHEITLICHES HANDELN!

5. 9. 69   12 Uhr

Sozialistisches Zentrum – DKP Duisburg, Kardinal-Galen-Str. 21
Telefon: 2 48 64

# 16 Prozent Lohnerhöhung!

Was brachte der Arbeitskampf bei Klöckner?

Nach 8 Tagen Streik erhalten die Kollegen der Klöcknerhütte Bremen eine Lohn- und Gehaltserhöhung von insgesamt 16%!
Was wäre für die Klöckner-Kollegen ohne Streik bei den Lohnverhandlungen der Gewerkschaft erreicht worden, was habt Ihr bekommen?
Ohne Euch zu fragen, handelte der IG-Metall-Vorstand 8% aus. Bezogen auf den gleichen Ecklohn, bedeutet das die Hälfte.
Warum hat die Belegschaft der Klöcknerhütte gestreikt?
– die Unternehmensleitung hatte in den vergangenen Jahren ständig die übertariflichen Zuschläge abgebaut;
– die Gewerkschaft hatte sich durch langfristige Laufzeit des Tarifvertrages die Hände selbst gebunden. Trotz der hohen Konjunktur und der großen Gewinne sollten die Löhne erst ab Dezember erhöht werden;
– die IG Metall hatte trotz steigender Preise und gesteigerter Arbeitsproduktivität für die metallverarbeitende Industrie nur 8% herausgeholt.
Die Belegschaft der Klöcknerhütte wußte, daß, wenn sie sich nicht rührt, sie keinen Pfennig mehr zu erwarten hat.
Deshalb forderte die Belegschaft der Klöcknerhütte eine sofortige Erhöhung der außertariflichen Zulage. Da der Betriebsrat ohne eine starke Belegschaft im Rücken in Verhandlungen nicht viel erreichen kann, entschieden sich die Kollegen für Streik.
Nur durch diesen Streik allein ist es gelungen, die außertarifliche Zulage von 20 Pfennig zu erreichen und – was noch viel wichtiger ist – eine Lohnerhöhung von 11% anstatt von 8%.
Was ist nun davon zu halten, wenn die Gewerkschaftsspitze auf der einen Seite versucht, die Streikenden zu diffamieren und sich andererseits mit dem Verhandlungsergebnis von 11% brüstet?
Es bedeutet nichts anderes, als den Erfolg, den die Belegschaft der Klöcknerhütte in vorbildlicher Disziplin und Geschlossenheit erkämpft hat, nun auf ihre Fahnen zu schreiben, um das selbständige Handeln der Klöckner-Kollegen und ihren Erfolg abzuwerten.
*Dagegen müssen wir uns wehren!*
Die Selbstherrlichkeit der Funktionäre müssen wir zurückweisen!
*Nur* durch unser eigenes Handeln im Betrieb können wir unsere Interessen durchsetzen!
Gruppe Arbeiterpolitik Bremen
Verantw.: Günter Kuhlmann
28 Bremen, Admiralstr. 139

# Information des Betriebsrats vom 17. Sept. 69

Kolleginnen und Kollegen!

Die Forderung der Belegschaft, die übertarifliche Zulage zu erhöhen, war berechtigt. Die Erhöhung der innerbetrieblichen Zulage auf den alten Stand von 30% entsprach den betrieblichen Möglichkeiten.
Die widersprüchliche und auf Verzögerung hinzielende Haltung des Direktoriums führte am 5. Sept. 1969 zur spontanen Arbeitsniederlegung.
Durch die Unnachgiebigkeit der Unternehmerseite zog sich die Arbeitsniederlegung 9 Tage hin.
Das letzte Angebot der Direktion lautete: 0,20 DM pro Stunde auf die Lohngruppe 7 bezogen und 35,- DM auf die Gehaltsgruppe K/T 3/21. Über dieses Angebot fand am Freitag, dem 12. Sept. 1969, eine geheime Abstimmung der Belegschaft statt. An dieser Abstimmung beteiligten sich 2707 Belegschaftsmitglieder.
  Für die Annahme stimmten 1415 Belegschaftsmitglieder,
  gegen die Annahme stimmten 1195 Belegschaftsmitglieder,
  Stimmenthaltungen 68, ungültige Stimmen 29.
Mit diesem Resultat entschied sich die Belegschaft für Wiederaufnahme der Arbeit. Andererseits bringt die knappe Annahme zum Ausdruck, daß die Belegschaft ein größeres Entgegenkommen des Direktoriums erwartet hat.
Rechnen wir die gesamte Lohn- bzw. Gehaltserhöhung, so ergeben sich mehr als 16%.
Durch die Arbeitsniederlegungen in der Stahlindustrie wurden die Tarifpartner veranlaßt, die erst am 30. 11. 69 auslaufenden Lohn- und Gehaltstarife 3 Monate vorzuziehen.
Die Belegschaft kam damit zu einem wesentlich besseren Erfolg als in der Metallverarbeitung, wo nur 8% erreicht wurden.
Das Gesamtergebnis dieser Lohnbewegung ist auf die selbstbewußte Haltung der Stahlarbeiter zurückzuführen. Eine Lohn- und Gehaltserhöhung dieser Größenordnung hat es seit 20 Jahren nicht mehr gegeben.

*Betriebsrat*

gez. H. Röpke, gez. M. Müller

# Stahlarbeiter kämpfen nicht ohne Grund

Die Streikwelle in der westdeutschen Eisen- und Stahlindustrie beherrscht in diesen Stunden die Schlagzeilen. In Dortmund, Duisburg, Gelsenkirchen, Rheinhausen, Osnabrück, Neunkirchen, Mülheim/Ruhr und Bremen haben in den dortigen Hüttenwerken die Belegschaften in machtvollen Streikaktionen die Durchsetzung von Lohnerhöhungen in die eigenen Hände genommen. Als erste haben die 23 000 Kollegen der Hoesch-Stahlwerke in Dortmund die Unternehmer in die Knie gezwungen. Sie setzten ihre Lohnforderungen restlos durch.
Die Forderungen aller westdeutschen Stahlarbeiter sind vollauf berechtigt. Die Profite in der Eisen- und Stahlindustrie erreichen schwindelnde Höhen. Was jetzt in diesen mächtigen Streiks durchgesetzt wird, hat nichts mit dem kommenden Tarifabschluß zu tun. Es geht hierbei um einen echten Nachholbedarf, um den Anschluß der zurückgebliebenen Löhne und Gehälter an die gestiegenen Gewinne.
Bei Hoesch wurde der volle Erfolg durch eine große Einheitlichkeit und Geschlossenheit der Belegschaft erzwungen.
Die gesamte Belegschaft hielt das Werk während der ganzen Streikdauer besetzt! Damit zwangen sie die Konzernleitung zum raschen Nachgeben.
Alle Spekulationen der Unternehmensleitung auf Zeitgewinn, Verwirrung der Kollegen und Aufspaltung schlugen fehl. In diesem Kampf standen die Kollegen auf dem Standpunkt:
»Die Gewerkschaften sind wir. Und wir entscheiden, was zu tun ist!«
Die Losungen der Bremer Klöckner-Arbeiter bringen treffend zum Ausdruck, um was es ihnen geht:
»Hochkonjunktur in der Hütte – kein Geld in der Tüte!«
»Wir arbeiten nicht nur für die Aktionäre!«

Verantw.: R. Kaufhold, Bremen – Eigendruck

# Information der Deutschen Kommunistischen Partei für die Belegschaft der Mannesmann AG

SONDERDRUCK

ÜBT SOLIDARITÄT

Kollegen!

Das Beispiel der Westfalenhütte hat Schule gemacht.
Seit gestern morgen stehen 13 000 Kollegen der Eisengießerei in Meiderich im Streik. Ihre Forderung: 30 Pfennig für alle und keine Anrechnung beim neuen Tarifabschluß. Die Hüttenwerker wurden immer nur vertröstet, während die Stahlbosse durch Höchstleistungen der Belegschaften und durch enorme Preissteigerungen und Steuervergünstigungen millionenschwere Extraprofite einstecken.
Der Sieg der Hoesch-Arbeiter zeigte:
**DIE UNTERNEHMER KÖNNEN ZAHLEN!**
Die Losung von Dortmund sprang auf Duisburg über: »Alle Räder stehen still, wenn der Arbeiter es will!«
Kollegen!
Erklärt Euch mit den Arbeitern von Rheinstahl-Meiderich solidarisch!

DKP-Kreisvorstand Duisburg

Verantw.: W. Hendriks, Duisburg
Druck: Schiro-Druck GmbH, Essen

# An die Kieler Bevölkerung

# Streik bei Howaldt!

Bei der Bevölkerung wird der Eindruck erweckt, daß wir Howaldtarbeiter eine *Erhöhung* unseres Lohnes verlangen. Die Unternehmer behaupten, daß sie diese Lohnerhöhung wegen der verschärften Konkurrenz nicht verkraften können. Das ist eine Lüge. Wahr dagegen ist:
Die Auftragslage war noch nie so gut. Das ist uns selbst von der Direktion bestätigt worden. Der Umsatz stieg im vergangenen Jahr um 24,6%.
Nach der Fusion versprach der Personalchef Dr. Henke vor versammelter Belegschaft, daß unsere Löhne an die unserer Hamburger Kollegen *angeglichen* werden sollen. Die Erfüllung dieses Versprechens ist die Unternehmensleitung uns bis heute schuldig geblieben. Alle unsere Warnungen hat die Direktion in den Wind geschlagen. Deswegen nahmen wir unser Schicksal selbst in die Hand. Dieser Kampf wurde uns von der Direktion aufgezwungen. Wir wollen für gleiche Arbeit gleichen Lohn. Wir wollen nicht billigere Arbeitskräfte sein als unsere Hamburger Kollegen. Wir wollen keine Lohndrücker sein.
Die Unternehmensleitung wollte uns durch Verleumdung, Druck und Erpressung noch in letzter Minute in die Knie zwingen. Lumpige 6 Pfennig hatte sie uns als Abschlagszahlung angeboten. In ihrem Angebot hatte sie auch die vollständige Zahlung der ausgefallenen Streikstunden verweigert, obgleich sie diesen Streik verursacht hat.
In ihrem Angebot hatte sie selbst die Forderung nach Schutz der streikenden Kollegen vor Repressalien ausgeklammert. Die Erfüllung dieser Forderung hätte sie keinen Pfennig Geld gekostet. Ihre Absicht, uns einzuschüchtern, ist klar. Aber ebenso klar ist unsere Antwort: Bevor unsere Forderungen nicht erfüllt sind, gibt es keine Arbeitsaufnahme!
Die Direktion will unsere Entschlossenheit, den Kampf um unsere berechtigten Forderungen zu Ende zu führen, durch Repressalien brechen: Sie hat den Versicherungsschutz für unsere Frauen und Kinder aufgehoben. Die Direktion hat den Arbeitskampf in unsere Familien getragen. Deshalb wenden wir uns an die gesamte Bevölkerung, damit sie uns in unserem Kampf unterstützt.
Mit unseren Frauen und Kindern demonstrieren wir Howaldtarbeiter morgen früh ab Werk Dietrichsdorf um 9 Uhr durch die Innenstadt zum Rathausplatz.

Wir rufen die Kieler Bevölkerung auf, durch ihre Teilnahme an der Kundgebung ihre Sympathie für uns und unsere gerechte Sache zu bekunden.

Helmut Schlüter, gewählter Sprecher der streikenden Kieler Howaldtarbeiter

# Liebe Kollegen!

Die Direktion hat uns schon am ersten Tag unseres Streiks bei der Krankenkasse abgemeldet. Mitgeteilt wurde es uns erst gestern. Ich will mich mit diesem Schritt der Direktion nicht erst lange auseinandersetzen. Es ist Eile geboten. Ich habe mit einem Vertreter der Krankenkasse gesprochen. Heute, um 13 Uhr, ist der letzte Termin, zu dem wir noch einen Antrag auf freiwillige Versicherung einreichen können. Wer bis zu diesem Termin keinen Antrag gestellt hat, kann es während des Streiks überhaupt nicht mehr tun.
Was bedeutet die freiwillige Versicherung?
Wir erhalten im Krankheitsfalle zwar kein Krankengeld, aber für uns und unsere Angehörigen die Arzt- und Arzneimittelkosten.
Was kostet die freiwillige Versicherung?
Sie kostet pro Tag 3,63 DM und muß, wenn wir jetzt den Antrag stellen, in etwa 2–3 Wochen bezahlt werden. Wenn die Direktion die Streiktage bezahlt, kostet sie uns gar nichts. Wenn unsere Arbeit wieder beginnt, müssen wir uns auf einem vorgedruckten Formular abmelden.
Wie muß das Formular ausgefüllt werden?
Die Angaben unter der Ziffer I Name, Vorname usw. müssen vollständig ausgefüllt sein. Nur bei der Angabe »Gegenwärtige Beschäftigung« wird ein Strich gemacht.
Bei den Angaben unter II muß unter »Zuletzt beschäftigt« eingetragen werden HDW. Unter »Beschäftigungszeit von« genügt das Jahr. z. B. 1961.
bis: muß eingetragen werden 9. 9. 1969.
Alle anderen Fragen auf der Anmeldung werden von der Krankenkasse ausgefüllt. Nur auf der Rückseite müssen Ort und das heutige Datum, 16. 9. 1969, eingetragen werden. Die Unterschrift bitte nicht vergessen.
Anmeldeformulare werden von der Streikleitung auf unserer Versammlung heute morgen verteilt. Um es allen Kollegen so leicht wie nur möglich zu machen, können die ausgefüllten Formulare dort auch wieder abgegeben werden. Ich habe mit der Krankenkasse abgesprochen, das wir sie alle zusammen abgeben können.
Wenn es weitere Fragen gibt, können wir sie bei unserer Versammlung beantworten.
Kollegen!
Nehmt diese Sache nicht auf die leichte Schulter. Die Sicherheit für uns und unsere Familien ist wichtig.

Helmut Schlüter

Druck: Eigendruck, Verantw.: Helmut Schlüter, 2351 Stolpe Kamp

# Mitteilung Nr. 2

Mitteilung der Sprecher der streikenden Howaldt-Arbeiter zu dem Ergebnis der Verhandlungen zwischen Direktion und Betriebsrat.

Wir haben neun Tage gestreikt. Diesen Kampf haben uns die Unternehmer aufgezwungen.

Unsere Forderung nach vollem Lohnausgleich an Hamburg, Beibehaltung aller bisher gezahlten betrieblichen Leistungen, volle Bezahlung für die Streiktage und keine Repressalien gegen streikende Kollegen, waren und sind völlig gerechtfertigt.

Das Erreichte ist das Ergebnis des einheitlichen und geschlossen geführten Kampfes der Gesamtbelegschaft gegen den harten Widerstand der Direktion und des Unternehmerverbandes.

Das Verhandlungsergebnis erfüllt nur zum Teil unsere Forderungen. Es ist mehr, als die Direktion zahlen wollte, und weniger, als wir forderten. Es ist ein Teilerfolg. Der Lohnangleich an Hamburg ist noch nicht erreicht. Das Verhandlungsergebnis wurde von dem Vertrauensmännerkörper angenommen.

Wäre es nicht besser gewesen, wenn man auch der streikenden Belegschaft das Verhandlungsergebnis zur Abstimmung vorgelegt hätte?

Wir hätten mehr erreichen können, wenn in den Kampftagen Betriebsrat und Vertrauensmännerkörper enger mit den Sprechern der streikenden Howaldt-Arbeiter zusammengearbeitet hätten. Wir bedauern es zutiefst.

Muß der Betriebsrat und der Vertrauensmännerkörper nicht ein eigenartiges Gefühl als Gewerkschafter haben, etwas zu beenden, was die Kollegen begonnen haben?

Der Kampf ist noch nicht zu Ende. Für uns Howaldt-Arbeiter muß spätestens mit dem neuen Tarifvertrag der volle Lohnausgleich erreicht werden.

## WIR WOLLEN GLEICHEN LOHN FÜR GLEICHE ARBEIT

Wir sind gemeinsam und geschlossen in den Streik getreten, wir meinen, man muß ihn auch gemeinsam und geschlossen beenden.

Wir sollten abschließend nochmals ausdrücklich feststellen, daß dieser Teilerfolg in erster Linie ein Ergebnis des kompromißlosen Kampfes der streikenden Howaldt-Arbeiter gewesen ist. Ohne diesen Streik hätte es keine Verhandlungen und auch kein Ergebnis gegeben. Wir sind überzeugt, daß alle vier Forderungen erfüllbar gewesen wären.

Zu diesen Fragen werden wir ein weiteres Mitteilungsblatt herausgeben.

Verantwortlich für den Inhalt: Helmut Schlüter

# Werftecho

## Streik-Ausgabe

Seit einem Jahr kämpfen wir Kieler Howaldter um den Hamburger Lohn.
Seit Wochen fragen Kollegen: »Wann wird denn nun gestreikt?«
Seit Wochen war es klar: so geht es nicht weiter!
Gestern nun war es endlich soweit. Im Werk Gaarden versammelten sich nach der Mittagspause einige tausend Kollegen vorm Verwaltungsgebäude. Zur gleichen Zeit kamen die Vertrauensleute unter der Helling zusammen. Sie beschlossen: Streik! Streik, bis der Unternehmer mit dem Hamburger Lohn rausrückt.
Direktor Neitzel versuchte uns einzureden: »Nehmt die Arbeit wieder auf. Es wird schon verhandelt.« Aber auf diesen billigen Trick fielen die Kollegen nicht herein. Sie forderten eine feste Zusage, und die wollte Direktor Neitzel natürlich nicht geben. Denn: die Direktion ist immer noch fest entschlossen, uns übers Ohr zu hauen.
Also werden wir weiterstreiken!

## Unsere Forderungen

Um in unserm Streik zu einem Erfolg zu kommen, müssen wir uns über unsere Forderungen im klaren sein. Unsere Hauptforderungen sind:
  1. Voller Lohnangleich an Hamburg ab sofort!
  2. Beibehaltung aller bisher gezahlten betrieblichen Leistungen (Tonnagegeld, Weihnachtsgeld usw.)!
  3. Für die Streikzeit muß voller Lohn gezahlt werden!
  4. Keine Repressalien gegen streikende Kollegen!

Kollegen! Diese Forderungen sind ohne weiteres durchzusetzen, wenn wir zusammenhalten. Das sehen wir an den Kollegen in West- und Süddeutschland. (Berichte über den erfolgreichen Kampf im Ruhrgebiet verteilen wir heute mit am Werkstor.)
Im einzelnen müssen wir bei unsern Forderungen beachten:
  1. Der Lohnangleich kann *betrieblich* oder *tariflich* geregelt werden:
  *betrieblich* – das heißt: durch einen »Hausvertrag« zwischen Betriebsrat und Unternehmensleitung
  *tariflich* – das heißt: durch eine »Sonderlohntafel« für die HDW Kiel, die zum Bestandteil des Tarifvertrages wird.
Wir meinen: wir müssen die tarifliche Lösung erreichen. Denn

sonst nutzt der Unternehmer die erste Gelegenheit, uns unsere Rechte wieder streitig zu machen. Und: wir können die tarifliche Absicherung schaffen. Es gibt eine solche »Sonderlohntafel« z. B. schon für die Olympia-Schreibmaschinenfabrik in Wilhelmshaven. Was die Kollegen dort durchgesetzt haben, daß schaffen wir Howaldter auch.
2. Auf keinen Fall dürfen wir zulassen, daß man uns die Lohnerhöhung an anderer Stelle wieder abzieht. Am sichersten gehen wir, wenn auch Tonnagegeld, Weihnachtsgeld usw. tariflich abgesichert werden.
3. Daß wir keinen Lohnausfall durch den Streik haben dürfen, ist ja wohl klar. Sind wir etwa schuld, daß hier auf der Howaldt erst gestreikt werden muß? Unsere berechtigten Forderungen liegen seit langem auf dem Tisch. Wir wären auch froh gewesen, wenn sie ohne Streik vom Unternehmer angenommen worden wären. Der Lohnausgleich wäre seit der Fusion fällig gewesen. Die Direktion sollte sich überlegen, ob sie uns das seitdem vorenthaltene Geld nicht nachzahlen will. Das würde das Betriebsklima erheblich verbessern!
4. Auf den dummen Gedanken, Druck auf uns auszuüben, wird die Direktion ja wohl nicht kommen. Denn das kann sie sich nicht leisten. Daß die Unternehmensleitung solche Dummheiten nicht macht, dafür werden wir alle sorgen!
Für unser Verhalten während des Streiks gilt: Brennesseln muß man hart anpacken, sonst brennen sie!
EINS MUSS KLAR SEIN: BEVOR UNSERE FORDERUNGEN NICHT DURCH SIND, FANGEN WIR NICHT WIEDER AN!

## Was ist jetzt zu tun?

Daß jetzt sofort in allen Gewerken die Arbeit ruht, ist klar. Wenn doch noch irgendwo Kollegen arbeiten sollten, müssen wir mit ihnen diskutieren, damit sie begreifen, wie sehr sie sich selbst schaden!

## STREIKVERSAMMLUNG

Unmittelbar um 7 Uhr sollten wir uns versammeln, und zwar:
 im Werk Gaarden, vorm Verwaltungsgebäude
 in Dietrichsdorf, beim Direktionsgebäude (auf dem Werftgelände).
Wir sollten in Arbeitskleidung kommen. Damit betonen wir, daß wir zur sofortigen Arbeitsaufnahme bereit sind, wenn unsere berechtigten Forderungen angenommen werden.

Auf der Versammlung werden wir erfahren, wie die Direktion zu unseren Forderungen steht. Wahrscheinlich wird sie versuchen, uns auf Verhandlungen zu vertrösten, damit wir wieder mit der Arbeit anfangen. Aber auf diesen Unternehmertrick fallen wir nicht mehr herein.
Die Direktion muß wissen:
Bevor nicht alle unsere Forderungen öffentlich angenommen sind, nehmen wir die Arbeit nicht wieder auf!

## STREIKLEITUNG

Wir Howaldter streiken nicht zum ersten Mal. Wir wissen aus früheren Streiks noch sehr gut, was wir zu tun haben. Aber in gewisser Weise befinden wir uns in einer neuen Situation: weder die Ortsverwaltung noch der Betriebsrat werden unsern Streik leiten.
Dem Betriebsrat sind durch die Friedenspflicht die Hände gebunden. Und die IG Metall hat gerade einen Tarifvertrag abgeschlossen. Offiziell beide – Betriebsrat und Gewerkschaft – verpflichtet, uns zur Arbeit aufzufordern! Wenn sie es tun, werden wir es ihnen nicht übelnehmen, aber wir werden sie auch nicht ernst nehmen!
In dieser Situation müssen wir den Streik selbst in die Hand nehmen. Wir brauchen deshalb eine Streikleitung. Die muß den Streik leiten, und mit dem Unternehmer verhandeln. Diese Streikleitung sollten wir gleich heute früh auf der Versammlung wählen. Kollegen, schlagt die besten und konsequentesten Kollegen aus Eurem Gewerk für die Streikleitung vor!

## DEN STREIK DURCHFÜHREN

Unmittelbar nach der Versammlung müssen wir weiter dafür sorgen, daß überall die Arbeit ruht. Wir müssen durch Diskussion erreichen, daß wirklich alle Kollegen die Werkstätten verlassen, bzw. von Bord gehen. Zugleich werden wir unser weiteres Vorgehen mit allen Kollegen diskutieren.

## MORGEN

Wenn der Unternehmer unsere Forderungen bis heute abend nicht annimmt, machen wir morgen den Betrieb dicht. Das heißt: ab morgen früh stellt sich jeder Kollege als Streikposten vor das Tor, durch das er normalerweise zur Arbeit geht. So sorgen wir dafür, daß niemand mehr die Howaldt betritt. Diese Sprache versteht die Unternehmensleitung ganz bestimmt! Wir meinen: wenn es ab morgen zu Verkehrsstauungen und Umleitungen in der Werftstraße kommen sollte, soll das nicht unsere Sorge sein. Die Gaardener sind Arbeiter, die werden bestimmt Verständnis haben!

## AN UNSERE MEISTER UND VORARBEITER
Kollegen! Der Streik liegt auch in Eurem Interesse. Wie unser Lohn, so ist auch Euer Gehalt niedriger, als das der Hamburger Kollegen. Auch für Euch geht es um die Frage der Angleichung. Wir haben deshalb kein Verständnis dafür, wenn einzelne von Euch versuchen, uns zum Streikbruch zu bewegen. Im Gegenteil, Ihr solltet mit dafür sorgen, daß der Streik geschlossen durchgeführt wird!

## KOLLEGEN AUS DEN FREMDFIRMEN
Auch Euch geht dieser Streik an. Euer Lohn ist zwar oft höher als unserer. Den höheren Lohn zahlt der Unternehmer, um Euch gegen uns auszuspielen. Mit diesem System wird er auch nach diesem Streik nicht aufhören. Das heißt für Euch: wenn wir Howaldter den Lohnangleich durchsetzen, wird auch Euer Lohn steigen. Aber wenn Ihr jetzt als Lohndrücker funktioniert, schießt Ihr Euch selbst ins Bein!

## WIR MÜSSEN JETZT EINIG SEIN
Wir haben im WERFTECHO oft das Verhalten einzelner Gewerkschaftsfunktionäre kritisiert. Aber jetzt müssen wir solche Gegensätze beiseite stellen. Während des Streiks gilt: wir müssen einheitlich handeln. Manöverkritik gibt es nach dem Streik!
Druck: Eigendruck
Verantwortlich: Günter Schwiemann, 23 Kiel, Bahnhofstr. 34

# Werftecho

DKP-Betriebs-Zeitung Howaldt, Streikausgabe, 11. 9. 69

## 1 zu 0 für uns!

Der gestrige Streiktag war für uns Howaldter ein guter Erfolg. Nachdem am Dienstagnachmittag die Mehrheit der Kollegen im Werk Gaarden mit dem Streik angefangen hatte, ruhte gestern die Arbeit in allen Gewerken – in Gaarden, in Dietrichsdorf und auch im Stahlbau Hassee! Und in Gaarden und Dietrichsdorf gab es ab 7 Uhr Kundgebungen, auf denen praktisch alle Kollegen anwesend waren.
Auf diesen Kundgebungen wurde es klar: die folgenden vier Forderungen sind Forderungen aller Kollegen:
  1. Voller Lohnangleich an Hamburg ab sofort!
  2. Beibehaltung aller bisher gezahlten betrieblichen Leistungen (Tonnagegeld, Weihnachtsgeld usw.)!
  3. Für die Streikzeit muß voller Lohn gezahlt werden!
  4. Keine Repressalien gegen streikende Kollegen!

Solange diese Forderungen nicht voll durchgesetzt sind, wird gestreikt! Auf der Gaardener Kundgebung wurde außerdem eine Streikleitung gewählt. Diese Kollegen haben die Verpflichtung auf sich genommen, unsern Streik zum Erfolg zu führen.
Unser Erfolg geht über die Kieler Howaldt hinaus. Der Betriebsrat der HDW Hamburg hat sich mit uns solidarisch erklärt. Der 1. Betriebsrats-Vorsitzende, Kollege Richter, erklärte: die Forderungen der Kieler sind voll berechtigt! Hamburger Kollegen beraten jetzt über solidarische Aktionen.
Hier in Schleswig-Holstein sind wir Howaldter mal wieder zum Bahnbrecher geworden. Die Kollegen in der MAK haben gestern einen halbstündigen Warnstreik gemacht. Sie fordern das gleiche wie wir: Angleich an die Bremer ATLAS-Werke, mit denen ihr Betrieb fusioniert ist!
Auch in Lübeck und Flensburg überlegen zur Zeit Kollegen, wie sie unser Beispiel in ihrem Betrieb in Aktion umsetzen können!

## Vorsicht – Unternehmertrick!

Bis jetzt ist unser Streik also gut verlaufen. Und die Stimmung ist so, daß er bis zum vollen Erfolg weiterlaufen kann.
Das weiß die Direktion. Deshalb versucht sie, uns zu spalten. Mit

windigen Verhandlungsangeboten. Für die Direktion steht die Frage so: jeder Streiktag bringt ihr 1,4 Millionen DM Umsatzverlust. Wenn wir lange genug streiken, wird das für die Direktion sehr teuer. Dann wird es für die Direktion langsam billiger, unsere Forderungen zu erfüllen. Wenn wir lange genug streiken, wird die Direktion weich.
Die Direktion will aber nicht weich werden. Sie will uns nicht unsere Forderungen erfüllen, aber sie will auch nicht jeden Tag 1,4 Millionen DM Umsatzverlust haben. Sie will, daß wir wieder an die Arbeit gehen, damit sie unsere Forderungen auf die lange Bank schieben kann. In der Sprache des Unternehmers hört sich das so an: (aus der »Erklärung des Vorstandes, vom 10. 9. 69«)
   »Der Vorstand der HDW wird veranlassen, daß diese Probleme zwischen den Tarifpartnern zum Gegenstand von Verhandlungen gemacht werden, um eine beiderseits befriedigende Regelung zu erreichen.«
Was soll dies Gerede von einer »beiderseits befriedigenden Regelung«? Wenn die Direktion uns den Hamburger Lohn zahlen muß, ist sie darüber bestimmt nicht befriedigt! Wie sie uns übers Ohr hauen wollen, sehen wir am nächsten Satz:
   »Der Vorstand erwartet jedoch, daß die Belegschaft die Arbeit unverzüglich wiederaufnimmt.«
Aber da haben sie sich geschnitten. Für so dumm können sie uns Howaldter nicht verkaufen!

## Verhandeln? – worüber?

Wir müssen doch zwei Sachen unterscheiden. Eins ist: ob die Direktion überhaupt bereit ist, unsere Forderungen zu erfüllen. Das andere ist: wenn sie dazu bereit ist – wie und mit wem werden die Verträge abgeschlossen? Zur ersten Frage gibt es gar keine Verhandlungen. Lohnangleich an Hamburg – das heißt praktisch so etwas wie eine »übertarifliche« Bezahlung, die uns den Hamburgern gleichstellt. Darüber hat allein die Direktion zu entscheiden, und das kann sie noch heute tun! Da kann sie sich weder hinter dem Unternehmerverband, noch hinter der Tarifkommission verstecken!
Wenn die Direktion dann unsere Forderungen angenommen hat, fangen die Verhandlungen mit der Tarifkommission an. Dann geht es darum, das Streikergebnis tariflich abzusichern.
Eins muß klar sein: man kann den zweiten Schritt nicht vor dem ersten machen. Und solange der erste Schritt nicht gemacht ist, wird gestreikt! Verhandlungen, nur um uns abzuwimmeln – darauf lassen wir Howaldter uns nicht ein!

# Was haben wir heute zu tun?

1. Wir sollten uns um 7 Uhr an den gleichen Stellen versammeln wie gestern.
2. Um 10 Uhr sind Verhandlungen zwischen Direktion und Tarifkommission im Yacht-Club (auf dem Westufer). Zu diesen Verhandlungen sollten wir geschlossen hingehen. Das wurde gestern im Werk Gaarden beschlossen. Wir müssen beim Yacht-Club klarstellen: Verhandlungen werden erst dann sinnvoll, wenn die Direktion unsere Forderungen vorher öffentlich annimmt! Das sollten auch die Kollegen aus der Tarifkommission den Direktoren gleich zu Anfang sagen.
Als Abmarschzeiten schlagen wir vor:
    Dietrichsdorf, 8 Uhr
    Gaarden, 9.15 Uhr
Kollegen! Kommt im Arbeitszeug! Wir betonen damit: sobald unsere Forderungen angenommen sind, nehmen wir die Arbeit wieder auf.
3. Wenn die Direktion bis nachmittags keine bindende Erklärung abgibt, daß sie unsere Forderungen annimmt, machen wir den Betrieb dicht. Jeder Kollege muß dann an »seinem Tor« aufpassen, daß kein Streikbrecher reinkommt!

Wir müssen jetzt einig handeln – die Direktion wackelt schon! Wir dürfen uns nicht vertrösten und nicht verschaukeln lassen.
ERST UNTERSCHRIFT unter unsere Forderungen DANN ARBEIT!
Eigendruck, verantwortlich: DKP, Günter Schwiemann 23 Kiel, Bahnhofstr. 34

# Werftecho

DKP-Betriebszeitung Howaldt/Streikausgabe
15. 9. 1969


## 6 Pf. sind kein Angebot!

Versteht diese Überschrift nicht falsch. Auch diese lumpigen 6 Pfennig sind ein Erfolg. Sie bestätigen unsere Einschätzung: »Sie wakkeln immer mehr!« Der Ausspruch von Direktor Henke:
> »An ein Ausbrechen aus der Lohnfront denkt die Geschäftsleitung nicht (KN vom 11. 9. 1969)«,

ist damit vom Tisch. Wie schnell unsere Direktoren doch lernen! Wir sind sicher: sie werden den Rest auch noch begreifen...
Ein annehmbares Angebot sind die 6 Pfennig aber natürlich nicht. In Dietrichsdorf tagten am Freitagnachmittag die Vertrauensleute. Als sie von den 6 Pfennig hörten, hatten sie dafür nur ein höhnisches Gelächter übrig. Dabei hatten sich die Herren Direktoren so angestrengt, uns dies »Angebot« unterzujubeln. Sie hatten nicht einfach gesagt: »Ihr kriegt von uns 6 Pfennig und nicht mehr.« Sie hatten argumentiert: »17 Pfennig habt Ihr von uns zu kriegen. Ein Drittel davon, d. h. 6 Pfennig, geben wir euch jetzt gleich.« Wann sie uns den großen Rest geben wollen, haben sie allerdings vornehm verschwiegen. Dafür haben sie uns den freundlichen Rat gegeben, wieder an die Arbeit zu gehen. Wenn wir diesem Rat folgen wollten, könnten wir auf den Rest warten, bis wir schwarz werden!
Eins wollen wir mal festhalten: die Direktion hat jetzt öffentlich anerkannt, daß wir seit der Fusion *17 Pfennig auf den Ecklohn* zuwenig kriegen. Aber daß sie das anerkannt hat, liegt nur daran, daß wir streiken! Noch hofft sie, mit 6 Pfennig und leeren Versprechungen billig wegzukommen. Aber glauben die Herren wirklich, daß wir sie zur Kasse gebeten haben, um jetzt auf halbem Wege wieder umzukehren? Aber: von solchen Illusionen können wir sie schnell befreien!
Wenn sie jetzt schon anerkennen, daß sie uns mindestens 17 Pfennig auf den Ecklohn schuldig sind, sollten wir weiterstreiken, bis sie begriffen haben, daß sie die 17 Pfennig auch zahlen müssen!


## Wieso: »Verklärung«?

Kollegen! Wir haben von Anfang an nicht nur eine, sondern vier Forderungen gestellt, nämlich:

1. Vollen Lohnangleich an Hamburg ab sofort!
2. Beibehaltung aller bisher gezahlten Leistungen (Tonnagegeld, Weihnachtsgeld usw.)
3. Für die Streikzeit muß voller Lohn gezahlt werden!
4. Keine Repressalien gegen streikende Kollegen!

Wir müssen aufpassen, daß die Unterschrift der Direktoren wirklich unter alle vier Forderungen kommt. Denn sonst könnte uns das nachher ziemlich leid tun!

Im Augenblick ist aber nur die erste Forderung im Gespräch. Über die zweite hört man gar nichts. Damit sind wir nicht einverstanden. Das kann doch nur heißen: man will uns mit der einen Hand was geben, und es uns mit der andern Hand wieder wegnehmen!

Über die Forderungen 3 und 4 lesen wir in der KN vom Sonnabend etwas ganz Seltsames. Dort heißt es (auf Seite 3):

»Dabei sollten nach Angaben des Betriebsrates die Fragen einer Vergütung der Streikstunden und des Unterlassens von Repressalien gegen Streikbeteiligte ausgeklammert bleiben, da der Betriebsrat auf diesen Gebieten schon eine gewisse »Vorklärung« erreicht hätte.«

Kollegen Betriebsräte, wir fragen Euch: wem von Euch ist etwas über diese »Vorklärung« bekannt? Und wenn Euch etwas bekannt ist: wie sieht diese »Vorklärung« aus, und warum habt Ihr uns noch nichts darüber mitgeteilt? »Klärung« kann doch wohl nur bedeuten, daß die Direktion ihre Unterschrift auch unter diese beiden Forderungen setzt. Wer ist denn schuld, daß wir streiken müssen? Doch wohl die, die vorm Streik noch nicht mal über unsere berechtigten Forderungen verhandeln wollten.

Dann sollen sie auch zahlen!

Was die vierte Forderung angeht: die kostet den Unternehmer keinen Pfennig. Wenn er die nicht unterschreiben will, ist die Sache klar: er will sich an allen rächen, die in den Abteilungen aktiv für den Streik eingetreten sind. Damit lassen wir den Unternehmer aber auf keinen Fall durch!

Wenn also heute weitere Angebote auf den Tisch kommen, sollten wir nicht nur auf die 17 Pfennig achten. Wir müssen aufpassen, daß alle vier Forderungen erfüllt werden!


## Wie sie lügen!

Unehrliche Angebote lassen sich nicht ehrlich begründen. In dieser Zwangslage waren auch die Direktoren, als sie die Großanzeige für die KN vom letzten Sonnabend verfaßten. Bei genauem Durchlesen haben wir sie in dieser Anzeige bei 4 dicken Lügen ertappt:

Die Direktion schreibt:
1. Der Lohnunterschied zwischen Hamburg und Schleswig-Holstein beträgt nicht 30 Pf pro Stunde, wie von einigen Scharfmachern propagiert wird. Er beläuft sich tatsächlich auf 17 Pf pro Stunde im Ecklohn.«
Aber wo hat den wer behauptet, daß der *Ecklohn-Unterschied* 30 Pf beträgt? Uns ist so was noch nicht zu Ohren gekommen! Wir haben damals von 30 Pf Unterschied im *Effektivlohn* gesprochen. Diese Zahl kam von unserer Gewerkschaft. Ihr inzwischen erschienener Tätigkeitsbericht weist für 1968 einen Unterschied von 30 Pf aus. Und die Nordwoche vom letzten Freitag gibt den jetzt bestehenden Unterschied mit 40 Pf an! Der Unterschied im Effektivlohn ist eben mehr als doppelt so groß wie der im Ecklohn. Das hat verschiedene Gründe:
a) je höher der Ecklohn ist, um so mehr sind auch die Akkordprozente wert;
b) die Vorgabezeiten sind in Hamburg günstiger als hier. Und die Hamburger Kollegen können durch die Bank mehr Prozente abgeben als wir. Hier in Kiel ist einfach die Akkordschere zu scharf geschliffen!
c) die meisten von uns Kielern sind zu niedrig eingruppiert;
d) die Zuschläge für Zeitlöhner sind hier niedriger als in Hamburg.
Es ist wohl klar, daß wir mit »Lohnangleich« nicht nur die 17 Pf auf den Ecklohn meinen. Die Direktion muß auch zusichern, daß die Punkte b), c) und d) bereinigt werden. Wir sollten sie in diesen Punkten auf eine konkrete Frist festlegen.
2. Die Direktion schreibt:
»Die Ecklohndifferenz, die in den letzten Jahren laufend verringert wurde,...« Umgekehrt wird ein Schuh draus.
Die letzten Tarifabschlüsse erfolgten alle zentral. Das heißt: *in Prozenten gerechnet* war die Lohnerhöhung in Hamburg und Kiel gleich, *in Pfennigen gerechnet* war sie also in Hamburg jedesmal höher!
3. Die Direktion schreibt:
»Der Arbeitgeberverband der Metallindustrie in Schleswig-Holstein hat bereits vor einiger Zeit die Bereitschaft erklärt, die Frage einer weiteren Lohnangleichung zum Gegenstand von künftigen Tarifverhandlungen zu machen.« Dies Angebot muß wohl bei der Post verlorengegangen sein!
4. Die Direktion schreibt:
»... das durch den wilden Streik gestörte Vertrauensverhältnis zwischen Belegschaft, Betriebsrat und Vorstand ...
Erstens: wir streiken nicht wild, sondern geordnet und diszipli-

niert. Das haben uns bisher alle bestätigt, selbst die Polizei!
Zweitens: wenn hier jemand Vertrauen verspielt hat, dann ist es doch wohl die Direktion. Seit der Fusion verweigert sie uns gleichen Lohn für gleiche Arbeit. Jetzt, wo wir ihn uns holen, macht sie uns auch noch Vorwürfe.
Das ist doch eine Unverschämtheit!
Seit Freitag verhandelt die Direktion mit unserm Betriebsrat. Das ist ein großer Fortschritt. Endlich haben die Herren begriffen: der Lohnangleich ist eine Frage zwischen Belegschaft und Unternehmensleitung.
Was haben wir heute zu tun?
Um 7 Uhr sollten wir wieder zu unserer täglichen Versammlung zusammenkommen. Im Werk Dietrichsdorf diesmal wieder vor dem Direktionsgebäude. Heute ist Verhandlungstag. Wir müssen deshalb in regelmäßigen Abständen auf den gewohnten Plätzen zusammenkommen. Dann kann der Betriebsrat uns laufend über den Stand der Verhandlungen informieren. Auf diese Weise zwingen wir die Direktion, schneller zu verhandeln. Und gleichzeitig stärken wir unserm Betriebsrat damit den Rücken.
Als zweiten Versammlungstermin schlagen wir 10 Uhr vor. Auf jeder Versammlung sollte der Termin für die nächste gleich festgelegt werden. Dann werden sich die Herren Direktoren schon beeilen.
KOLLEGEN! Aus technischen Gründen konnten wir diese Ausgabe des WERFTECHO nur zum Teil herstellen. Die restlichen Artikel erhaltet Ihr heute um 13 Uhr am Werkstor.
Druck: Eigendruck
Verantwortlich: DKP, Günter Schwiemann, 23 Kiel, Bahnhofstr. 34

# Werftecho

DKP-Betriebszeitung Howaldt / Streikausgabe 16. 9. 69

## Jetzt langt's aber!

Abgemeldet hat die Direktion uns Howaldter bei der AOK. Und zwar schon am letzten Dienstag. Das können wir heute in den Kieler Nachrichten lesen. So nimmt sie uns den Schutz der Krankenkasse. Und zwar nicht nur uns Howaldt-Arbeitern, sondern auch unseren Frauen und Kindern! Unsere Herren Direktoren sind dabei ganz besonders gemein vorgegangen. Sie haben eine Mitteilung darüber, daß sie uns bei der AOK abgemeldet haben, erst gestern bei der Howaldt-Druckerei in Druck gegeben. Dort liegt sie jetzt in 8000 Exemplaren.

Wir fragen:

Wann wollte die Direktion diese Mitteilungen verteilen lassen? Etwa erst heute nachmittag? Heute um 13 Uhr läuft nämlich die Frist aus, bis zu der wir uns freiwillig weiterversichern können. Bis dann müssen wir unsere Anträge bei der AOK eingereicht haben. Hoffte die Direktion etwa, daß wir diesen Termin versäumen? Danach könnte sie uns nämlich sagen:

»Während des Streiks habt Ihr keinen Anspruch auf Versicherung. Privat versichern könnt Ihr Euch jetzt nicht mehr. Eure einzige Chance: sofort die Arbeit aufnehmen!«

Wir meinen: eine solche Haltung unserer Herren Direktoren könnte man nicht anders als »asozial« nennen. Sind sie bereit, die Gesundheit unserer Kinder aufs Spiel zu setzen, nur um sich beim Unternehmer lieb Kind zu machen? Wir sind gespannt, wie die Herren Direktoren sich von diesem Vorwurf reinwaschen wollen.

Übrigens: wer hat eigentlich die KN falsch informiert? Sie schreibt: »Die Anmeldefrist dafür lief gestern ab.« Wer hat ein Interesse daran, daß wir uns heute morgen durch KN täuschen lassen, und so die wirkliche Frist versäumen? Und auch für den Fall, daß wir die Sache mit der Frist rauskriegen, hat man gesorgt:

KN schreibt nämlich nur, wieviel die freiwillige Versicherung monatlich kostet: 108,80 DM! Man rechnet wohl damit, daß wir heute morgen von unserm Gang zu der AOK in unsern Geldbeutel sehen und feststellen: »108 Mark hab ich nicht dabei!« Wo soll ich die so schnell hernehmen? Auch damit hätten sie uns wieder in der Falle.

Die Sache ist aber nicht so. Bei der freiwilligen Versicherung wird nach Tagen gerechnet: 3,63 DM pro Streiktag. Und die brauchen

wir erst später zu bezahlen, und – wenn der Unternehmer die Streikzeit bezahlt – überhaupt nicht!
Jetzt verstehen wir auch, warum die Direktion gestern so mit Angeboten zögerte. Das Ganze ist eine ziemliche Schweinerei. Aber diese Schweinerei nützt ihnen auch nichts. Wir sollten die Sache mit der Versicherung heute morgen genauso diszipliniert und organisiert über die Bühne bringen, wie alle Aktionen bisher in unserm Streik. Damit die Herren Direktoren merken: es nützt ihnen nichts, sie müssen nachgeben!


## Die Forderungen

Für den Fall, daß jetzt neue Angebote kommen, erinnern wir noch mal an die 4 Forderungen:
1. Voller Lohnangleich an Hamburg
2. Beibehaltung aller bisher gezahlten Leistungen
   (Tonnagegeld, Weihnachtsgeld usw.)
3. Für die Streikzeit muß voller Lohn gezahlt werden!
4. Keine Repressalien gegen streikende Kollegen!

Warum die Streikzeit von der Direktion gezahlt werden muß, dürfte nach der letzten Schweinerei ja wohl langsam jedem klar sein! Die Direktion verletzt ständig den Betriebsfrieden. Sie ist schuld, daß überhaupt gestreikt werden muß. Also hat sie auch zu zahlen!
Es gäbe aber noch eine weitere Rechnung. Die Direktion enthält uns seit der Fusion ca. 38 Pfennig pro Stunde zu zahlenden Lohn vor. Das sind 90 Wochen à 40 Stunden: oder 3600 Stunden. Wir haben also im Durchschnitt jeder noch 3600mal 0,38 DM = 1368,00 DM einbehaltenen Lohn von der Direktion zu erhalten. Auch daran sollten wir denken!


## Dampf auch in Lübeck!

Gestern sind die 1200 Kollegen von der Lübecker Flender-Werft für eine Stunde in den Warnstreik getreten. Sie fordern: 15 Pf auf den Ecklohn und doppeltes Weihnachtsgeld. Heute soll dort zwischen Betriebsrat und Werksleitung verhandelt werden. Wir wünschen unsern Kollegen für die Verhandlungen viel Erfolg! Haltet die Ohren steif! Wenn Ihr zum Knüppel greift, helft Ihr auch unserer Direktion beim Nachdenken!

# Was haben wir heute zu tun?

1. Um 7 Uhr treffen wir uns an den gewohnten Stellen zu unserer täglichen Streikversammlung.
2. Dann müssen wir die Sache mit der Versicherung organisieren. Und zwar möglichst früh. Denn wir haben nur bis 13 Uhr Zeit!
3. Irgendwann wird dann wohl wieder ein neues Angebot auf dem Tisch landen. Oder müssen wir da erst wieder ein bißchen nachhelfen?

Eigendruck – verantw. DKP, Günter Schwiemann
23 Kiel, Bahnhofstr. 34

# Industriegewerkschaft Metall
# Für die Bundesrepublik Deutschland

Die Tarifkommission Schleswig-Holstein der IG Metall hat nach einem Situationsbericht die Lage im Tarifgebiet Schleswig-Holstein sowie bei der HDW Kiel eingehend beraten und stellt dazu fest:

1. Geschäftsführer und Funktionäre der IG Metall wirken im Rahmen der sich aus der Friedenspflicht der Tarifvertragsparteien ergebenden Verpflichtung.

2. Unabhängig von der bestehenden und anerkannten Friedenspflicht haben nicht nur Betriebsräte, sondern auch Arbeitgeber die Verpflichtung, zur Vermeidung der Gefährdung des Arbeitsfriedens beizutragen und dazu dienende Verhandlungen mit den Betriebsräten zu führen.

3. Die Tarifkommission fordert den Arbeitgeberverband auf, unmittelbar nach Beilegung der Arbeitsniederlegung bei der HDW sich zu Gesprächen zwischen den Tarifvertragsparteien bereit zu erklären, um durch solche Gespräche zum Abbau der in den Betrieben vorhandenen Unruhe beizutragen.
Friedenspflicht heißt nicht, daß die Tarifvertragsparteien aus der Verpflichtung konstruktiven Wirkens im Interesse der Erhaltung des Arbeitsfriedens im Tarifgebiet entlassen werden können.

4. Die Tarifkommission hält es für dringend notwendig, daß die Bezirksleitung alle Möglichkeiten ausschöpft, um im Wege sachdienlicher Vorschläge zur Beilegung des Zustandes bei der HDW mit an Vorstand, Betriebsrat und Arbeitgeberverband gerichteten Schriften beizutragen.

5. Soweit es nicht umgehend zu einem Verhandlungsergebnis zwischen Betriebsrat und Vorstand der HDW kommt, das zur Beilegung des Ausstandes führt, empfiehlt die Tarifkommission den Arbeitnehmervertretern im Aufsichtsrat der HDW, die Einberufung des Aufsichtsrates zu einer außerordentlichen Sitzung zu beantragen.

Kiel, den 18. September 1969

# INDUSTRIEGEWERKSCHAFT METALL

Für die Bundesrepublik Deutschland · Verwaltungsstelle Kiel · Legienstraße 22-24

---

# Keine Repressalien?

Arbeitnehmer die sich am Streik beteiligt haben, dürfen nicht gemaßregelt werden, so steht es im Verhandlungsergebnis zur Beendigung des Streiks bei den H.D.W. Kiel. Zwei fristlose Entlassungen sind inzwischen ausgesprochen.

# Das ist Vertragsbruch!

Darum hat die IG Metall unverzüglich Dr. Henke informiert und ihn aufgefordert, die Entlassenen sofort wieder einzustellen.

Für ihr Mitglied

# Horst Seidel

hat die Ortsverwaltung der IG Metall am Montagmorgen Klage vor dem Arbeitsgericht erhoben.

# Es muß schnell gehandelt werden!

Denn die Unruhe unter den H.D.W. Kollegen steigt. Durch die Maßnahmen des H.D.W. Vorstandes ist der Arbeitsfriede erneut gefährdet.
Nur durch konsequentes Einhalten der getroffenen Vereinbarungen kann eine neue Arbeitsniederlegung verhindert werden.
Aus diesem Grund haben wir beim Arbeitsgericht beantragt, die Fristen für das Verfahren gegen die H.D.W. zu verkürzen.

---

Verantwortlich für den Inhalt: Industriegewerkschaft Metall · Verwaltungsstelle Kiel · Legienstraße 22 · Heinrich Olsson

# AStA  AStA  AStA  AStA  AStA  AStA

Seit einigen Tagen führen Belegschaften der Metall- und Stahlindustrie sog. wilde Streiks durch. Seit gestern streiken 5000 Arbeiter bei Howaldt »wild«. Der AStA hat den Streikenden seine Solidarität versichert. Er wird, falls die Streikenden gezwungen sein sollten, länger zu streiken, sie durch Sammlungsaktionen unterstützen. Auf einem heute vor Howaldt verteilten Flugblatt erklärt der AStA, daß sich der Kampf der Arbeiterschaft nicht auf Lohnforderungen beschränken kann und daß sich die Notwendigkeit eines Bündnisses zwischen Arbeitern, Studenten und Schülern aus dem gemeinsamen Kampf gegen die Ausbeutungsverhältnisse herleite.

So weit, so gut. Das sind Erklärungen, Versicherungen – und Solidarität in Worten.

Auf unseren Vollversammlungen wird viel davon geredet, daß wir aus unserer Isolation herausmüssen, daß wir mit den Arbeitern »zusammengehen« müssen etc. Bei diesem »Zusammengehen« können Studenten nun ganz verschiedene Ziele verfolgen:

Viele, vielleicht die meisten Studenten, wollen die »Öffentlichkeit«, die Arbeiterschaft für ihre eigenen Ziele und Forderungen mobilisieren und einspannen. Oder man folgt einer kleinbürgerlichen Utopie: Die Arbeiter sollen ihre Kinder auf die Uni schicken, sie sollen sich emanzipieren, kritisch denken und politisch arbeiten lernen etc. Dann wird alles anders; dann haben wir die »mündige Gesellschaft«.

Doch wer eine realistische Perspektive verfolgen will, muß von den Machtverhältnissen ausgehen, von den Ausbeutungsverhältnissen, vom staatsmonopolitischen System.

Die Studenten können nicht so tun, als ständen sie jenseits des antagonistischen Gegensatzes zwischen denen, die das gesellschaftliche Mehrprodukt erarbeiten und denen, die es sich aneignen und für ihre Ziele verwenden.

Diesen Gegensatz erfahren wir in unserem Bereich in der Form der Reglementierung des Studiums, des Leistungsdruckes, in der Form des Ausschlusses von der Kontrolle über Forschung, Lehre und Ausbildungsbedingungen.

Die Arbeiter erfahren ihn ansatzweise in der Form des Lohnkampfes. Unsere Aufgabe ist es langfristig, das Bündnis mit der Arbeiterschaft herzustellen und mit ihr gemeinsam gegen die Ausbeutungsverhältnisse zu kämpfen – und nicht nur mit Worten, sondern auch mit Taten.

# AStA  AStA  AStA  AStA  AStA  AStA

# Kameraden,

gestern versuchte man uns mit fadenscheinigen Versprechungen in die Betriebe zu locken. Mit der Lüge, daß die Streikschichten bezahlt würden, wollte man die Ehrlichkeit des Bergmanns ausnutzen. Ein Zeichen für die Lügenhaftigkeit war, daß man Busse bereitgestellt hatte, um uns so schnell wie möglich wieder in die Löcher zu stopfen. Hat man uns erst einmal *da drin,* dann hat man uns auch wieder an die Kette gelegt.

Wo bleibt die Gewerkschaftsvertretung, für die wir jeden Monat 10 DM Beitrag bezahlen? War sie ermächtigt, uns weiterhin 6 Tage in der Woche arbeiten zu lassen, statt wie an der Ruhr 5? Ist es nicht beschämend, am Sonntagmorgen mit dem Rucksack (bei Badreinigung) nach Hause zu gehen?

Oder:

Wer hat wen ermächtigt, uns zu belügen, daß wir auch die Streiktage voll bezahlt bekämen?

An diesen beiden Tatsachen kann sich jeder an den fünf Fingern abzählen, was von den gesamten Versprechungen von Vorstand und IG Bergbau beim nächsten Zahltag auf den Lohnzetteln zu lesen ist.

Wo bleibt unsere Forderung von DM 1000,– Nettolohn?

Kumpels, entscheidet selbst, wer wen belügt: kommt Ihr auf die 1000 DM Nettolohn, wenn Ihr auf die falschen Propheten von der IG Bergbau oder vom Vorstand hört, und auf den Max Schneider, der am 1. 10. im Ruhrgebiet Arbeitsdirektor wird?

Heute vormittag tagt der Landtag über die Lage der Bergarbeiter. Das ist der richtige Ort, wo die Bergleute ihre Forderungen vortragen müssen.

## 1000,– DM Nettolohn!

Arbeiter von 6 streikenden Gruben                    Druck: Eigendruck

# Die Früh–Mittagsschicht ist nach Saarbrücken marschiert!

Der ehemalige Dir. von Jägersfreude, »Herr« Quinten, verteilte heute mittag Flugblätter (ohne Unterschrift, deshalb illegal) mit dem Wunsch an die Belegschaft, einige Kollegen sollten sich zu Notstandsarbeiten bereit finden.

Ausgerechnet *der* »Herr« Quinten, der noch vor einem Monat die blauen Briefchen an die Kumpels verschickt hat. Heute bettelt er um eine Notbelegschaft!

Als die Früh–Mittagsschicht vor der Grube stand und über den Marsch nach Saarbrücken diskutierte, probierte Quinten es noch einmal. Er erzählte von Verhandlungen, deren Ergebnis die Kumpels erst abwarten sollten.

Die Kumpels sagten: Wir wollen nicht vertröstet werden, wir wollen nicht vertröstet werden, wir wollen *jetzt* unsere Forderungen *erfüllt haben*, wir wollen *sie selbst* den Herren vom Vorstand sagen. Dann marschierten sie nach Saarbrücken. Kumpels von Ensdorf und Camphausen kamen auch dorthin.

Nach Sprechchören, die von geballten Fäusten begleitet waren, wurde eine 3-Mann-Delegation vom Vorstand in der Trierer Straße empfangen.

Nur einer von den gutsituierten Herren fand die Courage, überhaupt zu den Kumpels zu sprechen, Arbeitsdirektor Lamprecht.

Aber er erzählte nur Lügen und leere Versprechungen – Rolshoven sei vor 10 Min. an die Ruhr geflogen, um sich Vollmachten für Lohnverhandlungen zu holen. Zu den Forderungen der Kumpels hatte er nichts, gar nichts zu sagen.

*Fazit aus der Demonstration:* Die schwarzen Wanderprediger Schneider Max, Haberer Lui, Quinten, Lamprecht, Borschel und Co. sind die Päpste vom Blechhammer!

Kumpels! Hört nicht auf die falschen Propheten! Denkt an den Aushang, daß nur Arbeiter eingestellt werden bis zu 40 Jahren!

Fragt Euren Kumpel Erhard Klein, der vor einer Woche an der Ruhr war, wie hoch dort der Durchschnittslohn für Arbeit im Streb ist: 46,– DM.

Was tut *Rolshoven,* wenn man ihn zur Verantwortung ziehen will? Vor 7 Jahren, als es um den Tod von 299 von Euren Kameraden ging, erschien er mit weißen Punkten auf einem roten Schlips im Fernsehen – statt im Kittchen! Heute haut er ab, bevor man ihn zur Rede stellen kann. Dahin, wo er vor 10 Jahren hergekommen ist.

Paul Herrig (1957–59 Mitglied des Gesamtbetriebsrates der Saarberge)

Christoph Klein (Vizepräsident der Studentenschaft)

# Streik

## für mehr Lohn und besseres Gedinge

Seit Samstagmittag streiken die Bergleute der Grube Luisenthal. Die Mittagsschicht beschloß nach dem Verlesen im Zechensaal, nicht mehr einzufahren. Die Nachtschicht schloß sich dem Streik an. Seit heute morgen streiken auch die Bergarbeiter von Reden. Wie ein Mann standen und stehen die Kumpels zusammen und kämpfen für die Durchsetzung ihrer Forderungen:

1. Lohnerhöhung von mindestens 15 Prozent;
2. Ein neues Gedingesystem, das den veränderten Bedingungen Rechnung trägt und künftig auch die Gedinge-Schere unmöglich macht;
3. Einführung der Fünf-Tage-Woche.

**Das sind Forderungen aller Saar-Bergarbeiter!**

Deshalb sollten **alle** Bergarbeiter Solidarität üben und nach dem Beispiel der Kollegen von Luisenthal handeln, nach dem Beispiel auch der kämpfenden Metallarbeiter des Neunkircher Eisenwerkes. Gerade in Neunkirchen wurde der Beweis erbracht, daß die Situation für die Durchsetzung berechtigter Forderungen gegenwärtig sehr günstig ist.

Es ist ein einmaliger Vorgang in der eisenschaffenden Industrie des Saarlandes, daß die Fabrikherren angesichts des Streikes der Metallarbeiter sofort bereit waren, sieben Monate vorfristig den Tarif zu kündigen und eine Lohnerhöhung zu gewähren.

Ab 1. September erhält jeder Hüttenarbeiter 20 Pfennig pro Stunde mehr. Dazu kommt:

- Die derzeit gültigen Tariflöhne und Gehälter werden mit Wirkung ab 1. September 1969, im Vorgriff auf die vereinbarten Tarifverhandlungen, die in Kürze stattfinden, um **mindestens 30 Pfennig = 8 Prozent** erhöht.

- Die noch anstehenden innerbetrieblichen Lohnregelungen werden kurzfristig in Angriff genommen.

- Die durch den Arbeitsausfall verloren gegangene Arbeitszeit wird bezahlt.

- Aus Anlaß der Arbeitsniederlegung werden der Belegschaft keinerlei Nachteile entstehen.

- Die Weihnachtsgratifikation für 1969 wird in der gleichen Höhe, wie sie vor der Kürzung — nämlich im Jahre 1965 — gezahlt wurde, zugesagt.

Dieses Ergebnis zeigt: Wenn einheitlich gehandelt wird, können die oben nicht machen, was sie wollen. Der Streik der Neunkircher Metallarbeiter hat sich gelohnt. Der Kampf der Bergarbeiter wird ebenfalls erfolgreich sein, wenn alle Kumpels zusammenstehen und ihre Forderungen konsequent vertreten. Die Saarbergwerke können und werden zahlen — wie das Neunkircher Eisenwerk — wenn sie durch den Kampf dazu gezwungen werden.

# Betriebszeitung für die Saargruben

*Das ist die Hauptforderung:*

Mindestens 8 DM pro Mann und Schicht mehr!

Seit gestern wird auf allen Schachtanlagen gestreikt. Auf den Gruben Camphausen und Jägersfreude wurden die Forderungen erhoben:
- Gleicher Lohn wie im Ruhrbergbau
- Der Bergmann muß wieder an die Spitze der Lohnskala: 8 DM pro Mann und Schicht mehr!
- Kindergeld wie die Angestellten
- Urlaubsgeld in der Höhe eines Monatslohnes
- Treue- und Alterszulage
- Der Vorschuß von 250 DM ist durch eine einmalige Abfindung abzulösen
- Hitzezulage ab 26 Grad
- Volle Entschädigung für nicht in Anspruch genommene Deputatkohle
- Zulage für Facharbeiter
- 5-Tage-Woche

Verursacht durch Antreiberei, Gedingeschinderei und Einkommensverluste begann der Streik am Samstag in Luisenthal. Schnell wuchs die Bewegung auf anderen Anlagen weiter.

Wer Augen hatte zu sehen, Ohren zum Hören, Herz und Sinn zum Mitempfinden, der konnte schon länger spüren, daß es gärt, daß das Faß am Überlaufen ist.

Am Montag demonstrierte die Belegschaft der Grube Jägersfreude nach Saarbrücken vor das Gebäude der Grubendirektion und brachte die Forderungen zu Gehör. Auch Kameraden von Grube Ensdorf und anderen Anlagen kamen nach Saarbrücken.

Es muß mehr in die Lohntüten hinein!

Das war und ist die einhellige Meinung aller Bergarbeiter. Wie berechtigt die Forderungen nach einer Einkommensverbesserung sind, wird nicht zuletzt dadurch unterstrichen, daß sich die Absatzlage des Unternehmens nachhaltig verbessert hat. Auch die Ertragslage rechtfertigt höhere Löhne. Saarberg hat 1966 einen Nettoprofit von 92,9 Millionen DM und 1967 einen solchen von 83,4 Millionen erwirtschaftet. Saarberg hat 279 Millionen DM Rücklagen auf die »hohe Kante« gelegt. Das ist jedoch aus den Knochen der Bergarbeiter erwirtschafteter Gewinn, das ist vorenthaltener Arbeitslohn.

Wenn jetzt die Forderung nach

8 DM Lohnerhöhung pro Mann und Schicht

erhoben wird, dann ist diese Forderung nicht nur berechtigt, sondern

auch realisierbar. Notwendig ist auch ein neues System der Lohnfindung, das einen garantierten Grundlohn und darauf aufbauende Leistungsvergütung vorsieht.
Was die Bergarbeiter wollen, ist gestern mehrfach ausgesprochen worden. Daß die Bergarbeiter kampfbereit sind, ist unbestritten. Jetzt kommt es nur darauf an, den Lohnkampf so organisiert durchzuführen, damit auch ein Erfolg erreicht werden kann.
Wenn die Schachtgewerkschaftsausschüsse sich jetzt stärker in die Führung des Streikkampfes einschalten und gemeinsam mit den Kollegen den Ausstand so leiten, daß die Streikbewegung ständig an Kraft zunimmt, wird ein Erfolg des Kampfes nicht ausbleiben.
Viele werden jetzt auf die Bergarbeiter einreden und versuchen wollen, die Streikfront aufzulockern. Auch mit Versprechungen wird man möglicherweise nicht sparsam sein. Die Bergarbeiter sollten sich aber von niemandem einschüchtern oder mit leeren Versprechungen abspeisen lassen. Wer den Bergarbeitern wirklich helfen will, soll ihren Kampf unterstützen und die Forderungen realisieren helfen.
*Die Forderungen sind berechtigt. Im aktiven Kampf werden sie verwirklicht!*
9. September 1969 – 0.30 Uhr
Deutsche Kommunistische Partei
Kreisvorstand Saarbrücken-Land

IG Bergbau und Energie  66 Saarbrücken, den 9. 9. 1969
– Bezirk Saar –

# An alle
# Mitglieder

Liebe Kollegen!

Die von uns bereits am 4. September 1969 beim Unternehmensverband Saarbergbau aufgenommenen Tarifverhandlungen konnten am frühen Morgen des *10. Sept. 1969* zum Abschluß gebracht werden.
Nach langwierigen Verhandlungen, bei denen sich in der Schlußphase gegen 5 Uhr morgens der Ministerpräsident des Saarlandes, Herr Dr. Röder, als Vermittler zur Verfügung stellte, konnte folgendes Ergebnis erreicht werden:

1. Jeder Arbeiter erhält *310,00 DM* als Ausgleich für bestehende Lohnunterschiede zwischen dem Saarbergbau und dem Ruhrbergbau für die Zeit vor dem 1. 9. 1969.
   Dieser Betrag wird mit der Augustlöhnung im September 1969 ausgezahlt.
   Mit diesem Betrag ist der Lohnunterschied zwischen den beiden Revieren, der sich seit der letzten Lohnerhöhung ergeben hat, ausgeglichen.
   Für die Angestellten wird ebenfalls eine angemessene Regelung zwischen den Tarifvertragsparteien ausgehandelt.
2. Die Industriegewerkschaft Bergbau und Energie und der Unternehmensverband Saarbergbau haben sich darüber geeinigt, daß ab 1. 9. 1969 die vergleichbaren Löhne des Saar- und Ruhrbergbaus einander angeglichen werden.
   D. h., ab sofort erhält jeder Arbeiter in den beiden Bergbaurevieren für die gleiche Beschäftigung (laut Lohngruppe) den gleichen Lohn.

Während unserer Verhandlungen beim Unternehmensverband Saarbergbau verhandelte der Vorstand der Industriegewerkschaft Bergbau und Energie in Essen mit dem Verband der Bergbauunternehmer.
Es wurde folgendes Ergebnis erzielt:

1. Die Einkommen aller im Steinkohlenbergbau beschäftigten Arbeiter und Tarifangestellten werden mit Wirkung vom 1. September 1969 vorzeitig um DM 3,50 pro vergütete Schicht erhöht.

2. Es wurde Übereinstimmung erzielt, Fragen, wie Schaffung einer neuen Lohnordnung, Einführung einer Treueprämie und andere noch offene Fragen bis zum Ende des Jahres 1969 tarifvertraglich zu regeln.
3. Diese Grundsätze werden im Saarland so angewandt, daß sie sich für die dortigen Beschäftigten in gleicher Weise wie für die Beschäftigten in anderen Steinkohlenrevieren auswirken.

Liebe Kollegen!
Weitere Mitteilungen erhaltet Ihr in einem ausführlichen Informationsschreiben. Da uns das Ergebnis ein beachtliches Stück auf dem Wege nach einer gerechten Entlohnung weiterbringt, bitten wir Euch, ab sofort Eure Arbeit in den Betrieben der Saarbergwerke wiederaufzunehmen.

gez. Hacker            gez. Schacht            gez. Sander

# Studentenschaft der Universität des Saarlandes
## Studentenvertretung

KUMPELS!

Wir Studenten haben von Euren gerechten Forderungen gehört und unterstützen sie.
1. Gleicher Lohn wie im Ruhrbergbau
2. Wieder an die Spitze der Lohnskala
3. Neue Lohnfindung: Stundenlohn!
4. 5-Tage-Woche
5. Kindergeld wie für die Angestellten
6. Urlaubsgeld in Höhe des Monatslohns
7. Treue- und Alterszulage
8. Vorschuß von DM 250 abbauen durch Zulage
9. Hitzegeld ab 26 Grad
10. Entschädigung für Deputatkohle in voller Höhe
11. Zulage für Spezialisten

KUMPELS!

Ihr könnt *jetzt* Eure Forderungen durchsetzen – *vor dem 28. Sept.*, dem Wahltag. *Nachher* kriegt Ihr *keinen Pfennig* mehr!
Und noch eins:
Verlaßt Euch nicht auf Eure »Vertreter« in den Betriebsräten und Gewerkschaften. Zum Beispiel der Betriebsratsvorsitzende der Grube Jägersfreude, Max Schneider, ist ein Bonze von der schlimmsten Sorte. Er kassiert Gehälter für folgende Posten:

1) Aufsichtsratsmitglied der Saarbergwerke 2) 1. Beigeordneter der Stadt Sulzbach 3) CDU-Mitglied des Saarländischen Landtags. Wenn man ihn auf der Grube sprechen will, ist er im Landtag, wenn man ihn im Landtag sprechen will, ist er in Sulzbach.
Es gibt auch anständige Betriebsräte. Aber sie haben Angst.
*Ihr braucht keine Angst zu haben, wenn Ihr Euch zusammenschließt und selbst Eure Forderungen vertretet.*
Fahrt nicht nach Hause! Bleibt zusammen und *marschiert nach Saarbrücken*. Studenten marschieren mit.
*Wählt einen Streikrat!*
PAUL HERRIG
(1957–59 Mitglied des Gesamtbetriebsrats der Saarberg)
Christoph KLEIN
(Vizepräsident der Studentenschaft)

IG Bergbau und Energie  Saarbrücken, den 7. Sept. 1969
Bezirk Saar

## An alle Mitglieder!

Liebe Kollegen!

In dieser Woche werden Tarifverhandlungen für die Beschäftigten des Saarbergbaus aufgenommen.
Was ist geschehen?
Am 15. 8. 1969 hat der Hauptvorstand der IG Bergbau und Energie den Gesamtverband (der Unternehmensverbände) für den Steinkohlenbergbau (dazu gehört der Unternehmensverband Saarbergbau) aufgefordert, umgehend Gespräche über die Löhne und Gehälter der Bergleute aufzunehmen.
Nach einem Beschluß des Bezirksvorstandes der IG Bergbau und Energie Saar hat die Bezirksleitung am 4. 9. 1969 über 4½ Std. ein Gespräch mit dem Unternehmensverband Saar über die Lohn- und Gehaltssituation im Saarbergbau geführt.
Ein materielles Zugeständnis gab der Unternehmensverband Saar nicht. Er erklärte sich aber bereit, nach dem stattzufindenden Spitzengespräch zwischen der IG Bergbau u. Energie und den Bergbau-Unternehmensverbänden umgehend Tarifverhandlungen aufzunehmen.
Nach Mitteilung unseres Hauptvorstandes findet dieses Spitzengespräch Anfang dieser Woche statt. Unsere Forderung ist, daß in diesem Gespräch vereinbart wird, daß ab sofort, unter Außerachtlassung der Kündigungstermine (31. 12. 1969) der z. Z. gültigen Lohn- und Gehaltstarife, Lohn- und Gehaltsverhandlungen aufgenommen werden.
Am Samstag, dem 6. 9. 1969, fuhr die Mittag- u. Nachtschicht der Grube Luisenthal nicht an.
Als Grund gaben unsere Kollegen an, daß die z. Z. gezahlten Löhne zu niedrig seien und durch den Betriebsführer Immesberger ein untragbares Betriebsklima auf Luisenthal herrscht. Wir, die Bezirksleitung der IG Bergbau und Energie Saar, teilen diese Meinung der Belegschaft von Luisenthal.
Allerdings haben wir trotzdem unsere Kollegen gebeten, anzufahren, weil wir

1. fest davon überzeugt sind, daß nach dem Spitzengespräch höhere Löhne und Gehälter vereinbart werden.

2. die Ablösung des Betriebsführers Immesberger fordern und diese Forderung mit allen Mitteln durchsetzen werden.

Kollegen!
Auch Ihr seid über Eure Löhne und Gehälter mit Recht unzufrieden. Wir werden dafür Sorge tragen, daß sofort spürbare Lohn- und Gehaltserhöhungen vereinbart werden.
Wir müssen Euch daran erinnern, daß für uns die Friedenspflicht besteht.
Sosehr wir Verständnis für die Handlung der Bergleute von Luisenthal haben und wissen, daß Ihr alle glaubt, daß Ihr durch einen Streik unsere Verhandlungsposition stärkt, bitten wir Euch alle, auch die Kollegen von Luisenthal, anzufahren.
Vertraut Eurer Gewerkschaft. Stärkt ihr den Rücken durch dieses Vertrauen.
Mit herzlichem Gruß
GÜNTHER SCHACHT

# EXTRABLATT

## die kumpel-post

Mitteilungsblatt der Deutschen Kommunistischen Partei für die Bergarbeiter von Minister Stein

NACH HOESCH – "MINISTER STEIN" UND "HARDENBERG"

Heute vormittag (Dienstag, 9.9.69) haben Kollegen der Schachtanlagen "Minister Stein" und "Hardenberg" die Arbeit niedergelegt.
ÜBT SOLIDARITÄT MIT IHNEN!

Die Bergarbeiter der beiden Anlagen fordern:

    1 000 DM netto monatlich

    4 Wochen Urlaub

    Bezahlung der Ausfallschicht

    ständige Information über die Verhandlungen mit dem Unternehmensverband Ruhrbergbau

Bis zum 31.12.1969 sollten die Bergarbeiter Lohnpause haben. Dabei bietet sich in der Lohnentwicklung folgendes Bild: Der vorige Lohntarif lief vom 1. Juni 1966 bis zum 1. Juli 1968. In diesen 25 Monaten gab es ganze 4 Prozent. Pro Jahr also nur 2 Prozent mehr Lohn und Gehalt.

Der gegenwärtige Lohntarif läuft seit dem 1. Juli 1968 und reicht bis zum 31.12.1969. Für diesen Zeitraum wurden 5,5 Prozent vereinbart – pro Jahr also nur 3,7 Prozent.

Aus der amtlichen Statistik ist folgende Leistungsentwicklung abzulesen:

    1967 stieg die Leistung um 12 Prozent, 1968 um 8 Prozent.
    In den beiden Jahren um 20 Prozent.

    An Lohnerhöhungen gab es 1967 plus 2,0 Prozent
                                 1968 plus 1,8 Prozent

    Also in zwei Jahren ganze ..... 3,8 Prozent

Die Leistung stieg um 20 Prozent. Zieht man die 3,8 Prozent Lohn- und Gehaltserhöhung ab, bliebe allein aus dieser Überlegung ein Nachholbedarf von 16,2 Prozent.
Zudem stiegen bekanntlich die Preise ständig. Ganz klar: das geht den Kumpels über die Hutschnur! Die Unternehmer können zahlen – und sie werden zahlen, wenn alle Bergarbeiter einheitlich und entschlossen um die Durchsetzung ihrer berechtigten Forderungen kämpfen.

Die Stahlarbeiter von Hoesch in Dortmund haben durch ihren beispielhaften Erfolg den Beweis erbracht, daß die da oben nicht machen können, was sie wollen.

Die Kollegen vom Saarbergbau streiken seit gestern. Heute demonstrierten 6 000 von ihnen für ihre Forderungen durch die Landeshauptstadt Saarbrücken. Die Kumpel gehen davon aus, daß die Arbeiter die Durchsetzung ihrer Forderungen gemeinsam als Gewerkschafter in die Hand nehmen müssen.

SOLIDARITÄT IST GEWERKSCHAFTLICHE PFLICHT!
DARUM SOLLTEN SICH ALLE MIT DEN STREIKENDEN VON
"MINISTER" UND "HARDENBERG" SOLIDARISCH ERKLÄREN.


BUNDESREGIERUNG - VERSPRECHUNGEN - TATSACHEN:

Die Regierung beschloß am 29. Januar 1969 den Jahreswirtschaftsbericht, darin heißt es:

> "Das monatliche Bruttolohn- und Gehaltseinkommen wird damit im Durchschnitt der abhängig Beschäftigten gegen Ende dieses Jahres erstmals die 1 000-DM-Grenze überschreiten."

KUMPEL, RECHNE SELBST:

WAS VERDIENST DU BEI 22 NORMALSCHICHTEN?

WAS STEHT DIR NACH DEM BESCHLUSS DER BUNDESREGIERUNG NOCH ZU?


9. September 1969                    DEUTSCHE KOMMUNISTISCHE PARTEI
                                     BETRIEBSGRUPPE MINISTER STEIN

---

Verantw.: Walter Kaufmann, Do-Eving, Lüdinghauser Str. 38
Druck:    Schreibstube Sprenger, Dortmund

# III. Stellungnahmen zu den Streiks

# Metall – Pressedienst

9. September 1969
XVII/93

## IG-Metall-Vorstand billigt Tarifforderung für Eisen und Stahl

Der Vorstand der IG Metall billigte auf seiner heutigen Sitzung in Frankfurt die von der zuständigen Tarifkommission erhobene Forderung nach einer 14prozentigen Lohn- und Gehaltserhöhung in der Eisen- und Stahlindustrie sowie nach Nicht-Anrechnung der arbeitsfreien Werktage auf den Urlaub.

Eine außergewöhnliche Auftragswelle und vor allem die durch die Unterbewertung der DM begünstigten Stahlpreiserhöhungen haben der eisenschaffenden Industrie in diesem Jahr Gewinne eingebracht, die dem Rekordstand des bisher besten Stahljahres 1960 nahekommen dürften. Im Verhältnis zur metallverarbeitenden Industrie ist auch die Produktivität in der Eisen- und Stahlindustrie in den beiden letzten Jahren erheblich stärker gestiegen und sind die Personalkosten zurückgegangen.

Außerdem sind die Löhne und Gehälter infolge der lang dauernden Strukturschwierigkeiten während der vergangenen Jahre hinter der Entwicklung in der Metallverarbeitung zurückgeblieben. Der Ecklohn in der Eisen- und Stahlindustrie beträgt ohne Zuschläge 3,99 DM, in der metallverarbeitenden Industrie nach dem 1. September 4,42 DM. Das ist eine Differenz von 10,8 Prozent. Unter den völlig gewandelten Ertragsverhältnissen können und müssen Schritte unternommen werden, um diesen Rückstand aufzuholen. Bei den derzeitigen Löhnen und Gehältern haben die Werke selbst bereits Mühe, ihre Arbeitskräfte zu halten. Die Ungeduld der Arbeitnehmer ist unter diesen Gesichtspunkten verständlich. Eine sofortige überdurchschnittliche Lohn- und Gehaltserhöhung ist völlig unabweisbar.

Der Vorstand der IG Metall begrüßt die mit dem Arbeitgeberverband Eisen und Stahl getroffene Vereinbarung, die neuauszuhandelnden Lohn- und Gehaltstarifverträge rückwirkend zum 1. 9. 1969 in Kraft zu setzen. Er fordert, daß die Tarifverhandlungen unverzüglich und nicht erst am Donnerstag dieser Woche aufgenommen werden.

Die spontanen Arbeitsniederlegungen in einigen großen Stahlwerken haben gezeigt, wie berechtigt die von der IG Metall schon frühzeitig ausgesprochenen Warnungen und ihre Vorschläge zu einer vorzeitigen Aufnahme von Tarifverhandlungen gewesen sind. Man kann den Arbeitnehmern der Eisen- und Stahlindustrie nicht zumuten, sich ins Hintertreffen der sozialen Entwicklung drängen zu lassen. Die

IG Metall als Tarifvertragspartei betrachtet sich auch weiterhin als an die laufenden Tarifverträge gebunden. Sie kann aber nicht die Verantwortung dafür übernehmen, daß die Arbeitgeber die tatsächliche Lage in den Betrieben falsch eingeschätzt haben. Im Hinblick auf die beginnenden Verhandlungen und die bereits erteilte Zusage der Rückwirkung des neuen Tarifvertrages fordert die IG Metall die an den andauernden Protestaktionen beteiligten Belegschaften auf, die Arbeit wiederaufzunehmen. Die IG Metall wird alles tun, um diese Verhandlungen im Interesse der Arbeitnehmer zu einem erfolgreichen Abschluß zu führen. Nur eine geschlossen auftretende Organisation kann den Erfolg garantieren.

# Otto Brenner in der Fernsehsendung »Panorama«, 8. 9. 1969 (Auszug)

*Otto Brenner:* Es hat uns überrascht, daß die spontane Arbeitsniederlegung im Hoesch-Konzern, die dort wegen betrieblicher Probleme entstanden war, sich so schnell auch als Arbeitsniederlegungen auf andere Bereiche in der Eisen- und Stahlindustrie ausgedehnt hat. Daß die Lohn- und Gehaltssituation in den Betrieben der Eisen- und Stahlindustrie unbefriedigend war, war uns allerdings seit Monaten bekannt. Hier liegen auch die aktiven und objektiven Gründe, denn der letzte Abschluß der Stahlindustrie erfolgte bereits Mitte 1968, aber von einer Konkurrenz von links kann man natürlich nicht sprechen. Es hat zwar nicht an Versuchen gefehlt, die Arbeitsniederlegungen politisch auszunutzen, und man wird es auch weiter versuchen. Im übrigen wissen unsere Mitglieder und Funktionäre die Bedeutung der gewerkschaftlichen Organisation zu schätzen, denn von den Versprechungen bestimmter politischer Gruppierungen wird ihre Lage nicht verbessert werden ...
*Frage:* Die wilden Streikaktionen fanden in Betrieben statt, für die die paritätische Mitbestimmung gilt... Was nützt nun die ganze Mitbestimmung, wenn wilde Streiks ausgerechnet in solchen Betrieben passiren?
*Otto Brenner:* Wir haben immer gesagt, daß Mitbestimmung keine Streikversicherung ist. Gerade aus den zurückliegenden Strukturschwierigkeiten in der Stahlindustrie wissen wir, daß Mitbestimmung bei der Bewältigung auftretender Schwierigkeiten sehr nützlich sein kann, doch muß in diesem Zusammenhang mit einem Mißverständnis aufgeräumt werden. Mitbestimmung bedeutet keineswegs Alleinbestimmung der Arbeitnehmer oder gar der Gewerkschaften. Die andere Seite, nämlich die der Anteilseigner und der Arbeitgeber, redet ein gewichtiges Wort mit. Diese andere Seite war es auch, die sich zunächst schwerhörig zeigte gegenüber den Argumenten derjenigen, die seit Wochen vorausgesagt haben, was jetzt gekommen ist. Und ich möchte gern zum Schluß hier noch eines sagen: Jetzt erst, nach den Streiks, wurde schnell gehandelt zwischen den Gewerkschaften und auch den Arbeitgeberverbänden, und inzwischen ist bereits vereinbart, daß die Löhne und Gehälter ab 1. September erhöht werden sollen. Damit besteht meiner Meinung nach kein Grund mehr, weiterzustreiken. Auf alle Fälle aber müssen die Produktionsanlagen von den Beschäftigten erhalten bleiben, damit nicht auch noch die Arbeitsplätze in Gefahr geraten und nicht noch größerer Schaden, als er ohnehin schon eingetreten ist, eintritt.

Telefon Pressestelle 2647663/2647682
Fernschreiber 0411115

Herausgegeben von der Pressestelle
der Industriegewerkschaft Metall für die Bundesrepublik Deutschland
Frankfurt am Main, Wilhelm-Leuschner-Straße 79-85

Zur freien Auswertung durch die Redaktionen
von Presse, Rundfunk und Fernsehen

# Metall Pressedienst

13. September 1969
(XVII/104)

Otto Brenner: Gründe der "wilden Streiks" aus der Welt geschafft.

Frankfurt/M. - Die sogenannten "wilden Streiks" hätten mit der Mitbestimmung und ihrer Handhabung gar nichts zu tun, heißt es in einer Erklärung des 1. Vorsitzenden der IG Metall, Otto Brenner, zum Abschluß der Tarifauseinandersetzungen in der Eisen- und Stahlindustrie Nordrhein-Westfalens.

Wenn man nach Schuldigen suche, müsse zuerst die überschäumende Konjunktur als Folge der unterlassenen DM-Aufwertung und die Überbeanspruchung der Arbeitnehmer genannt werden. Von einem Vertrauensverlust oder Vertrauensschwund der Mitglieder gegenüber der IG Metall könne keine Rede sein. Das zeige die Einstellung der Arbeitsniederlegungen bereits nach Ankündigung von Tarifverhandlungen und die überwiegende Zustimmung zu dem neuen Abkommen. Ziel der Verhandlungen sei es gewesen, die Arbeitnehmer der Eisen- und Stahlindustrie denen der Metallverarbeitung wieder gleichzustellen. Das sei weitgehend gelungen. Damit seien die wesentlichen Gründe für die spontanen Arbeitsniederlegungen aus der Welt geschafft. Aufgabe der Gewerkschaftsfunktionäre sei nun, in den Betrieben so schnell wie möglich die nötige Aufklärung zu schaffen.

Die Erklärung Brenners ist in einem Flugblatt enthalten, das von der IG Metall in der nordrhein-westfälischen Eisen- und Stahlindustrie verbreitet wird.

Horst Niggemeier, Pressechef der IG Bergbau, in *einheit – Organ der Industriegewerkschaft Bergbau und Energie*, 2. September-Ausgabe Nr. 18, 16. 9. 1969

# Kein Freiwild

Was sind das für Arbeiter, die bei den wilden Streiks in Dortmund und Saarbrücken die Sprecher und Funktionäre der IG Bergbau und Energie niederschreien und sie nicht zu Wort kommen lassen?! Was sind das für Arbeiter, die ihre gewählten Männer »Verräter«, »Schweine«, »Lumpen« und was weiß noch schimpfen und beleidigen?! Was sind das für Arbeiter, die mit 20, 30 Mann den Dortmunder Bezirksleiter Franz Neumann auf Minister Stein gewaltsam an die Wand drücken, ihn tätlich bedrohen und ihn anspucken und dabei schreien: »Du hast genauso eine Verrätervisage wie der *Arendt*.«

Was sind das für Arbeiter, die da lauthals erklären: »Die Gewerkschaft schläft« und dann so tun, als könne man mit wüstem Geschimpfe und Randaliererei die Lage der Arbeiter verbessern. Was sind das für Arbeiter, die nicht einmal das von der Gewerkschaft ausgehandelte Ergebnis kennen, aber es dennoch ablehnen.

Das können keine Arbeiter sein, die es ehrlich mit sich selbst und der Gewerkschaft meinen. Das können keine Arbeiter sein, die Anstand und Verstand haben. Wer seine eigenen Kollegen »Schweine« und »Lumpen« nennt, stellt sich außerhalb unserer Gemeinschaft. Dafür gibt es keine Entschuldigung! Die ehrenamtlichen und hauptamtlichen Funktionäre der IG Bergbau und Energie sind kein Freiwild! Für niemanden! Auch nicht für Arbeiter, die scheinbar noch nicht begriffen haben, was diese aktiven Männer in der IG Bergbau und Energie Tag für Tag und Jahr für Jahr für die Wahrnehmung der Interessen aller Arbeiter und Angestellten leisten.

Die IG Bergbau und Energie verzichtet lieber auf ein paar Mitglieder, als daß sie jemals bereit wäre, sich in dem Gossenjargon zu unterhalten, den man in Dortmund und Saarbrücken von einigen Arbeitern hören konnte.

Wir sind stolze und selbstbewußte Bergarbeiter, aber keine Gassenjungen, die sich gegenseitig beleidigen.

Wir sind eine straff organisierte demokratische Gewerkschaft, aber kein wilder Haufen, in dem jeder machen kann, was und wie es ihm gefällt.

Wir kämpfen und verhandeln stets und immer für bessere Lebens- und Arbeitsbedingungen, aber wir jagen mit wilden Streiks unsere Mitglieder nicht ins Unglück.

Wir sind hart und entschlossen, wenn es um die Interessen unserer Mitglieder geht, aber wir machen keine selbstmörderische Politik, indem wir durch wilde Streiks die eigenen Arbeitsplätze gefährden.
Wir, die IG Bergbau und Energie, sind eine Gemeinschaft, in der jeder für jeden eintritt. Mitglieder, Betriebsräte, Funktionäre und Vorstand der IG Bergbau und Energie wissen um ihre Pflichten, die sie dort erfüllen, wo es ihre Aufgabe verlangt. Die Devise aller organisierten Bergarbeiter und Bergbauangestellten kann deshalb nur lauten: Wir bekämpfen uns nicht gegeneinander, sondern wir kämpfen miteinander.
Die Ereignisse von Dortmund und Saarbrücken müssen ein einmaliger Vorgang in der Geschichte unserer Gewerkschaft bleiben, wenn wir uns nicht der Wirkung unseres Kampfinstrumentes selbst berauben wollen. H. N.

*einheit* – *Organ der Industriegewerkschaft Bergbau und Energie*, 2. September-Ausgabe Nr. 18, 16. 9. 1969

# Ursachen genau prüfen

Zahlreiche Fragen verlangen eine eingehende Beantwortung

Es gilt Bilanz zu ziehen. Über die Ereignisse im saarländischen Bergbau ebenso wie über die Arbeitsniederlegungen auf drei Dortmunder Zechen. Denn die wilden Streiks haben nicht nur das Verhältnis Bergbauunternehmer und Belegschaften berührt, sondern ebenso die Organisation belastet.
Wo liegen die Ursachen des wilden Streiks? Diese Frage wird ernsthaft und gewissenhaft zu beantworten sein. Welche Rolle hat das Betriebsklima gespielt und welche Rolle haben radikale Gruppen gespielt? Ist der Informationsfluß der Organisation ausreichend, und welche Auswirkungen hat das Verhalten einiger Unternehmens- und Zechenleitungen, die bewußt oder unbewußt ständig einen Keil zwischen die Belegschaften und ihre gewerkschaftliche Organisation zu treiben versuchen? Das sind nur einige der Fragen, die einer Antwort bedürfen.
So viel läßt sich jedoch heute bereits feststellen: Trotz der Vielzahl unterschiedlicher Forderungen, die man auf seiten der wild Streikenden hören konnte, war stets der Hinweis auf dein schlechtes Betriebsklima zu hören. Vor allem die schlechten Erfahrungen der Kumpels mit rigorosen Gedingekürzungen ließ sie befürchten, auch die jetzt von der IG Bergbau und Energie durchgesetzten 3,50 DM Lohnerhöhung werde ihnen über kurz oder lang wieder abgeknöpft. Und wenn Betriebsleiter oder Vorstandsmitglieder von Zechengesellschaften bereits wenige Stunden nach Abschluß der Tarifverhandlungen bekanntgegeben lassen, die 3,50 DM werden auf betriebliche Prämien angerechnet, so muß gefragt werden, ob solche Leute ihr Klassenziel erreicht haben. Denn die Tarifparteien stimmen überein, daß die jetzt vereinbarte Lohn- und Gehaltserhöhung zusätzlich auf die tatsächlich verdienten Löhne kommt. Die 3,50 DM je Mann und vergütete Schicht dürfen nicht durch Kürzungen betrieblicher Leistungen vermindert oder gar aufgesogen werden!
Und noch eins kann schon jetzt gesagt werden: Radikale Gruppen haben zwar dort, wo sie sich offen im Streikgebiet zeigten, bei den Belegschaften keinen Anklang gefunden. Doch daß sie den Streikwillen geschürt und – zumindest in Einzelfällen – den Streik auch ausgelöst haben, läßt sich nicht leugnen. So z. B. auf der Schachtanlage »Hansa«, vor deren Zechentor betriebsfremde Agitatoren abends und nachts die Belegschaft zur Arbeitsniederlegung brachten.

Noch am Donnerstagabend versuchten bergbaufremde Personen vor etlichen Schachtanlagen die Belegschaften zum Streik zu bewegen.
Daß bei all diesen und anderen Aktionen Kommunisten ihre Hand im Spiel hatten, ist unbestreitbar. Der Wagen des zweiten Bundesvorsitzenden der DKP, Herbert Mies aus Mannheim, mit dem amtlichen Kennzeichen MA-AZ 853 wurde mehrfach nachts vor den Zechentoren bestreikter Dortmunder Anlagen gesehen. Daß die Insassen des Wagens die Streikenden zur Arbeitsaufnahme bewegen wollten, ist sicher unwahrscheinlich.
Es muß deutlich gesagt werden: Der Streik war nicht nur nach dem Tarifrecht und der Satzung der IG Bergbau und Energie illegal. Sondern er war auch von vornherein zum Scheitern verurteilt.
Jeder vernünftig Denkende konnte deshalb die Streikenden nur aufrufen, möglichst schnell ihre Arbeit wiederaufzunehmen. Damit die Bergleute und ihre Familien vor Schaden bewahrt bleiben. Wer das nicht tat, wie zum Beispiel die Kommunisten, wollte nichts anderes als Unruhe. Wobei es ihnen offensichtlich gleichgültig war, daß die Kumpels dadurch erheblichen finanziellen Schaden erlitten.   Wim.

# Gespräch mit dem stellvertretenden Vorsitzenden des Bezirks Saarbrücken der IG Bergbau, Schacht, und dem stellvertretenden Betriebsratsvorsitzenden der Grube Luisenthal, Pollere, am 12. 9. 1969 (Auszüge)

Frage: Wie entsteht der Streik?

Poller: In dem Betrieb sind die Leute unzufrieden. Solange dieser Teil der Unzufriedenen ein gewisses Maß, das man nicht fixieren kann, weil da diese Dinge – Immesberger usw. – mit hereinspielen, wenn dieses Maß einen bestimmten Grad überschritten hat, dann brauchen sie keinen Funken mehr, dann brauchen sie nur noch ein Glühwürmchen. Das Glühwürmchen, das findet sich. Bei uns ist ein Mann aufgestanden und hat gesagt: Kameraden, was die uns hier bezahlen, ist eine Schweinerei. Wir fahren nicht mehr an. Und da war es da.
Schacht: Ein Mann, der sonst mit seinen Worten also gar nicht so besonders ankommt bei den Leuten.
Poller: Gar nicht. Ein Mann, der gar nicht irgendwie bekannt ist. Er ist bekannt als ein lustiger Kerl, aber kein Querulant. Er war angesehen bei seinen Kameraden, weil er ein bißchen witzig war.
Nein, es war vorher keine Organisation da. Spontan. Das hätten wir gemerkt. Es hat geknistert.
Schacht: Denn die Arbeiterbetriebsräte, die Spitzenarbeiterbetriebsräte waren zum Zeitpunkt ja gar nicht im Betrieb. Die hatten eine Besprechung (mit anderen Betriebsräten). Es ging um Löhne. Die waren zur Grube Warndt gefahren. Um sich mit dem Betriebsrat auf Warndt zu verständigen, wie man so etwas machen könnte, betriebsintern. Und die sind also von Warndt nach Hause gefahren. Die waren zum Schichtwechsel gar nicht da. Sind völlig überrascht worden.
Poller: Es ist so: Die Betriebsräte tauschen unter sich ihre Erfahrungen aus, wie man bestimmte Probleme auf einer Anlage löst. Z. B. ein ganz simples Problem, das Toilettenproblem in der Kantine. Da muß man mal drüber sprechen, daß da alles in Ordnung ist. Da sagen die meinetwegen, wir haben eine Putzfrau engagiert und geben der 50 Mark. Dieser Erfahrungsaustausch findet ja ohne Zweifel statt. Und in dieser Lohnsituation bestehen in der Haltung der einzelnen Betriebsdirektoren ganz kleine Differenzen. Aber die muß man kennen. Da kann man in der Betriebsratssitzung also sagen,

Warndt bezahlt in der Höchstspitze 50 Pfennig Schmutzzulage, und wir bezahlen nichts. Das kann man machen.
*(Während die Kollegen vom BR auf Warndt waren, nahmen der Vorsitzende und Poller an der Einweihung eines Bürgerhauses in Altenkessel teil, um ihrem alten Kollegen, dem Bürgermeister, »eine Freude zu machen«.)*
Wenn wir überhaupt einen Verdacht gehabt hätten, daß wir im Betrieb in Schwierigkeiten kommen würden, da hätten die können 10 Gemeindehäuser und eine neue Stadthalle einweihen, da hätte uns keiner von der Anlage gekriegt.
Frage: Gab es später eine eigene Organisation der Streikenden, ein Streikbüro?
Poller: Nein.
Schacht: Wir haben uns da ganz rausgehalten. Es gab nichts.
Poller: Wir haben vom Betriebsrat folgendes gemacht: Wir haben den Leuten zugesprochen zu Anfang, nicht wild zu streiken. Als wir einsahen, daß das uns in einen Gegensatz zur Belegschaft bringen würde, haben wir nur informiert. D. h. wir gingen in unregelmäßigen Abständen zum Bezirk und haben gesagt, wie steht die Lage, was gibt es Neues, was ist auf der Grube los und was ist dort los? Das haben wir dann gesagt und das kam ja auch eine Stunde später in den Nachrichten. Also wir haben nur informiert und wir haben auch die Ergebnisse, die in Flugblättern hier ausgegeben wurden, die haben wir ihnen interpretiert und auch erklärt. Und immer wieder, immer wieder zur Arbeit aufgerufen. Aber als der Kulminationspunkt nach unseren Informationen überschritten war, haben wir die Aufforderung zur Arbeit so betrieben – bis zur Selbstentäußerung. Also es war so, wenn die Belegschaft kein Vertrauen zu uns gehabt hätte – wir haben gesagt, wir wollen kein Chaos –, dann wäre diese Sache nicht in diesem disziplinierten Maß zu Ende gegangen. Ich glaube, das können Sie sich von dem Herrn Rolshoven (Boß der Saarbergwerke) bestätigen lassen.
Frage: Haben sie den Forderungen der Streikenden zugestimmt? Ohne den Druck der Belegschaft wären die Forderungen nicht oder nicht in dieser Höhe durchgesetzt worden?
Poller: Wir hatten für diese Forderungen mehr als ein großes Verständnis, weil es unsere Forderungen auch waren. Nur waren wir nicht mit dem Weg des illegalen Streiks einverstanden, sondern unser Weg ist der der Verhandlungen. Daß diese Verhandlungen von uns und der Gewerkschaft betrieben wurden, ich glaube, das ist offenkundig. Nur hatten wir auf dem friedlichen Weg nicht diesen Erfolg haben können wie dieser Ausstand.
Frage: Konnte die Gewerkschaft nicht in der Klemme zwischen Friedenspflicht und berechtigten Forderungen etwas »schlitzohrig«

handeln? Es kann der Gewerkschaft doch nur recht sein, wenn Druck von unten kommt.

Poller: Also das »schlitzohrig« würde ich für falsch halten. Die Gewerkschaften haben vielleicht irgendwo einen schlechten Ruf. Aber sie dürfen nie in den Ruf kommen, unredlich zu sein. Wir sind als Bergleute auf das Wohlwollen – genau wie die Bauern – auf das Wohlwollen des deutschen Volkes weitgehend angewiesen. Dessen sind wir uns bewußt und das wollen wir nicht aufs Spiel setzen. Darüber waren sich auch die Bergleute im klaren, daß das auf keinen Fall aufs Spiel gesetzt werden darf. Das hat auch Arendt ganz deutlich gesagt. Der hat ja Worte gebraucht, die werden ihm Austritte bringen, das weiß der, so helle ist der. Da ist keine Schlitzohrigkeit mehr. Da ist nur Redlichkeit. Gewerkschaftsarbeit muß eine redliche Arbeit sein.

Schacht: Ich bin also in der offiziellen Sitzung gefragt worden, auch von besorgten Kollegen, die im Betrieb auch Rede und Antwort stehen mußten. Wir haben uns also nicht in Gegensatz zur Belegschaft gestellt. Die haben also Schluß gemacht zu einem gewissen Zeitpunkt. Das konnten wir Gewerkschaftssekretäre nicht und mein Kollege Hacker und ich, wir konnten es also erst recht nicht. Dort wurde gesagt, das ganze Vertrauen, unser ganzer Bezirk bricht zusammen. Da habe ich also sagen müssen, das ist meine feste Meinung, das kann sein. Auch heute noch, daß also hier Hunderte, vielleicht Tausende austreten. Und daß ich vielleicht in jeder Versammlung in den nächsten drei Monaten, wenn ich 'reinkomme, erst ausgebuht werde. Das kann also sein. Es kann so sein, daß hier der Bezirk Saar der IG Bergbau bei unseren Bergleuten nicht mehr als die Interessenvertretung angesehen wird. Kann sein. Ich glaube es aber nicht. Wir haben, glaube ich, ein oder zwei Austritte während dieser Zeit. Es ist nichts passiert bis jetzt. Das wußte man natürlich in dieser harten Nacht nicht. Da habe ich gesagt, es kann also sein. Und wir müssen es darauf ankommen lassen. Wir müssen ja zweierlei sehen. Erstens, wir als Bezirk sind die berufenen Leute. Und zweitens, daß die IG Bergbau in der Öffentlichkeit ihren guten Ruf verloren hätte. Ich glaube, wir haben also einen ganz guten Ruf. Und durch diesen guten Ruf erreicht die IG Bergbau ja einiges. Das steht ja sicherlich fest, daß die IG Bergbau als Gewerkschaft, glaube ich mit Stolz sagen zu dürfen, mehr erreicht hat als alle anderen Gewerkschaften in der Bundesrepublik. Wir haben ja immerhin voriges Jahr während der Krise und der Feierschichtenzeit einen Tarifvertrag gemacht, wo wir also noch Rezession hatten, der der beste Tarifvertrag in der ganzen Bundesrepublik war. Voriges Jahr! Die Bergleute haben es leider vergessen.

Die IG Bergbau hätte dagestanden als vertragsbrüchig. Das wäre nie

weggewischt worden, nie. Das darf einer Gewerkschaft nicht passieren, daß sie vertragsbrüchig wird. Und das sind wir also nicht geworden. Wenn wir uns hier ja noch am Montagmorgen hingestellt hätten und hätten also gesagt: Kameraden, eure Forderungen sind auch unsere Forderungen und daß ihr streikt, ist richtig. Da hätten wir bezahlt. Die IG Bergbau wäre daran nicht kaputtgegangen. Der Streik wäre nämlich eher beendet worden, das steht also fest – wir hätten die Saarbergwerke doch ein bißchen mehr zwingen können, wenn wir dahintergestanden hätten. Wir wären die großen Leute gewesen. Wir hätten es also geschafft, da hinzukommen an die Spitze, ich bin fest davon überzeugt, und dann mit... (ballt die Faust als Zeichen des Nachdrucks). Aber was wäre denn morgen gewesen? Es wäre doch aus gewesen. Wir wären doch erledigt gewesen. Wir haben es also nicht gemacht und werden es auch nicht tun. Wenn die Saarbergwerke uns auffordern, uns an den Tisch zu setzen – na Gott, die werden dazu wahrscheinlich nicht nein sagen (die Saarbergwerke). Aber wir haben die Saarbergwerke auch nicht aufgefordert, die Tage zu bezahlen, das haben wir nicht getan. Vielleicht steht da noch eine Aufgabe für die Betriebsräte bevor, das kann man nicht sagen. Wir haben es also nicht getan. Eine schwere Entscheidung hatten wir also zu treffen und wir haben uns entschieden, und ich meine, wir haben uns nicht nur richtig entschieden, sondern wir mußten uns so entscheiden. Da gab es also gar nichts.
Aber mit den Forderungen. Die Forderungen der Bergleute – Gott nicht in dem ganzen Katalog (von 15 Punkten), das ist ja ein Zehnjahres-Plan fast – wenn man einen Scherz machen wollte, dann müßte man fast sagen, die Gewerkschaft hört auf, Gewerkschaft zu sein, wenn sie keine Forderungen mehr stellt. Wir werden also nie am Ende sein. Und das treibt sicher uns alle in der Gesellschaft etwas voran. Ich hab also scherzhafterweise gesagt, ich bin 40 Jahre alt, vielleicht erlebe ich noch in meiner aktiven Zeit, daß diese Forderungen mal erfüllt sind. Das, was da gefordert ist, kann alles mal erfüllt werden. Aber man kann natürlich nicht sagen, dieses Paket muß morgen erfüllt sein, sonst streiken wir weiter. Das ist lächerlich. Ich glaube, daß wir einen sehr guten Vertrag gemacht haben, wobei ich glaube, daß, wenn wir nicht diese Sache (den Streik) gehabt hätten, wir vielleicht nicht jetzt vom 1. 9. diesen Vertrag so bekommen hätten. Aber am 1. 1. (70) hätten wir auch diesen Vertrag bekommen. Der hätte anders ausgesehen...
Frage: Vielleicht etwas weniger?
Ich glaube das nicht. Wir haben es als IG Bergbau immer geschafft, wenn also die Situation so war, daß man seine Forderungen erfüllt bekommen konnte, daß wir sie auch erfüllt bekommen haben. Sie werden festgestellt haben, daß die IG Bergbau bei der letzten Tarif-

bewegung genau das und sogar etwas mehr das letztemal bekommen hat, als sie gefordert hat. Die IG Bergbau hat also nicht gesagt, fordern wir 15%, dann kriegen wir vielleicht 10%. Das hat natürlich die IG Bergbau auch früher gemacht. Aber in den letzten Tarifbewegungen nicht mehr.

Schnelldienst des Deutschen Industrieinstituts,
Nr. 71, vom 9. 9. 1969:

Wilde Streiks: Nur Arbeitsfrieden sichert Fortschritt

Zum ersten Mal erlebt die Bundesrepublik eine größere Welle von wilden Streikaktionen. Weit mehr als 30 000 Arbeitnehmer befanden sich Montag im Ausstand, obwohl in vielen Betrieben die Arbeit bereits wieder aufgenommen worden war. Die Aktionen kamen, wie auch der Vorsitzende der IG Metall, Otto Brenner, in einem Fernsehinterview bezeugte, für Gewerkschaften wie Arbeitgeber überraschend. Zum ersten Mal in der Nachkriegsgeschichte haben Arbeitnehmer bei wilden Streikaktionen auch den Notdienst verweigert und damit unter Umständen Schäden an Produktionsanlagen im Werte von vielen Millionen Mark verursacht. Auch andere Gewaltakte und Terror gegen Personen sind vorgekommen.
Gleichwohl sollte man die Situation nicht dramatisieren. Unternehmensleitungen, Arbeitgeberverbände und Gewerkschaften bemühen sich vereint, die Entwicklung wieder in den Griff zu bekommen. Sie können davon ausgehen, daß die unbesonnenen Gewaltakte Randerscheinungen sind, bewußte Provokationen linksextremistischer Kräfte, die sowohl von der überwiegenden Mehrheit der Arbeitnehmer als auch von der Öffentlichkeit verurteilt werden. Nachdem die Arbeitgeber ihre Bereitschaft erklärt haben, vorfristig in Tarifverhandlungen einzutreten, besteht – wie Otto Brenner sagte – kein Anlaß, die Arbeitsniederlegungen fortzuführen; erst recht besteht kein Anlaß, die eigenen Arbeitsplätze durch Gewaltakte zu gefährden.
Sicherlich sind nach dem jüngsten Tarifabschluß in der metallverarbeitenden Industrie die Löhne der Stahlarbeiter im Vergleich zurückgeblieben. Die notwendige Korrektur hätte bei den im November vertragsgemäß anstehenden Tarifverhandlungen erfolgen können, auch unter Berücksichtigung der gegenüber der Zeit des letzten Tarifabschlusses wesentlich verbesserten Ertragslage der Stahlindustrie. Aus Not streiken jedenfalls die deutschen Stahlarbeiter nicht, die im europäischen Vergleich – sieht man von Luxemburg ab – an der Spitze stehen. Daß es gleichwohl zum Ausbruch wilder Streikaktionen gekommen ist, hat eine Vielzahl von Gründen. Auch wenn es jetzt in erster Linie darauf ankommt, den Arbeitsfrieden möglichst schnell wiederherzustellen, so sollten sich doch alle Beteiligten des Preises bewußt sein.
Der wirtschaftliche Aufschwung der Bundesrepublik und der soziale

Fortschritt, den dieser Aufschwung ermöglichte, sind auch dem System der Arbeitgeber-Arbeitnehmer-Beziehungen zu verdanken, das durch die Betriebsverfassung und die Tarifautonomie geprägt ist. Das Betriebsverfassungsgesetz sichert die Mitsprache der Arbeitnehmer in allen sie unmittelbar berührenden Fragen und eine ständige Information, die das Aufkommen von Konflikten erschwert. Das Tarifvertragswesen gewährleistet für die Laufzeit der Verträge Arbeitsfrieden und kalkulierbare Kosten für die Unternehmen sowie ein Einkommen, mit dem der Arbeitnehmer fest rechnen kann. Wenn während der Laufzeit von Tarifverträgen wilde Streikaktionen ausbrechen mit dem Ziel, Vertragsänderungen zu erzwingen, dann wird eine der wesentlichsten Grundlagen des Tarifvertragswesens, die Vertragstreue, in Frage gestellt. Daran kann auch den Gewerkschaften nicht gelegen sein. Ihre vornehmste Aufgabe ist und bleibt die kollektive Regelung der Arbeits- und Entlohnungsbedingungen. Deshalb werden sie sicherlich auch nicht glücklich sein über Gratulationen und Solidaritätsadressen von Politikern und anderen Kräften, die den wild Streikenden zugehen. Wohin wilde Streikaktionen führen, zeigt am besten das Beispiel Englands.

# Interview mit Thyssenkonzernchef Hans-Günter Sohl

(*Die Welt*, 20. 9. 1969)

*Frage:* In der Öffentlichkeit kursieren die widersprüchlichsten Auffassungen über die Entstehung der wilden Streikwelle, deren Auftakt in der deutschen Stahlindustrie stattfand. Wie erklärt sich für Sie, den Chef des größten deutschen Stahlkonzerns, diese Entwicklung?
*Sohl:* Es wird wohl noch einiger Zeit der Beruhigung bedürfen, um Ihre Frage objektiv und eindeutig zu beantworten. Das Phänomen dieser wilden Streiks ist für uns nach Art und Ausmaß zu ernst, als daß es mit billigen Beweggründen abgetan werden könnte, die dem Interessenstandpunkt des jeweiligen Betrachters entsprechen.
Zweifellos nahmen die wilden Streiks ihren Ausgang in Betrieben, wo Unzufriedenheit über die lokale oder regionale Lohnsituation herrschte. Die Ansätze sind aber dann offenbar von radikalen Elementen ausgenutzt worden, um sie zu allgemeinen Lohnforderungen hochzuspielen. Dafür gibt es klare Indizien.
Es dürfte auch außer Frage stehen, daß das zeitliche Zusammenfallen dieser Aktionen mit dem Wahlkampf kein Zufall war. Bei einer Wertung der Vorgänge darf zudem nicht außer acht gelassen werden, daß weite Bereiche der Stahlindustrie und des Steinkohlenbergbaus von der Bewegung überhaupt nicht erfaßt wurden.
Jedenfalls kann diese wilde Streikbewegung, die wirtschaftlich und politisch sehr bedenklich stimmt, weder allein auf Gründe zurückgeführt werden, die in der Konjunktur oder der Ertragslage der Wirtschaft liegen, noch allein auf politische Einflüsse. Richtiger scheint mir, daß lokale Unzufriedenheiten politisch hochgespielt und ausgeweitet wurden.
*Frage:* Hätten die wilden Streiks vermieden werden können?
*Sohl:* Diese Frage ist schwer zu beantworten. Aber eines ist sicher: weder die Arbeitgeber, noch die Gewerkschaften und auch nicht unsere verantwortlichen Politiker haben eine solche Entwicklung vorausgesehen oder auch nur für möglich gehalten. Der Ausbruch der wilden Streiks ist vielmehr für alle völlig überraschend gekommen.
Mag sein, daß Vertreter der IG Metall bei anderen Gelegenheiten gesprächsweise die Vorziehung von Tarifverhandlungen angeregt haben. Tatsache ist aber, daß der Arbeitgeberverband im Mai dieses Jahres mit einem Tarifabkommen über Sonderzahlungen und danach werkseitig mit den Hitzeprämien außerhalb jeder Lohnrunde etwas getan hat. Damals wie auch später war von Unruhen in den Belegschaften nirgendwo die Rede.

*Frage:* Es heißt, die Arbeitsdirektoren hätten eine Vorverlegung der Tarifverhandlungen schriftlich angeregt?
*Sohl:* Es trifft zu, daß in der zweiten Hälfte August diejenigen Arbeitsdirektoren, die Vorstandsmitglieder des Arbeitgeberverbandes Eisen und Stahl sind, eine Prüfung der Frage angeregt haben, entsprechend dem Abschluß der Metallverarbeitung, die Verhandlungen über den Ende November auslaufenden Tarifvertrag vorzuziehen. Aber hier muß doch festgestellt werden, daß die Arbeitsdirektoren erklärtermaßen Arbeitgebervertreter sind und in dieser Eigenschaft an Tarifverhandlungen teilnehmen.
*Frage:* War vielleicht die Laufdauer des Tarifvertrages an den wilden Streiks schuld?
*Sohl:* Nein, das glaube ich nicht. Grundsätzlich gehört die Laufzeit eines Tarifvertrages zu den festen Bestandteilen eines solchen Abkommens. In diesem Fall war sie von beiden Tarifpartnern unter anderem mit dem Ziel festgesetzt worden, die Tarifverhandlungen 1969 nicht in der Hitze des Wahlkampfes zu führen; und zwar gerade weil wir sie aus der Gefahrenzone solcher Vorgänge heraushalten wollten, wie sie nun aus anderem Anlaß eingetreten sind.
*Frage:* Wie sehen Sie nun die Zukunft?
*Sohl:* Zunächst möchte ich ein positives Ergebnis herausstellen. Es ist gelungen, die völlig unkontrollierte Entwicklung in den Griff zu bekommen und auf die Ebene ordnungsmäßiger Verhandlungen zwischen den Tarifpartnern zurückzuführen. Das war nur durch ein gemeinsames Handeln von Arbeitgebern und Gewerkschaft möglich mit dem Willen, zu einer Einigung zu kommen und wieder Ordnung herzustellen.
Andererseits muß man sich darüber klar sein, daß das Ausmaß dieser Lohnbewegung wirtschaftliche Konsequenzen haben muß. Dabei werden sich auch die bereits angekündigten Kohlepreiserhöhungen auswirken – und zwar nicht nur auf die übrige Wirtschaft, sondern nach meinem Dafürhalten auch auf die Absatzmöglichkeiten des Bergbaus selbst.
Die Stahlindustrie, deren Erzeugnisse heute nicht mehr als vor zehn Jahren kosten, bedient trotz erheblich höherer Erlöse in anderen Ländern der EWG und in Drittländern bevorzugt den deutschen Inlandsmarkt. Aufgrund der neuen Lage wird sie nun ihre Geschäfts- und Preispolitik überprüfen müssen. Natürlich wird sie das in wohlverstandenem Eigeninteresse in einer maßvollen Weise tun, die insbesondere auch der partnerschaftlichen Verbundenheit mit ihren inländischen Kunden Rechnung trägt.
*Frage:* Eine letzte Frage: Was sagen Sie zu der Äußerung des geschäftsführenden Vorstandsmitgliedes der IG Metall, Dürrbeck, Herr Brandi sei der »reaktionärste Bursche«, den er kenne?

*Sohl:* Herr Dürrbeck ist stellvertretender Aufsichtsratsvorsitzender unserer Konzerngesellschaft Hoag und als solcher Aufsichtsratskollege von Herrn Brandi. Es ist leider nicht das erste Mal, daß sich Herr Dürrbeck Taktlosigkeiten und geschmacklose Entgleisungen dieser Art gegenüber Aufsichtsratskollegen leistet. Ein Mann wie Dürrbeck strapaziert die Mitbestimmung in einer Weise, die die Grenzen des sachlich und menschlich Zumutbaren überschreitet. Herr Brandi hat als Vorsitzer des Arbeitgeberverbandes Eisen und Stahl die Initiative für die Aufnahme der Tarifverhandlungen ergriffen und sich um die Wiederherstellung des Arbeitsfriedens in unserer Industrie besondere Verdienste erworben.

# Interview mit dem Hauptgeschäftsführer des Arbeitgeberverbandes Eisen- und Stahlindustrie, Dr. Kurt Neben
(*Stuttgarter Zeitung*, 11. 9. 1969)

*Frage:* Sind für die Arbeitgeber in der Eisen- und Stahlindustrie die wilden Streiks aus heiterem Himmel gekommen, oder gab es schon vor dem Aufflammen der ersten Ausstände Anzeichen einer Unruhe?
*Dr. Neben:* Keinerlei Anzeichen.
*Frage:* Haben Sie Beweise dafür, daß die wilden Streiks möglicherweise von linksradikalen Kräften ausgelöst worden sind oder jetzt noch gesteuert werden?
*Dr. Neben:* Beweise haben wir keine. Aber die Vorgänge in der Klöcknerhütte Bremen zeigen, daß offensichtlich die KP mächtig am Werk ist.
*Frage:* Wo liegen die Ursachen für die gegenwärtige Krise? Gibt es nicht objektive Gründe für die Unruhe unter den Arbeitern, beispielsweise die lange Laufzeit der Tarifverträge oder aber auch die Tatsache, daß die Ecklöhne in der Stahlindustrie hinter anderen Löhnen hinterherhinken?
*Dr. Neben:* Das ist natürlich eine sehr schwierige Frage. Sie können sie auch umdeuten in die Frage: Wer ist schuld daran? Dazu kann ich Ihnen folgendes sagen. Unsere Verhandlungen über die Sommerzahlungen haben im Mai begonnen, wir haben außerdem in unseren Manteltarifverhandlungen, die zur Zeit laufen, ja auch den Gewerkschaften im Prinzip schon zugesagt, ihnen hinsichtlich des Spätzuschlages, also für die Arbeit ab 14 Uhr, Konzessionen zu machen, allerdings ohne Zahlen zu nennen. Außerdem haben sich zwischendurch die innerbetrieblichen Löhne ganz erheblich verbessert. Zwischen Januar 1968 und Januar 1969 haben sich in der Stahlindustrie die Bruttostundenverdienste um 69 Pfennig, in der ganzen Industrie dagegen um 56 Pfennig erhöht.
*Frage:* Es handelt sich aber hier um die Effektivverdienste.
*Dr. Neben:* Jawohl.
*Frage:* Wäre es da nicht eben zu überlegen, ob man rechtzeitig die Effektivverdienste zu Tarifecklöhnen machen sollte?
*Dr. Neben:* Nein, nein. Dazu kann ich sagen, daß wir in den Jahren 1966/67 unsere »ausgerutschten« Effektivverdienste den Tarifverdiensten dadurch angenähert haben, daß wir unsere Tariflöhne erheblich angehoben haben unter Anrechnung auf die Effektivverdienste.

*Frage:* Halten Sie es nach den Erfahrungen der jüngsten Konjunkturentwicklung für empfehlenswert, künftig keine Tarifverträge mit längerer Laufzeit mehr abzuschließen?
*Dr. Neben:* Ja, natürlich. Heute rückblickend, sieht unser letzter Tarifabschluß natürlich furchtbar billig aus. Aber wer konnte im Sommer 1968 wissen, wie alles läuft. Es ist nun so, daß sich natürlich auch die Stahlwerke gegenüber ihren Arbeitnehmern insgesamt dadurch erkenntlich gezeigt haben, daß sie innerbetrieblich weitere Lohnerhöhungen gegeben haben. Denn unser Tarifecklohn beträgt zur Zeit 3,99 Mark; der Bruttostundenverdienst aber 6,15 Mark. Es ist nicht drin, daß man nun wiederum den Versuch macht, den wir 1966/67 gemacht haben, unter Anrechnung auf die Effektivverdienste die Tariflöhne zu erhöhen. Das kommt auch bei den Arbeitern gar nicht an. Die kümmern sich einen Dreck um diese ganze Erhöhung der Tariflöhne oder Anrechnung auf die Effektivverdienste, die wollen was auf die Hand haben. So ist die Lage.
*Frage:* Herr Dr. Neben, haben Ihrer Meinung nach die Gewerkschaften etwas versäumt?
*Dr. Neben:* Unser Grundstandpunkt ist der, daß die IG Metall genauso wie wir die Ordnungsfaktoren der ganzen Tarifpolitik sind. Ich bin nicht der Meinung, daß die Gewerkschaft irgend etwas versäumt hat, denn wir befinden uns ja mit der Gewerkschaft in laufenden Verhandlungen, nicht nur über Lohn und Gehalt. Wenn ich heute mit der IG Metall zusammenkomme, so habe ich folgendes Handikap: 1. Wir haben im Mai unser Abkommen über das Weihnachts- und Urlaubsgeld und so weiter erhöht von 50 auf 75 v. H., das sind 2,5 v. H. der Lohnsumme; wir haben ferner jetzt zugesagt, daß neue Lohn- und Gehaltstariferhöhungen schon ab 1. 9. in Kraft treten, und ferner, daß auch ein Spätzuschlag eingeführt wird. Mit diesem Handikap gehe ich in die Verhandlungen. Das ist etwas ganz Außergewöhnliches. Ich habe etwas vorweg verschenkt; natürlich um auf diese Weise Stimmung zu erhalten.
*Frage:* Was sagen Sie zu der von der IG Metall jetzt erhobenen Forderung nach einer Lohnerhöhung von 14 Prozent?
*Dr. Neben:* Natürlich ist das eine taktische Forderung, und nichts anderes. Die IG Metall konnte gar nicht anders, um diese vielen wilden Streiks mit den unerhörten Wünschen aus den Werken zu unterlaufen. Ich bin sicher, daß das am Verhandlungstisch »nicht drin ist«.
Natürlich beeindruckt uns außerordentlich die Tatsache, daß es zu wilden Streiks gekommen ist. Sie haben, wenn Sie so wollen, überrascht. Aber nicht nur uns überrascht, sondern auch die Betriebsräte. Wenn ich an die Verhältnisse in Bremen denke, dort ist es ganz katastrophal, und man wundert sich, daß das heute im Jahr 1969

noch genauso möglich ist wie meinetwegen 1932. Wir sind jedenfalls willens, die Sache in Ruhe jetzt zu erledigen. Wir lassen uns aber nicht unter den Druck der Straße setzen. Wir wollen mit der Gewerkschaft zusammen als Ordnungsfaktor für das Lohnwesen das Bestmögliche finden.

# Interview mit dem Vorsitzenden der SPD, Willy Brandt
(*Neue Ruhr Zeitung*, 11. 9. 1969)

*Frage:* Man spricht von einer politischen Radikalisierung der Arbeitnehmerschaft. Kommunistische Agitatoren werden für die Streikwelle verantwortlich gemacht, und es wird auch von »Volksverhetzung durch die Kommunisten« gesprochen. Wie stehen Sie zu solchen Behauptungen?
*Brandt:* »Ich halte es für nicht ausgeschlossen, daß hier und dort radikale Kräfte sich betätigt haben. Aber wo dies geschehen ist, da haben die Arbeiter deutlich zu erkennen gegeben, daß sie damit nichts zu tun haben wollen.
Es ist im höchsten Maße bedenklich und schädlich, wenn man mit pauschalen Behauptungen den Arbeitern einen Stempel aufdrückt, den sie nicht verdient haben. Ich muß sagen, daß die Arbeiter gegen diese fälschenden Bilder in Schutz genommen werden müssen.«
*Frage:* Die Gewerkschaften haben sich von den Streiks distanziert, aber in Anbetracht der Streiks Lohnforderungen gestellt, die zu Verhandlungen geführt haben, die wiederum beim Bergbau ein schnelles und wohl für die Arbeiter zufriedenstellendes Ergebnis gebracht haben. Dennoch bleibt, daß die Rolle der Gewerkschaften in weiten Kreisen der Arbeiterschaft als umstritten angesehen wird.
Sehen Sie einen Zwiespalt zwischen innerbetrieblicher Realität und gewerkschaftlicher Praxis? Oder aber: Haben die Gewerkschaften »geschlafen«, was die Stimmung unter den Arbeitern betrifft? Haben sie an den Arbeitern vorbeigelebt?
*Brandt:* »Zwei Dinge sind auseinanderzuhalten:
1. Es gibt seit eh und je unter den unorganisierten Arbeitern solche, die in schlechten Zeiten als Trittbrettfahrer die Gewerkschaften für Vorteile in Anspruch nehmen, jetzt aber, in guten Zeiten, nicht begreifen wollen, wozu Gewerkschaften nützlich sind.
2. Die andere Seite: Aus meiner Sicht ist es unklug, jetzt die Schuld auf die Gewerkschaften oder auf die Gewerkschaftsführer zu wälzen. Aber jede politische Führungsgruppe, ob in den Gewerkschaften oder in einer Partei, hat Zeiten erleben müssen, in denen sie sich neu zu prüfen hatte. Denken Sie nur an die SPD-Führer in der Zeit von 1966/67, wo wir zum Teil gegen den Widerstand in den eigenen Reihen unsere Position zu überprüfen und eine neue durchzusetzen hatten.
Ich bin jetzt ganz sicher, daß die Gewerkschaften und ihre Führer die jetzige Situation in den Griff bekommen im Sinne des ständigen

Lernenmüssens und im Hinblick auf etwaige Kontaktmängel in der Vergangenheit.
Ich habe ja für heute früh neun Uhr die Gewerkschaftsführer Vetter, Brenner und Arendt in meiner Eigenschaft als SPD-Vorsitzender nach Bonn eingeladen, nicht etwa um einander Vorwürfe zu machen, sondern um im gesamtpolitischen Interesse den Gewerkschaften zu helfen, daß sie ihre Aufgaben im Interesse der Arbeitnehmer besser wahrnehmen können.«
*Frage:* Verträge sind Verträge, sagen sowohl Unternehmer wie Gewerkschaften. Beide sind aber jetzt unter dem Eindruck der Streikwelle von diesem Standpunkt abgewichen.
Sehen Sie in dieser Tatsache ein Zeichen dafür, daß die Verträge nicht mehr in die gegenwärtige Konjunkturlandschaft gepaßt haben, oder werten Sie diese Tatsache als eine Kapitulation unter dem Druck der Streikenden?
*Brandt:* »Es ist sicher so, daß die Arbeiter die ungleiche Entwicklung der Gewinne und der Löhne gesehen haben, und wegen dieser Tatsache passen die Verträge in der Tat nicht mehr in die heutige Konjunkturlandschaft.
Man soll aber nicht meinen, daß Fehler im System liegen, allenfalls liegen sie bei der Gestaltung der Verträge, und die müssen eben bei nicht voraussehbaren Entwicklungen überprüft werden.«
*Frage:* Minister Schiller ist im Zusammenhang mit der Streikwelle wieder einmal in die Schußlinie der CDU geraten. Ihm wird, zum Beispiel von Generalsekretär Heck, Versagen vorgeworfen.
Was hätte, nach Ihrer Meinung, Minister Schiller tun können bzw. anders machen müssen?
*Brandt:* Zunächst hat Schiller, was die Tarifpartner angeht, nicht unmittelbar damit zu tun. Aber die Politik der Tarifpartner leitet sich ja ab aus der Wirtschaftspolitik, und dazu ist zu sagen: Seit Mai dieses Jahres hat man es Schiller zunehmend schwerer gemacht, seine Pflicht zu erfüllen. Schiller hat Vorschläge gemacht im Interesse der Konjunkturstabilität und der Preisstabilität. Er ist aber damit in den meisten Fällen aufgelaufen. Wenn jetzt gegen Schiller polemisiert wird, dann muß man entgegenhalten, daß die relative Unruhe unter der Arbeiterschaft eingetreten ist, nachdem sich Kiesinger und die CDU zunehmend in die Federführung Schillers eingemischt haben.«

# SPD
# Pressemitteilungen und Informationen

11. 9. 1969

Betr.: Kommuniqué über die Sitzung des Präsidiums der SPD am 11. September 1969 in Bonn

Im Anschluß an die gestrige Kabinettssitzung hat sich das Präsidium der SPD heute durch den Vorsitzenden des DGB, Heinz O. Vetter, den Vorsitzenden der Industriegewerkschaft Metall, Otto Brenner, und den Vorsitzenden der IG Bergbau und Energie, Walter Arendt, über die Lage auf dem Arbeitsmarkt unterrichten lassen. Das Präsidium stellt fest:
Das Interesse der Arbeitnehmer gebietet, das Vertrauen zu den Gewerkschaften zu wahren. Wir fordern alle Mitglieder und Freunde der Sozialdemokratischen Partei Deutschlands auf, das Handeln der Gewerkschaften nachdrücklich zu unterstützen.
Von den Unternehmern muß erwartet werden, daß sie in den Verhandlungen mit den Gewerkschaften eine Haltung einnehmen, die der wirtschaftlichen Entwicklung, den sozialen Notwendigkeiten und der gegenwärtigen Lage gerecht wird.
Die SPD begrüßt es, daß radikale Agitatoren fast überall abgewiesen worden sind, wo sie sich in Arbeitskonflikte einschalten wollten. Gegen Extremisten und Demagogen muß weiterhin energisch Front gemacht werden.

# DKP
Pressedienst

Nr. 22/69 Düsseldorf, 11. September 1969

## Stellungnahme des DKP-Präsidiums zu den Streikkämpfen

Das Präsidium der DKP beschloß auf seiner gestrigen Sitzung folgende Stellungnahme:
Das Präsidium der DKP bekräftigt erneut seine volle Solidarität mit den Streikenden. Die Kampfaktionen der Belegschaften sind berechtigt. Die vergangenen Monate haben bewiesen, daß eine Politik des Stillhaltens für die Arbeiter und Angestellten nichts einbringt. Die Großunternehmer waren trotz ihrer riesigen Gewinne nicht bereit, die Arbeiter an den gestiegenen Erträgen zu beteiligen.
Das Präsidium der DKP verwahrt sich schärfstens gegen die Lüge, die Streiks würden »kommunistisch gesteuert« oder von den Kommunisten für eigensüchtige parteipolitische Zwecke ausgenutzt. Wahr ist, daß die kommunistischen Belegschaftsangehörigen gemeinsam mit sozialdemokratischen, parteilosen und christlichen Kollegen in der vordersten Reihe der Streikfront standen und stehen. Die Mitglieder der DKP haben bewiesen, daß sie die Interessen ihrer Kollegen konsequent vertreten. Die DKP hat damit ihre enge Verbundenheit mit der Arbeiterschaft und ihren Charakter als Arbeiterpartei bestätigt.
Aber es ist eine empörende Beleidigung der streikenden Arbeiter, wenn Unternehmer und Regierungssprecher jetzt behaupten, die Streiks von Zehntausenden Arbeitern und Angestellten seien nicht die eigene Entscheidung der streikenden Belegschaften.
Die DKP protestiert gegen die Diffamierung der fortdauernden Streiks als »wilde Streiks«. Diese Streiks sind nicht das Werk von »Wilden«, sondern der Ausdruck gerechtfertigter sozialer Unzufriedenheit. Die Konzernherren und die Regierung haben die Arbeiter monatelang mit leeren Phrasen, mit Versprechungen von »sozialer Symmetrie« in der »Konzertierten Aktion« hingehalten. Das lassen sich die Arbeiter und Angestellten mit Recht nun nicht länger gefallen.
Die Regierung hat die Streiks als »unrechtmäßig« bezeichnet, und die Sprachrohre der Unternehmer versuchen schon, sie in einen ungesetzlichen »Aufruhr« umzufälschen. Das ist ein Angriff auf das im Grundgesetz verankerte Streikrecht. Das ist die Sprache der Notstandsgesetze.
Das Präsidium der DKP wendet sich gegen den Versuch von seiten der Herrschenden, die Gewerkschaften in eine Rolle als »Ordnungsfaktor« oder Instrument der Disziplinierung gegen die kämpfenden

Arbeiter hineinzudrängen. Das würde verhängnisvolle Folgen für die Gewerkschaften selbst haben.

Zugleich wendet sich die DKP gegen die Versuche zwielichtiger Kräfte – vor allem von seiten der NPD und der CDU/CSU –, die entstandene Situation zur Ausbreitung gewerkschaftsfeindlicher Stimmungen oder sogar zur Spaltung der Gewerkschaften zu mißbrauchen. Anlässe zu berechtigter Kritik müssen in den Gewerkschaften selbst bereinigt werden. Aber ohne eine starke gewerkschaftliche Organisation, die einheitliche und geschlossene Kampf- und Solidaritätsaktionen zu organisieren in der Lage ist, können die Arbeiter ihre Interessen gegen den härter werdenden Widerstand der Unternehmer nicht durchsetzen. Die Lösung ist nicht das Wegwenden von den Gewerkschaften, sondern die Überwindung der Mängel in ihrer Tätigkeit und die Stärkung der gewerkschaftlichen Organisation und Kampfkraft.

Die DKP unterstützt in diesem Sinne die Tarifforderungen der Gewerkschaften, die mit dem Willen der kämpfenden Arbeiter und Angestellten übereinstimmen, sowie die Meinung, daß die Arbeiter und Angestellten selbst über die Ergebnisse der Tarifverhandlungen entscheiden müssen. Aktionen in den Betrieben können die Position der Tarifkommissionen in den Verhandlungen über den Abschluß neuer Tarifverträge nur stärken.

Die DKP wendet sich gegen den heimtückischen Versuch, die Streikbewegung zu einem Angriff auf das Mitbestimmungsrecht auszunutzen. Die sozialen Auseinandersetzungen der letzten Tage sind kein Argument gegen die Mitbestimmung, sondern ein Beweis, daß die Mitbestimmungsrechte der Belegschaften und der Gewerkschaften ausgeweitet werden müssen. Vor allem müssen die Arbeitnehmervertreter in den Betrieben und Unternehmen von allen hemmenden Vorschriften befreit werden, die sie bei der konsequenten Vertretung der Arbeiterinteressen behindern. Das heißt: Abschaffung des Zwangs zur »vertrauensvollen Zusammenarbeit« der Betriebsräte mit den Unternehmern nach § 49 des Betriebsverfassungsgesetzes, Aufhebung der gesetzlichen Schweigepflicht für die Arbeitnehmervertreter in den Mitbestimmungsgremien, Recht und Pflicht der Berichterstattung und Rechenschaftslegung vor der Belegschaft, Ausdehnung des Mitbestimmungsrechts auf alle Fragen einschließlich Investitionen und Profite.

Das Präsidium der DKP betrachtet die durch die kraftvollen Kampfaktionen der Arbeiter errungenen Ergebnisse als einen großen Erfolg. Sie bestätigen die alte Erfahrung der Arbeiterbewegung, daß nur das eigene Handeln, die Einigkeit und Geschlossenheit im Kampf die Verwirklichung der Forderungen und Interessen der Arbeiterklasse erzwingen kann.

# SDS-Flugblatt:

## »STATT WAHLKAMPF – KLASSENKAMPF!«

Wenige Tage nach der Premiere von Kiesingers Wahlzirkus in der Arena der Westfalenhalle nehmen die Arbeiter in
Dortmund, Duisburg, Essen, Neunkirchen, Geislingen, Bremen, Osnabrück und Ibbenbüren ihren Kampf auf.
## SIE STREIKEN!
Nachdem in zwei Jahren »Konzertierter Aktion« und »Sozialpartnerschaft« die Kapitaleigentümer und Konzernherren ungeheure Profite abgesahnt haben, sind die Arbeiter von Hoesch, Rheinstahl, Klöckner u. a. nicht länger den Stillhaltephrasen der Gewerkschaft und den Dichterworten Schillers gefolgt.
Wie haben die Dortmunder ihren Streik gemacht? Am Dienstag forderte ein anonymes Flugblatt zur Versammlung der Arbeiter vor dem Verwaltungsgebäude auf, um 20 Pfennig Lohnerhöhung zu erzwingen. Es versammelten sich 3000 Kollegen. Die Firmenleitung tritt sofort zusammen und glaubt, mit 15 Pfennig den Streik abwiegeln zu können. Die Arbeiter geben sich mit diesen Kompromiß nicht zufrieden, lachen Firmenleitung und Betriebsrat glatt aus und fordern 30 Pfennig – unabhängig von den anstehenden Tarifverhandlungen. Da sich die Firmenleitung stur stellt und Betriebsrat und Gewerkschaftsfunktionäre bereits abzuwiegeln beginnen, greifen die Arbeiter am nächsten Tag zu konkreten Kampfmaßnahmen:
– Versammlung vor dem Verwaltungsgebäude
– Sprechchöre
– Sitzstreiks vor dem Verwaltungsgebäude
  (die Angestellten solidarisieren sich)
– einige Arbeiter versuchen, die Luxusvilla zu stürmen
– und schließlich ein massenhafter Demonstrationszug von 24 000 Arbeitern durch die Dortmunder Innenstadt, wobei der Verkehr lahmgelegt wird.

Diese Kampfmaßnahmen und die massenhaft demonstrierte Solidarität der 24 000 ist die Macht, die Bosse, Gewerkschaftsfunktionäre und Politiker innerhalb von Stunden in die Knie zwingt: Die Verhetzung und falsche Information durch Fernsehen und Presse können die Konzernherren nicht mehr rechtzeitig zum Einsatz bringen.
Ihre Parole: »Ihr schadet unserer Volkswirtschaft« wird von den Arbeitern als gemeiner Trick entlarvt: »Es sind nicht unsere Interessen, denen wir schaden, es sind ihre: die Profitinteressen des Kapitals.« In Essen, Bremen, Geislingen usw. haben sie den Kampf aufgenommen. – Immer mehr beginnen ihre Interessen zu erkennen.

Nach Lebensmittelverteuerungen
Nach Mietpreiserhöhungen bis zu 30%
Nach Anhebung der Sozialbeiträge von 14 auf 16%
Nach Kürzung der Kilometerpauschale von 50 auf 36 Pfennig
Nach Herabsetzung des Kindergeldes von 40 auf 20 DM
haben die Arbeiter den Kampf um ihre unmittelbaren Interessen dort aufgenommen, wo sie stark sind: im Betrieb – und nicht in der Werbeabteilung des Unternehmerstaates, dem Bundestag.
Was die Regierung der Großen Koalition den Arbeitern mit einer Hand genommen hat, warf sie mit der anderen Hand den Unternehmern wieder in den Rachen. Als die investitionsmüden Unternehmer wieder Lust am Geldscheffeln bekamen, als die IG Metall sich im Mai vorigen Jahres mit 4% für 1968 abspeisen ließ, da waren die Reingewinne der Unternehmer in diesem Jahre schon wieder klammheimlich um 22,8% angeschwollen (Bundesbankbericht). Wenn aber die Arbeiter nach den Wahlen nicht mehr als Stimmvieh gebraucht werden, dann heißt's: zahlen, zahlen, zahlen – so wie nach den Bundestagswahlen 61 und 65, als sich die Lebenshaltungskosten wie nie zuvor verteuerten.
Können die Unternehmer ihre Profitinteressen am besten nach den Wahlen durchsetzen, so müssen die Arbeiter ihre Lohnforderungen vor den Wahlen erkämpfen, dann nämlich, wenn die Unternehmerparteien CDU/SPD/FDP um das Wohlwollen ihres Stimmviehs buhlen.
Wollte die mit der SPD verkuppelte IG Metall die Tarifverhandlungen erst nach dem Wahlkampf hinter verschlossenen Türen führen, so versucht sie jetzt, wo ihr die Kollegen das vermasselt haben, mit scheinradikalen 14%-Forderungen die Streiks abzuwürgen: hinterher schauen dann sowieso nur jämmerliche 7% dabei heraus – und für Brenner ein Extralob von Industrieboß Berg.
Die Arbeiter der Klöckner Hütte Bremen haben darauf die richtige Antwort: sie setzen ihren Kampf um die 80 Pfennig fort – und da soll sich die Gewerkschaft, wenn sie den Streik schon nicht unterstützen will, gefälligst raushalten. Und wenn sie anschließend in Tarifverhandlungen zusätzlich 14% herausholt, um so besser.
Ein Dortmunder Arbeiter: »Die machen riesenhafte Gewinne und wir sind immer die letzten, die was davon kriegen! Einen gerechten Lohn gibt es hier sowieso nicht. Was uns der Unternehmer gibt, wird von uns doch vorher rangeschafft.«
Solange es Kapitalisten gibt, werden die Arbeiter immer kämpfen müssen, um einigermaßen leben zu können. Aber das Recht, über das von ihnen Geschaffene selbst zu bestimmen, erreichen die Arbeiter nicht, indem sie es fordern – sondern nur, indem sie es sich nehmen! Sie erreichen es nicht durch Lohnforderungen – aber

Lohnkämpfe sind jetzt die einzige Möglichkeit, ihre beschissene Lage etwas erträglicher zu machen.
Wahlen sind von den Parteien der Unternehmer veranstaltete Schaukämpfe, um die Arbeiter von ihren Interessen abzulenken.
Nicht auf den Kanzler, die SPD-Bundesligamannschaft, auf die ARBEITER kommt es an!
MERKE: »Ein Arbeitnehmer ist jemand, der einem Arbeitgeber seine Arbeitskraft gibt!« Und dieser Arbeitnehmer sollte nicht so blöd sein, den Unternehmerparteien auch noch seine Stimme zu geben!

# IV. Presseberichte

*Frankfurter Allgemeine Zeitung,* 9. 9. 1969:

Kommunisten schreiben sich die wilden Streiks zu

Seit langem vorbereitet / Anführer eingeschleust / Gewerkschaft überrascht / Sorge um den Einfluß auf die Arbeiter / Streikunwillige terrorisiert

W. Th. DÜSSELDORF, 8. September.
Alle Anzeichen sprechen dafür, daß die Führung der Industriegewerkschaft Metall von den wilden Streiks in einigen Hüttenwerken völlig überrascht worden ist. Dasselbe gilt auch für den Vorstand des Deutschen Gewerkschaftsbundes. Maßgebliche Funktionäre der deutschen Gewerkschaftsbewegung machen keinen Hehl daraus, daß sie die so entstandene Lage als für das Ansehen der Gewerkschaften selbst bedrohlich halten. Der Vorstand des Arbeitgeberverbandes Eisen- und Stahlindustrie ist am Montag in Düsseldorf zusammengetreten, um über die lohnpolitische Lage, die durch die wilden Streiks in mehreren Hüttenwerken entstanden ist, zu beraten. Der Vorstand schlug den Gewerkschaften den 11. September als Verhandlungstermin für Nordrhein-Westfalen vor. (Einzelheiten im Wirtschaftsteil.)
Daß es sich bei den wilden Streiks nicht um eine spontane Unmutsbekundung von Belegschaften gehandelt hat, wird an dem deutlich, was inzwischen über die Vorbereitung und den Ablauf des wilden Streiks bei Hoesch in Dortmund bekanntgeworden ist. Danach lag bereits am Montag vergangener Woche ein in die Einzelheiten gehender »Generalstabsplan« vor. Dieser Plan war von den Initiatoren des Streiks geheimgehalten worden, so daß weder der Betriebsrat noch die Unternehmensleitung eine Ahnung hatten, was ihnen bevorstand. Dagegen waren beim Ausbruch des wilden Streiks sofort das ostzonale Fernsehen, kommunistische Flugblätter und auch Kartons mit Freibier und Verpflegung zur Stelle. Jeder Versuch von Gewerkschaftsfunktionären, in den Streik mäßigend einzugreifen, wurde von den Anführern unterbunden. Der Betriebsrat von Hoesch, zwischen dem und der Unternehmensleitung es in keinem Zeitpunkt Differenzen gegeben hat, konnte nur durch Hintertüren das Werksgelände verlassen, um mit dem Vorstand an einem geheimgehaltenen Ort zusammenzutreffen.
Die Hauptagitatoren waren, wie glaubwürdige Beobachter mitteilen, durchweg Anpeitscher, die noch keine zwei Monate bei Hoesch

arbeiten. Offenbar waren sie vorher systematisch von den Kommunisten, von der außerparlamentarischen Opposition und von der außergewerkschaftlichen Opposition eingeschleust worden, und das ausgerechnet in einem Unternehmen, das als Musterfall der perfekten Verwirklichung der Montan-Mitbestimmung gilt und in dessen Vorstand von Anfang an der sozialdemokratische frühere Minister Koch gesessen hat. Seit kurzem gehört er dessen Aufsichtsrat an. Am Werkstor wurde von den Initiatoren des wilden Streiks eine Puppe an einem Galgen aufgehängt, die weithin sichtbar den Namen des Vorstandsvorsitzenden Harders trug.

Das Büro des Vorstandsvorsitzenden wurde von einem Trupp gestürmt, dessen Anführer dann dort die Parole ausgab: »Nun stecken wir seine Villa an.« Anschließend fuhren zwölf Mann in drei Personenwagen in die 15 Kilometer von Dortmund entfernt liegende Wohnung von Harders. Als sie dort Einlaß begehrten, trat ihnen Frau Harders mit einer Pistole in der Hand entgegen mit der Drohung, sie werde auf jeden, der das Haus betrete, schießen. Inzwischen hatte die Polizei von der Absicht, Harders Wohnung zu demolieren, Kenntnis genommen und war noch rechtzeitig zur Stelle. Daraufhin verständigte der Anführer der Gruppe über ein Funksprechgerät die Streikzentrale im Werk davon, daß sie ihren Vorsatz nicht ausführen könne. »Das Schwein läßt sich durch Polizei schützen.« Angeblich sollen in einem Waldstück in der Nähe von Harders' Wohnung drei Lastkraftwagen mit Aufrührern in Bereitschaft gestanden haben, um auf ein Zeichen hin ebenfalls im Hause des Firmenchefs zu erscheinen.

Die Anführer sind offensichtlich mit Belegschaftsmitgliedern, die sich am wilden Streik nicht beteiligen wollten, nicht gerade glimpflich umgegangen. So sollen in einem Walzwerk von Hoesch zwei Mann die gesamte übrige Belegschaft dieser Anlage mit der Androhung von Schlägen so lange terrorisiert haben, bis sich auch diese an der Demonstration beteiligte. Bezeichnenderweise hat die in Duisburg erscheinende kommunistische Wochenschrift »Unsere Zeit« inzwischen das Verdienst des wilden Streiks bei Hoesch für die DKP in Anspruch genommen und die Abberufung des jetzigen Betriebsrats gefordert.

Der Vorstand der Industriegewerkschaft Metall und der Bundesvorstand des Deutschen Gewerkschaftsbundes haben sich bisher zu den wilden Streiks noch nicht geäußert. Diese ihre Zurückhaltung dürfte ihre letzte Ursache darin haben, daß die Initiatoren der Streiks eine lohnpolitische Forderung, die im Grunde verständlich ist, dazu ausgenutzt haben, die Masse der zweifellos nicht revolutionär denkenden Mitglieder großer Belegschaften aufzuwiegeln. Offenbar befürchtet man in Frankfurt und Düsseldorf, eine offizielle Stellungnahme der Gewerkschaftsführung, die die wilden Streiks verurteilt, könnte von gewerkschaftstreuen Gewerkschaftsmitgliedern mißverstanden werden. Die Metallgewerkschaft versucht unterdessen zweifellos mit allen verfügbaren Mitteln, die Entwicklung wieder »in den Griff zu bekommen«.

*Westfalenpost*, 10. 9. 1969:

Frau Harders sah nur Polizisten

Werksleitung, Arbeiter und Betriebsräte dementieren Sturm auf Villa in Ergste
Wir sprachen mit Offiziellen und Inoffiziellen, mit Vertretern des Hoesch-Konzerns, des Betriebsrates, der Polizei, mit Augenzeugen aller Streikstunden und mit der Schwester der in dem FAZ-Aufmacher angeführten Frau Harders, um den Wahrheitsgehalt des Sensationsartikels zu überprüfen. Fazit: Es bleibt nicht viel, was den Wahrheits-Test besteht.

Von WALTER HURCK und JÜRGEN MARKHOFF

Die Pistolen-Story in der Frankfurter Zeitung hat folgenden Wortlaut: »Das Büro des Vorstandvorsitzenden wurde von einem Trupp gestürmt, dessen Anführer dann dort die Parole ausgab: ›Nun stecken wir seine Villa an.‹ Anschließend fuhren zwölf Mann in drei Personenwagen in die 15 km von Dortmund entfernt liegende Wohnung von Harders. Als sie dort Einlaß begehrten, trat ihnen Frau Harders mit einer Pistole in der Hand entgegen mit der Drohung, sie werde auf jeden, der das Haus betrete, schießen. Inzwischen hatte die Polizei von der Absicht, Harders Wohnung zu demolieren, Kenntnis genommen und war noch rechtzeitig zur Stelle. Daraufhin verständigte der Anführer der Gruppe über ein Funksprechgerät die Streikzentrale im Werk davon, daß sie ihren Vorsatz nicht ausführen können. ›Das Schwein läßt sich durch Polizei schützen‹. Angeblich sollen in einem Waldstück in der Nähe von Harders Wohnung drei Lastkraftwagen mit Aufrührern in Bereitschaft gestanden haben, um auf ein Zeichen hin ebenfalls im Hause des Firmenchefs zu erscheinen.
Was wirklich geschah am Vormittag des 3. September vor dem Haus am Bürenbruch 69, darüber liegen inzwischen eine Fülle von Aussagen vor, die alle der Pistolen-Story widersprechen.
»Das stimmt nicht«
Das Büro Harders dementierte mit einem Satz: »Das stimmt nicht.«
Dr. Harders hat mit seiner Frau eine Urlaubsreise angetreten und war gestern nicht zu erreichen.
Eine Schwester seiner Frau, die zur Zeit das Haus in Ergste hütet, erklärte: »Meine Schwester und ich waren sehr aufgeregt, wir haben auch überlegt, ob wir uns notfalls mit einer Pistole zur Wehr setzen

sollten. Aber nie ist meine Schwester den Arbeitern mit einer Waffe entgegengetreten.«
Auch Hoesch-Generalbevollmächtigter Dr. Erich Vogel betonte: »Ich war bisher der Meinung, daß die Streikenden das Grundstück gar nicht betreten haben. Wir erfuhren durch die Lautsprecher vor der Hauptverwaltung, daß die Streikenden auch nach Ergste hinausfahren wollten. Daraufhin benachrichtigten wir die Polizei und baten um Schutz.«
Am ausführlichsten schildert Polizei-Hauptkommissar Steinhagen von der Polizei Iserlohn, der am 3. September beim Einsatz dabei war, die Vorgänge an der Harders-Villa. »Wir erhielten um 10.10 Uhr den Hinweis von einer sehr aufgeregten Sekretärin. Das Telefon zum Haus von Dr. Harders war wegen Kabelarbeiten der Bundespost den ganzen Vormittag über außer Betrieb. Als wir in Ergste eintrafen, kam Frau Harders gerade mit ihrem Chauffeur von einem Krankenbesuch zurück. Ihre Schwester kehrte mit einem anderen Chauffeur von einer Fahrt nach Dortmund heim. Die Damen waren sehr aufgeregt, als wir ihnen erklärten, daß wir das Haus unter polizeilichen Schutz stellen müßten.«

Auch keine LKW

Nach Darstellung des Hauptkommissars nahmen sechs Polizeibeamte hinter dem Tor an der Grundstücks-Zufahrt Aufstellung. Ein Beamter stellte sich auf die Straße, die hier weithin zu übersehen ist. Die Arbeiter aus Dortmund trafen gegen 11.45 Uhr ein. Sie kamen in Personenwagen. Lastwagen mit Streikenden wurden von der Polizei nicht gesehen. Die Arbeiter vermuteten, daß der Konzernchef sich in seinem Haus aufhalte und forderten von der Polizei: »Rückt den Harders raus!« Es kam, wie sich Steinhagen erinnert, zu einem Wortwechsel. Die Arbeiter wurden von der Polizei darauf hingewiesen, daß sie sich beim Betreten des Grundstückes strafbar machten. Die Chauffeure von Dr. Harders distanzierten sich von den Arbeitern und erklärten: »Das sind nicht unsere Kumpels.« Von den Streikenden versuchte jedoch niemand, das Grundstück zu betreten.
Nach einer kurzen Beratung fuhren die Arbeiter eine Viertelstunde später freiwillig wieder nach Dortmund zurück. Die Polizeiwache zum Schutz des Hauses blieb noch bis zum Abend in Ergste. Als das Telefon wieder funktionierte, rief Hauptkommissar Steinhagen Dr. Harders an und berichtete ihm über die Vorgänge. Frau Harders hat die streikenden Arbeiter nie zu Gesicht bekommen. Das Wohnhaus liegt weitab von der Straße und ist durch Sträucher und Bäume dicht abgeschirmt. »In der ganzen Zeit haben wir keine verdächtigen Lastwagen in der Nähe des Hauses bemerkt«, sagte Steinhagen. »Nur ein Bauer fuhr mit einer Ladung Mist vorbei.«
Gestern tagten die Betriebsräte der Hoesch-Werke Westfalenhütte,

Phoenix und Union. Sie wurden von den Behauptungen des Zeitungsberichtes förmlich überrumpelt. Nach Ende der Arbeitsniederlegungen waren in den Betrieben die Vertrauensmänner mit den Betriebsratsmitgliedern zusammengekommen und hatten die Vorgänge vom 2. und 3. September diskutiert. »Da fielen natürlich auch viele kritische Worte«, sagt Betriebsratsmitglied Georg Spitz vom Werk Union, »aber von einer außergewerkschaftlichen Opposition gegen den Betriebsrat kann überhaupt keine Rede sein.«

Gegen extreme Elemente protestiert

Hoesch–Generalbevollmächtigter Dr. Erich Vogel erklärte: »Der Vorgang, daß die Belegschaft dem Betriebsrat entglitten sein soll, ist für mich ein Novum.«
In der Frankfurter Zeitung hieß es unter anderem auch: »Die Anführer sind offensichtlich mit Belegschaftsmitgliedern, die sich am wilden Streik nicht beteiligen wollten, nicht gerade glimpflich umgegangen. So sollen in einem Walzwerk von Hoesch zwei Mann die gesamte übrige Belegschaft dieser Anlage mit der Androhung von Schlägen so lange terrorisiert haben, bis auch diese sich an der Demonstration beteiligte.« Von diesen beiden Arbeitern ist weder der Werksleitung noch den Betriebsräten etwas bekannt. »Wer Dortmunds Stahlarbeiter kennt, weiß, daß sie sich weder einschüchtern noch aufwiegeln lassen«, erklärte dazu ein Hoesch-Angestellter.
Betriebsratsmitglied Willi Schero vom Werk Phoenix betonte: »Die Belegschaft hat während der anderthalb Tage Arbeitsniederlegung stets bei allen Versuchen protestiert, wenn extreme Elemente aus der Sache politisches Kapital schlagen wollten.«
Der Kreisvorsitzende des DGB in Dortmund, Helmut Neukirch, erinnert sich an den Demonstrationszug, der am Dortmunder DGB-Haus vorbeiführte und von dem sich 30 Arbeiter absonderten, die mit Neukirch diskutieren wollten: »Diese Männer verhielten sich völlig ruhig und diszipliniert.« Von linksradikalen Elementen habe er nichts bemerkt.

Flugblatt der DKP

Sogar die DKP-Betriebsgruppe Westfalenhütte, die während des Streiks Flugblätter »Heiße Eisen« verteilen ließ, läßt nichts auf die Gewerkschaft kommen. Heinz Cramer vom Sekretariat des DKP-Kreisvorstandes betont: »Die Gewerkschaft war im Bilde über die Unruhe unter den Arbeitern. Es ist Unsinn, zu schreiben, daß die DKP den Streik organisiert haben soll.«

## Bild-Zeitung, 9. 9. 1969:

## Wer ist schuld an der englischen Krankheit?

*An der Ruhr wird wieder gearbeitet. Aber leider nur an der Ruhr. Das Gespenst der wilden Streiks, das die Deutsche Mark kaputtmachen kann, ist noch nicht gebannt.*
Wer ist schuld, daß die englische Krankheit plötzlich nach Deutschland übergriff?
*Die Stahlarbeiter? Nein! Sie sind nicht schuld.*
Sie haben recht, wenn sie für ihre Schufterei im Stahlrekordjahr 1969 ihren Anteil haben wollen.
*Die Stahl-Unternehmer? Ja – zumindest einige von ihnen sind schuld, besonders die Chefs von Hoesch.*
*Statt zu warten, bis sie vor wilden Streiks kapitulieren müssen, hätten sie rechtzeitig ihren Arbeitern das Mögliche zusichern sollen. Dann wäre das Unmögliche nicht verlangt worden.*
Die Stahlkocher wissen nämlich, daß mit Millioneninvestitionen ihre Hochöfen erneuert werden mußten oder wie in Schalke noch erneuert werden müssen.
Deshalb sind die Stahlwerke froh, wenn sie endlich wieder einmal ordentlich verdienen. Nur müssen sie eben auch ihre manchmal bei 70 Grad Hitze ackernden Arbeiter mitverdienen lassen.
Als das nicht schnell genug geschah, hatten die Volksverhetzer ihre große Stunde. Denn das wissen die meisten Stahlarbeiter wahrscheinlich nicht:
*Als der erste wilde Streik ausbrach, meldete das fast im gleichen Moment der kommunistische Deutschland-Sender. Und ebenso schnell wurden – zur Verblüffung der demokratischen Gewerkschaftsfunktionäre – die offensichtlich von Kommunisten gedruckten Flugblätter verteilt.*
Hatten also die Gewerkschaftsfunktionäre geschlafen? Ja und nein.
*Mehr als ein Opfer kommunistischer Unterwanderung waren sie wohl ein Opfer ihrer Doppelrolle geworden. In der Stahlindustrie bestimmen sie mit. Sie wußten, daß es hier nicht nur rosa Zeiten gibt. Sie wollten die Werke modernisieren und verpaßten dabei etwas den Anschluß an die Stimmung unter den Arbeitern.*
Vielleicht hat Erhard doch recht, daß die Gewerkschafter nicht an beiden Seiten des Tisches sitzen können. Aber schwere Vorwürfe sollte man ihnen diesmal nicht machen. Das wäre ungerecht.
*Um so gerechter ist die scharfe Kritik an Schiller. Er hat beim Ausbruch der wilden Streiks nichts getan. Weder konzertiert noch solo. Er benahm sich mit seiner indirekten Billigung ungesetzlicher*

*Aktionen wie ein Wirtschaftsminister außer Dienst und ein Stimmenfänger vom Dienst (die Hoesch-Werke liegen in Schillers Wahlkreis).*
*Der Minister und die Unternehmensleitung von Hoesch können sich brüderlich umarmen. Sie sind schuld daran, daß die Welle der wilden Streiks immer noch durch unser Land geistert.*

# Wollen wir die harte Mark weich streiken?

Zwei Jahre, neun Monate und dreiundzwanzig Tage hat die SPD als Regierungspartner Zeit gehabt, die Löhne im öffentlichen Dienst in Ordnung zu bringen, wenn dort etwas in Ordnung zu bringen ist.

Genügend Zeit hatten die SPD-Regierungschefs in Hessen, Hamburg, Berlin, Bremen, Niedersachsen und Nordrhein-Westfalen.

Und mindestens ebensoviel Zeit hatten die Gemeinderäte in den vielen Rathäusern, die fest in der Hand der SPD sind.

Wer hat die SPD daran gehindert? Die CDU in Niedersachsen oder die FDP in Hamburg und Nordrhein-Westfalen?

Davon hat man bis heute nichts gehört.

Dafür hört man nun, es brenne überall: Einigung bis zur Wahl oder wilder Streik.

**Da stimmt was nicht. Dieses Ding ist oberfaul.**

Hier geht es nicht darum, irgendeinem Arbeitgeber mehr Geld aus der Tasche zu ziehen. Denn die A r b e i t g e b e r des öffentlichen Dienstes s i n d w i r a l l e — die Steuerzahler. Und wir ruinieren unsere Währung, wenn wir uns durch wilde Streiks erpressen lassen.

**Soll jetzt unsere Mark genauso krank und genauso weich gestreikt werden wie das englische Pfund?**

Wir haben durchaus Verständnis dafür, daß einige Gewerkschaftsfunktionäre durch die wilden und nicht von ihnen kontrollierten Streiks nervös geworden sind. Aber sie sollten sich davor hüten, auf dem Bock des Wohlstandswagens mit lautem Peitschengeknall durchgehende Pferde noch wilder zu machen.

Dabei fällt der ganze Wagen um.

Bis heute leben wir als Kriegsverlierer besser als alle Sieger — ausgenommen die Amerikaner. Das soll so bleiben.

Für beide großen Parteien gilt deshalb das gleiche:

● Beseitigt Lohnungerechtigkeiten, aber

● beugt euch nicht dem Druck der ungesetzlichen wilden Streiks!

● Laßt euch von der Nervosität der Gewerkschaften nicht anstecken!

● widersteht der Versuchung, im öffentlichen Dienst Stimmen zu fangen. Schafft Gerechtigkeit, aber ruiniert nicht die Mark.

Wer unsere Währung, unseren Wohlstand und unsere Sicherheit in Gefahr bringt, verliert die Wahl.  PETER BOENISCH

# V. Analysen und Konsequenzen

## Otto Brenner, Vorsitzender der IG Metall, auf einer Informationstagung für die Mitglieder des Beirates und die Bevollmächtigten der IG Metall am 22. 9. 1969 in Stuttgart (Auszug):

[...] Man kann uns – vor allem nach Kenntnis der späteren Entwicklung – auch den Vorwurf machen, wir hätten unsere Wünsche nicht in aller Deutlichkeit an den Arbeitgeberverband herangetragen. Natürlich sieht man heute alles anders und auch hier trifft zu, wie man so sagt, daß man, wenn man aus dem Rathaus herauskommt, klüger ist, als wenn man hineingeht. Es wird auch hier Leute geben, die alles schon vorher gewußt haben, was sich erst hinterher an Ereignissen ergab.

Wir haben die Forderung nach vorfristigen Verhandlungen in aller Öffentlichkeit aber deshalb nicht gestellt, um die Unruhe in den Betrieben nicht zu verstärken, ohne daß wir die Möglichkeit einer Kündigung oder eines anderen Druckes auf die Arbeitgeber gehabt hätten. Konkret gesagt, hätten wir kündigen können, wären aber gezwungen gewesen, die Wirksamkeit der Kündigung abzuwarten. Die danach ausbrechenden spontanen Arbeitsniederlegungen hätte man dann uns angelastet und unsere Lage als Tarifvertragspartei wäre dadurch sehr viel schwieriger geworden. Es muß mit aller Klarheit gesagt werden, daß für eine Gewerkschaft die Forderung nach Verhandlungen während der Laufzeit eines geltenden Tarifvertrages eine zweischneidige Sache ist. Von den Arbeitgebern kann dann zu Recht auf Friedenspflicht und Vertragstreue hingewiesen werden. Von den Mitgliedern würden diese rechtlichen Gründe aber nicht anerkannt sondern als Schwäche der Organisation ausgelegt werden, wenn wir unseren Forderungen keinen entsprechenden Nachdruck verleihen können. Hinzu kommt, daß wir schon wiederholt zum Ausdruck gebracht haben, was wir zu wichtigen Fragen der Wirtschaftspolitik, der gesamten Gesellschaftspolitik und der Sozialpolitik von einem neuen Bundestag erwarten und daß diese mehr im Interesse der Arbeitnehmer gelöst werden müssen. Hier wollen wir jede Chance und Gelegenheit nutzen, um im kommenden Bundestag das, was wir aus gewerkschaftspolitischer Sicht anstreben – obwohl wir nicht wissen, wie die Wahlen am 28. September ausgehen werden –, mit allem Nachdruck durchzusetzen.

Unsere Forderungen können wir nicht immer vor uns herschieben, zumal wir aus der Vergangenheit mit einer gewissen Unzufriedenheit rechnen müssen, weil einige Fragen, wie zum Beispiel »Kampf dem Atomtod« oder die Verhinderung der Notstandsgesetze, nicht in unserem Sinne geklärt wurden und wir vermeiden wollen, daß sich auf anderen Gebieten ähnliches wiederholt. Wenn wir die Fragen der Mitbestimmung durchsetzen wollen, wird in erster Linie eine Änderung der politischen Mehrheitsverhältnisse erforderlich sein. Es wird entscheidend davon abhängig sein, ob es uns im Interesse aller Arbeitnehmer in den nächsten vier Jahren gelingt, auch andere wesentliche Forderungen des gewerkschaftlichen Aktionsprogramms im Deutschen Bundestag durchzusetzen.

Es wäre leichtfertig und verantwortungslos, so zu tun, als hätte die Tarifpolitik in diesen Tagen dem Wahlausgang nichts zu tun. Wir sollten deshalb unsere lang- und kurzfristigen Interessen, die uns als Gewerkschaften besonders bewegen, sehr sorgfältig gegeneinander abwägen, weil wir mit unserer Tarifpolitik nicht von der Hand in den Mund leben und sie auch noch über den Tag hinaus Bestand haben muß. Zur Zeit hat man den Eindruck, daß nicht, wie Heinz Kluncker es ausgesprochen hat, Opas Tarifkalender tot ist, sondern eine koordinierende Tarifpolitik des Deutschen Gewerkschaftsbundes nicht nur im Augenblick und in den letzten Wochen, sondern auch für die Zukunft nicht mehr zu existieren scheint.

Durch die verschiedenen, nur kurz angedeuteten Faktoren, ist bei Eisen und Stahl sozialer Sprengstoff angesammelt worden, der durch den raschen und vollständigen Erfolg des Hoesch-Streiks zur Entzündung kam. Es wäre völlig falsch, eine Erklärung für die Ereignisse im Wirken irgendwelcher kommunistischer Drahtzieher zu sehen. Richtig scheint, was die Süddeutsche Zeitung geschrieben hat: »Erst war die Situation da und dann kam die Agitation hinzu«. Die Arbeiter und Angestellten haben während der Arbeitsniederlegungen den politischen Agitatoren überall eine klare Abfuhr erteilt. Diese hatten nur dort und nur dann Erfolg, wo sie als besonders aktive Vertreter der Belegschaften auftraten. Das fiel ihnen im allgemeinen nicht schwer, weil, solange die KPD verboten ist, sie jetzt im neuen Gewande der DKP oder der ADF sowie auch der DFU erscheinen und der einzelne Arbeitnehmer deshalb schwer zu unterscheiden weiß, wo nun die politischen Kräfte stecken, die sich vorher innerhalb der Gewerkschaftsbewegung als besonders aktive und gute Gewerkschafter hervorgetan haben.

Zum Nachdenken muß uns veranlassen, warum nicht unsere Organisation überall und sofort an ihrer Stelle stand. Hier mußten wir erkennen, daß die Kontakte und Informationen zwischen unseren Mitgliedern und ihren Vertrauensleuten und Betriebsräten sowie den hauptamtlichen Funktionären nicht ausreichend waren. Das ist keine neue Erkenntnis, sondern es war der Sinn unseres Arbeitsprogramms, gerade in dieser Hinsicht Verbesserungen zu schaffen. Wir haben uns nach dem Gewerkschaftstag im Arbeitsprogramm schwergewichtig hiermit befaßt, weil wir das Problem einer großen Organisation kennen und wissen, wie schwierig es für unsere Funktionäre ist, dem Mitglied klarzumachen, was in bezug auf politisches und gewerkschaftspolitisches Geschehen sowie auf tarifpolitischem Gebiet getan bzw. berücksichtigt werden muß. Die Zusammenkünfte vom 7. 8. 1969 und heute sind auch ein Beweis dafür, daß wir erkannten, wie wichtig es ist, unsere Spitzenfunktionäre authentisch zu informieren und auch ihre Meinung zu erfahren. Wir haben auch sehr schnell, der Kritik nachkommend, die zu dem Tarifvertrag in der metallverarbeitenden Industrie geübt worden ist, Informationsblätter für den Bereich der Eisen- und Stahlindustrie an unsere Mitglieder gegeben, damit sie über den Stand der Dinge nicht erst durch andere und meistens noch falsch informiert werden. Es sind auch Vertreterversammlungen, Mitgliederversammlungen und Funktionärszusammenkünfte zur Information durchgeführt worden.

Natürlich reicht das bei weitem noch nicht aus, und wir müssen noch mehr tun, um unsere Vertrauensleutekörper noch besser in den Griff zu bekommen, und ihnen das Gefühl zu geben, daß sie auch echt die Vertrauensleute und Funktionäre unserer Organisation in den Betrieben sind.

Die teilweise recht weitgehenden Schlußfolgerungen von Kommentatoren der Presse zu den sogenannten »wilden Streiks« sind häufig übertrieben. Da ist die Rede davon, daß das Fußvolk der lammfrommen Führung müde geworden sei und wir zuviel Rücksicht auf die SPD genommen hätten. Oder, daß wir Opfer unserer Bereitschaft geworden wären, unseren Teil zur Konzertierten Aktion beizutragen. Die Integration der Gewerkschaften ginge den Arbeitnehmern zu weit und die Basis habe sich selbständig gemacht – ein Ausdruck, den wir ja nun langsam von der APO und vielen anderen Kräften kennen und auch wissen, was damit gemeint ist, im Gegensatz zu denjenigen, die das nur nachreden – und durch Rebellion in den eigenen Reihen maximale Löhne herausgeholt. Wenn das stimmen würde, was man da liest, daß die Spitze in Zukunft nur die große Gesellschaftspolitik macht und versucht, eine Systemänderung durchzuführen, und die Basis, soweit es die Marktlage erlaubt, in eigener Zuständigkeit ihre sozialen Interessen realisiert, dann wäre jede Tarifpolitik in Zukunft zum Tode verurteilt. Wenn man davon ausgeht, daß die Marktlage die Verhältnisse reguliert, dann müßte man sich auch gefallen lassen, wenn man in keiner überhitzten Konjunktur mehr lebt und nicht mehr einen leergefegten Arbeitsmarkt sondern wieder eine Rezession hat, daß das dann ein ewiges Auf und Ab in der Entwicklung wäre. Das Prinzip der Solidarität, das durch die Tarifverträge mit bestimmt wird, würde einfach nicht mehr existieren. Dann gäbe es aber sicher bald die Erkenntnis, daß bei einer Änderung der Verhältnisse es doch sicherer ist, wenn man in Gemeinsamkeit mit der Gewerkschaftsbewegung versucht, die Dinge in den Griff zu bekommen. Wenn auch behauptet wird, die IG Metall sei schon weitgehend von der Masse der Mitglieder isoliert und es bestehe eine Kluft zwischen den Arbeitnehmern und ihren Funktionären, weil die Arbeitnehmer sich für Ungerechtigkeiten am Arbeitsplatz mehr interessierten als für Proteste gegen den Faschismus in Griechenland und alle anderen politischen Fragen, dann will man wohl damit klarmachen, daß wir im Grunde Aufgaben übernommen haben, die nicht unsere Sache gewesen wären. Von solchen Dramatisierungen und Übertreibungen sollten wir unter Berücksichtigung der Motive der Kommentatoren uns keine falschen Vorstellungen machen. Wir sollten auf diese Presse nicht hereinfallen, weil man plötzlich gestreichelt wird, wofür man sonst, unter anderen Umständen und Verhältnissen, verurteilt worden wäre. Diejenigen, die uns jetzt vorwerfen, wir hätten den Kontakt zu unseren Mitgliedern verloren, sollten einmal nachlesen, was sie seinerzeit über den Werftarbeiterstreik in Schleswig-Holstein oder über den Streik in Baden-Württemberg oder über Streiks in der Bundesrepublik überhaupt geschrieben haben. Erst dann wird man begreifen, wie scheinheilig diese Leute vorgehen, wenn sie nun plötzlich ihr Herz für eine Bewegung entdecken, die sie sonst in Grund und Boden gestampft haben. Vielleicht würde auch der eine oder andere sich jetzt schämen, weil er damals vom Untergang der freien Wirtschaft faselte und Gefahren für den Staat erfand sowie über den Unsegen von Tarifautonomie und Streik meditierte. Denn bisher war es doch immer so, daß die Gewerkschaften gescholten wurden, wenn sie einmal »aufs Ganze gingen« und die Waffe des Streiks anwandten, und man warf ihnen stets vor, sie überredeten ihre Mitglieder zu Aktionen, die diese gar nicht wollten. Als Gewerkschaften werden wir es eben nie allen recht machen können. Uns kommt es auch viel mehr darauf an, ob wir die von uns beschlossene eigene Politik auch verantworten können und auch in der Lage sind, der Öffentlichkeit klarzumachen, daß es sich hier um eine logisch aufgebaute konsequente Politik handelt, die wir als Gewerkschaften seit Jahren betrieben haben und nicht nur im gegenwärtigen Augenblick. Mit der Kritik – vor allem aus den eigenen Reihen – sollten wir uns trotzdem gründlich befassen, um zu den richtigen Erkenntnissen zu kommen und die richtigen Lehren zu ziehen. Keiner der Anwesenden darf glauben, daß er davon ausgenommen ist, wenn in Bausch und Bogen erklärt wird, die Gewerkschaftsbewegung sei nur noch ein bürokratischer Apparat, sie kenne nicht mehr die Interessen der Arbeiter und ihre Leute wissen nicht mehr, wie es in einem Arbeiterhaushalt aussieht...«

## Aus den Diskussionsbeiträgen der Informationstagung für die Mitglieder des Beirats und die Bevollmächtigten der IG Metall am 22. 9. 1969 in Stuttgart (nach dem offiziellen Protokoll zitiert):

Kollege Lothar Zimmermann, Verwaltungsstelle Esslingen, wollte der Anregung von Otto Brenner entsprechend ebenfalls offen seine Meinung sagen, um einen gemeinsamen Weg zu den Fragen zu finden, die uns bewegen. Hier sollten wir unsere Schwächen aufdecken und ansprechen, was uns bedrückt. Wir müssen ehrlich gegenüber unseren Funktionären sein und die Wahrheit sagen. Die IG Metall verträgt diese Ehrlichkeit, und wir werden auch mit den Problemen fertig werden, wenn wir die Auseinandersetzung mit unseren Funktionären in der örtlichen Ebene, aber auch in der Diskussion mit unserem Vorstand und den anderen Gremien unserer Organisation führen. Er wende sich gegen Tricks, Manipulation und Verschleierung. Man darf auch keine Furcht haben müssen, daß der eine oder andere im Ansehen des Vorstandes schlecht wegkommt oder evtl. Schwierigkeiten bekäme, weil er seine Meinung sagt, das würde der IG Metall nicht gut stehen. Das soll und darf in unserer Organisation nicht so sein. Wegen der Ehrlichkeit und der Tricks möchte er zur letzten Metall-Zeitung etwas sagen.

Dort wurde nur auf Seite 3 eine halbe Seite lang etwas über die große Bewegung an Rhein und Ruhr usw. ausgeführt. Nicht ein einziges Bild wurde – im Gegensatz zu anderen Zeitungen – über die Menschen, die dort in der Bewegung standen, gebracht. Glaubt man damit zu verhindern, daß die Bewegung auf andere Gebiete übergreift? Wo doch im Fernsehen oder auf andere Art sich jeder einzelne Arbeitnehmer über die Zusammenhänge unterrichten konnte, oder gibt es eine Zensur der Gewerkschaftspresse, um in irgendwelcher Form das nicht zu sagen, was gesagt gehört? Wenn das so wäre, müßte es geändert werden. Wer würde das Feuer verbieten, weil man sich ab und zu mal die Finger verbrennt? Wir brauchen doch die Bewegung und die Entwicklung und wir brauchen doch eine Organisation, die ständig im Fluß ist, solche Bewegungen auffängt und daraus etwas entwickelt. Das braucht deshalb nicht negativ zu sein, sondern kann positiv sein. Er meine, daß ein gewisser Vertrauensschwund auch gegenüber dem Vorstand zu verzeichnen ist, und habe das Gefühl, daß der Vorstand die große Stunde verkennt, daß die Gewerkschaftspolitik in eine neue Periode eingetreten ist und eine andere Situation besteht, weil es mit der alten Methode vorbei ist, Gewerkschaftsarbeit zu machen, und die Bewegung in die Betriebe hineinwirkt. Wir sollten erkennen, daß wir in einen neuen Abschnitt der Gewerkschaftsgeschichte eingetreten sind. So haben am Freitag, zum erstenmal in der Geschichte unserer Verwaltungsstelle Esslingen und wahrscheinlich auch des Bezirks, die Angestellten der neuen Trafo-Union, der früheren AEG, vom Mädchen am Schreibtisch bis zum Oberingenieur die Arbeit niedergelegt und vor dem Verwaltungsgebäude protestiert. Sie forderten die effektive Bezahlung ihres Gehalts und die Inkraftsetzung des Tarifabschlusses ab 1. September und die Bezahlung zumindest einer Ausgleichszulage bei den Sozialversicherungsbeiträgen zur Krankenversicherung. Zwei Stunden, nachdem man in der Kantine geschlossen diskutiert und protestiert hatte, war der Vorstand des Betriebes bereit, den Angestellten das effektive Gehalt ab 1. September zu bezahlen. Wo gab es jemals eine Auseinandersetzung, die von den Angestellten angeführt wurde und zu der sich dann die Arbeiter solidarisch erklärt haben? Auch in Stuttgart war das ebenso in der Trafo-Union, wo 500 Angestellte protestierten. Das sind doch Signale für uns und etwas anderes als darüber zu diskutieren, ob ein Tarifabschluß kritisch unter die Lupe genommen werden muß. Das erfordert eine andere Gewerkschaftspolitik, etwas mehr Bewegung als bisher. Darauf sollten wir uns einstellen. Wir sollten uns nicht unterlaufen lassen, sondern an der Spitze und die Führung bleiben. Wir sollten beweisen, daß wir das große Vertrauen, das in die IG Metall immer gesetzt wurde, auch rechtfertigen.

Zur Preisentwicklung ergibt sich die Frage, wenn die Preislawine wieder rollt und wir fünf, sechs oder sieben Prozent Preiserhöhungen haben, was wir dann tun, wenn unser jetziger Tarifvertrag bis Oktober 1970 läuft. Gibt es hier schon eine Konzeption der IG Metall und wie sieht sie aus? Mit dieser Frage sollten wir uns jetzt schon auseinandersetzen, weil die Unternehmer unter der Decke des Tarifvertrags ihre Preismanipulationen durchführen werden.

Zur Konzertierten Aktion, die laut Professor Schiller wieder beginnen soll, vertrat Kollege Zimmermann die Meinung, daß wir an ihr nur teilnehmen sollen, wenn wir den entsprechenden Gegenwert bekommen. Und zwar konkret und nicht nur im Gespräch zugesagt. Wir brauchen für die Konzertierte Aktion auch den Beweis, daß die Arbeitnehmer nur diejenigen sind, die drankommen müssen. Wenn man Professor Schiller direkt fragt, muß und wird er auch zugeben, daß die Arbeitnehmer und die Gewerkschaften nicht so befriedigt werden konnten, wie es zuerst gedacht war. Er habe die Bitte, dafür zu sorgen, daß das Gesicht unserer Organisation sauber bleibt, zu der so viele Arbeitnehmer Vertrauen haben und die so wertvoll für die deutsche Arbeiterbewegung ist. Wir sollten als die größte Organisation nach wie vor an der Spitze stehen und nicht nur ein gut funktionierender Apparat oder eine Beitragseintreibungsmaschine sein. Was er gesagt habe, möge konstruktiv bewertet werden, denn in den Verwaltungsstellen werden die Kolleginnen und Kollegen auch weiterhin die Interessen der Organisation als die große Vertretung der Arbeitnehmer wahrnehmen. Wir sollten uns aber besinnen, ob wir nicht einen anderen Weg gehen müssen.

Vertrauenskörper und  
Gewerkschaftsgruppe  
der Klöckner-Werke AG  
Drahtindustrie Düsseldorf

Düsseldorf, den 16. 9. 1969  
M/Bn

An den  
Vorstand der Industrie-  
Gewerkschaft Metall  
6 Frankfurt / Main  
Wilhelm-Leuschner-Str. 79–85

*Betr.: Arbeitsniederlegung bei den Klöckner-Werken AG, Drahtindustrie Düsseldorf*

Sehr geehrte Kollegen!
Nach Abschluß des Tarifvertrages für die Metallindustrie legten am 8. 9. 1969 die Arbeiter der Klöckner-Werke AG, Drahtindustrie Düsseldorf aus Unzufriedenheit mit der betrieblichen Lohnhöhe und der vereinbarten Lohnerhöhung spontan die Arbeit nieder.
Die Werksleitung hatte abgelehnt, über eine zusätzliche Erhöhung der Löhne von 0,50 DM je Stunde zu verhandeln.
In dieser von Montag, dem 8. 9. 69, 12.30 Uhr bis Donnerstag, dem 11. 9. 1969, 6.30 Uhr dauernden Arbeitsniederlegung kam ein jahrelang angestautes Unbehagen über die betriebliche Lohnpolitik der Werksleitung und über die Tarifpolitik der IG Metall zum Ausbruch. Eine tiefe Kluft zwischen Mitgliedschaft und Gewerkschaftsführung wurde sichtbar und durch die Hinweise der Arbeitgebervertreter auf den abgeschlossenen Tarifvertrag noch vertieft. Der Aufbau der Organisation wurde mit der kapitalistischen Betriebshierarchie gleichgesetzt. Meinungen wie »die da oben bestimmen, treffen Entscheidungen, die wir unten nicht beeinflussen können« sind dafür ein Indiz.
Das ist erstens die Folge zentraler Verhandlungen, die sich die Organisation seit längerer Zeit immer häufiger von den Arbeitgebern aufzwingen läßt und bei denen die Bedürfnisse der Basis nicht genügend berücksichtigt werden, und zweitens die mangelnde Effektivität der Mitarbeit der Gewerkschaften in der Konzertierten Aktion, daraus resultierend die Benachteiligung der Arbeitnehmer durch das Ausbleiben der lange propagierten sozialen Symmetrie. Das führt zu Konflikten zwischen Organisationsspitze und Mitgliedschaft. Die Organisation, die durch abgeschlossene Verträge, bestehende Gesetze und Rechtsprechung diese Arbeitsniederlegungen nicht unterstützen

kann, erleidet einen empfindlichen Prestige- und Vertrauensverlust. Die Arbeitnehmer fühlen sich von der Organisation verlassen und haben das Gefühl, nur Beitragszahler und Zeitungsempfänger zu sein – eine Rolle, die sie mit Entschiedenheit zurückweisen.
Aus Sorge um den Erhalt der Einheit der Organisation, der Einheit zwischen Mitgliedschaft und Führung fordern wir:
1. Abkehr von zentralen Verhandlungen und Verwirklichung der von den Gewerkschaftstagen beschlossenen betriebsnahen Tarifpolitik.
2. Nach den Arbeitsniederlegungen ist die formal demokratische Einwirkung der Mitglieder auf die Tarifpolitik über die Tarifkommissionen nicht mehr ausreichend, zumal die meisten Betriebe bei der Beschickung der notwendigerweise kleinen Kommissionen unberücksichtigt bleiben. Deshalb muß jeder Tarifabschluß durch Urabstimmung der Mitglieder gebilligt werden. Nur so kann ein direkter Einfluß der Mitglieder auf und damit auch eine direkte Verantwortung für die Tarifpolitik der Gewerkschaft sichergestellt werden.
Der Einwand, die Satzung sieht solche Abstimmungen nicht vor, ist nicht stichhaltig. Zumindest schließt die Satzung solche Abstimmungen nicht aus.
3. Die Tarifauseinandersetzungen müssen in Zukunft an der Basis besser und langfristiger und frei von parteipolitischen Rücksichten vorbereitet und konsequenter geführt werden.
Die Verwirklichung dieser Forderungen wird den Zusammenhalt der Organisation fördern, das persönliche Engagement der Mitglieder durch eine direkte, bewußte, auf Sachkenntnis beruhende Mitwirkung erhöhen und effektivere und basisnähere Tarifverträge erzwingen.
Es ist ein unerträglicher Zustand, wenn durch weise zentrale Beschlüsse an der Basis Unruhe entsteht und die betrieblichen Träger der Organisation zwischen den Fronten zerrieben werden.
Bliebe noch anzumerken, daß die Streikenden eine zusätzliche Lohnerhöhung von 0,09 bis 0,10 DM je Stunde durchsetzen konnten, das entspricht einer Tariflohnerhöhung von über 2%.
Wir haben diesen Brief, sehr geehrte Kollegen, aus Sorge um die Organisation geschrieben und wir hoffen, daß man nach diesen Streiks, die die Landschaft verändert haben, nicht einfach zur Tagesordnung übergehen wird.

Mit freundlichem Gruß     Für den Vertrauenskörper:
                          W. Pfotenhauer H. Wachter

                          Für die Gewerkschaftsgruppe:
                          W. Malzkorn

Fritz Strothmann (IG-Metall-Vorstandsmitglied) auf der 7. Konferenz für Vertrauensleute und Betriebsratsmitglieder am 26. und 27. 11. 1969 in Braunschweig (Auszug):


Bei den spontanen Arbeitsniederlegungen im Herbst dieses Jahres ging es um die Anhebung von Löhnen und Gehältern bei noch laufenden Tarifverträgen.
Nach der herrschenden Rechtsauffassung war also die IG Metall durch Friedenspflicht gebunden.
Obwohl unsere Funktionäre das wissen, muß die IG Metall in all solchen Fällen in eine unangenehme Situation kommen, weil unsere Mitglieder, von der Berechtigung ihrer Forderungen durchdrungen, kaum Verständnis dafür aufbringen, daß hier eine Friedenspflicht bestehen soll.
Diese spontanen Streiks geben meines Erachtens Veranlassung, in Rechtsprechung und Wissenschaft das Streikrecht neu zu durchdenken.

Was war geschehen?
In der Schwerindustrie liefen die Tarifverträge erst in drei Monaten aus – Tarifverträge, in denen wegen der jahrelangen Krise dieses Wirtschaftsbereiches die Löhne und Gehälter denen der weiterverarbeitenden Industrie nachhinkten. Die Arbeitgeber wurden wiederholt darauf hingewiesen, daß es doch ein Gebot der Vernunft sei, vorzeitig zu einem Neuabschluß der Tarifverträge und damit zu einer Anhebung der Löhne und Gehälter zu kommen.
Die Arbeitgeber zeigten sich uneinsichtig und verwiesen auf die tarifvertragliche Friedenspflicht.
Kann es daher überraschen, daß die Arbeitnehmer für ein solch engstirniges Verhalten kein Verständnis aufbrachten?
So kam es zu den spontanen Arbeitsniederlegungen, zumal es den Arbeitnehmern nicht verborgen blieb, daß die Preise für die von ihnen hergestellten Erzeugnisse immer weiter in die Höhe kletterten und die Gewinne maßlos stiegen.
Wenn ich vom Umdenken im Streikrecht sprach, dann meine ich, daß man dazu kommen müßte, daß angesichts einer wirtschaftlichen Entwicklung, die alle bei Abschluß eines Tarifvertrages angestellten Überlegungen über den Haufen wirft, eine tarifliche Friedenspflicht nicht mehr gelten sollte.
Die Tarifvertragsparteien sollten in einer so außergewöhnlichen Si-

tuation sich zu tariflicher Neuregelung entschließen. Entfiele die Friedenspflicht, dann hätten wir es nicht mehr mit sogenannten wilden Streiks zu tun, sondern die Gewerkschaft könnte die Führung des Streiks übernehmen.
Bis es aber so weit ist, wird noch viel Wasser den Berg hinablaufen.

# Gruppe ›Arbeiterpolitik‹:
# Der spontane Streik bei Klöckner, Bremen

Der unbefriedigte Nachholbedarf nach der Rezession und die hohen Gewinne der Unternehmer durch die gute Konjunkturlage führten zu einer allgemeinen Unzufriedenheit unter der Belegschaft der Hütte. Schon vor dem Streik bei Hoesch hatten die ersten Absprachen unter den Kollegen stattgefunden. In den Diskussionen am Arbeitsplatz und unter den Kollegen der verschiedenen Schichten und Werksteile stellte sich heraus, daß alle Arbeiter im Werk die gleichen materiellen Forderungen hatten. Ihr Wille, diese durchzusetzen, wuchs und ihr anfängliches Zögern überwanden sie. Der Streik bei Hoesch führte zur schnelleren Verständigung und Absprache unter den Kollegen und kürzte so die Vorbereitungszeit des Streikes ab.
Die Forderung nach der 50-Pf-Lohnerhöhung entstand, da dieses als realisierbar angesehen wurde. Es sollte endlich nicht mehr eine prozentuale Erhöhung geben, die die hohen und niedrigen Einkommen unterschiedlich beteiligt. Der Ungerechtigkeit der immer größeren Differenzierung der Löhne und Gehälter bei prozentualen Erhöhungen galt es durch die Pfennigforderung zu begegnen.
Die Kollegen im Betrieb führten vorbereitende Aktionen durch. Kleine Störungen im Produktionsablauf kamen vor. Die Vorgesetzten wurden dadurch irritiert. Niemand wollte etwas wissen und Auskunft geben, niemand wollte etwas von den Maschinenausfällen gemerkt haben. Auf der Belegschaftsversammlung vor dem Streik konnte noch einmal alles diskutiert werden. Es gab keine Zugeständnisse vom Unternehmer. Die Kollegen waren sich zu diesem Zeitpunkt schon einig und brauchten nicht mehr lange zu diskutieren. Wo Schwierigkeiten zur Durchführung des Streikes bestanden hatten, waren diese längst beseitigt worden. Man durfte keinen Kollegen bloßstellen. Keinem durfte der Beginn der Aktion angelastet werden können. Dazu boten sich viele technische Tricks an. Alle Kollegen, die das Vertrauen der Belegschaft hatten, aber nicht bei den Vorbereitungen des Streikes direkt mitwirken konnten, erfuhren praktisch nichts davon. Der Betriebsrat sollte verhandeln, die Belegschaft handelte. Die bewußtesten Kollegen sprachen den Beginn des Streikes ab. Ein Telefonanruf genügte dann im entscheidenden Augenblick. Das Direktorium hatte zwar dem Betriebsrat noch Verhandlungen angeboten, die Kollegen im Werk ließen sich aber nicht mehr aufhalten. Vor den Verhandlungen führte die Nachtschicht des Warmwalzwerkes einen zweieinhalbstündigen Warnstreik durch. Die

folgende Frühschicht begann dann im Bewußtsein der schwelenden
Auseinandersetzungen die Arbeit. Sie bereiteten das Auslaufen der
Anlagen vor. Das alles brauchte nicht mehr diskutiert zu werden.
Es wurde an diesem Morgen ohne Zweifel und ohne zu zögern mitgemacht und gemeinsam gehandelt. Die Belegschaft war sich einig.
Rund drei Stunden nach Schichtbeginn der Frühschicht am 5. 9.
wurden die Produktionsanlagen im Kaltwalzwerk abgestellt. Andere
Anlagen beschickte man nicht mehr mit Material und leitete damit
auch dort das Produktionsende ein. Die Verhandlung zwischen Verhandlungsausschuß des Betriebsrates und Direktorium wurde unterbrochen. Der Streik konnte aber durch die Forderungen der Betriebsräte und Direktoren nach Arbeitsaufnahme nicht beeinflußt
werden. Die Streikenden wußten, daß die meisten Betriebsräte gern
mitgemacht hätten und nur ihre gesetzliche Pflicht erfüllten.
Ein wichtiger Grundsatz wurde praktiziert: weg von den Arbeitsplätzen. Hier hätten einzelne bewegt werden können, die Arbeit aufzunehmen. Eine festgeschlossene Gruppe dazu zu bringen, ist dagegen unmöglich. Während man sich bei den früheren Teilstreiks in
einen größeren Raum zurückzog und dort zusammenblieb, bildete
sich jetzt ein Demonstrationszug. Spontan waren Plakate mit Losungen zu der Forderung hergestellt worden. Der Marsch der Streikenden hatte zur Folge, daß sich alle Kollegen aus den anderen Werksteilen anschlossen. Auch die Angestellten wurden erfaßt, die sich so
sehr leicht der Kontrolle ihrer Vorgesetzten entziehen konnten. Nur
wenige blieben an ihren Arbeitsplätzen und bereiteten einige Anlagen
auf den Stillstand oder den Notbetrieb zur Erhaltung der Arbeitsplätze vor. Auf dem Gelände vor dem Direktoriumsgebäude versammelten sich die Streikenden und warteten das Ergebnis der neuen
Verhandlungen ab. Das Angebot von 30 Pf/Std., wobei die Anrechenbarkeit auf die nächste Tarifrunde offen blieb, wurde natürlich
als Almosen betrachtet. Die Werksleitung wollte bis zum Abend mit
neuen Angeboten von einem Gespräch mit der Konzernleitung in
Osnabrück zurück sein. Die Streikenden besetzten in den folgenden
Stunden die Tore und kontrollierten das Werksgelände. Das alles
vollzog sich ohne Führung. Der 100köpfige IGM-Vertrauensleutekörper trat nicht in Erscheinung. Er tagte nicht in dieser Zeit, um
sich mit dem Streik zu befassen. Viele Vertrauensleute machten mit
ihren Kollegen den Streik mit, aber nicht als IGM-Vertrauensleute.
Die Leitung des Vertrauensleutekörpers versuchte von Beginn an
die Streikenden davon zu überzeugen, daß der Streik sinnlos sei. Sie
traten gegen die Meinung auf, die IGM solle sich mit ihrer Tarifpolitik nicht einschalten, da der Streik eine Angelegenheit der Klöckner-Arbeiter sei. Ein Streik war für diese IGM-Funktionäre dann richtig,
wenn ein hauptamtlicher IGM-Funktionär oder die Ortsverwaltung

der IGM es befürwortet hätte. Sie erkannten nicht, daß dieser Streik berechtigt war, und verloren deshalb weiter an Einfluß in der Belegschaft. Niemand der Streikenden erwartete die Unterstützung der Gewerkschaft und des Vertrauensleutekörpers. Die Einmischung der IGM und anderer Kreise war nicht erwünscht (Plakat »Die Dinge nehmen ihren Lauf, auch ohne IGM und Arno Weinkauf.« Weinkauf ist der 1. IGM-Bevollmächtigte in Bremen). Die eigenen Forderungen sollten durch eigene Kraft und durch eigenen Einsatz verwirklicht werden. Geschlossen streikten alle so für die innerbetriebliche Erhöhung der Einkommen.
Der Betriebsrat spielte als Berichterstatter über die Verhandlungen eine Rolle. Die Kollegen kannten die Mehrheit des Betriebsrates als erfahrene und standfeste Belegschaftsvertreter, die ihre Forderung bis zuletzt vertreten würden. Ferner war das Betriebsratsbüro immer besetzt. Einige Betriebsratskollegen hielten sich so lange wie die unermüdlichsten Arbeiter im Werk auf und erwarben sich damit Vertrauen. Die sozialdemokratische Minderheit im Betriebsrat trat nicht in Erscheinung oder versuchte, den Streik zu bremsen.
In der ersten Streiknacht wurden die Angebote des von der Besprechung mit der Konzernleitung zurückgekehrten Direktoriums abgelehnt. Das erste Angebot lautete auf 40 Pf/Std., wovon 20 Pf/Std. bei der kommenden Tariferhöhung angerechnet werden sollten; das zweite Angebot lautete auf 40 Pf/Std., wobei bis zu 30 Pf/Std. auf die kommende Tariferhöhung angerechnet werden sollten, wenn diese über 8 Prozent hinausgehen würde.
In lautem Protest äußerte sich die Unzufriedenheit über den Arbeitsdirektor Düßmann, der wie immer einen guten Partner für das Kapital abgab und sich nie für die Belegschaft einsetzte. Düßmann war früher 1. IGM-Bevollmächtigter in Bremen. (Plakat: Düßmann, dieser Arbeitgeber, liegt uns schon lange auf der Leber. Zicke zacke bumm bumm bumm, Düßmann macht den Rücken krumm.)
Die Kollegen der ersten drei Schichten führten den Streik spontan. An den Toren versammelte man sich und diskutierte. Einzelne Gruppen kontrollierten das Werk. Lösten sich diese Gruppen auf, traten ohne Absprachen neue an ihre Stelle. Die ein- und ausfahrenden Kollegen beim Schichtwechsel wurden kontrolliert. Betriebsfremde sollten ferngehalten werden, ferner konnte man so kontrollieren, wer und wieviel Kollegen sich im Werk aufhielten. Zunächst war das Mißtrauen gegenüber den Kollegen der neuen Schicht groß. Würden diese den Kampf fortsetzen? Der lange Streik zeigte dann, daß selbst die Kollegen, die nach vier Tagen Streik zum erstenmal ins Werk fuhren, zuverlässig den Streik fortführten. Als nach 24 Stunden die Kollegen, die den Kampf begonnen hatten, wieder im Werk waren, versuchte das Direktorium die Arbeitsaufnahme zu organisieren. Es

waren Zettel mit der Unterschrift vom Technischen Direktor und vom Arbeitsdirektor über den Werkschutz im Umlauf, in die man nur seinen Namen einzutragen brauchte, um zur Notbelegschaft zu gehören. Die Streikenden an den Toren erkannten die Gefahr der Einschleusung von Streikbrechern und ließen einfach niemand mehr ins Werk. Viele Kollegen wurden dadurch abgewiesen, fuhren nach Hause und schwächten damit die Durchführung des Streikdienstes. Um das für die Zukunft zu verhindern, mußte man den Notdienst selbst organisieren. Entsprechend den Notdienstplänen erstellten einige Kollegen Listen und legten die Notbelegschaften zum Erhalt der Arbeitsplätze fest. Nur die dazu bestimmten Kollegen hielten sich an den Arbeitsplätzen auf. Sie wurden vom Streikdienst sporadisch kontrolliert. Damit war ein Streikbruch nahezu unmöglich geworden. Mit der Bildung des Ausschusses für die Organisierung des Streikdienstes war die Gefahr der Spitzeleinschleusung verbunden. Es hatten sich Kollegen spontan zusammengefunden, die sich vorher nicht gekannt hatten und die nur die gemeinsame Aufgabe zusammenhielt. Später stellte sich dann heraus, daß ein Informant für das Direktorium in dem Ausschuß war. Hier zeigt sich die Grenze der spontanen Aktion. Es fehlten die bewußten Vertrauensleute, die sich gekannt und die zusammengearbeitet hätten und nicht zufällig und spontan zu diesen Arbeiten gekommen wären.

Die Informationen wurden fast ausschließlich mündlich weitergetragen. Einzelne Kollegen stellten den Kontakt her, indem sie im Werk herumfuhren und berichteten und diskutierten. Dadurch war die Belegschaft aber nur unvollständig unterrichtet. Das wirkte sich deshalb nicht zum Nachteil aus, weil alle selber wußten, was sie zu tun hatten. Wichtige Vorkommnisse sprachen sich schnell herum, auf Einzelheiten der Informationen kam es nicht an. Ein zweiter Kreis von Kollegen bildete sich, als die Presse schlecht und einseitig berichtete. Gespräche mit Reportern wurden organisiert und Gegendarstellungen erarbeitet. So bildete sich durch die anfallenden Aufgaben die Streikorganisation. Eine eigentliche Streikleitung entstand nie. Auf den Betriebsrat war in den Verhandlungen Verlaß. Der Streikdienst wurde spontan von der Belegschaft oder von Kollegen wahrgenommen, die sich einfach klar über die anfallenden Aufgaben geworden waren und diese dann in Übereinstimmung mit der Belegschaft erledigten. Einzelne Versuche, dem Streik ein organisatorisches Gerüst zu geben, konnten nicht verwirklicht werden.

Bisher konnten von Kollegen durch die Entwicklung im Betrieb nicht die Erfahrungen und Erkenntnisse gesammelt werden, die sie befähigt hätten, sich bei den Arbeitern durchzusetzen. Dazu kam noch, daß die streikenden Klöckner-Arbeiter so selbständig und selbstbewußt handelten, daß nur ein besonders fester und politisch bewußter Kern von Kollegen dem Streik eine Führung hätte geben können.

Das Klöckner-Werk liegt außerhalb der Wohngebiete. Gespräche mit der Bevölkerung ergaben sich kaum, trotzdem war die Stimmung in den anderen Bremer Betrieben nicht gegen den Streik. Die Belegschaft sah nicht die unbedingte Notwendigkeit, mit der Bevölkerung Kontakt aufzunehmen. Die Versuche einiger Kollegen, eine Demonstration durch die Stadt zu machen, fanden nicht die Unterstützung der Streikenden.

Mit Beifall wurde der Streik des Klöckner-Stahlwerkes Osnabrück aufgenommen. Es wurde zwar überlegt, einmal mit den Kollegen Kontakt aufzunehmen, aber dabei blieb es. Die Dinge nahmen in der Bremer Hütte ihren Lauf. Man brauchte keine Hilfe, man konnte alle Probleme selber lösen und wollte sich den Osnabrücker Kollegen nicht aufdrängen. In Bremen hatte man Streikdienst zu tun, nicht in Osnabrück. Das wurde innerhalb von Minuten anders. Es sprach sich herum, daß der 1. Bevollmächtigte der IGM in Osnabrück behauptet hatte, es gäbe in Bremen Barrikaden, ein Mann sei totgeschlagen worden, Schienen seien herausgerissen worden, es herrsche Anarchie im Betrieb. Sofort waren sich alle Streikenden einig. Einige wurden mit ihren Autos an den Toren hinausgelassen, fuhren nach Osnabrück und berichteten über die wirklichen Verhältnisse im Bremer Werk. Osnabrücker Kollegen kamen übrigens deshalb nach Bremen, um sich persönlich von der Lage zu überzeugen, und hatten den besten Eindruck.

Nach Streikbeginn, nachdem die Anlagen zur Stahlerzeugung bereits stillgelegt waren, wurde auf Anweisung des Direktoriums der Vorratsbehälter für Roheisen, der Mischer, gefüllt, um die Stahlproduktion wieder in Gang zu setzen. Die damit beabsichtigte Schwächung der Streikfront wurde von den Streikenden durchschaut. Sie besetzten das LD-Stahlwerk mit dem Mischer und verhinderten trotz massiven Drucks vom Direktorium sowohl die Produktion als auch später die Leerung des Mischers überhaupt.

Die Behauptung des Direktoriums, daß die Produktionsanlagen dadurch zerstört würden, sollte die Streikfront aufweichen und in der Bevölkerung gegen die Klöckner-Arbeiter Stimmung machen.* Bei den Streikenden bewirkte dieser Druck das Gegenteil und die Besetzung des LD-Stahlwerkes zur Bewachung des Mischers trug zur Organisierung des Streikes bei.

Bei diesem Streik in Bremen kam es darauf an, materielle Interessen zu vertreten. Die soziale Lage war die Bedingung des Streikes. Die Belegschaft war bereit, die Veränderung der sozialen Bedingungen

* Der Mischer arbeitet heute wieder, obwohl er erst eine Woche nach Streikende in die Produktion einbezogen wurde.

zu erzwingen. Der Kampfeswille, der sich entwickelte, führte dann zur direkten Auseinandersetzung. Damit war der Streik gegen das Lohndiktat der Unternehmer und die zum Handeln unfähige Gewerkschaft gerichtet. Sie zwangen die Unternehmer zu hohen finanziellen Zugeständnissen und damit die IGM zum Abschluß vorzeitiger hoher Tarifverträge.

Als erkenntlich wurde, daß sich die Gewerkschaft den Unternehmern zur Verfügung stellte und die von den Streikenden erzwungene Lohnerhöhung tarifierte, war innerbetrieblich für eine hohe Einkommenserhöhung kein Spielraum mehr. In der Gesamthöhe war aber das Ziel erreicht und damit der Abschluß der Bewegung notwendig.

Die Kraft der Belegschaft reichte weiterhin zum Verrichten des Streikdienstes, aber nicht zum Verhindern des durch das Instandsetzen der Hochöfen eingeleiteten Arbeitsbeginns.** Bis zum Ende zeigten sie dadurch ihren ungebrochenen Willen und harrten aus. Sie gingen erst an die Arbeit, als die Urabstimmung über das letzte Angebot des Direktoriums stattgefunden hatte. Die Stimmung der Belegschaft erkennt man in dem knappen Ergebnis: 1415 Ja-Stimmen, 1195 Nein-Stimmen.

Was die Belegschaft der Hütte als ihren selbsterrungenen Erfolg betrachten kann, ist nicht nur die Lohnerhöhung allein. Die Kollegen der Klöckner-Hütte haben gezeigt, daß die Arbeiter, wenn sie einig und entschlossen sind, die Unternehmerseite in ihre Grenzen weisen können.

*Aus: Arbeiterpolitik, Bremen 10. Jahrgang Nr. 4, 20. 10. 1969*

---

** Erst nach sieben Tagen Streik stellten die Techniker auf der Hütte fest, daß die Hochöfen die gefährdeten Produktionsanlagen waren.

# IG-Metall-Vorstand
# An die Verwaltungsstellen und Bezirksleitungen der IG Metall
# 9. 7. 1970

*Bemerkungen zum Buch »Die Septemberstreiks 1969«*

Die Schrift ist eine Zusammenstellung der bekanntgewordenen Fakten über den Verlauf der spontanen Streikbewegung vor den Bundestagswahlen. Die Verfasser halten sich bei der Einschätzung dieser Bewegung an Gesichtspunkte, die bereits von der Presse, dem Fernsehen usw. erwähnt worden sind: die enormen Unternehmensgewinne, die »Vertrauenskrise« zwischen Gewerkschaftsführungen und Belegschaften, die falsche Tarifpolitik usw. Eine kritische Prüfung dieser Behauptungen und ihrer realen Tragweite oder neue Einsichten sind nicht zu finden. Die hohen Gewinne der Stahlindustrie z. B. haben sicherlich Einfluß auf die Haltung der Kollegen gehabt, können aber nicht entscheidend gewesen sein, denn in den vergangenen zwanzig Jahren sind hohe Gewinne sehr oft zu verzeichnen gewesen, ohne daß es zu spontanen Streikaktionen gekommen wäre, und auch im September sind in der Verarbeitung enorme Gewinne gemacht worden (Automobilindustrie, Chemie usw.), aber gestreikt wurde nicht. Würde es stimmen, daß der Abschluß in der metallverarbeitenden Industrie von August 1969 falsch war, weil viel zu niedrig, dann hätten gerade diese Betriebe Schauplatz vieler Streiks sein müssen, was bekanntlich nicht der Fall gewesen ist. (Bei Howaldt-Kiel waren aufreizende Lohndifferenzen zur Hamburger Konzernwerft ausschlaggebend.)

Durch die ausführliche Detaildarstellung der spontanen Streiks in den einzelnen Betrieben ziehen sich wie ein roter Faden folgende wichtige Feststellungen und werden im einzelnen belegt:

a) die Streiks waren durchwegs rein ökonomisch bestimmt,

b) weder vor, noch nach, noch während der Streiks konnte von einer »Politisierung« der Streikenden gesprochen werden. Alle Versuche der DKP oder studentischer Kreise, politische Losungen in die spontanen Bewegungen hineinzutragen, sind schroff und manchmal mit der Faust abgewiesen worden. Da diese Aussage von interessierten Kreisen kommt, nämlich von der DKP, hat sie erhöhte Bedeutung.

c) Nicht unwichtig und in gewissem Sinne eine Ergänzung der Feststellung unter b) ist, daß es verhältnismäßig leicht war, nationalistische Reaktionen bei den Streikenden auszulösen, wo ausländische Kollegen mit von der Partie waren.

Auch ohne eine solche Schrift drängt es wohl jeden von uns, sich Gedanken über die spontanen Streiks und darüber hinaus über gewisse Veränderungen der gewerkschaftlichen Arbeit in der heutigen Zeit zu machen. Folgende Überlegungen scheinen mir eine nähere Betrachtung wert zu sein:

*1. Was hat sich geändert?* In der IG Metall und in den Gewerkschaften ist seit geraumer Zeit ein Gefühl des Unbehagens und des Mißmuts zu verspüren. Alle möglichen Erklärungen werden dafür herangezogen: falsche Tarifpolitik, Verbürokratisierung, Entfremdung zwischen Gewerkschaftsführung und Mitgliedschaft usw. usw. Diese Behauptungen sind wenig überzeugend. Sie sind Folge, nicht Ursache der gereizten Stimmung. Weder hat sich die Tarifpolitik gegenüber früher grundlegend geändert, noch sind die Gewerkschaften bürokratischer als vielleicht vor 5, 10 oder mehr Jahren. Die Tarifpolitik, die Gewinnsituation, Grad der Bürokratisierung usw. sind im wesentlichen so wie früher. Was sich geändert hat, sind die Menschen und ihre Einstellung und das ist wahrscheinlich der *entscheidende* Punkt.

Bei einem Vergleich der heutigen gewerkschaftlichen Situation mit der Situation, wie sie in den vergangenen zwanzig Jahren vorgeherrscht hat, fällt die veränderte Einstellung der Arbeitnehmer oder wichtiger Arbeitnehmergruppen auf. Der elementare Tatbestand der Gewerkschafts- und Tarifpolitik der vergangenen zwei Jahrzehnte war, daß die große Masse der Arbeitnehmer passiv und mehr oder minder apathisch Gewerkschaftspolitik *über sich ergehen ließ*. So gut wie alle Tarifbewegungen der IG Metall in den vergangenen zwei Jahrzehnten sind *von oben* her angekurbelt, eingeleitet und durchgeführt worden. Nirgends war Druck von unten für die gewerkschaftliche Aktion ausschlaggebend. Es wäre falsch von einer Nicht-Kampfbereitschaft zu sprechen. Denn überall, wo die Gewerkschaften riefen, fanden sich die Arbeitnehmer diszipliniert ein. Aber sicher ist, daß die Initiative immer von oben kam.

Das geschichtliche Verdienst der Führung der IG Metall bestand darin, daß sie *ohne* eigentlichen Massendruck von unten die gewerkschaftlichen Möglichkeiten der Hochkonjunktur voll ausgeschöpft hat. Das Geheimnis der »streikfreien« Bundesrepublik, in der die Arbeitnehmer größere gewerkschaftliche Erfolge als in den anderen Ländern Westeuropas erreichten, liegt eben darin, daß die IG Metall trotz eines Minimums an Initiative von unten ein Maximum an Erfolgen aus den gegebenen Verhältnissen herausgeholt hat.

Die spontanen Septemberstreiks *könnten* eine Wandlung dieser Grundgegebenheit bisheriger gewerkschaftlicher Praxis bedeuten. Sollte es zutreffen, daß die Septemberstreiks und kleinere sporadische Streikbewegungen eine neu entstehende aktive Kampfbereitschaft breiterer Arbeitnehmerschichten ankündigen, so wäre das in der Tat richtungweisend und müßte bei der Ausarbeitung der Gewerkschaftspolitik berücksichtigt werden.

*2. Der Aufmarsch neuer Generationen:* An verschiedenen Stellen des Berichtes wurde für die Werke der Stahlindustrie ein Altersdurchschnitt der Belegschaften von etwa 38 Jahren angegeben. In anderen Worten: Der heutige Durchschnitt der Belegschaften war 1945 erst 13 Jahre alt. In den Betrieben haben wir es nunmehr mit einer Generation im mittleren Mannesalter zu tun, die weder geprägt ist durch die demoralisierend kampflose Niederlage der deutschen Arbeiterbewegung vor 1933, noch durch den nazistischen Erfolgstaumel bis zum Kriegsbeginn.

Eine neue und im guten wie im weniger guten von all diesen Erfahrungen nicht mehr gezeichnete Generation ist heute im Betrieb sozialpsychologisch bestimmend, oder ist im Begriff, es zu werden. Der Arbeitnehmertyp, der die Nazizeit miterlebt hat und als Erwachsener durch den Zweiten Weltkrieg gegangen ist und der schon aus einem gewissen Gefühl der Mitschuld heraus dem Schweigen und der Passivität zuneigte, rückt in Altersjahrgänge auf, die das Verhalten der Arbeitnehmer nicht mehr so stark prägen wie zuvor. Es kann zwar keine Rede davon sein, daß eine »Politisierung« im studentischen Sinne diese Arbeitergeneration erfaßt hat. Aber man sollte genau beobachten, ob breitere Arbeitnehmerschichten *initiativ und forderungsfreudig* werden.

*3. Spontaneität und Friedenspflicht:* Unsere Tarifpolitik würde von einem solchen Wandel in der Grundhaltung ganzer Arbeitnehmerschichten selbstverständlich tangiert. Denn bisher mußte die Hauptsorge bei Tarifbewegungen sein, ob man bei Streik auch mit einer genügend breiten Unterstützung rechnen könne, während jetzt möglicherweise der Gesichtspunkt stärker hervortritt, ob man nicht hinter dem gegebenen Kampfwillen zurückbleibe. Ein Tarifvertrag ist nichts anderes als die rechtliche Fixierung eines bestimmten Kräfteverhältnisses von Unternehmern und Gewerkschaften in einer gegebenen Zeiteinheit. In der Diskussion wird meist die Länge oder Kürze des Tarifvertrages angesprochen bzw. zentrale oder regionale Verhandlungen. Was besser ist, kann nicht abstrakt-dogmatisch, sondern nur aus der jeweiligen Situation richtig beantwortet werden. Aber der Tarifvertrag muß immer, soll er sich bei den Mitgliedern positiv auswirken, in etwa den Kräfteverhältnissen entsprechen. Die spontanen Streiks im September 1969 zeigten, daß die in der Montanindustrie abgeschlossenen Tarifverträge nicht mehr dem Kräfteverhältnis entsprachen, das zur Zeit ihres Abschlusses gegeben war. Wenn wir zu Recht betont haben, daß spontane Streiks kein nationales Unglück sind, so sollten wir sie auch nicht wie ein gewerkschaftliches Unglück behandeln. Was in einem solchen Fall zu tun ist, hat sich von selbst ergeben und braucht nicht erst erfunden zu werden. Bereits beim Abkommen in der Metallverarbeitung ist das *Vorziehen* von Verhandlungen über laufende, aber durch die Entwicklung überholte Verträge gehandhabt worden, und erst recht nach dem Ausbruch der spontanen Streiks in der Stahlindustrie.

Die Friedenspflicht abschaffen, wie es verschiedentlich angeregt worden ist, kann man nicht, weil man dann genausogut den Tarifvertrag abschaffen könnte. Denn ein Tarifvertrag ist die gegenseitige Verpflichtung, während einer bestimmten Zeit keine Kampfhandlungen auszulösen und sich zu diesem Zweck auf bestimmte Löhne und Gehälter zu einigen. Ebensowenig ist ein Tarifvertrag ohne Fristen sinnvoll, denn die jederzeitige Kündigungsmöglichkeit bedeutet jederzeit mögliche Nichterfüllung. Bei all diesen Erwägungen wird vergessen, daß ein Tarifvertrag ein Abkommen gegensätzlicher Interessen ist und daß Freiheit von der Friedenspflicht oder der Frist auch die Freiheit der Arbeitgeber ist, sich unbequemer Bindungen zu entledigen, bzw. sie überhaupt nicht einzugehen.

Eine tarifrechtliche Institutionalisierung spontaner – also per Definition nicht voraussehbarer – Streiks dürfte kaum möglich sein. Man sollte deshalb das Vorziehen von Verhandlungen gegebenenfalls *praktizieren*, ohne durch irgendeine rechtliche Festlegung den Arbeitgebern das gleiche Verfahren bei einem eventuellen Konjunkturrückschlag bequem zu machen.

*4. Die sogenannte Vertrauenskrise – I:* Die Vertrauenskrise zwischen Mitgliedschaft und Gewerkschaftsführung ist vorwiegend ein Produkt der Journalistik und gezielter Absichten. Im Bewußtsein der spontan Streikenden ging es nach den Berichten »gegen die Unternehmer« und nicht gegen die Gewerkschaften. Ebensowenig wie die ablehnenden Stimmen eines vom Vorstand befürworteten Kompromißvorschlages in einer Urabstimmung als vorstands- oder gewerkschaftsgegnerische Stimmen gewertet werden können, vielmehr die Stimmen von Kollegen sind, die mehr Kampfkraft aufweisen als der Durchschnitt und deshalb mehr erreichen wollen, ebensowenig kann von den spontanen Streiks behauptet werden, sie seien gegen die Gewerkschaften gerichtet gewesen. Nach den Darstellungen des Buches sind in diesem Sinne fast nur Studenten oder Unorganisierte aufgetreten. Ein anderes sicheres Zeichen, daß von einer echten Vertrauenskrise zwischen Gewerkschaften und Mitgliedern keine Rede sein kann, ist die Tatsache, daß sich nahezu überall die spontanen Streiks auf die Betriebsräte oder Teile der Betriebsräte und Vertrauensleute stützten. Das einfache Gewerkschaftsmitglied identifiziert so gut wie immer Betriebsrat mit Gewerkschaft. Eine echte

Vertrauenskrise würde zur Ablehnung der amtierenden Betriebsräte und zur Betrauung eines neuen Personenkreises mit der Streikleitung führen und sich in Massenaustritten niederschlagen. Das ist nur ausnahmsweise oder gar nicht der Fall gewesen.

Schon die Tatsache, daß ein wesentlicher Teil der Kritik sich auf *tarifpolitische Fragen* bezieht, zeigt, daß von einer Vertrauenskrise zwischen Mitgliedern und Gewerkschaftsführung nicht die Rede sein kann, da das einfache Mitglied herzlich wenig vom Tarifvertrag kennt, geschweige denn von Fragen der Tarifpolitik. Man interpretiert in die spontanen Streiks einfach hinein, sie seien eine Vertrauenskrise zwischen Mitgliedern und Führungen und übersieht viel naheliegenden Faktoren.

Schon das Datum der ersten spontanen Arbeitsniederlegungen zeigt, was die Lage verschärft hat: inmitten der Hochspannung des Wahlkampfes bekam die Verarbeitung Geld, die Eisenschaffenden aber nicht. Dieses Auseinanderklaffen der Fälligkeitstermine der Tarife, der eine vor, der andere nach dem Wahltag, ist im Verein mit den aufgestauten Mißständen auslösend gewesen, zumal der Bundestagswahlkampf fast ausschließlich mit wirtschaftlichen Argumenten bestritten wurde: Preiswelle, Gewinnexplosion, Aufwertung usw.

*5. Die sogenannte Vertrauenskrise – II:* Wenn von einer wirklichen Vertrauenskrise zwischen Mitgliedschaft und Führung nicht gesprochen werden kann, so unterliegt das Verhältnis von ehrenamtlichen und hauptamtlichen *Funktionären* merklichen Spannungen. Der Generationswechsel, vor allem aber der subtile, unter der Maske der Gewerkschaftsfreundlichkeit geführte Angriff gegen die Stellung des DGB hat zweifellos Wirkungen gezeitigt. Fragen, wie die nach dem riesigen Vermögen der Gewerkschaften, der innergewerkschaftlichen Mitbestimmung; gewerkschaftlich umstrittene Probleme, die öffentlich ausgetragen werden und die wirklichen Schwächen der gewerkschaftlichen Arbeit haben die Zweckpropaganda erleichtert, die Gewerkschaften scheffelten Millionen, wollten gar nicht streiken, um kein Geld hergeben zu müssen, seien bürokratisierte Verwaltungsmaschinen, die den Mitgliedern demokratische Entscheidungen vorenthalten.

Man kann der verbreiteten Vorstellung vom »*undemokratischen Charakter*« der Gewerkschaften verhältnismäßig einfach entgegentreten, indem man künftig alle zentralen Abmachungen durch Urabstimmung bestätigen läßt. Alle bisherigen Abschlüsse, auch im August 1969, wären wohl mit großen Mehrheiten bestätigt worden. Man sollte erwägen, ob die Zeit nunmehr nicht herangereift sei, mit einem Schlag im Rahmen einer Tarifbewegung u. a. die »Tariffehrlichkeit« zu fordern, d. h. die Spanne zwischen Tarif- und Istlöhnen radikal zu reduzieren. Ebenso müßte überprüft werden, ob im Zei-

chen einer aktiveren Haltung der Belegschaften konzernbezogene Zusatzverträge nicht erreichbar wären.
Wir sollten im tariflichen Bereich so viele Urabstimmungen wie möglich durchführen, damit der Vorwurf der »Selbstherrlichkeit« entkräftet wird. Gefährlicher als die »Vertrauenskrise« ist nämlich die Einmischung des Gesetzgebers unter dem Vorwand von Regelungen analog zum Parteiengesetz.

6. *Die sogenannte Vertrauenskrise – III:* Trotz der Buntscheckigkeit der zutage tretenden Auffassungen hat die Reform-Diskussion im DGB eines gezeigt: das vage Gefühl ist weit verbreitet, es gäbe im Aufbau der Gewerkschaften Unzulänglichkeiten, die durch Strukturänderungen zu beseitigen seien. Darin dürfte sich ebenfalls eher ein verändertes Empfinden der Funktionäre niederschlagen als eine wirkliche Reformbedürftigkeit des DGB: Die gewerkschaftliche Struktur ist ja die gleiche geblieben, aber sie wird anders gesehen als gestern. Routineveranstaltungen, die man einst als selbstverständliche hinnahm, werden jetzt als leer empfunden. Beschlüsse, die früher ohne Wimpernzucken akzeptiert wurden, bedürfen nun einer glaubwürdigen Begründung. Die neue Generation Ehrenamtlicher nimmt personelle Lösungen, die gestern so gut wie unbestritten waren, nicht mehr schweigend hin. Während sich die Mentalität der Funktionäre in den Betrieben offensichtlich verändert hat, sind Arbeitsstil und Methoden mancher Hauptamtlicher nicht selten und verständlicherweise von der hinter uns liegenden Zeit und ihren Erfahrungen geprägt. Diese Zeit hat diplomatische Haltungen gefördert, nicht kämpferische. Das Zurückweichen statt des resoluten Vertretens des Standpunktes der Organisation und der Vorstandsbeschlüsse ist um so naheliegender, als die Kritiker über die Stimmen zur Wiederwahl verfügen.

De facto hat der Vorstand auf lokaler Ebene nicht die Unterstützung, die er von den Angestellten der Organisation erwarten darf. Die Abhängigkeit der Bevollmächtigten von vorübergehenden Stimmungsschwankungen und lokalen Intrigen ist eine Prämie für das Abwälzen auf Frankfurt.

Die Gefahr besteht, daß Beschlüsse und Weisungen des Vorstandes im Sande verlaufen. Deshalb ist der Ansatz: »Mehr Demokratie« in Fragen der inneren Organisation mißverständlich. Die gewerkschaftspolitische Willensbildung, wie sie in der Beschickung und Beschlußfassung der Gewerkschaftstage ihren Ausdruck findet, soll lokal, regional und zentral von einem Maximum an Demokratie getragen werden. Das ist durchaus vereinbar mit mehr Ausführungsdisziplin in der Organisationshierarchie. Der meinungsbildende Strang der Gewerkschaft (von unten nach oben) müßte gestärkt werden, z. B. durch mehr Vertrauensleute- und Betriebsrätekonferenzen zu wichtigen Fragen auf örtlicher Ebene oder von 2 bis 3 zusammengefaßter Verwaltungsstellen oder gleicher Industrien, wobei der Aussprachecharakter vordergründig sein sollte. Der hierarchische, d. h. hauptamtliche Strang sollte dagegen stärker zentralisiert werden.

Otto Brenner

# Professor Bernd Rüthers:
# Streiks – nur mit den Gewerkschaften?

Streiks sind nach der herrschenden Meinung in Wissenschaft und Gerichtspraxis nur dann rechtmäßig, wenn sie von Gewerkschaften mit tarifpolitischen Zielen geführt werden. Die verbreiteten »spontanen Arbeitsniederlegungen« der letzten Wochen fanden ohne, oft gegen den Willen der zuständigen Gewerkschaftsleitungen (IG Metall, IG Bergbau und Energie, IG Textil) statt. Nach geltender Rechtsansicht des Bundesarbeitsgerichts könnten die Arbeitgeber den »wild« streikenden Arbeitern den Lohn für die Streikzeit verweigern; sie könnten jeden Streikenden fristlos entlassen; sie könnten ferner von jedem streikenden Arbeiter den Schaden für die entstandenen Produktionsausfälle ersetzt verlangen.

Es ist interessant, daß die These von der Unrechtmäßigkeit der sogenannten »wilden« Streiks in den letzten Wochen nur von einigen Politikern betont worden ist. Die Arbeitgeber haben die für sie theoretisch günstige Rechtsfrage geflissentlich übergangen. Von Kündigungen oder Schadenersatzforderungen gegenüber den streikenden Arbeitern war bisher nicht die Rede. Im Gegenteil: Die durch die Streiks ausgefallenen Schichten werden fast allgemein voll bezahlt!

Das reale Arbeitsleben geht offenbar über präzise rechtliche Verbotstafeln unbefangen hinweg, wenn die sozialen und wirtschaftlichen Interessen das geraten erscheinen lassen. Das gilt nicht nur für das Verhalten der streikenden Arbeitnehmer, sondern auch für die betroffenen Arbeitgeber.

Eindrucksvolles Beispiel für die Elastizität der Arbeitgebergrundsätze war das Verhalten der Hoesch-Verwaltung: Sie drängte nicht auf eine – sachlich gebotene – tarifliche Lösung, sondern sie gab den verständlichen Lohnforderungen der Arbeiter kurzfristig auf der Unternehmensebene nach.

Eine Ursache für den bemerkenswerten Großmut der Arbeitgeber ist sicherlich die heißgelaufene Konjunktur. Der Streit um die Rechtsfragen würde die Unruhe erneut aufflammen lassen. Die Produktionsausfälle würden größer. Vordergründig gesehen erscheint es daher vielleicht klug, schnell nachgegeben zu haben. Endlich ist nicht auszuschließen, daß auch übergeordnete politische Erwägungen im Unternehmerlager im Hinblick auf eine erwünschte soziale Beruhigung vor den Bundestagswahlen bei der Entscheidung über die Antwort auf die wilden Streiks mit im Spiel gewesen sind.

Die Folgen dieser Vorgänge mit ihren Ausstrahlungen in viele Wirtschaftsbereiche sind noch nicht abzusehen. Eines erscheint sicher: Die

tiefe Kluft zwischen der theoretischen Streikrechtsordnung und der tatsächlichen Streikpraxis aller Beteiligten in diesem Falle wird Auswirkungen auf künftige soziale Konflikte haben. Festzuhalten bleibt: Das Verhältnis von Recht und Wirklichkeit im Arbeitskampf ist zur Zeit empfindlich gestört. Es handelt sich dabei – trotz der bescheidenen Größenordnung der jüngsten Konflikte – um ein Zentralproblem unserer marktwirtschaftlichen Gesellschaftsordnung. Diese wird, wenn die Tarifparteien als Ordnungsfaktoren ausfallen (oder versagen?) an einem empfindlichen Punkt getroffen. Daß die Gewerkschaften zu den Pfeilern dieser Ordnung gehören, wird ihnen neuerdings auch von solchen Seiten bestätigt, die das früher heftig bestritten haben.
Unmittelbare Folge der wilden Streiks an Ruhr, Saar und Weser wird – wie bereits der Lawineneffekt ihrer Ausweitung auf ganz verschiedene Wirtschaftszweige und neuerdings auch auf den gesamten öffentlichen Dienst, zeigt – ein verändertes Selbstbewußtsein der Arbeiterschaft sein. Die Sprechchöre der Hoesch-Arbeiter in der Dortmunder Innenstadt (»Alle Räder stehen still, wenn der Arbeiter es will!«) drücken eine unbestreitbare Teilwahrheit aus, die über Jahre hin in der arbeitsfriedlichen Bundesrepublik etwas vergessen worden war. Die Abhängigkeit der Unternehmer vom Arbeitswillen ihrer Belegschaften ist allerdings von der jeweiligen Konjunkturlage und nicht zuletzt auch von der politischen Situation beeinflußt. Der Zeitpunkt, zu dem die jüngsten wilden Streiks entstanden, hätte von den beteiligten Arbeitern in der doppelten Hinsicht auf Konjunktur und politische Lage nicht günstiger gewählt werden können. Es besteht Anlaß zu der Erwartung, daß ähnliche spontane Aktionen, vom Erfolg angereizt, sich künftig leichter und schneller organisieren lassen als bisher. Das werden die Tarifpartner einzukalkulieren haben.
Das neue Selbstbewußtsein der Arbeiter ist ein politischer Faktor ersten Ranges. Mag er jetzt besonders unsicher erscheinen in der Vielfalt seiner möglichen politischen Wirkungen, langfristig kündet er sozialpolitische Energien an, welche die innenpolitische Lage der Bundesrepublik beeinflussen werden. Diese Energien im Rahmen der freiheitlichen Grundordnung aufzufangen, das ist eine entscheidende politische Aufgabe der Zukunft.
Der Ablauf der jüngsten »wilden« Streiks erweckt schließlich Zweifel an der bisher herrschenden Lehre im Arbeitsrecht, wonach solche nicht gewerkschaftlich organisierten Kampfmaßnahmen generell, also immer und überall unrechtmäßig sind. Gegen diese Auffassung lassen sich mehrere Gründe ins Feld führen:
Schon bei den Beratungen zum Koalitionsrecht des Grundgesetzes wurden im Parlamentarischen Rat Bedenken laut, ob es zweckmäßig

sei, den Gewerkschaften ein absolutes Streikmonopol zuzusprechen. Das Grundgesetz kennt ein solches gewerkschaftliches Kampfmonopol nicht. Es wurde viel später im Wege der richterlichen Normsetzung von der Rechtsprechung, besonders der des Bundesarbeitsgerichts, entwickelt.
Rechtstatsächlich scheinen sich in den jüngsten Vorgängen die Zweifel an der totalen Verdammung des »wilden« Streiks zu bestätigen. Welche Bedeutung hat ein rechtliches Verbot, das im Ernstfall von allen Beteiligten, auch von den Arbeitgebern, wohlüberlegt mißachtet wird? Wenn das Arbeitsrecht ein Regelungssystem zur Steuerung des Arbeitslebens sein soll, dann ist das Verbot des wilden Streiks als Teilinstrument dieses Regelungssystems jedenfalls in bestimmten Lagen offenbar untauglich. Hier zeigt sich, daß das vom Bundesarbeitsgericht aufgestellte Verbot des wilden Streiks in seiner Totalität und Effektivität mindestens problematisch ist. Eine Rechtsnorm, gegen die massiert und ohne Sanktionen verstoßen werden kann, wird nicht nur selbst der Lächerlichkeit preisgegeben, sie zerstört vielmehr das Vertrauen in die Rechtsordnung insgesamt.
Vielleicht gibt der Streitfall, der diese Rechtsentwicklung angeregt hat, einen Hinweis zur Lösung des Problems. Bei der Entscheidung des Bundesarbeitsgerichts, die das Verbot des wilden Streiks erstmalig enthielt, ging es darum, daß einige Dutzend Arbeitnehmer in einem volkswirtschaftlich unbedeutenden Wirtschaftszweig bestimmte *betriebliche* Maßnahmen zu erzwingen suchten. Bei den jüngsten Arbeitsniederlegungen dagegen verlangten Tausende von Arbeitern repräsentativ für einen wichtigen Zweig der Grundstoffindustrie neue Arbeitsbedingungen, die zweckmäßigerweise in einem *Tarifvertrag* hätten ausgehandelt werden müssen. Dazu kam es nicht, weil die Tarifpartner den Zeitpunkt rechtzeitigen Handelns versäumt hatten.
Zutreffend an der bisherigen Lehre vom Verbot des wilden Streiks ist der Ausgangspunkt, daß die Tarifparteien primäre Ordnungsfaktoren der Arbeits- und Wirtschaftsverfassung sind. Was aber geschieht, wenn diese Faktoren in entscheidenden Spannungslagen untätig bleiben, versagen?
Gerade die herrschende Lehre im Arbeitsrecht hat stets betont, das Koalitionsrecht sei zuerst und vor allem ein Grund- und Freiheitsrecht der *einzelnen* Arbeitnehmer. Die Arbeitsrechtswissenschaft wird zu prüfen haben, ob das nicht im Grundsatz auch für die in Art. 9 Abs. 3 des Grundgesetzes mit garantierte Streikfreiheit gilt. Wenn die Gewerkschaften aus welchen Gründen immer notwendige Maßnahmen zur Behebung akuter Konfliktslagen versäumen, wird man den Arbeitnehmern – ihrer sozialen Repräsentation im Ergebnis beraubt – nicht jede eigene Initiative verwehren können. Korrektu-

ren der Regeln über den wilden Streik werden zu prüfen sein. Hält man an dem starren Totalverbot des »wilden« Streiks fest, wird sich die gefährliche Kluft zwischen papierner Kampfrechtsordnung und augenzwinkernder Kampfrechtspraxis bald weiter vertiefen.
Aus: *Die Zeit*, 26. 9. 1969

# Gesamtverband der metallindustriellen Arbeitgeberverbände e. V., Juli 1970:

## Richtlinien für das Verhalten der Firmen bei wilden Streiks

I. Einleitung

*1. Begriff*
Ein Streik ist »wild«, wenn er von der zuständigen Gewerkschaft weder begonnen noch nachträglich übernommen wird.

*2. Rechtliche Beurteilung*
Wilde Streiks sind nach unserer Rechtsordnung in jedem Falle rechtswidrig.

*3. Entstehung wilder Streiks*
a) Wilde Streiks entstehen meist aus Unzufriedenheiten mit betrieblichen Arbeitsbedingungen. Sie kommen zum Ausbruch durch ein besonderes auslösendes Moment wie z. B.:
   - abgelehnte Erhöhung zusätzlicher Leistungen,
   - echte oder angebliche Unstimmigkeiten im Lohngefüge des Betriebes oder Unternehmens,
   - Lohnerhöhungen in vergleichbaren Betrieben,
   - Umstellung in der betrieblichen Lohnfindung auf Grund neuer Tarifverträge,
   - Agitation radikaler politischer Gruppen.

   Unzufriedenheiten können weitgehend durch rechtzeitige Information über wirtschaftliche, betriebliche und tarifliche Vorgänge und Entwicklungen verhindert oder beseitigt werden.
   Deshalb: Informationsfluß im Betrieb sichern.
b) Auch wilde Streiks werden in der Regel gesteuert.

*4. Reaktion auf wilde Streiks*
Wilde Streiks werden am wirkungsvollsten im Ansatz bekämpft, indem sofort:
a) Die Geschäftsleitung »vor Ort« aktiv wird;
b) der Betriebsrat in die Verantwortung gezogen wird;
c) die Arbeitnehmer auf Vertragsbruch und dessen Folgen hingewiesen werden, insbesondere daß während der Streikzeit:
   - kein Lohnanspruch
   - keine Krankenversicherung

- keine Arbeitslosenunterstützung
- keine gewerkschaftliche Streikunterstützung
besteht;
d) der Arbeitgeberverband eingeschaltet wird.

II. Vorbeugende Maßnahmen zur Verhinderung wilder Streiks

1. In Meistergesprächen, Abteilungsversammlungen und bei anderen Gelegenheiten die Probleme des einzelnen Arbeitsplatzes ansprechen. Die Information innerhalb des Betriebes über die für die Lohn- und Arbeitsbedingungen wichtigen Umstände verbessern; dabei insbesondere über geplante Veränderungen im Betrieb informieren, zu Gerüchten Stellung nehmen, beanstandete Lohnunterschiede begründen.
Über geeignete Informationswege Unzufriedenheiten erkennen und durch Weitergabe von Information beseitigen. Das »Betriebsklima« ständig beobachten (Befragung durch Abteilungsleiter, Meister, Vorarbeiter). Auf den vierteljährlich abzuhaltenden Betriebsversammlungen über die Gesamtsituation des Betriebes aufklären (der Unternehmer sollte unbedingt hieran teilnehmen).
2. Unbegründete Lohndifferenzen vermeiden.
3. Als radikal bekannte Arbeitnehmer oder Arbeitnehmergruppen besonders beobachten.
*Die im Betrieb verteilten* Druckschriften aufmerksam verfolgen.
4. Bei aufkommender Unruhe sofort Betriebsrat ansprechen, um Konfliktstoff auszuräumen. Von seiten der Geschäftsleitung (und auch durch den Betriebsrat) der Belegschaft bekanntgeben lassen, daß über die der Unruhe zu Grunde liegenden Umstände mit dem Betriebsrat gesprochen wird.
5. Arbeitgeberverband vorsorglich benachrichtigen.

III. Vorsorgemaßnahmen für den Fall wilder Streiks

Die Hinweise in den »Arbeitskampfrichtlinien« (Abschnitt B I, II; Seite 9–16) über vorsorglich für den Fall eines Arbeitskampfes zu treffende Maßnahmen gelten auch für wilde Streiks.
Insbesondere ist folgendes zu beachten:

*1. Aufgabenverteilung innerhalb der Geschäftsleitung bei Arbeitskämpfen*
Die Aufgaben und Zuständigkeiten für den Fall eines Arbeitskampfes müssen innerhalb der Geschäftsleitung festgelegt werden (vgl. »Arbeitskampfrichtlinien« Abschnitt B I 1, Seite 9–10).

## 2. Notdienstplanung

Besonders problematisch bei wilden Streiks kann die Durchführung der Notdienstarbeiten werden: Es ist unbedingt erforderlich, rechtzeitig besonders zuverlässige Arbeitskräfte (Meister, AT-Angestellte) zu benennen und unter Zuweisung eines abgegrenzten Aufgabengebietes zu schulen (vgl. »Arbeitskampfrichtlinien« Abschnitt B 12, Seite 10–12). Besonders gefährliche oder gefährdete Betriebsanlagen müssen gesichert werden.

## 3. Bereitstellen von Informationsmitteln

Empfehlenswert ist das Bereitstellen von Sprechfunkgeräten oder das Einrichten besonderer Telefonleitungen, damit eine Verbindung zwischen den Mitgliedern der Geschäftsleitung und leitenden Angestellten jederzeit gewährleistet ist. Für Mitteilungen an die Belegschaft sollten Megaphone angeschafft und eine Adressenkartei mit den Privatanschriften aller Betriebsangehörigen angelegt werden (Kartei ggf. außerhalb des Betriebes aufbewahren).

## IV. Grundsätze für das Verhalten der Geschäftsleitung bei Ausbruch wilder Streiks

Wilde Streiks verlangen vom Arbeitgeber flexible Reaktionen. Folgende Grundsätze sind zu beachten:

### 1. Belegschaft veranlassen, die Arbeit wiederaufzunehmen

Hierbei darauf hinweisen, daß nur nach Wiederaufnahme der Arbeit über die Streikforderungen verhandelt wird.

### 2. Mit dem Arbeitgeberverband ständig Verbindung halten

Jeder wilde Streik hat erfahrungsgemäß Rückwirkungen auf andere Unternehmen. Deshalb Arbeitgeberverband sofort vom Ausbruch eines wilden Streiks unterrichten. Alle Maßnahmen, insbesondere Regelungen zur Beendigung des Streiks, mit dem Arbeitgeberverband abstimmen (wichtig auch wegen Anwendung der Solidaritätsgrundsätze). Der Verband wird sich ggf. an die Gewerkschaft wenden, damit diese ihre Durchführungspflicht erfüllt und die Streikenden zur Wiederaufnahme der Arbeit anhält.

### 3. Eingreifen der Geschäftsleitung »vor Ort«

Mitglieder der Werks- oder Unternehmensleitung müssen unmittelbar am Ort des Streikgeschehens anwesend sein. Kraft ihrer Autorität im Betrieb können sie am ehesten die Streikenden zur Wiederaufnahme der Arbeit bewegen. Es wirkt beruhigend, wenn die Arbeitnehmer sehen, daß auf Arbeitgeberseite entscheidungsbefugte Personen sich mit ihren Forderungen befassen. Die bei wilden Streiks erforderlichen Entscheidungen müssen schnell getroffen werden; für den Weg über die üblichen Instanzen bleibt vielfach keine Zeit.

*4. Den Betriebsrat in die Verantwortung ziehen*
Der Betriebsrat darf wegen seiner absoluten Friedenspflicht keine Arbeitskämpfe durchführen oder unterstützen. Er hat darüber hinaus alles in seiner Macht Stehende zu tun, um wilde Streiks beizulegen. Der Betriebsrat ist ggf. auf diese Pflichten schriftlich hinzuweisen.

*5. Keine Verhandlungen über die Streikforderungen während des Streiks*
Während des Streiks darf grundsätzlich gegenüber den Streikforderungen keine Nachgiebigkeit gezeigt werden; dies schließt nicht aus, nach Beratung mit dem Arbeitgeberverband über die Streikforderungen zu sprechen. Nachgiebigkeit des Arbeitgebers während des Streiks ermutigt zu neuen Forderungen und kann den Streik verlängern.

*6. Keine Bezahlung der Streikzeit*
Eine Bezahlung der durch den Streik ausgefallenen Arbeitszeit läßt wilde Streiks für die Arbeitnehmer risikolos erscheinen.

V. Technische und taktische Maßnahmen des Arbeitgebers nach Ausbruch wilder Streiks

*1. Sofortmaßnahmen:*
a) Ursachen und Ausmaß des Streiks feststellen
   - Welche Abteilung streikt?
   - Wer beteiligt sich am Streik?
   - Was wird als Streikgrund angegeben? Welche Forderungen werden gestellt?
b) Streikführer persönlich ansprechen, um sie aus der sie schützenden Anonymität herauszuholen. Sie hierbei auf ihre persönliche Verantwortlichkeit, die Rechtswidrigkeit des Streiks, die fehlenden Grundlagen für die Streikforderung und die schädlichen Folgen des Streiks für den Betrieb und die Arbeitsplätze hinweisen.
c) Sind Betriebsratsmitglieder Streikführer, sie eindringlich auf ihre absolute Friedenspflicht gemäß § 49 BetrVG hinweisen; sind die Betriebsräte nicht Streikführer, sie sofort als Vermittler heranziehen.
d) Durch Einsatz aller Führungskräfte (Meister bis Geschäftsleitung) Belegschaft zur Wiederaufnahme der Arbeit veranlassen.

e) Sofern die Streikforderungen überhaupt diskutabel sind, Gesprächsbereitschaft erklären, wenn die Arbeit sofort wiederaufgenommen wird – keine Druckverhandlung.
f) Dafür sorgen, daß während des Streiks kein Alkohol ins Werk kommt; ggf. Kantinen- und Werksverkauf schließen.

## 2. *Maßnahmen des ersten Tages*

Kann der wilde Streik nicht kurzfristig beendet werden, so sind folgende technische und taktische Maßnahmen erforderlich:
a) Technische Maßnahmen
  aa) Notdienstvereinbarungen:
    Weil bei wilden Streiks solche Vereinbarungen mit den Gewerkschaften ausscheiden, sind sie mit dem Betriebsrat zu treffen. Äußerstenfalls kann versucht werden, Notdienstmaßnahmen mit den Streikenden oder ihren Anführern abzusprechen.
  bb) Arbeitgeberverband benachrichtigen.
  cc) Meldungen sind bei folgenden Stellen erforderlich:
    – Arbeitsamt (§ 17 AFG),
    – Krankenkassen (§§ 317, 165 II RVO),
    – örtliche, ggf. auch höhere Polizeibehörde und Gemeindeverwaltung,
    – Gewerbeaufsichtsamt,
    – Hauptfürsorgestelle,
    – Abnehmer und Zulieferer.
  dd) Betriebliche Einrichtungen, die zur Stützung des wilden Streiks benutzt werden können, blockieren: zentrale Lautsprecheranlage abschalten, Telefonzentrale sichern, Versammlungsräume abschließen, Kraftfahrzeuge unzugänglich machen.
  ee) besonders gefährliche oder gefährdete Betriebsstelle sichern.
  ff) Informationswege für die Geschäftsleitung nach außen sichern (z. B. Telefon, Fernschreiben); Kraftfahrzeuge außerhalb des Betriebes bereitstellen, Ausgänge überprüfen.
  gg) Möglichst verhindern, daß unbefugte Personen das Firmengelände betreten (verstärkte Kontrollen an den Werktoren).
  hh) Betriebe mit ausländischen Arbeitnehmern müssen Dolmetscher zur Verfügung haben, die Anweisungen der Geschäftsleitung sofort übersetzen und bei Verhandlungen mit Streikenden mitwirken können. Gegebenenfalls auch Vertreter ausländischer Botschaften oder Konsulate hinzuziehen; diese üben in der Regel mäßigenden Einfluß auf ihre Landsleute aus.
  ii) Beschäftigung Arbeitswilliger sichern.

b) Taktische Maßnahmen
   aa) Öffentlichkeitsarbeit:
       Mit dem Arbeitgeberverband Presse, Rundfunk und Fernsehen ausreichend über die betrieblichen Verhältnisse informieren, um eine einseitige Unterrichtung seitens der Streikenden zu vermeiden.
   bb) Über die Einschaltung der Gewerkschaft mit dem Arbeitgeberverband beraten.
   cc) Falls der Einfluß des Betriebsrats auf die Streikenden nicht ausreicht, prüfen, ob gewerkschaftliche Vertrauensleute angesprochen werden sollen.
   dd) Streikende möglichst aus dem Betrieb entfernen.
       Wilde Streiks sind wesentlich gekennzeichnet durch die Anwesenheit der Streikenden auf dem Betriebsgelände. Nachteilige Folgen:
       – Möglichkeit, einer kontinuierlichen Information der Belegschaft durch die Streikleitung,
       – dadurch Ausgleich für die fehlende gewerkschaftliche Organisation und Bildung eines starken Solidaritätsgefühls;
       – die permanente Versammlung der Arbeitnehmer bildet Kontrollinstanz und Rückenstärkung für die Streikspitze und schafft eine Drucksituation gegenüber der Geschäftsleitung;
       – Behinderung von Arbeitswilligen, insbesondere des Notdienstes.
       Deshalb prüfen, ob und wie verhindert werden kann, daß der Betrieb der örtliche Mittelpunkt des Streiks wird.
   ee) Entlassungen
       Pauschale Androhung fristloser Entlassung gegenüber größeren Gruppen von Arbeitnehmern ist in der Regel wenig zweckmäßig (Gefahr der Radikalisierung).
       Es empfiehlt sich allenfalls, eine gezielte Androhung gegenüber Arbeitnehmern, die als Drahtzieher bekannt sind; diese sitzen oft nicht in der Streikleitung (aber Gefahr der Solidarisierung).
   ff) Streikausschreitungen
       Es gelten die Hinweise in den »Arbeitskampfrichtlinien« (Abschnitt F II Seite 25–26).

*3. Maßnahmen bei länger andauernden wilden Streiks*
Bei längerer Streikdauer sind zusätzlich folgende Maßnahmen zu treffen:
a) Information der Belegschaft
   Belegschaft durch Handzettel über den Standpunkt der Geschäfts-

leitung aufklären; die Flugblätter sollten eine kurzgefaßte sachliche Information geben und sich nach Form und Inhalt deutlich von den zumeist polemischen und aggressiven Veröffentlichungen der Streikführung abheben.

b) Schriftliche Aufforderung an die Privatadresse der Arbeitnehmer, die Arbeit wiederaufzunehmen, wobei auf die Streikfolgen (insbesondere auf Nichtbezahlung der ausgefallenen Arbeitszeit) hingewiesen wird; eine beginnende Streikmüdigkeit kann durch Einfluß der Familienangehörigen verstärkt werden.

c) Mit dem Arbeitgeberverband über die Einschaltung neutraler Stellen beraten.

d) Maßnahmen, die nur nach Absprache mit dem Verband getroffen werden sollten:
 - Fristlose Kündigung gegenüber Rädelsführern (sie vorher nochmals auffordern, die Arbeit wiederaufzunehmen);
 - Voll- oder Teilaussperrung bei Arbeits- bzw. Schichtbeginn; die Aussperrung ist durch Anschlag am Eingang zum Werksgelände zu erklären (Muster siehe Anlage). Zur Durchführung der Aussperrung gegebenenfalls Polizeibereitschaft erbitten.

*4. Im übrigen gelten die Hinweise in den »Arbeitskampfrichtlinien« (Abschnitte E, F, G, H, Seiten 23–31) auch für wilde Streiks.*

VI. Solidaritätsmaßnahmen der Betriebe und des Verbandes

Bei Streiks ist es erforderlich, die bestreikten Betriebe nach Kräften zu unterstützen und alles zu unterlassen, was diese schädigen könnte. Dies gilt auch, wenn in anderen Arbeitgeberverbänden organisierte Firmen bestreikt werden. Es ist insbesondere notwendig, daß die Betriebe
- keine Arbeiter aus einem bestreikten Betrieb einstellen;
- keine Konsequenzen ziehen, wenn infolge des Streiks Fristen überschritten werden;
- vereinbarte Lieferfristen möglichst weitgehend hinausschieben und Kredite stunden;
- keine Kunden abwerben;
- den betroffenen Firmen bereits übertragene Aufträge nicht an andere Betriebe vergeben, die nicht bestreikt werden;
- bei der Erteilung neuer Aufträge bestreikte Firmen nicht benachteiligen;
- vereinbarte Abschlagszahlungen auch dann zu den festgelegten Fristen leisten, wenn die Firma infolge des Streiks mit ihren Leistungen in Verzug gerät;

– an bestreikte Firmen vergebene Aufträge nur mit deren vorheriger Genehmigung übernehmen.

Der Verband muß die für Solidaritätsmaßnahmen in Frage kommenden Betriebe über den wilden Streik unterrichten und auf diese Grundsätze hinweisen. Er wird auch klären, ob finanzielle Unterstützung gewährt werden kann.

*VII. Rechtliche Möglichkeiten des Arbeitgebers bei wilden Streiks*

*1. Rechte des Arbeitgebers gegen die Gewerkschaft*

Der Arbeitgeber hat Ansprüche auf Grund folgender Verpflichtungen der Gewerkschaft:
a) Kraft der Friedenspflicht ist es der Gewerkschaft verboten, wilde Streiks durch Wort oder Tat zu unterstützen.
b) Kraft der Einwirkungspflicht hat sich die Gewerkschaft dafür einzusetzen, daß ihre Mitglieder die Tarifverträge erfüllen, also nicht versuchen, durch kollektive Aktionen die Tarifnormen zu verändern.

Zur Erfüllung dieser Pflichten kann die Gewerkschaft durch einstweilige Verfügung angehalten werden. Erfüllt die Gewerkschaft diese Pflichten nicht, so macht sie sich schadenersatzpflichtig.

Wird der Streik von Gewerkschaftsfunktionären durch Sympathieerklärungen unterstützt oder gar zum Beginn oder zur Fortsetzung eines wilden Streiks aufgefordert, so sind Beweise hierfür zu sichern, damit gerichtliche Schritte unternommen werden können.

*2. Rechte des Arbeitgebers gegen den Betriebsrat*

Dem Betriebsrat ist es wegen seiner absoluten Friedenspflicht gemäß § 49 BetrVG verboten, zu Kampfmaßnahmen aufzurufen, sie einzuleiten, durchzuführen oder zu fördern. Der Betriebsrat hat darüber hinaus alles in seiner Macht Stehende zu tun, um wilde Streiks beizulegen. Nichterfüllung dieser Pflichten kann den Arbeitgeber zur fristlosen Kündigung, zum Antrag auf Ausschluß aus dem Betriebsrat gem. § 23 BetrVG oder zu Schadenersatzansprüchen berechtigen.

*3. Rechte des Arbeitgebers gegenüber den Arbeitnehmern*
a) Recht auf fristlose Kündigung der Streikenden,
   aa) wenn sie die Arbeit beharrlich verweigern; deshalb ist regelmäßig eine ausdrückliche Aufforderung, die Arbeit wiederaufzunehmen, notwendig (vgl. oben V 3 d);
   bb) wenn sie sich an Streikausschreitungen beteiligen.
b) Streikende können durch Erlaß einer einstweiligen Verfügung zur Erfüllung ihrer Arbeitsvertragspflichten angehalten werden.

c) Recht auf Aussperrung
   aa) der Streikenden,
   bb) grundsätzlich auch der Nichtstreikenden. Bei wilden Streiks sollte jedoch gegenüber Arbeitnehmern, die sich nicht am Streik beteiligen, vom Recht der Aussperrung nur ausnahmsweise und in jedem Fall erst nach Rücksprache mit dem Verband Gebrauch gemacht werden.
d) Auch ohne Aussperrung oder Kündigung das Recht, die Zahlung von Arbeitsentgelt (und Krankenvergütung) und Urlaubsgewährung zu verweigern
   aa) gegenüber den Streikenden
   bb) nach der Rechtsprechung grundsätzlich auch gegenüber den Nichtstreikenden, soweit sie nicht weiterbeschäftigt werden können. Es sollte jedoch mit dem Verband erwogen werden, wie Nachteile aus dem Streik für Nichtstreikende vermieden werden können.
e) Recht auf Ersatz des Schadens aus dem Produktionsausfall und bei Streikausschreitungen:
   aa) Anspruchsgrundlage: Verletzung des Arbeitsvertrages oder § 823 Abs. 1 BGB (Verletzung des Rechts am eingerichteten und ausgeübten Gewerbebetrieb).
   bb) Alle Arbeitnehmer, die an einem wilden Streik teilgenommen haben, haften als Gesamtschuldner für den daraus entstandenen Schaden.
f) Recht, daß Notdienstarbeiten durchgeführt werden.

*Muster*

AUSSPERRUNGSERKLÄRUNG: AUSHANG AM FABRIKTOR
(BEI SUSPENDIERENDER ABWEHRAUSSPERRUNG DER ARBEITER IM FALLE EINES WILDEN STREIKS)

An alle Arbeiter und Arbeiterinnen der Firma/Abteilung

Unsere Firma/die Abteilung                        unserer Firma wird seit dem                  wild bestreikt.
Die Geschäftsleitung hat zur Abwehr dieses illegalen Arbeitskampfes beschlossen, die Lohnempfänger (der Abteilung          ) auszusperren. Beginn der Aussperrung:
Die Geschäftsleitung gibt in Durchführung dieses Beschlusses bekannt, daß die Arbeitsverhältnisse der Arbeiter und Arbeiterinnen (der Abteilung         ) ab              , Uhr, für die Dauer des Arbeitskampfes ausgesetzt werden und ruhen. Während dieser Zeit darf das Werksgelände nicht betreten werden; der Lohn-

anspruch entfällt. Eine Auflösung der Arbeitsverhältnisse ist mit dieser Aussperrung nicht verbunden. Wir sind gesetzlich verpflichtet, die Ausgesperrten bei der Krankenkasse abzumelden.
Von der Aussperrung ausgenommen sind die für den Notdienst bestimmten Personen. Diesen geht hierüber gesonderte Mitteilung zu.
Die vorstehende Aussperrungsmaßnahme wird hiermit bekanntgegeben.
Der Zeitpunkt der Wiederaufnahme der Arbeit wird nicht durch Einzelschreiben, sondern nur durch Anschlag an den Fabriktoren oder ggf. durch die öffentlichen Nachrichtenmittel bekanntgegeben.

,den

(Die Geschäftsleitung der Firma)


(Unterschrift)

# Inhalt

Vorwort 5

I. Einleitung 7
   Wilde Streiks und Gewerkschaften 7

II. Anpassung und Widerstand. Die Gewerkschaften nach dem Zweiten Weltkrieg 12
   1. Die Weichen werden gestellt 12
      a. Neue Gewerkschaften im alten Fahrwasser 12
      b. Das Scheitern der Stillhaltepolitik 20
      c. Der neue Kapitalismus 28
      d. Unterwerfung unter das Parlament 38
   2. Der Rückzug auf die Tarif- und Sozialpolitik 47
      a. Die expansive Lohnpolitik 47
      b. Gebremste Opposition 53
   3. Die preisgegebene Autonomie 58
      a. Das Ende der Rekonstruktionsperiode 58
      b. Krisenmanagement und Gewerkschaften 63
      c. Im Griff der Einkommenspolitik 69
   4. Die Etappen der Integration 77

III. Die wilden Streiks im September 1969 81
   1. Die Septemberstreiks. Chronik 81
   2. Überblick über das Ausmaß der Streikbewegung 103
   3. Die unmittelbaren Ursachen der wilden Streiks 104
      a. Die wirtschaftliche Hochkonjunktur 104
      b. Der Lohnrückstand 109
      c. Initialzündung: Hoesch 114
   4. Strukturmomente der wilden Streiks 116
      a. Formen der Selbstorganisation 117
      b. Der Charakter der Forderungen 123
      c. Das Verhältnis der Streikenden zu Betriebsvertretung und Gewerkschaft 129
      d. Der Einfluß inner- und außerbetrieblicher Kadergruppen 136
      e. Die Taktik der Unternehmer 142

  f. Die Politik des Gewerkschaftsapparates zur
   Eindämmung der Streikbewegung 148
 5. Die Reaktion der Regierung und der politischen
  Parteien auf die Streikbewegung 156
 6. Die Kommentierung der Streiks durch Presse, Funk
  und Fernsehen 159

IV. Ordnungsfaktor oder Gegenmacht: Zur Strategie einer
  autonomen Gewerkschaftspolitik 167
 1. Betriebsnahe Gewerkschaftspolitik 167
  a. Betriebsnahe Tarifpolitik 170
  b. Betriebsnahe Bildungsarbeit 178
  c. Mitbestimmung am Arbeitsplatz 183
  d. Innergewerkschaftliche Demokratie 192
  e. Alternative Plankonzeption 195
 2. Partei und Gewerkschaft 198

Dokumente 203
 I. Übersicht 207
 II. Flugblätter und Betriebszeitungen 213
III. Stellungnahmen zu den Streiks 259
IV. Presseberichte 291
 V. Analysen und Konsequenzen 303

edition suhrkamp

713 Werkbuch über Tankred Dorst. Herausgegeben von Horst Laube
715 Karsten Prüß, Kernforschungspolitik in der Bundesrepublik Deutschland
718 Perspektiven der kommunalen Kulturpolitik. Herausgegeben von Hilmar Hoffmann
719 Peter M. Michels, Bericht über den polit. Widerstand in den USA
720 Lelio Basso, Gesellschaftsformation u. Staatsform
722 Jürgen Becker, Umgebungen
724 Otwin Massing, Politische Soziologie
726 Ernst Bloch, Ästhetik des Vor-Scheins 1
727 Peter Bürger, Theorie der Avantgarde
728 Beulah Parker, Meine Sprache bin ich
729 Probleme der marxistischen Rechtstheorie. Herausgegeben von H. Rottleuthner
730 Jean-Luc Dallemagne, Die Grenzen der Wirtschaftspolitik
731 Gesellschaft, Beiträge zur Marxschen Theorie 2
732 Ernst Bloch, Ästhetik des Vor-Scheins 2
735 Paul Mattick, Spontaneität und Organisation
736 Noam Chomsky, Aus Staatsraison
737 Louis Althusser, Für Marx
738 Spazier/Bopp, Grenzübergänge. Psychotherapie
739 Gesellschaft, Beiträge zur Marxschen Theorie 3
740 Bertolt Brecht, Das Verhör des Lukullus. Hörspiel
741 Klaus Busch, Die multinationalen Konzerne
744 Gero Lenhardt, Berufliche Weiterbildung und Arbeitsteilung in der Industrieproduktion
745 Brede/Kohaupt/Kujath, Ökonomische und politische Determinanten der Wohnungsversorgung
747 Gunnar Heinsohn, Rolf Knieper, Theorie des Familienrechts
758 Brecht-Jahrbuch 1974. Herausgegeben von J. Fuegi, R. Grimm, J. Hermand
760 Lodewijk de Boer, The Family
761 Claus Offe, Berufsbildungsreform
763 Horst Bredekamp, Kunst als Medium sozialer Konflikte
764 Gesellschaft, Beiträge zur Marxschen Theorie 4
769 Jahoda/Lazarsfeld/Zeisel, Die Arbeitslosen von Marienthal
772 Th. W. Adorno, Gesellschaftstheorie u. Kulturkritik
773 Kurt Eisner, Sozialismus als Aktion
775 Horn, Luhmann, Narr, Rammstedt, Röttgers, Gewaltverhältnisse und die Ohnmacht der Kritik
776 Reichert/Senn, Materialien zu Joyce »Ein Porträt des Künstlers«
777 Caspar David Friedrich und die deutsche Nachwelt. Herausgegeben von Werner Hofmann

## Alphabetisches Verzeichnis der edition suhrkamp (soweit lieferbar)

Abendroth, Sozialgesch. d. europ. Arbeiterbewegung 106
Achternbusch, L'Etat c'est moi 551
Adam, Südafrika 343
Adorno, Drei Studien zu Hegel 38
Adorno, Eingriffe 10
Adorno, Gesellschaftstheorie u. Kultur 772
Adorno, Jargon d. Eigentlichkeit 91
Adorno, Kritik 469
Adorno, Moments musicaux 54
Adorno, Ohne Leitbild 201
Adorno, Stichworte 347
Adorno, Zur Metakritik der Erkenntnistheorie 590
Aggression und Anpassung 282
Alff, Der Begriff Faschismus 456
Althusser, Für Marx 737
Andersch, Die Blindheit des Kunstwerks 133
Antworten auf H. Marcuse 263
Architektur als Ideologie 243
Architektur u. Kapitalverwertung 638
(Artmann) Über H. C. A. 541
Arzt u. Patient in der Industriegesellschaft, hrsg. v. O. Döhner 643
Aspekte der Marxschen Theorie I 632
Aspekte der Marxschen Theorie II 633
Augstein, Meinungen 214
Autonomie der Kunst 592
Autorenkollektiv Textinterpretation..., Projektarbeit als Lernprozeß 675
Baran/Sweezy, Monopolkapital [in Amerika] 636
Barthes, Mythen des Alltags 92
Barthes, Kritik und Wahrheit 218
Basaglia, F., Die abweichende Mehrheit 537
Basaglia, F. (Hrsg.), Die negierte Institution 655
Basaglia, F. (Hrsg.), Was ist Psychiatrie? 708
Basso, L., Gesellschaftsformation u. Staatsform 720
Baudelaire, Tableaux Parisiens 34
Becker, E. / Jungblut, Strategien der Bildungsproduktion 556
Becker, H., Bildungsforschung 483
Becker, J., Ränder 351
Becker, J., Umgebungen 722
Über Jürgen Becker 552
Beckett, Aus einem aufgegeb. Werk 145
Beckett, Fin de partie / Endspiel 96
Materialien zum ›Endspiel‹ 286
Beckett, Das letzte Band 389
Beckett, Warten auf Godot 3
Beiträge zur marxist. Erkenntnistheorie 349

Benjamin, Das Kunstwerk 28
Benjamin, Über Kinder 391
Benjamin, Kritik der Gewalt 103
Benjamin, Städtebilder 17
Benjamin, Versuche über Brecht 172
Berger, Untersuchungsmethode u. soziale Wirklichkeit 712
Bergman, Wilde Erdbeeren 79
Bernhard, Amras 142
Bernhard, Fest für Boris 440
Bernhard, Prosa 213
Bernhard, Ungenach 279
Bernhard, Watten 353
Über Thomas Bernhard 401
Bertaux, Hölderlin u. d. Französ. Revol. 344
Berufsbildungsreform, hrsg. v. C. Offe 761
Bloch, Avicenna 22
Bloch, Ästhetik des Vor-Scheins I 726
Bloch, Ästhetik des Vor-Scheins II 732
Bloch, Das antizipierende Bewußtsein 585
Bloch, Christian Thomasius 193
Bloch, Durch die Wüste 74
Bloch, Über Hegel 413
Bloch, Pädagogica 455
Bloch, Tübinger Einleitung in die Philosophie I 11
Bloch, Tübinger Einleitung in die Philosophie II 58
Bloch, Über Karl Marx 291
Bloch, Vom Hasard zur Katastrophe 534
Bloch, Widerstand und Friede 257
Block, Ausgewählte Aufsätze 71
Blumenberg, Kopernikan. Wende 138
Böckelmann, Theorie der Massenkommunikation 658
Böhme, Soz.- u. Wirtschaftsgesch. 253
Boer, Lodewijk de, The Family 760
du Bois-Reymond / B. Söll, Neuköllner Schulbuch, 2 Bände 681
du Bois-Reymond, M., Strategien kompensator. Erziehung 507
Bond, Gerettet / Hochzeit d. Papstes 461
Brandt u. a., Zur Frauenfrage im Kapitalismus 581
Brandys, Granada 167
Braun, Gedichte 397
Brecht, Antigone / Materialien 134
Brecht, Arturo Ui 144
Brecht, Ausgewählte Gedichte 86
Brecht, Baal 170
Brecht, Baal der asoziale 248
Brecht, Brotladen 339
Brecht, Das Verhör des Lukullus 740

Brecht, Der gute Mensch v. Sezuan 73
Materialien zu ›Der gute Mensch ...‹ 247
Brecht, Der Tui-Roman 603
Brecht, Die Dreigroschenoper 229
Brecht, Die heilige Johanna der Schlachthöfe 113
Brecht, Die heilige Johanna / Fragmente und Varianten 427
Brecht, Die Maßnahme 415
Brecht, Die Tage der Commune 169
Brecht, Furcht u. Elend d. 3. Reiches 392
Brecht, Gedichte u. Lieder aus Stücken 9
Brecht, Herr Puntila 105
Brecht, Im Dickicht der Städte 246
Brecht, Jasager – Neinsager 171
Brecht, Die Geschäfte des Julius Cäsar 332
Brecht, Kaukasischer Kreidekreis 31
Materialien zum ›Kreidekreis‹ 155
Brecht, Kuhle Wampe 362
Brecht, Leben des Galilei 1
Materialien zu ›Leben des Galilei‹ 44
Brecht, Leben Eduards II. 245
Brecht, Stadt Mahagonny 21
Brecht, Mann ist Mann 259
Brecht, Mutter Courage 49
Materialien zu ›Mutter Courage‹ 50
Materialien zu ›Die Mutter‹ 305
Brecht, Die Mutter (Regiebuch) 517
Brecht, Über Realismus 485
Brecht, Über d. Beruf d. Schauspielers 384
Brecht, Schweyk im zweiten Weltkrieg 132
Materialien zu ›Schweyk im zweit. Weltkrieg‹ 604
Brecht, Die Gesichte der Simone Machard 369
Brecht, Über Politik und Kunst 442
Brecht, Über experiment. Theater 377
Brecht, Trommeln in der Nacht 490
Brecht, Über Lyrik 70
Brecht-Jahrbuch 1974 758
Brede u. a., Determinanten d. Wohnungsversorgung 745
Bredekamp, Kunst als Medium sozialer Konflikte 763
Materialien zu H. Brochs ›Die Schlafwandler‹ 571
Brooks, Paradoxie im Gedicht 124
Brus, Funktionsprobleme d. sozialist. Wirtschaft 472
Bubner, Dialektik u. Wissenschaft 597
Bürger, Die französ. Frühaufklärung 525
Bürger, Theorie der Avantgarde 727
Bulthaup, Zur gesellschaftl. Funktion der Naturwissenschaften 670
Burke, Dichtung als symbol. Handlung 153
Burke, Rhetorik in Hitlers ›Mein Kampf‹ 231
Busch, Die multinationalen Konzerne 741
Caspar D. Friedrich u. d. dt. Nachwelt, hrsg. v. W. Hofmann 777
Celan, Ausgewählte Gedichte 262
Über Paul Celan 495
Chasseguet-Smirgel (Hrsg.), Psychoanalyse der weiblichen Sexualität 697
Chomsky, Aus Staatsraison 736
Clemenz, Gesellschaftl. Ursprünge des Faschismus 550
Cooper, Psychiatrie u. Anti-Psychiatrie 497
Córdova/Michelena, Lateinamerika 311
Creeley, Gedichte 227
Dallemagne, Die Grenzen der Wirtschaftspolitik 730
Damus, Entscheidungsstrukturen in der DDR-Wirtschaft 649
Determinanten der westdeutschen Restauration 1945-1949 575
Deutsche und Juden 196
Dobb, Organis. Kapitalismus 166
Dorst, Eiszeit 610
Dorst, Toller 294
Über Tankred Dorst (Werkbuch) 713
Drechsel u. a., Massenzeichenware 501
Duras, Ganze Tage in den Bäumen 80
Duras, Hiroshima mon amour 26
Eckensberger, Sozialisationsbedingungen d. öffentl. Erziehung 466
Eich, Abgelegene Gehöfte 288
Eich, Botschaften des Regens 48
Eich, Mädchen aus Viterbo 60
Eich, Setúbal / Lazertis 5
Eich, Marionettenspiele / Unter Wasser 89
Über Günter Eich 402
Eichenbaum, Theorie u. Gesch. d. Literatur 119
Eisner, Sozialismus als Aktion 773
Eliot, Die Cocktail Party 98
Eliot, Der Familientag 152
Eliot, Mord im Dom 8
Eliot, Was ist ein Klassiker? 33
Enzensberger, Blindenschrift 217
Enzensberger, Deutschland 203
Enzensberger, Einzelheiten I 63
Enzensberger, Einzelheiten II 87
Enzensberger, Landessprache 304
Enzensberger, Das Verhör von Habana 553
Enzensberger, Palaver 696
Über H. M. Enzensbegger 403
Erkenntnistheorie, marxist. Beiträge 349
Eschenburg, Über Autorität 129
Euchner, Egoismus und Gemeinwohl 614
Expressionismusdebatte, hrsg. von H. J. Schmitt 646
Fassbinder, Antiteater 443
Fassbinder, Antiteater 2 560
Fleischer, Marxismus und Geschichte 323
Materialien zu M. F. Fleißer 594

(Fleißer), Materialien zu M. F. 594
Foucault, Psychologie u. Geisteskrankheit 272
Frauenarbeit – Frauenbefreiung, hrsg. v. A. Schwarzer 637
Frauenfrage im Kapitalismus 581
Frisch, Ausgewählte Prosa 36
Frisch, Biedermann u. d. Brandstifter 41
Frisch, Die chinesische Mauer 65
Frisch, Don Juan oder Die Liebe zur Geometrie 4
Frisch, Frühe Stücke. Santa Cruz / Nun singen sie wieder 154
Frisch, Graf Öderland 32
Frisch, Öffentlichkeit 209
Frisch, Zürich – Transit 161
Über Max Frisch 404
Fromm, Sozialpsychologie 425
Fuegi/Grimm/Hermand (Hrsg.), Brecht-Jahrbuch 1974 758
Gastarbeiter 539
Gefesselte Jugend / Fürsorgeerziehung 514
Geiss, Geschichte u. Geschichtswissenschaft 569
Germanistik 204
Gesellschaft, Beiträge zur Marxschen Theorie I 695
Gesellschaft, Beiträge zur Marxschen Theorie II 731
Gesellschaft, Beiträge zur Marxschen Theorie III 739
Gesellschaftsstrukturen, hrsg. v. O. Negt u. K. Meschkat 589
Goeschel/Heyer/Schmidbauer, Soziologie der Polizei I 380
Goffman, Asyle 678
Grass, Hochwasser 40
Guérin, Anarchismus 240
Haavikko, Jahre 115
Habermas, Logik d. Sozialwissenschft. 481
Habermas, Protestbewegung u. Hochschulreform 354
Habermas, Technik u. Wissenschaft als Ideologie 287
Habermas, Legitimationsprobleme im Spätkapitalismus 623
Hacks, Das Poetische 544
Hacks, Stücke nach Stücken 122
Hacks, Zwei Bearbeitungen 47
Handke, Die Innenwelt 307
Handke, Kaspar 322
Handke, Publikumsbeschimpfung 177
Handke, Wind und Meer 431
Handke, Ritt über den Bodensee 509
Über Peter Handke 518
Hannover, Rosa Luxemburg 233
Hartig/Kurz, Sprache als soz. Kontrolle 453
Haug, Kritik d. Warenästhetik 513

Haug, Bestimmte Negation 607
Haug, Warenästhetik. Beiträge zur Diskussion 657
Hecht, Sieben Studien über Brecht 570
Hegel im Kontext 510
Hegels Philosophie 441
Heinsohn/Knieper, Theorie d. Familienrechts 747
Heller, E., Nietzsche 67
Heller, E., Studien zur modernen Literatur 42
Hennicke (Hrsg.), Probleme d. Sozialismus u. d. Übergangsgesellschaften 640
Hennig, Thesen z. dt. Sozial- u. Wirtschaftsgeschichte 662
Henrich, Hegel im Kontext 510
Herbert, Ein Barbar 1 111
Herbert, Ein Barbar 2 365
Herbert, Gedichte 88
Hesse, Geheimnisse 2
Hesse, Tractat vom Steppenwolf 84
Hildesheimer, Das Opfer Helena / Monolog 118
Hildesheimer, Interpretationen zu Joyce u. Büchner 297
Hildesheimer, Mozart / Beckett 190
Hildesheimer, Nachtstück 23
Hildesheimer, Herrn Walsers Raben 77
Über Wolfgang Hildesheimer 488
Hirsch, Wiss.-techn. Fortschritt i. d. BRD 437
Hirsch/Leibfried, Wissenschafts- u. Bildungspolitik 480
Hirsch, Staatsapparat u. Reprod. des Kapitals 704
Hobsbawm, Industrie und Empire I 315
Hobsbawm, Industrie und Empire II 316
Hochmann, Thesen zu einer Gemeindepsychiatrie 618
Hoffmann-Axthelm, Theorie der künstler. Arbeit 682
Hoffmann, H. (Hrsg.), Perspektiven kommunaler Kulturpolitik 718
Hofmann, Universität, Ideologie u. Gesellschaft 261
Hondrich, Theorie der Herrschaft 599
Horn, Dressur oder Erziehung 199
Horn u. a., Gewaltverhältnisse u. d. Ohnmacht d. Kritik 775
Horn (Hrsg.), Gruppendynamik u. ›subjekt. Faktor‹ 538
Hortleder, Gesellschaftsbild d. Ingenieurs 394
Hortleder, Ingenieure in der Industriegesellschaft 663
Horvat, B., Die jugoslaw. Gesellschaft 561
(Horváth) Materialien zu Ödön v. H. 436
Materialien zu H., ›Geschichten aus dem Wienerwald‹ 533

Materialien zu H., ›Glaube Liebe Hoffnung‹ 671
Materialien zu H., ›Kasimir und Karoline‹ 611
Über Ödön v. Horváth 584
Hrabal, Tanzstunden 126
Hrabal, Zuglauf überwacht 256
(Huchel) Über Peter Huchel 647
Huffschmid, Politik des Kapitals 313
Imperialismus und strukturelle Gewalt, hrsg. von D. Senghaas 563
Information über Psychoanalyse 648
Internat. Beziehungen, Probleme der 593
Jaeggi, Literatur und Politik 522
Jahoda u. a., Die Arbeitslosen v. Marienthal 769
Jakobson, Kindersprache 330
Jauß, Literaturgeschichte 418
Johnson, Das dritte Buch über Achim 100
Johnson, Karsch 59
Über Uwe Johnson 405
(Joyce, J.) Materialien zu J., ›Dubliner‹ 357
Joyce, St., Dubliner Tagebuch 216
Jugendkriminalität 325
Kalivoda, Marxismus 373
Kapitalismus, Peripherer, hrsg. von D. Senghaas 652
Kasack, Das unbekannte Ziel 35
Kaschnitz, Beschreibung eines Dorfes 188
Kino, Theorie des 557
Kipphardt, Hund des Generals 14
Kipphardt, Joel Brand 139
Kipphardt, In Sachen Oppenheimer 64
Kipphardt, Die Soldaten 273
Kipphardt, Stücke I 659
Kipphardt, Stücke II 677
Kirche und Klassenbindung, hrsg. v. Y. Spiegel 709
Kirchheimer, Politik und Verfassung 95
Kirchheimer, Funktionen des Staates u. d. Verfassung 548
Kluge, Lernprozesse mit tödlichem Ausgang 665
Kluge/Negt, Öffentlichkeit und Erfahrung 639
Kommune i. d. Staatsorganisation 680
Kracauer, Straßen in Berlin 72
Kritische Friedenserziehung 661
Kritische Friedensforschung 478
Kroetz, Drei Stücke 473
Kroetz, Oberösterreich u. a. 707
Kroetz, Vier Stücke 586
Krolow, Ausgewählte Gedichte 24
Krolow, Landschaften für mich 146
Krolow, Schattengefecht 78
Über Karl Krolow 527
Kühn, Grenzen des Widerstands 531
Kühn, Unternehmen Rammbock 683

Kühnl/Rilling/Sager, Die NPD 318
Kulturpolitik, Kommunale 718
Kunst, Autonomie der 592
Laing, Phänomenologie der Erfahrung 314
Laing/Cooper, Vernunft und Gewalt 574
Laing/Phillipson/Lee, Interpers. Wahrnehmung 499
Lefebvre, H., Didakt. Marxismus 99
Lefebvre, H., Didakt. Materialismus 160
Lehrlingsprotokolle 511
Lehrstück Lukács, hrsg. v. J. Matzner 554
Lempert, Berufliche Bildung 699
Lenhardt, Berufliche Weiterbildung 744
Lévi-Strauss, Ende d. Totemismus 128
Liberman, Methoden d. Wirtschaftslenkung im Sozialismus 688
Linhartová, Geschichten 141
Literaturunterricht, Reform 672
Lorenzer, Kritik d. psychoanalyt. Symbolbegriffs 393
Lorenzer, Gegenstand der Psychoanalyse 572
Lotman, Struktur d. künstler. Textes 582
Lukács, Heller, Fehér u. a., Individuum und Praxis 545
Majakowskij, Wie macht man Verse? 62
Mandel, Marxist. Wirtschaftstheorie, 2 Bände 595/96
Mandel, Der Spätkapitalismus 521
Marcuse, Versuch über die Befreiung 329
Marcuse, H., Konterrevolution u. Revolte 591
Marcuse, Kultur u. Gesellschaft I 101
Marcuse, Kultur u. Gesellschaft II 135
Marcuse, Theorie der Gesellschaft 300
Marxist. Rechtstheorie, Probleme der 729
Marxsche Theorie, Aspekte, I 632
Marxsche Theorie, Aspekte, II 633
Massing, Polit. Soziologie 724
Mattick, Spontaneität und Organisation 735
Matzner, J. (Hrsg.), Lehrstück Lukács 554
Mayer, H., Anmerkungen zu Brecht 143
Mayer, H., Anmerkungen zu Wagner 189
Mayer, H., Das Geschehen u. d. Schweigen 342
Mayer, H., Repräsentant u. Märtyrer 463
Mayer, H., Über Peter Huchel 647
Meier, Begriff ›Demokratie‹ 387
Meschkat/Negt, Gesellschaftsstrukturen 589
Michel, Sprachlose Intelligenz 270
Michels, Polit. Widerstand in den USA 719
Mitbestimmung, Kritik der 358
Mitscherlich, Krankheit als Konflikt I 164
Mitscherlich, Krankheit als Konflikt II 237
Mitscherlich, Unwirtlichkeit unserer Städte 123
Monopol und Staat, hrsg. v. R. Ebbighausen 674
Moral und Gesellschaft 290

Moser, Repress. Krim.psychiatrie 419
Moser/Künzel, Gespräche mit Eingeschlossenen 375
Most, Kapital und Arbeit 587
Münchner Räterepublik 178
Mukařovský, Ästhetik 428
Mukařovský, Poetik 230
Napoleoni, Ökonom. Theorien 244
Napoleoni, Ricardo und Marx, hrsg. von Cristina Pennavaja 702
Negt/Kluge, Öffentlichkeit u. Erfahrung 639
Negt/Meschkat, Gesellschaftsstrukturen 589
Neues Hörspiel O-Ton, hrsg. von K. Schöning 705
Neumann-Schönwetter, Psychosexuelle Entwicklung 627
Nossack, Das Mal u. a. Erzählungen 97
Nossack, Das Testament 117
Nossack, Der Neugierige 45
Nossack, Der Untergang 19
Nossack, Pseudoautobiograph. Glossen 445
Über Hans Erich Nossack 406
Nyssen (Hrsg.), Polytechnik in der BRD? 573
Obaldia, Wind in den Zweigen 159
v. Oertzen, Die soz. Funktion des staatsrechtl. Positivismus 660
Oevermann, Sprache und soz. Herkunft 519
Offe, Strukturprobleme d. kapitalist. Staates 549
Offe, Berufsbildungsreform 761
Olson, Gedichte 112
Ostaijen, Grotesken 202
Parker, Meine Sprache bin ich 728
Peripherer Kapitalismus, hrsg. von D. Senghaas 652
Perspektiven der kommunalen Kulturpolitik, hrsg. v. H. Hoffmann 718
Pozzoli, Rosa Luxemburg 710
Preuß, Legalität und Pluralismus 626
Price, Ein langes glückl. Leben 120
Probleme d. intern. Beziehungen 593
Probleme d. marxist. Rechtstheorie 729
Probleme d. Sozialismus u. der Übergangsgesellschaften 640
Probleme einer materialist. Staatstheorie, hrsg. v. J. Hirsch 617
Projektarbeit als Lernprozeß 675
Prokop, Massenkultur u. Spontaneität 679
Pross, Bildungschancen v. Mädchen 319
Prüß, Kernforschungspolitik i. d. BRD 715
Psychiatrie, Was ist . . . 708
Psychoanalyse als Sozialwissensch. 454
Psychoanalyse, Information über 648
Psychoanalyse d. weibl. Sexualität 697
Queneau, Mein Freund Pierrot 76
Rajewsky, Arbeitskampfrecht 361
Reform d. Literaturunterrichts, hrsg. v. H. Brackert / W. Raitz 672
Reichert/Senn, Materialien zu Joyce ›Ein Porträt d. Künstlers‹ 776
Restauration, Determinanten d. westdt. R. 575
Ritter, Hegel u. d. Französ. Revolution 114
Rocker, Aus d. Memoiren eines dt. Anarchisten 711
Rossanda, Über Dialektik v. Kontinuität u. Bruch 687
Rottleuthner (Hrsg.), Probleme d. marxist. Rechtstheorie 729
Runge, Bottroper Protokolle 271
Runge, Frauen 359
Runge, Reise nach Rostock 479
Russell, Probleme d. Philosophie 207
Russell, Wege zur Freiheit 447
Sachs, Das Leiden Israels 51
Sandkühler, Praxis u. Geschichtsbew. 529
Sarraute, Schweigen / Lüge 299
Schäfer/Edelstein/Becker, Probleme d. Schule (Beispiel Odenwaldschule) 496
Schäfer/Nedelmann, CDU-Staat 370
Schedler, Kindertheater 520
Scheugl/Schmidt jr., Eine Subgeschichte d. Films, 2 Bände 471
Schklowskij, Schriften zum Film 174
Schklowskij, Zoo 130
Schlaffer, Der Bürger als Held 624
Schmidt, Ordnungsfaktor 487
Schmitt, Expressionismus-Debatte 646
Schneider/Kuda, Arbeiterräte 296
Schnurre, Kassiber / Neue Gedichte 94
Scholem, Judentum 414
Schram, Die perman. Revolution i. China 151
Schütze, Rekonstrukt. d. Freiheit 298
Schule und Staat im 18. u. 19. Jh., hrsg. v. K. Hartmann, F. Nyssen, H. Waldeyer 694
Schwarzer (Hrsg.), Frauenarbeit – Frauenbefreiung 637
Sechehaye, Tagebuch einer Schizophrenen 613
Segmente der Unterhaltungsindustrie 651
Senghaas, Rüstung und Militarismus 498
Senghaas (Hrsg.), Peripherer Kapitalismus 652
Setzer, Wahlsystem in England 664
Shaw, Caesar und Cleopatra 102
Shaw, Der Katechismus d. Umstürzlers 75
Söll/du Bois-Reymond, Neuköllner Schulbuch, 2 Bände 581
Sohn-Rethel, Geistige u. körperl. Arbeit 555
Sohn-Rethel, Ökonomie u. Klassenstruktur d. dt. Faschismus 630
Sozialistische Realismuskonzeptionen 701
Spazier/Bopp, Grenzübergänge. 738
Spiegel (Hrsg.), Kirche u. Klassenbindung 709
Sternberger, Bürger 224
Straschek, Handbuch wider das Kino 446
Streik, Theorie und Praxis 385

Strindberg, Ein Traumspiel 25
Struck, Klassenliebe 629
Sweezy, Theorie d. kapitalist. Entwicklung 433
Sweezy/Huberman, Sozialismus in Kuba 426
Szondi, Über eine freie Universität 620
Szondi, Hölderlin-Studien 379
Szondi, Theorie d. mod. Dramas 27
Tardieu, Imaginäres Museum 131
Technologie und Kapital 598
Teige, Liquidierung der ›Kunst‹ 278
Tibi, Militär u. Sozialismus i. d. Dritten Welt 631
Tiedemann, Studien z. Philosophie Walter Benjamins 644
Toleranz, Kritik der reinen 181
Toulmin, Voraussicht u. Verstehen 292
Tumler, Nachprüfung eines Abschieds 57
Tynjanov, Literar. Kunstmittel 197
Ueding, Glanzvolles Elend. Versuch über Kitsch u. Kolportage 622
Unterhaltungsindustrie, Segmente der 651
Uspenskij, Poetik der Komposition 673
Vossler, Revolution von 1848 210
Vyskočil, Knochen 211
Walser, Abstecher / Zimmerschlacht 205
Walser, Heimatkunde 269
Walser, Der Schwarze Schwan 90
Walser, Die Gallistl'sche Krankheit 689
Walser, Eiche und Angora 16
Walser, Ein Flugzeug über d. Haus 30
Walser, Kinderspiel 400
Walser, Leseerfahrungen 109
Walser, Lügengeschichten 81
Walser, Überlebensgroß Herr Krott 55
Walser, Wie u. wovon handelt Literatur 642

Über Martin Walser 407
Was ist Psychiatrie?, hrsg. v. F. Basaglia 708
Weber, Über d. Ungleichheit d. Bildungschancen in der BRD 601
Wehler, Geschichte als Histor. Sozialwissenschaft 650
Weiss, Abschied von den Eltern 85
Weiss, Fluchtpunkt 125
Weiss, Gesang v. Lusitanischen Popanz 700
Weiss, Gespräch d. drei Gehenden 7
Weiss, Jean Paul Marat 68
Materialien zu ›Marat/Sade‹ 232
Weiss, Rapporte 2 444
Weiss, Schatten des Körpers 53
Über Peter Weiss 408
Wellek, Konfrontationen 82
Wellmer, Gesellschaftstheorie 335
Wesker, Die Freunde 420
Wesker, Die Küche 542
Wesker, Trilogie 215
Winckler, Studie z. gesellsch. Funktion faschist. Sprache 417
Winckler, Kulturwarenproduktion / Aufsätze z. Literatur- u. Sprachsoziologie 628
Wirth, Kapitalismustheorie in der DDR 562
Witte (Hrsg.), Theorie des Kinos 557
Wittgenstein, Tractatus 12
Wolf, Danke schön 331
Wolf, Fortsetzung des Berichts 378
Wolf, mein famili 512
Wolf, Pilzer und Pelzer 234
Über Ror Wolf 559
Wolff/Moore/Marcuse, Kritik d. reinen Toleranz 181
Wünsche, Der Unbelehrbare 56